数字时代普通高等教育新文科建设语言学专业系列教材

编写委员会

顾　问

李运富（郑州大学）　　陆俭明（北京大学）　　王云路（浙江大学）
尉迟治平（华中科技大学）　赵世举（武汉大学）

总主编

黄仁瑄（华中科技大学）

编　委（以姓氏拼音为序）

丁　勇（湖北工程学院）　　杜道流（淮北师范大学）　　高天俊（华中科技大学）
高永安（中国人民大学）　　耿　军（西南大学）　　　　黄　勤（华中科技大学）
黄仁瑄（华中科技大学）　　姜永超（燕山大学）　　　　亢世勇（鲁东大学）
刘春卉（四川大学）　　　　刘根辉（华中科技大学）　　史光辉（杭州师范大学）
孙道功（南京师范大学）　　孙德平（浙江财经大学）　　唐旭日（华中科技大学）
王彤伟（四川大学）　　　　王　伟（淮北师范大学）　　杨爱姣（深圳大学）
杨怀源（西南大学）　　　　张　磊（华中师范大学）　　张延成（武汉大学）
周赛华（湖北大学）　　　　周文德（四川外国语大学）

数字时代普通高等教育新文科建设语言学专业系列教材

○ 华中科技大学一流文科建设重大学科平台建设项目"数字人文与语言研究创新平台"阶段性成果

汉外语言对比与翻译

主　编◎黄　勤
副主编◎柯子刊　刘梦婷
参　编◎何　霜　崔宇濛　戴檩璘

华中科技大学出版社
http://press.hust.edu.cn
中国·武汉

内容简介

随着全球化的发展和人类命运共同体的推进，中国的外语学习者和世界范围内的汉语学习者与日俱增，汉外语言文化交流日益繁荣。同时，我国的翻译活动正逐步从"翻译世界"走向"翻译中国"与"翻译世界"并重。在此背景下，本书旨在从语言的形态、语音、词汇、句式、修辞和语篇层面，分别对汉英、汉德、汉法、汉日语言进行对比研究，并结合具体案例总结相关汉外语言翻译策略，以期对高校汉语国际教育专业的学生以及其他汉语和外语的学习者有所裨益。本书能启发与引导他们领会汉外语言与思维的异同，提高汉外语言运用能力。

图书在版编目（CIP）数据

汉外语言对比与翻译／黄勤主编．—武汉：华中科技大学出版社，2024.4
ISBN 978-7-5772-0449-9

Ⅰ．①汉⋯　Ⅱ．①黄⋯　Ⅲ．①汉语－对比研究－外语　Ⅳ．①H1　②H3

中国国家版本馆 CIP 数据核字（2024）第 066685 号

汉外语言对比与翻译　　　　　　　　　　　　　　　　　　　　　黄　勤　主编
Han-Wai Yuyan Duibi yu Fanyi

策划编辑：周晓方　杨　玲
责任编辑：余晓亮
封面设计：原色设计
责任校对：张汇娟
责任监印：周治超

出版发行：华中科技大学出版社（中国·武汉）　　　电话：（027）81321913
　　　　　武汉市东湖新技术开发区华工科技园　　　邮编：430223
录　　排：华中科技大学惠友文印中心
印　　刷：武汉市籍缘印刷厂
开　　本：787mm×1092mm　1/16
印　　张：18.75　插页：2
字　　数：402千字
版　　次：2024年4月第1版第1次印刷
定　　价：79.90元

本书若有印装质量问题，请向出版社营销中心调换
全国免费服务热线：400-6679-118　竭诚为您服务
版权所有　侵权必究

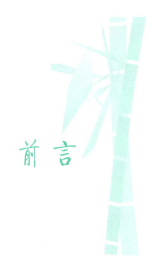

前言

本书是"面向数字时代的语言学专业系列教材"之一。

随着全球化的发展和人类命运共同体的推进,中国的外语学习者和世界范围内的汉语学习者与日俱增,汉外语言文化交流日益繁荣。同时,我国的翻译活动正逐步从"翻译世界"走向"翻译中国"与"翻译世界"并重。在此背景下,本教材以高校汉语国际教育专业的学生、外国留学生以及其他汉语和外语的学习者为主要读者,旨在通过对汉英、汉德、汉法、汉日语言的对比研究,启发他们领会汉外语言与思维的异同,并结合具体案例总结相关汉外语言翻译策略,以期提高他们的汉外语言运用能力。

鉴于目前国内的同类教材主要聚焦于汉语与一种外语,主要是与英语的对比分析,且较少在对比的基础上论及汉外语言的翻译策略与方法,本教材拟在此方面有所突破与创新。

本书共分为五章,除了第一章导论外,其余四章均按以下七个相同板块来设计:汉语与外语(英、日、德、法)形态对比与翻译、汉语与外语(英、日、德、法)语音对比与翻译、汉语与外语(英、日、德、法)词汇对比与翻译、汉语与外语(英、日、德、法)句式对比与翻译、汉语与外语(英、日、德、法)修辞对比和翻译、汉语语与外语(英、日、德、法)语篇对比和翻译、思考题与练习。

本书由黄勤教授(华中科技大学)主持编写,柯子刊、何霜、崔宇濛、戴檎璘(华中科技大学)和刘梦婷(武汉商学院)分别参与了部分章节的编写工作。

本书的理论价值在于展示中国对比语言学的发展历程、学术思想和研究方法的发展变化,为对比语言学理论发展史的研究打下一定基础。其应用价值在于:一是可作为高校汉语国际教育专业和外语专业学生相关课程学习的教材;二是可作为语言学专业师生重要的科研参考书；三是可为中国文化如何通过翻译"走出去"提供一定方法与启示。

  本书的编写借鉴了目前一些汉外语言对比通行教材的实践经验，也有编者的许多新尝试。但由于学识与能力所限，编写工作中肯定存在许多不足，衷心期待专家学者不吝赐教与指正。

编　者

2023 年 11 月

目 录

第一章　导论 1
　第一节　汉外语言对比与翻译的意义 1
　第二节　汉外语言对比与翻译的历史与现状 4
　第三节　汉外语言对比与翻译的内容与方法 13
　第四节　本书的学习要求 17
　思考题 19

第二章　汉英语言对比与翻译 20
　第一节　汉语与英语形态对比与翻译 20
　第二节　汉语与英语语音对比与翻译 26
　第三节　汉语与英语词汇对比与翻译 32
　第四节　汉语和英语句式对比和翻译 56
　第五节　汉语和英语修辞对比和翻译 67
　第六节　汉语和英语语篇对比和翻译 77
　思考题 86
　本章练习 86

第三章　汉日语言对比与翻译 88
　第一节　汉语与日语形态对比与翻译 88
　第二节　汉语与日语语音对比与翻译 97
　第三节　汉语与日语词汇对比与翻译 109
　第四节　汉语与日语句式对比与翻译 120
　第五节　汉语与日语修辞对比与翻译 127
　第六节　汉语与日语语篇对比与翻译 138
　思考题 156
　本章练习 156

第四章　汉德语言对比与翻译 157
　第一节　汉语与德语形态对比与翻译 158
　第二节　汉语与德语语音对比与翻译 169

第三节　汉语与德语词汇对比与翻译……………………………………172
第四节　汉语与德语句式对比与翻译……………………………………190
第五节　汉语与德语修辞对比与翻译……………………………………204
第六节　汉语与德语语篇对比与翻译……………………………………209
思考题………………………………………………………………………223
本章练习……………………………………………………………………224

第五章　汉法语言对比与翻译……………………………………………227

第一节　汉语与法语形态对比与翻译……………………………………228
第二节　汉语与法语语音对比与翻译……………………………………239
第三节　汉语与法语词汇对比与翻译……………………………………244
第四节　汉语与法语句式对比与翻译……………………………………255
第五节　汉语与法语常用修辞对比与翻译………………………………278
第六节　汉语与法语语篇对比与翻译……………………………………280
思考题………………………………………………………………………282
本章练习……………………………………………………………………282

参考文献……………………………………………………………………285

第一章 导 论

随着全球化水平不断深化以及人类命运共同体的推进,中国的外语学习者和世界范围内的汉语学习者与日俱增,汉外语言文化交流日益繁荣激荡。同时,我国翻译活动正逐步从"翻译世界"走向"翻译中国"与"翻译世界"并重。[1] 要助力构建人类命运共同体,须讲好中国故事,传播好中国声音,其基础就在于语言、文化和翻译,外语教育要为中国文化走出去、提升文化软实力做出贡献[2]。在此背景下,培养精通汉外双语乃至多语种的外语和翻译人才任重道远。

几十年来,中国高校外语教育在理念和实践上经历了从单纯开展外语知识传授和外语技能训练、培养外语语言能力到加强外语国家文化教学、培养学生跨文化外语交际能力的重要转变[3]。因此对于语言学习者,掌握汉外对比与翻译知识至关重要,要在打好汉外语言的知识基础之上,既能在理论层面理解归纳语言之间的异同,又能在实践中融会贯通,实现汉外语言的灵活运用与转换。

自 1949 年中华人民共和国成立至今,汉外语言对比与翻译研究取得了丰硕的成果。本教材旨在梳理总结现有研究成果,从语言的形态、语音、词汇、句式、修辞、语篇层面,对汉英、汉德、汉法、汉日语言做对比研究,并结合具体案例总结相关汉外翻译策略,以期对学习者领会汉外语言和思维的异同、提高汉外语言运用能力有所裨益。

第一节 汉外语言对比与翻译的意义

中华人民共和国成立 70 多年来,外语教育在人才培养目标、课程目标、教学内容、教学方式等方面都经历了多次调整与改变。如今,新时代赋予了外语教育新的使命。新时期从多元文化的学习转变为多元文化与本土文化并重,尤其增强了本土文化内容,要求学生既能把世界介绍给中国,也能把中国介绍给世界。[4] 要实现"提高对外文化交流水

---

[1] 任文,李娟娟. 国家翻译能力研究:概念、要素、意义[J]. 中国翻译,2021(4):5-14,191.
[2] 蒋洪新,贾文键,文秋芳,等. 新时代中国特色外语教育:理论与实践[J]. 外语教学与研究,2018(3):419-420.
[3] 文旭,文卫平,胡强,陈新仁. 外语教育的新理念与新路径[J]. 外语教学与研究,2020(1):17-24.
[4] 文秋芳. 新中国外语教育 70 年:成就与挑战[J]. 外语教学与研究,2019(5):735-745,801.

平，完善人文交流机制，创新人文交流方式……展示中华文化魅力"①的目标，就要遵循双向交流的理念。以大学英语教学为例，其教学目标就不能只要求学习者学习目标语文化，或单纯要求学生用英语传播中国文化，而是引导他们在比较视角下学会理解和欣赏中外文化的异同。②"汉外语言对比与翻译"正是从"双向交流"的角度出发，其重要意义可以从理论与实践两个层面探讨。

首先是理论层面。汉外语言对比与翻译在丰富对比语言学研究、促进翻译研究的发展等方面都具有积极作用。

汉外语言对比与翻译的第一个理论意义是丰富对比语言学研究，促进中国语言学的建设并助其摆脱"印欧语的眼光"。"所谓对比语言学，就其狭义而言，是指对两种或两种以上的语言在语音、词素、词、短语、句子、语篇等层面及其语义、语用或翻译等进行比照，寻究彼此的同与异，尤其是彼此的异，并对此从深层次上做出科学合理的解释，借以审察所比语言之间的诸种现象及其本质差异。就其广义而言，还指对比与语言紧密关联的民族思维、民族文化、民族历史。其实，狭义上的对比语言学，属于语言内部的对比研究，而广义上的对比语言学，是兼涉语言内部的对比研究和语言外部的对比研究。"③由此可见，对比语言学的理论知识不能凭空想象，也不能生搬硬套，需要扎扎实实地比较语言现象再归纳出科学的结论。然而长期以来，对比语言学的理论概念往往建立在印欧语言之间的比较和对比之上，难以准确解释非印欧语言的特点。若将其直接用于汉外对比，则无法揭示汉语和所比外语之间的本质异同，更遑论进一步的科学解释。因此，自20世纪90年代，中国语言学家就开始积极探索汉外语言的本质差异，力争摆脱"印欧语的眼光"。其中，刘宓庆、连淑能、潘文国、沈家煊等人的著作影响尤为甚远。潘文国和杨自俭④曾评价道："由于对比研究特别为中国所需要以及百年来的积累，我们在研究的深度和广度上有不少方面可说已走到了老师的前面。其中对比语言学的对象、性质与定位、对比语言学的定义和分类、对比语言学理论框架与体系的构建、对比研究的哲学基础和三个层次论、对比研究的主体性、通过对比建立和发展本土语言学、中外对比语言学史的对比研究等等，可说都大大丰富和发展了西方的对比语言学，是中国学者对世界语言学的贡献。"几十年来的汉外对比研究成果光彩熠熠，使得对比语言学在我国实现了更全面的发展，逐渐形成了自身的特点。

汉外语言对比与翻译的第二个理论意义是促进翻译研究的发展。翻译研究为了揭示

---

① 习近平. 习近平：建设社会主义文化强国，着力提高国家文化软实力[EB/OL]. [2023-07-06]. http://www.wenming.cn/specials/zxdj/xjp/xjpjh/201407/t20140702_2039104.shtml

② 王守仁，文秋芳. iEnglish（《新一代大学英语》）[M]. 北京：外语教学与研究出版社，2015.

③ 王文斌. 对比语言学：语言研究之要[J]. 外语与外语教学，2017(5)：29-44，147-148.

④ 潘文国，杨自俭. 新时期汉英对比的历史检阅——理论与方法上的突破[J]. 外国语（上海外国语大学学报），2008(6)：86-91.

翻译过程中的重要规律，便要探索不同语言在形式、语义、思维和风格等方面的异同，这又与对比语言学研究的问题形成了广泛的交集。潘文国[①]曾指出，对比研究中对于核心概念之一——"相似性（similarity）"的哲学探索，使得他们找到了对比与翻译研究的更深层的共同性："对比语言学"所说的"相似性"，也就是翻译理论探讨的"可译性"。对比研究中的相似性是相对的，是人类对于世界认知的重新整合，这种见解迁移至翻译研究中，有助于探索翻译的相对性、开放性、主体间性、多种译本和多种翻译风格的可能性。借助对比语言学的知识，运用语料库辅助的方法，学者们已广泛开展了关于中华典籍的文化专有词翻译对比、多译本的译文风格对比、受纳状况对比、翻译策略选择的翻译研究。因此，汉外对比与翻译的践行，不仅能更好地扩展研究的视野与思路，更有助于为提高中华文化的海外传播影响力提供良策。

其次是实践层面。汉外语言对比与翻译的知识在提升翻译实践质量、优化外语教学等方面都具有积极的作用。

第一，有效提升翻译质量。随着翻译软件和 AI 技术的飞速发展和普及应用，机器翻译在各领域大展身手，"机器翻译要取代人工翻译"的论调一度甚嚣尘上。诚然，机器翻译已经可以高效处理那些枯燥烦琐的基础语言转换任务，但质量时常良莠不齐，且一旦涉及国家翻译[②]、跨文化交流、人文情怀的翻译问题，机器翻译难以媲美人工翻译所能达到的的智慧、精确与创新。因而我国仍需要大量的高端翻译人才助力"中国文化走出去"。语言与思维相互依存，翻译学习者更应该沉心静气，系统学习汉外语言对比知识，做到知彼知己，在实践中体会并逐渐掌握汉外翻译策略和方法，理解不同语言背后不同民族的思维模式差异，方可译出地道、适切的译文。

第二，优化外语教学。对比研究可以为外语教育提供理论基础和实践指导。二语习得领域的研究成果让教育界对于"母语干扰"现象有了新的认识。Selinker[③]等语言学家指出，应当把母语对二语习得产生的影响看作一种"认知过程"、"策略"（strategy）或是"调解"（intercession）。对学习者来说，其主要任务不是去克服母语的"干扰"或"消极转移"，而是在认知过程中，采取有效的"策略"或"调解"手段，尽快掌握目的语的语言知识和语言技能。可见本族语言在外语学习过程中是可以起到积极作用的，关键在于如何借力于母语去弥补外语知识的不足。语言对比就是一个有效的途径。在外语教学中，"教师如果将学生的本族语与他们所学的外语加以比较，便可更好地了解真正的学习困难所在，并能更好地组织教学"[④]。通过对比研究

---

① 潘文国. 翻译与对比语言学[J]. 上海大学学报（社会科学版），2007(1)：114-117.
② 任文，李娟娟. 国家翻译能力研究：概念、要素、意义[J]. 中国翻译，2021(4)：5-14, 191.
③ Selinker L. Interlanguage [J]. International Review of Applied Linguistics X, 1972：209-230.
④ Lado R. Linguistics across Cultures: Applied Linguistics for Language Teachers[M]. Lansing: University of Michigan Press, 1957.

理清学习者母语与所比语言的差异所在，进而明晰该语言的根本特点，才能设计出有效的教学策略与方法。通过汉外对比与翻译，从形态、词汇、语义、句式、修辞、语篇等层面将汉语与外语作比较，可以帮助学习者从中得到更深刻的体会，再通过分析译文典例和翻译实践，提高学习者综合语言运用能力。此外，"语言习得有效路径的一个重要启示是：最好的纠错方式是防患于未然……让学生大量接触正确的语言输入，产出与理解紧密结合，与正确的语言输入协同"①，通过汉外对比与翻译，教师能较为预先地帮助学习者纠正语言错误，并且在语境中加深学习者对外语文法的正确理解。可以说，无论是汉语还是外语学习者，若能有意识地对比汉外语言差异，辅以语言运用练习，便能较好地掌握地道的语言表述。

综上，汉外语言对比与翻译无论是从理论层面还是实践层面都具有丰富的价值，能积极促进语言研究、翻译研究的学科发展，更有助于培养传承、传播、创新中国文化的外语人才。

第二节　汉外语言对比与翻译的历史与现状

"对比分析是古老的，因为自有翻译以来就有语言对比。"② 在漫长的历史进程中，不同民族的语言逐渐发展形成自身特点。随着交流沟通的频繁深入，"翻译"这项跨语言、跨文化实践活动自然形成，同时人们也开始关注语言之间的本质差异。不过，虽然语言对比的思想与方法很早就萌芽了，但真正体现出学科意识的语言对比研究则始于20世纪。语言学家 Whorf③ 最先提出了"对比语言学"这一学科概念："把地球上的语言分成语系，每一语系内的语言都来自同一个祖先，研究他们在历史上的发展演变过程。这样的研究叫做'比较语言学'，在这方面已经取得了很大成果。而更重要的是将要产生的新的思想方法，我们可以称之为'对比语言学'，它旨在研究不同语言在语法、逻辑和对经验的一般分析上的重大区别。"可见，"对比研究"不同于"比较研究"："比较研究"可以在语内或者语际之间开展，既能是历时的，也能是共时的；而"对比研究"是对两种或以上的语言进行共时研究，探究其中异同，特别是不同之处，从而为翻译实践、外语教学等研究提供指导。

在我国，对比研究的思想同样先于学科的建立。李振麟先生④ 就曾论述道，在宋《佛

---

① 陆效用. 试论母语对二语习得的正面影响[J]. 外语界，2002(4)：11-15.
② 王宗炎. 对比分析与语言教学[M]// 李瑞华. 英汉语言文化对比研究. 上海：上海外语教育出版社，1996.
③ Whorf B L. Language and Logic[M]//Carroll J B. Language, Thought and Reality: Selected Writings of Benjamin Lee Whorf. Cambridge: The MIT Press, 1941: 233-245.
④ 许高渝，张建理. 20世纪汉外语言对比研究[M]. 北京：高等教育出版社，2006：2.

祖统记》关于译场组织的描述中，"'缀文'、'参译'两道工序……都属于梵、汉语法结构的对比、分析工作"，说明"他们（按，指当时的译经者）已懂得比较梵汉语法的差异"。到1898年，我国第一部系统的汉语语法著作《马氏文通》横空出世，该书在研究中国汉语语法时采用了比较中西语言差异的方法，被誉为中国汉外对比研究史的开端。自此算起，我国的汉外对比研究史可以大致分为以下五个时期：19世纪末至20世纪上半叶、20世纪50年代至1977年、1977—1990年、1990—2010年，2010年至今。

一、19世纪末至20世纪上半叶

1898年，《马氏文通》出版，作为我国第一部系统的汉语语法著作，该书亦被称为"中国现代语言学的基石"。作者马建忠首次将中西语言对比方法运用于古汉语研究，认为中西语法"大皆相似，所异者音韵与字形耳"，并试图仿照拉丁语法框架构建汉语语法体系，让汉语融入世界语言研究范畴。书中的一些观点，例如"词有定类""字类假借说"，以及仿照西文中的主宾格而为汉语设立的"位次说"，尽管有较为明显的模仿西洋语法的痕迹乃至前后矛盾之处，但仍然不能掩盖该书作为汉语语法学开山之作的光彩。语言学家王力就曾对马建忠的贡献给予了高度评价，称其为"一个筚路褴褛以启山林的开路先锋"[①]，认为他对汉外对比语言研究事业所作的奠基之贡献实属不易。此后，在这样"以西观中"的思想观照下，以黎锦熙为代表的不少学者也尝试沿用英语语法框架来探究汉语特点，这一时期的著作包括将现代汉语与英语比较的《新著国语文法》（1924）。不过，这些研究大多致力于从宏观层面构筑汉语的语言学，并非以建立汉外语言对比研究为最终目标，且因"模仿西方文法框架，求同为主，求异为副"之嫌而受到诟病。于是，自20世纪30年代开始，吕叔湘等众多学者高举"反模仿"旗帜，强调通过语言对比来挖掘汉语的特点，而非追随着西方语言文法亦步亦趋。王力在《中国文法学初探》（1936）指明先前汉外研究受到西方文法掣肘的问题，强调了应寻求汉语"语像"与外文"语像"的差异；随后他又在《中国语法理论》（1945）等系列著作中多方面探索了汉语和英语的差异，首创性地提出了"判断句、描述句和叙述句"的汉语句式三分法；或如高名凯在《汉语语法论》（1948）一书中通过对比阐述了汉语在构词法、句法等方面的丰富性大大超越了印欧语系这一事实；又如吕叔湘在《中国文法要略》（1942）中鲜明表达了自己的语言比较观，对中文句法进行了较为全面的语义分析，"以意念为'纲'、以虚词为'目'组织了汉语的表达论体系"[②]。这一期间的对比研究重在"求异"，凸显汉语特色，研究成果有较多突破与创新。

总的来说，自《马氏文通》发表直至20世纪上半叶结束，这一时期汉外语言的对比

[①] 王力. 中国语言学史[M]. 太原：山西教育出版社，1981：175-178.
[②] 王菊泉.《中国文法要略》对我国语言研究的启示[J]. 外语研究，2007(4)：1-7，112.

研究归旨在于探寻汉语自身特点并构建汉语语法体系,其中涉及的对比思想大体停留在方法层面,并未形成具有中国特色的语言对比理论。但值得肯定的是,这些思考依然对语言对比研究的内容、方法和重点等问题进行了初步探索,为后期我国汉外对比研究的发展积累了较为丰富的实践经验。

二、20世纪50年代至1977年

20世纪50年代至70年代末这一期间,汉外对比研究的步伐一度停歇。当时,为数不多的成果也基本围绕俄汉对比展开,主要是服务于俄语教学。当时为了向苏联学习先进科技文化,需要培养大量俄语人才。许多教师发现在教学中通过比较汉语与俄语的异同,可以帮助学生较为快速地掌握这门新语言。与此同时,苏联教育界内正盛行自觉对比教学法,即在外语教学中有意识地在本族语和外语之间进行对比和翻译,以期帮助学生克服两种语言表达形式不同而产生的学习困难。教学法传入我国后,在教学工作者中产生了热烈反响。在此背景下,外语学术界也开展了一些汉俄对比研究,主要成果是梁达、金有景合著的《中俄语音比较》(1955)和梁达的《俄汉语语法对比研究》(1957)两本专著。前者讨论了汉语与俄语在辅音、元音、音位、音调等方面的差异,后者主要讨论汉语与俄语在构词、词形、词序方面的规律和异同。此外,还有一些论文或专著讨论了汉语俄语在词义、句式等方面的不同。

除了汉俄对比研究,这一时期也出现了一些汉英和少量汉法、汉德语言对比研究的成果。

在汉英对比的研究中,语音语调方面,初大告在《英语语音的特点及学习方法》(1956)一文中梳理了汉语和英语在元音、辅音方面的不同,并进一步总结了两种语言在重音、连读、语调等方面的不同;语法对比方面,陆殿扬在《汉英词序的比较研究》(1958)中详细讨论了词汇、词组、英语中"of结构"作定语的词序和译法等。还有一些学者将汉英对比同翻译问题相结合。著名翻译家张培基就在《英语声色词与翻译》(1964)中结合中西方人民在生活习惯、审美情趣等方面的共性和特性,分析了汉语和英语在拟声词和颜色词汇方面的异同,并结合例子加以评述。例如形容白色,汉语中有"雪白",英文中有"snow white"与之对应,原因在于人类对于雪这一气象的相同认知;而形容浅黄时,中国人说"米色",英国人则说"butter-yellow",原因在于两国人饮食习惯不同。因此,他指出在翻译这些声音和颜色的词汇时,应该找到两种语言之间的对应,选择灵活、地道的表达方式。

汉法、汉德语言对比的文章主要有董寿山的《法语中关系代词的用法》(1959)和刘德中的《德汉语语音比较》(1957)。

这一时期的汉外对比研究成果不多,目的主要是服务于外语教学和翻译活动,并且由于国际环境和学术影响等多方面因素,俄汉对比处于主导地位。直至1977年,吕叔湘先生发表《通过对比研究语法》演讲,汉外对比研究终于又焕发新的生机,走向一个具有自觉学科意识的时期。

三、1977—1990年

随着改革开放政策的确立,中外交流互通日益繁盛,大批中国学者和研究人员出国访学深造,西方也涌现了来华留学交流的热潮。热烈的双向学习互动开拓了汉外语言对比研究的广度与深度,我国的翻译事业也同时迈上了一个新的台阶,许多以语言研究和外语教学等为主题的语言刊物也纷纷面世。1977年,语言研究的领军人物之一——吕叔湘先生发表了《通过对比研究语法》的演讲(该文后收录在《语言教学与研究》中),指明:"要认识汉语的特点,就要跟非汉语比较;要认识现代汉语的特点,就要跟古代汉语比较;要认识普通话的特点,就要跟方言比较。"[①] 他通过大量例证分析了汉语与英语的语法差异,并肯定了汉外对比研究的价值。吕叔湘先生高屋建瓴的讲话,在汉语界和外语界都触发了对比研究的学术浪潮,与此同时更多学者也开始聚焦于语言对比同翻译问题之间千丝万缕的联系,将语言对比研究同翻译问题相结合撰文立著。汉外语言对比研究由此拉开崭新序幕。

这一时期,我国汉外对比的理论研究明显增强。其一是对国外丰富的对比语言学理论进行了深入的介绍和研究。《语言学动态》(后更名为《国外语言学》)在1979年连载了韩礼德等人相关著作的译文,标题为"比较与翻译"。《语言学动态》等刊物又在20世纪80年代陆陆续续刊发了《语言的对比研究和语言的类型学》(1983)、《对比语言学和语言类型学》(1988)、《汉英比较研究述评》(1989)等译文。这些对西方对比语言学和翻译研究成果的引介无疑开阔了国内研究者的视野,对于我国汉外语言对比研究的自身建设有很好的启示作用。其二是众多国内学者或是借鉴了国外语言学理论,或结合我国已有的汉外对比语翻译实践经验,针对汉外语言对比研究的理论问题进行了一系列探讨。包括胡壮麟[②③]、王菊泉[④]、罗启华[⑤]等学者对于汉外对比的内容、研究原则、具体开展方法、研究意义等问题都发表过自己见解。

同时,汉外对比研究的内容较先前也更为丰富,从修辞学、翻译实践、社会文化

[①] 吕叔湘. 通过对比研究语法[J]. 语言教学与研究, 1992(2): 4-18.
[②] 胡壮麟. 国外汉英对比研究杂谈(一)[J]. 语言教学与研究, 1982(1): 116-126.
[③] 胡壮麟. 国外汉英对比研究杂谈(二、续完)[J]. 语言教学与研究, 1982(2): 117-128.
[④] 王菊泉. 关于英汉语法比较的几个问题——评最近出版的几本英汉对比语法著作[J]. 外语教学与研究, 1982(4): 1-9, 62.
[⑤] 罗启华. 一门新兴的语言学分科——对比语言学[J]. 华中师范大学学报(哲学社会科学版), 1988(4): 96-103.

的角度讨论汉外对比的研究多了起来。例如唐松波的《中西修辞学的内容与方法比较》（1988）、杨自俭的《试论中西修辞学的发展》（1989）等文章就从较为宏观的理论层面尝试分析了中西修辞学的异同；许余龙的《英汉远近称指示词的对译问题》（1989）、何自然和段开诚的《汉英翻译中的语用对比研究》（1988）则讨论了翻译中的对比问题。

随着外语专业规模的扩大、研究学会的成立，汉外对比涉及的语种也更具多样性，汉日、汉德、汉法等对比研究也开始向纵深发展。在1979—1984年，《日语学习与研究》《日语学习》等相关刊物的问世以及"大平学校"（北京日本学研究中心前身）的设立为汉日语言对比研究注入了强劲动力。刘援朝的《现代汉语与日语的声母比较》（1981）、张纪浔的《日语汉字和中文汉字的异》（1982）、李进守的《中日两国同形词的对比研究》（1983）、孙群的《日汉语的代词对比与翻译》（1984）和《日汉语的代词对比与翻译》（1984）分别针对汉语与日语在语音、词汇、语法层面的一些问题展开分析。汉德语言对比研究也在20世纪80年代之后开始有所起色，一些较有影响力的研究成果包括钱文彩的《德语名词和汉语名词的用法比较》（1981）和同年发表的《德语动词和汉语动词的用法比较》《汉语的时态助词和德语动词的时态》，以及韩万衡在"让步关系"在汉、德语言中的表达方式及对应规律》（1988）等。由于汉语同德语之间的差别很大，且这一时期汉德对比研究才开始起步，学者们仍在摸索更为切实有效的分析方法。20世纪80年代的汉法对比研究大多是从语法层面开展的，包括词类的比较、句式的比较等，其中学术影响力较大的当属毛意忠的《关于法汉语法比较研究的探讨》（1986），他基于个人的经验体会归纳了汉法对比的研究原则和具体操作程序，为此后的汉法对比的具体研究起到了重要的指导作用。

可见1977—1990年这一时期，汉外对比研究终于迎来了复苏与腾飞，取得了较大进步，随着研究者们更加注重对理论的探讨和建设，学科发展翻开了崭新而灿烂的篇章。

四、1990—2010年

1990年，由杨自俭、李瑞华主编的《英汉对比研究论文集》出版，该论文集承上启下，收录了1977—1989年英汉对比研究领域关于理论与方法、语义、词汇、句子、修辞语用等层面的重要研究成果，也昭示着新的时期汉外对比研究将树立起更鲜明的学科意识。汉外语言对比研究迎来了一个蓬勃发展的高峰时期。

这一时期的汉外对比研究有以下几个特点。

其一，汉外对比研究的理论自觉意识愈发增强，有了"形而上"的思考。刘重德曾指出："英汉对比研究应分三个层次：第一个层次是语言表层结构，第二个层次是语言表达方法，第三个层次是语言哲学。我这里说的宏观研究，就是这第二、三个层次的研究。表达法表现一个民族认知世界的方法和规则。要考究这种语言的表达法是怎样形成的，那就要寻求其心理、文化和哲学上的根据。"①

20世纪80年代及其以前的研究，大都属于第一层次，更多关注语言表层的问题，直至20世纪90年代开始向第二甚至第三层次过渡。许多学者开始追问语言内部决定表层结构异同的因素是什么，也就是要从学科理论的高度来审视汉外对比的研究。以刘宓庆、许余龙、杨自俭、潘文国等为代表的学者是其中的佼佼者。

刘宓庆的《汉英对比研究的理论问题》（1991）对汉英对比研究的理论建设具有重要影响，文章首先指明了对比研究的重点——语言的异质性和支配言语行为表现的内在机制，其次提出了一种由浅入深的、从语言表层进入现法层最终抵达思维形态层的研究方法。许余龙的《对比语言学概论》（1992）不仅阐述了对比语言学的目的、理论、方法和应用价值，还从语音、词汇、语法、篇章、语用等方面进行了认识论和方法论上的对比分析，该书"标志着对比语言学作为一门学科在中国的成立"②。杨自俭也认同推进汉外对比研究的学科建设工作至关重要，他在《英汉语言文化对比研究和翻译理论建设》（1994）一文中指出要尽快建立对比语言学的学科结构体系，认为英汉对比研究应包括具体理论对比和具体应用对比，两个方面并驾齐驱，前者可以从语言学、词汇学、语法学、语用学、修辞学等角度开展研究，后者应将上述研究成果应用于英语和对外汉语教学、英汉互译和词典编纂等，最后总结了"深层透视法""同一性原则"等八条研究理论与方法。潘文国、谭慧敏合著的《对比语言学：历史与哲学思考》则是21世纪前十年汉外对比研究领域最为突出的成果之一。这本著作系统性地梳理了中西方对比语言学的发展历程，介绍了具有重要学术影响的学者及其研究成果，还针对语言对比研究的哲学语言观以及学科方法论提出了独到见解，"通过对历史的纵向对比和内部的横向对比的梳理，从历史与哲学视角出发俯瞰对比语言学发展史，在更深层次上把握对比语言学方法论的本质，突显了从汉语本位出发和从语言哲学观照学科发展的总体思路"③。此外，许高渝、张建理等编著的《汉外语言对比研究》（2006）等专著涵盖了汉英语言对比研究、翻译研究、文化对比研究等领域的重要成果，更难能可贵地体现了汉语的话语本位观，因为"从'英汉对比'到'汉英对比'，并不只是次序上的简单对换，而是一种语言观和方法论的根本改观"④。

其二，除宏观层面的学科建设之外，汉外对比在微观层面的研究也更加精细深入。以词汇对比研究为例，此前词汇对比研究一般围绕构词法、词义对应、颜色词、谚语翻

---

① 刘重德. 英汉语比较与翻译[M]. 青岛：青岛出版社，1998：前言.
② 潘文国. 汉英对比研究一百年[J]. 世界汉语教学，2002(1)：60-86，115-116.
③ 王敏. 对比语言学学科建设的新发展——《对比语言学：历史与哲学思考》评介[J]. 外语研究，2007(5)：102-104.
④ 潘文国. 换一种眼光何如？——关于汉英对比研究的宏观思考[J]. 外语研究（中国人民解放军国际关系学院学报），1997(1)：2-12，16.

译等问题开展，而20世纪90年代以后，研究者们则更进一步，尝试探讨词汇在文化内涵、情感意义和象征意义的异同，涉及的词汇类别也更包罗万象，如食物词、动物词、植物词、感官词汇等。连淑能[①]别出心裁地从"英汉文化语言学"的角度来研究词汇，将具有文化内涵的词语分为"成语、谚语、俚语、敬语、俗语、熟语、委婉语、禁忌语、交际语、问候语、礼貌语、称谓语、歇后语、双关语、体态语、拟声语、重叠词、颜色词、数量词、动物词、植物词、食物词、味觉词、政治词语、含有典故和神话的词语以及其他词语"等26类。他又在《再论关于建立汉英文化语言学的构想》[②]一文中结合汉英词汇在结构、抽象性思维等方面的差异，论证了语言现象与文化因素之间"互相关联""互不关联"和"部分关联"的三类关系。沈家煊也在《我看汉语的词类》（2009）中将汉语词类系统的"包含模式"(即名词包含动词,动词包含形容词)与印欧语的"分立模式"(即名词与动词对立)加以区分，揭示了汉语作为"非形态语言"与印欧语作为"形态语言"之分的深层次原因。

其三，汉语与其他小语种之间的对比研究也开始向纵深发展。

20世纪90年代的汉法对比研究同样更为成熟，这一时期的研究成果主要从语音、语法和文化这三个层面展开。例如，邹斌、杨海燕在《语音学对比在法语语音学习中的运用》（1996）中从语音学和音系学的角度对汉语和法语作了比较。张粤河在《汉语时态助词和法语动词时态》（1993）分析了汉语和法语分别通过怎样的手段来表达时态变化。黄天源在《中法文化差异与翻译问题初探》（1992）分析了汉语和法语在词汇功能、修辞手段等七个方面反映出的文化差异，并对相关的翻译对策予以探讨。谢红华[③]和王助[④]则分别针对汉语和法语中表示"多"和"否定"含义的重点词汇展开研究。

汉日对比方面，张麟声的《汉日语言对比研究》和（1993）赵博源的《汉日比较语法》（1999）两部专著为汉日对比研究搭建了一个基本框架。随着汉日对比研究的领域不断扩大，不少学者针对汉日语音、文字、词汇等方面的对比发表了一系列论文，包括《试析日语汉字音读及其汉语读音》（应骥，1997）、《浅谈日汉语中的惯用语》（王华伟，1998）、《现代汉语第三人称代词指称及其语境制约——兼与日语第三人称代词比较》（方经民，2004）、《再谈汉语"的"和日语的の区别》（陆丙甫，2008）等。

汉德对比方面，随着德语教学与研究规模的不断扩大，对比研究涉及的范围也更为广泛。一些学者从传统角度继续深入研究德汉语言在词汇、形态、句子、语篇层面的异同，

---

① 连淑能. 关于建立汉英文化语言学的构想 [C]// 黄国文，张文浩. 语文研究群言. 广州：中山大学出版社，1997.
② 连淑能. 再论关于建立汉英文化语言学的构想 [J]. 外语与外语教学，2004(1): 2-6.
③ 谢红华. 法语的beaucoup与汉语的"很、很多、多"——兼谈对外汉语重点词教学与外汉比较 [J]. 世界汉语教学，2000(2): 57-63.
④ 王助. 现代汉语和法语中否定赘词的比较研究 [J]. 外语教学与研究，2006(6): 418-422，479.

如黎东良①、钱文彩②、刘齐生③等学者。还有部分学者，如史鸿志④等学者从文化角度比较了汉德语言中比喻和谚语的异同，并进一步探讨了汉德之间的翻译问题。

总之，由微观走向宏观，微观领域研究精细化，以及汉语与小语种对比研究的深入，用"繁荣"来形容这一时期的汉外语言对比研究应当是恰如其分的，这也昭示着汉外对比研究光明的未来。

五、2010年至今

近十几年来，汉外语言对比领域取得了不少具有突破性的研究成果，理论和方法更为多样化，研究工具和视角也更为丰富，汉语的主体意识不断增强。

首先，无论从理论抑或从实践层面看，汉外语言对比的研究成果既有传统继承也有锐意创新。

理论层面可分为微观和宏观两个层面。在微观层面上，汉外语言对比的广度与深度均有拓展。以词汇对比研究为例，张维友于2010年出版的《英汉语词汇对比研究》对英汉语词汇的形态、结构、意义以及习语开展了较为全面的对比研究，结构缜密，"能以如此宽广的视野对如此之多方面进行有机统一的研究，该著作尚属领先"⑤。沈家煊在《名词和动词》（2016）一书提出汉语是"名动包含"，而英语是"名动分立"的观点，系统地阐述了汉语的独特性及其与英语的根本性差异，为汉语的词汇研究提供了中国特色的哲学观。在宏观层面上，不少学者对汉外语篇结构、语言文化、思维方式、民族心理等方面进行了深入的对比研究。如葛琴⑥、许余龙⑦分别对英汉语新闻报道的语篇结构和语篇回指功能进行了剖析；褚孝泉⑧、沈家煊⑨等人则探究了汉语同英语等印欧语言的语言基础以及深层文化思维模式的差异。

实践层面的一个重要进展是：不少学者将汉外对比研究的成果与研究与翻译研究相结合，为翻译实践中的一些问题提供了具体的理论支撑。例如，连淑能的《英汉对比研究》于2010年增订出版，该书详尽地探讨了汉语和英语在句式形态、修辞手段、思维文化等特征的异同，在注重严谨的理论分析的同时，又结合丰富具体的实例阐明应当采用怎样

---

① 黎东良. 论汉语"说"字的德语翻译[J]. 德语学习，1997(4)：27-32.
② 钱文彩. 汉德句子动态对比[J]. 德语学习，1997(4)：18-21.
③ 刘齐生. 中德叙述语篇中的因果关系结构[J]. 解放军外国语学院学报，2003(4)：92-95.
④ 史鸿志. 从德汉谚语的比较谈德谚汉译[J]. 外语教学，1992(4)：82-87.
⑤ 汪榕培. 序言[M]// 张维友. 英汉语词汇对比研究. 上海：上海外语教育出版社，2010.
⑥ 葛琴. 基于态度系统的汉英政治新闻语篇对比分析[J]. 外国语言文学，2015(2)：86-91.
⑦ 许余龙. 英汉指称词语的语篇回指功能对比研究[J]. 外国语（上海外国语大学学报），2018(6)：26-34.
⑧ 褚孝泉. 试论中西文化的语言基础[J]. 北京大学学报（哲学社会科学版），2018(3)：113-123.
⑨ 沈家煊. 有关思维模式的英汉差异[J]. 现代外语，2020(1)：1-17.

的翻译方法和技巧来增强译文的表现力。杨自俭和潘文国先后主编的《英汉语比较与翻译》系列丛书收录了近年来英汉语比较与翻译研究会议上的优秀论文，涵盖了汉英语言对比研究、文化对比研究以及翻译研究等方面，前沿研究趋势在书中可见一斑。

其次，汉外对比研究体现了较为强烈的汉语话语本位观，创新蔚然成风。自《马氏文通》出版以来，由于受到印欧语系语法的桎梏，很长一段时间我国的汉外语言对比研究都缺乏理论自信与创新。不少学者前赴后继力图摆脱"印欧眼光的凝视"，近十年来情况终于有了较大改观。沈家煊立足于汉语本体，致力于打破印欧语法系统对汉外对比研究的约束，在《汉语词类的主观性》（2015）一文中探讨汉语如何利用重叠和单双音节这两种形态手段区分出带有主观性的同类词，后又在《有关思维模式的汉英差异》（2020）一文中分析了汉英语言体现出的动态与静态、包含与分立、类比与演绎的思维差异，并尝试分析这些差异的内在联系，以期增强英汉对比研究的渗透性。王文斌也尝试探寻汉语和英语个性差异的根本原因，围绕汉英语言的时空差异性开展了不少研究，他在《论英语的时间性特质与汉语的空间性特质》列举了大量语言学资料，从印欧语中"名词肇于动词"和汉语中"重名不重动""量词的离散性描述功能"的语言规律考证起，分析了深层的哲学逻辑，指出"英语具有时间性特质而汉语具有空间性特质"这一规律。

纵观这十多年的汉外对比研究，无论是理论还是实践研究的发展，抑或是汉语主体意识的高涨，研究成果都可圈可点。自《马氏文通》出版以来，我国的汉外对比研究已经走过了近125年的历史，栉风沐雨，建树颇多，但也存在一些问题，这里主要探讨以下几个方面。

首先，进行对比研究的语种较为单一。较之于汉英对比研究，汉语同其他语种的对比研究仍然较为匮乏，且大多只停留在语音、词汇和语法的语言表层，浅尝辄止，而要系统地探讨汉语与相比较的语言的本质异同，在研究深度和广度上都亟须掘深和拓宽。其次，实证研究不足，研究结论缺乏说服力。沈家煊[①]认为，"有些英汉对比得出的结论缺乏说服力，主要原因有两个：一是不重视语言内部的证据，二是不重视证据的系统性"。可见脱离了语言资料来谈对比研究是没有意义的。王文斌[②]也认为目前的汉外对比研究的一大问题是思辨层面研究占主流，实证研究通常仅仅是数据的罗列，没有充分利用语料库对语言现象进行较为系统而全面的描述。最后，汉外对比研究的成果的应用价值尚未得到充分挖掘。不少学者只专注于理论层面的研究，未能顾及研究成果的运用。在众多学科中，翻译无疑是与对比语言学联系最为紧密的学科之一。潘文国[③]曾给对比研究和翻译的学科关系做出定位，认为"这两门学科具有共同的基础、共同的性质，还有共同的追求目标"，汉外对比"对语言，特别是汉语本质的新认识，无疑也促进了翻译、

---

① 沈家煊. 怎样对比才有说服力——以英汉名动对比为例 [J]. 现代外语，2012(1)：1-13, 108.
② 王文斌. 我国汉外语言对比研究 70 年 [J]. 外语教学与研究，2019(6)：809-813, 959.
③ 潘文国. 翻译与对比语言学 [J]. 上海大学学报（社会科学版），2007(1)：114-117.

特别是汉外互译理论和实践的新发展"。然而，迄今为止，将汉外对比研究同翻译问题相结合的论文或专著仍较为匮乏，理论与实践结合不够紧密。随着我国国际传播事业步入新阶段，对外翻译作为构建国际话语权的重要路径肩负着重要责任，如何充分利用好已有的汉外对比研究成果切实助力提升翻译质量是一个亟待解答的问题。

"对比不仅是外语学习和研究的最基本方法，也是翻译和翻译研究的基础……因此我们在讲对比语言学的应用领域时，首先会提到语言教学与翻译，就是这个原因。因为离开对比，这两种活动甚至都无法进行。"[1] 将汉外语言对比研究的研究成果进行一次系统的梳理，并结合典例对其中涉及的翻译方法与技巧加以解析，对于翻译教学具有重要指导价值。目前做出此类尝试且将汉英、汉德、汉法、汉日语言对比成果一并囊括的教材数目寥寥，这也正凸显了编写这本《汉外语言对比与翻译》教材的必要性与重要性。

第三节　汉外语言对比与翻译的内容与方法

一、汉外语言对比与翻译的内容

通过前一节内容的梳理，可知汉外语言对比研究可以从理论和应用两个层面来开展，前者主要是对语言的本质异同给予具有哲学性质的描述与解释，后者则更加关注研究成果的转化应用。本教材兼顾理论与应用，基于对汉外语言对比理论知识的系统性梳理，从翻译的角度结合典型案例考察汉英、汉德、汉日、汉法语言的异同，以实践检验真知。汉外语言对比与翻译重点研究汉外语言在词汇、句式、修辞等微观方面以及在语篇、文化等宏观方面的异同，并据此考察在翻译过程中应当采取怎样的翻译方法与技巧，既弥合语言之间的差异，实现汉外语言的准确转换，又保留源语传达的信息与文化，产出适切、流畅的译文。

词汇对比可以分为形态和词义两个方面。首先就词汇形态而言，汉语以"字"构"词"，不需要通过屈折变化来表示语态、时态、性数格等语法概念，但具有千变万化的语言意境，这是汉语的一大特点。何善芬[2]就对汉语和英语的词汇形态做过比较，认为汉语接近于孤立语，相较之下英语则更偏向于综合语。前者的语言体系中词缀数量较少，需要借助虚词等手段来表达意义；而后者可以通过丰富的词缀来传达某些含义，譬如"eat"之于"吃"，"be eating"之于"正在吃"等。因此，译者需要对汉外语言中基本的名词、代词、动词、介词等词类的异同熟稔于心，如果疏忽了汉外词汇形态上的差异，可能会导致误译。其次就词义对比而言，主要是围绕汉外语言中习语的对比开展。汉外语言中有不少成语和

---

[1]　潘文国. 英汉语对比研究的基本方法与创新[J]. 外语教学，2019(1): 1-6.
[2]　何善芬. 英汉语言对比研究[M]. 上海：上海外语教育出版社，2002.

谚语在意义和表达形式上是相似的，这是由于人类的思维与情感存在相通之处，而经过历史淘沙的语言结晶往往会反映出人类在生产生活中总结出来的相似的经验和观点。不过，鉴于历史、环境和习俗等方面的差异，不同民族终究形成了具有自身特点的思维方式，使用的习语也各具特色，有时含义相同，但喻体不同，有异曲同工之妙；有时涉及的形象相同，但意义大相径庭。因而习语翻译绝非易事，切忌望文生义，生搬硬套，一定要联系具体语境，对相关的语言文化知识有所了解，勤于查证，才能翻译得准确地道。

无句不成章，句法是汉外语法对比的一个重点，也是翻译中必须重视的部分。汉外语言有各自的句式特点，通过对比可以归纳出它们在造句规律上的异同。汉语重寓意、轻形式，句中各成分之间的关系主要依靠词序和语义依存关系来表达，这与大多数西方语言很不相同。例如，在句子的结构上，英语句子突出主语，一般是"主语 - 谓语"结构，主次分明，规整严密；而汉语句子则突出主题，是"主题 - 述题"结构，以形寓意，流散灵活。故英汉互译时所关注的句子重心不同：英译汉时，重点在于理清说话者的意念，可以采用零位主语、话题式主语等表达方式；汉译英时，汉语表达中未明确的主语一定要在英文中用名词性成分指明，否则便可能导致逻辑混乱的情况。又如，在德语中，句子是围绕动词而铺陈开来的，可以说动词是灵魂与核心；相较之下，汉语更为多变，句中谓语可由名词、形容词、介词等实词担任，并非必须是动词。因此，掌握了汉外语言的句法结构，译者能更准确地理解原文含义，使译文符合目标语言句法规则的表达方式，提高语言的流畅性和准确度。

修辞格是增强文字感染力的艺术，能够让语言更加生动形象。鉴于历史文化背景的不同，各民族语言体系中修辞手段存在一定相似性，但不能完全对等。因此，在汉外对比中留意不同语言修辞手法的异同，分析彼此的特点，有助于在翻译中准确解读原文的修辞手法，并复现原文的中心思想和语言风格。例如，英语的修辞格可主要分为三大类：音韵修辞格、词义修辞格和句法修辞格，涵盖拟声、头韵、明喻、隐喻、重复、平行结构等二十多种修辞手法。如何理解和再现这些修辞格的表达效果是英汉翻译的一大难点。若不能再现源语中的修辞手法，即使传达出相近的意思，原文的穿透力也会大打折扣，作者的巧思用意将遭到严重破坏。针对不同的修辞手法，在翻译中可以采取不同的对策：首先，对于结构和意义都近似的修辞手法，例如明喻（simile）、隐喻（metaphor）、拟人（personification）等手法，尽可能直译或者加注，使意象和格式都尽可能靠近原文，做到形神兼备；对于在汉语中不具备或较为罕见的手法，譬如英语中的共轭结构（zeugma）、头韵（alliteration）等，则需要意译加以阐释，避免误解；有时，英汉语言中对于同一个意象的理解差距较大，在处理与之相关的修辞手法时，为最准确地达意，就需要适当转换喻体，例如"work like a horse"就宜翻译为"像牛一样勤恳工作"，因为在中华文化中普遍认为"牛"代表吃苦耐劳的形象。总的来说，翻译应尽可能忠实于原文的修辞格，保持结构相仿、内涵一致。如若不可行，则考虑加以阐释、转换或引申等，从而贴近目标语的修辞习惯，以引发读者的共鸣。通过研究汉外语言的修辞对比，有助于深刻理解汉外文化在思维方式和表达习惯上的共性和差异，选择适宜的翻译方法和技巧，提高翻译质量。

汉外语篇对比研究主要可以从衔接手段和文化两个方面来开展。从语篇衔接来看，以汉英对比为例，汉语作为典型的分析语，是依靠虚词和词序来表现语法关系的。现代英语虽也兼有分析语的特征，但相较于汉语，更倾向于主动运用形态变化来表达语法关系，故更偏于综合语，它们在语篇衔接手段方面也有较大差异。语言学家Kaplan[①]认为英语语篇的传统思维模式为直线形，而东方人的语篇的传统思维模式是螺旋形。因此，直线形的英语语篇力求结构清晰，主题句一般出现在开篇和段首，起到立论破题的作用，此后分论点环环相扣，线性延伸，并通过各种衔接手段使全文连贯流畅；而螺旋形的汉语语篇则显得含蓄，较少开门见山，通常先铺陈环境背景，以较为宏观的视角切入，逐渐盘旋收束，最终升华明确主题，汉语散文就是最为典型的代表，讲究形散神聚、意境深远。因此，汉译英时，要理解行文思路，通过添加关联词增强逻辑性；而英译汉时则相反，关联词往往可以略译，逻辑草蛇灰线般隐于句中，追求行云流水般的畅达。文化方面的对比涉及不同民族社会生活的方方面面，包括称谓、服饰、食物、颜色、建筑等。在翻译过程中应该对涉及的文化差异予以重视，结合具体的文化背景和语境来处理。以称谓文化为例，中华民族作为礼仪之邦，自古在交际中讲究"尊卑有别""长幼有序"，有尊称与谦称的文化体系。时至今日，人们常常以"先生""女士""师傅""老师"等称谓表示尊重友好。日语中同样存在敬语文化，甚至更为复杂，仅亲属称谓就可分为亲属互称、向他人介绍亲属时的称呼以及对他人亲属的称呼这三个方面，具体须考虑到对话人双方以及所指人物的年龄、地位、亲疏关系等因素。相较而言，现代英语文化中，人们则更习惯于以姓名称呼对方，以表示友好与对个性的尊重。所以在翻译涉及称谓文化的文段时，首先要能理解所指人物的身份，体会人物之间的长幼亲疏关系，结合汉外文化异同和具体语境来选用恰当的称谓，必要时可加以注解，使得原文和译文的情感和语气尽可能相同。总之，汉外语篇层面的对比对于翻译具有重要意义，探讨语篇衔接和社会文化的差异有助于翻译者更好地传达原文的文化内涵，进而帮助目标语读者能够顺利理解原文的逻辑结构和文化背景，从而实现跨文化交流的目的。

总的来说，汉外语言对比与翻译关注的内容重点包括词汇、句式、修辞、语篇文化等方面，若能体悟并恰当处理以上内容，译者就能有效完善译文的准确度与连贯性。当然，译者还需要不断精进语言技巧，提升文化敏感性，以适应汉外语言和文化环境，使得译文能够更好地满足目标读者的需求和理解，这也是汉外语言对比的一大意义。

---

① Kaplan R B. Cultural Thought Patterns in Inter-cultural Education[J]. Language Learning, 1966(16): 1-20.

二、汉外语言对比与翻译的方法

首先，要从语言事实出发。对大量的语料数据进行详尽描写，进而解释其中的语言现象和原因。回顾我国的汉外对比研究历史可知，《马氏文通》发表之后的几十年，语言研究界一度形成了比附西方语法框架来研究汉语语法的风潮，"模仿"痕迹明显，汉语的独特性没有得到高度重视，许多结论甚至难以自圆其说。因此，汉外语言对比不应该拘泥于固有的语法框架，应当尊重语言事实，可以收集建立相应的语料库，包括原文和翻译版本，以便于进一步对包括词汇、句法、语用和语篇等方面的现象加以深入考察。

其次，描写与解释并重。吕叔湘先生曾在给《英汉对比研究论文集》[①]的题词中指出："指明事物的异同所在不难，追究它们何以有此异同就不那么容易了。而这恰恰是对比研究的最终目的。"汉外语言对比亦如此，不仅要归纳出语言异同所在，还要更进一步推敲语言表层之下决定其结构的深层原因，从万千语言事实中凝练出规律。邢福义[②]指出："描写偏重于从微观上对语法事实做客观的反映，解释偏重于从宏观上对语法事实做理论的阐明。只有充分解释，才能有充分的认识。"在对语言事实进行充分描述后，还需要从语法框架的角度归纳和总结微小的研究发现，并最终指向系统性的理论解释。这样既有助于透彻地理解具体的语言现象，同时也有助于在语言对比中摆脱"主观语法"框架的束缚，避免将某一语言的语法理论生搬硬套到另一语言，让结论更具有说服力。通过语言事实归纳语言的本质异同，并剖析何以有此异同，这正是语言对比研究的归旨。

最后，在实践中检验理论，让语言研究的成果充分为翻译实践服务。通过对汉外语言中词汇差异的研究、句式特点的对比、修辞手法的比较以及语篇结构的分析等，译者可以深入了解不同语言背后思维模式的差异，从而更好地把握原文的意义和表达方式，选择合适的翻译方法和技巧，以在目标语言中传达相同的意义和效果。学习者可以结合相关典例分析原文和译文，思考译者是如何处理语言文化差异的，或根据目标语言读者的反馈和评价，尝试修正和改进译文，并据此对汉外语言对比的研究成果提出完善意见。

综上，汉外语言对比和翻译是基于语言事实开展的研究，需要通过对语言事实的观察、对比、分析、描写和解释，总结归纳出汉外语言在宏观和微观层面的本质差异，并为翻译实践中弥合语言文化差异提供相应的翻译策略与方法。同时，通过对译文的评估和反馈又能进一步补充完善对比研究的理论。

---

① 杨自俭，李瑞华. 英汉对比研究论文集[M]. 上海：上海外语教育出版社，1990.
② 邢福义. 语法问题思索集[M]. 北京：北京语言学院出版社，1995.

第四节　本书的学习要求

汉外语言对比与翻译从语言事实出发，对于汉外语言和文化的异同进行系统性的梳理，再结合经典译文赏析和翻译练习，帮助学习者切身体会在翻译实践中需要采取怎样的策略与方法。因此，本教材的学习要求包括汉外语言知识和文化知识的习得以及翻译思维的培养。

首先要掌握扎实的汉外语言知识。"翻译在相当程度上就是在语言对比的钢丝上跳舞，需要具备足够的平衡力，而且翻译难，往往不是语言之间的共性，而常常是语言之间的差异，对此需要有足够的敏锐观察力和透视力。在翻译过程中，译者需要在翻译中对比，在对比中翻译，两者须臾不可分离，准确把握两者之间的关系。"[1] 无论是在语言对比还是翻译实践中，若不立足于语言知识研究，就好比缘木求鱼。只有通过习得语言知识、输入语言材料并对语言现象加以深入思考，才能逐渐参透汉外语言之间的差异，也才能真正掌握语言表达的要领，实现自然、流畅、准确的语际翻译。学习者需要借助语言学的知识，把握好汉外语言知识的基本框架，包括语音的结构系统、词汇的形态和语义、句式和篇章架构、修辞手段的功能与内涵等。在全面了解语言知识的基础之上，还要对汉语和所比语言的特点予以重视。例如，语序作为汉语中最主要的语法手段，通过灵活调整语序可以表达丰富的意义："好天气"是偏正关系，"天气好"则是主谓关系，可见汉语语序的调整牵一发而意义动全身，这体现了汉语语法的一大独特之处。只有关注理解语言的独特性，才能把握好对比研究的要义，为翻译实践做好准备铺垫。同时，学习者还应对汉外语言的发展有所关注。语言犹如一面镜子，可以折射出当下人类所处的生活状态以及价值观念、社会文化的变化趋势。随着科技进步和世界文明的纵深交融，新的语言表达和语言知识无时无刻不在产生着。商务印书馆、牛津词典等机构都会评选出"年度热词"以反映大众关心的热点话题。因此，要重视汉外语言的发展动向，善于分析各种新兴的语言现象，不断充实自身的汉外知识，以便于更深入地了解语言的发展趋势。

其次要广泛学习汉外文化知识。语言与文化关联密切。谢之君[2] 曾对如何认识语言中展现的文化发表以下见解：

"一是作为文化的载体，语言可以容纳文化的各个方面，文化的任何内容都可以在语言中得到反映，就语言形式和它所反映的文化内容来看，二者在外延和内涵上是相等的；二是语言一方面反映文化，另一方面它的形式同时受文化的制约，特别是受思维方式的影响，这时语言的民族性显得格外突出，使不同民族的语言呈现出各自不同的特点。"

---

[1] 王文斌. 对比语言学：语言研究之要[J]. 外语与外语教学，2017(5)：29-44，147-148.
[2] 谢之君. 文化中的语言与语言中的文化——试论"文化"在外语教学中的定位[J]. 外语界，1999(1)：35-38.

徐平[①]也认为"语言和文化复杂地交织在一起。语言是文化的载体,文化是语言的内容,语言习得意味着文化的移入"。一个民族的历史事件、文化典故和风俗习惯等,通常会在语言表达上留下深刻的文化烙印,反映出社会的思想价值观。语言与历史文化相互影响、相互塑造,共同构成了一个社会的独特身份和价值体系。

通过对中华文化和其他民族文化的学习,有助于我们增进对彼此语言的理解。胡文仲[②]指出:"越深刻细致地了解所学国家的历史、文化传统、风俗习惯、生活方式以及生活细节,就越能正确地理解和准确地使用这一语言。"尤其是在当前"一带一路"倡议和"人类命运共同体"理念深入推进的大环境下,语言学习者需要不断开阔视野,积极学习本国和异国的文化传统和思维方式,善于发现探索语言背后的文化特殊性,客观地看待与接纳不同民族之间语言文化差异,在跨文化交流中不断提升自己的语言综合运用能力。

最后,要培养翻译思维。传统的翻译教学倾向于关注表层的语言知识,如词汇、短语的选择,再结合一些翻译练习和参考答案来传授其中的翻译技巧,并未关注如何从思维层面帮助学生认清翻译的本质。因此,学生或许能在走马观花式的听讲中记住几个精妙的表达,误以为自己掌握了"翻译"的门道,然而在课后训练中,他们还是苦恼于语言储备的匮乏,笔下的译文也常常木讷生硬。要扭转这一局面,培养翻译思维是重中之重。翻译并不是简单的关于语言对应与转换的工作,它需要译者在掌握语言特点和语言转换技巧的前提下,用灵活、自然、有创造性的译入语再现原文的信息、结构与内涵。温建平[③]曾指出翻译思维具有灵感性、顿悟性、直觉性的特点:灵感看似是在电光石火之间降临,本质上是经过大量前期积累和逻辑思考后的产物;顿悟虽有偶发性,但是若少了持之以恒的追问与琢磨,便也没有一刹那的发现;直觉似乎受潜意识的支配,难以解释,实际是在丰富的语言输入和输出后才能获得的语感。而培养这种翻译思维是可以通过分析汉外语言对比来实现的。

"从比较英汉语言在词汇、句子和篇章等层面的异同入手,发现它们所依据的思维方式的异同,在具体翻译操作中能够依据源语和译语的不同特点,超越原文对思维的制约,深刻挖掘其内涵意义,减少中式英语和欧式汉语,用地道的译语来再现原文的语言内容、文化内涵和修辞功能。"[④]

所以,在学习汉外对比与翻译课程时,学习者要善于借助语言对比的理论知识,从语言本质和思维模式的角度来思考"如何翻译""为什么这样翻译""有无其他译法"等问题,体悟出相关的语言表达和翻译方法,关注思维的自动转化而不仅仅是语言的机

[①] 徐平. 二语习得与跨文化交际意识的融合[J]. 东北师大学报(哲学社会科学版),2013(4):135-138.
[②] 胡文仲. 文化差异与外语教学[J]. 外语教学与研究,1982(4):45-51.
[③] 温建平. 论翻译思维能力的培养[J]. 外语界,2006(3):7-13.
[④] 温建平. 论翻译思维能力的培养[J]. 外语界,2006(3):7-13.

械对应。学习本教材时，学生同样需要评析大量的译文典例来理解如何在翻译中妥善处理汉外语言文化的差异，再结合相关翻译练习做到举一反三、触类旁通。

在使用这本教材时，如果学习者能够从理论的高度系统体会汉外语言的特点与差异，广泛涉猎中外文化历史知识的同时善于思考具体语言现象中反映的文化特征，并在翻译实践中知行合一、锤炼思维，相信一定会在语言能力、跨文化能力、翻译能力等方面皆有所进步。

思 考 题

1. 如何定位汉外语言对比研究和汉外翻译之间的关系？
2. 自《马氏文通》发表以来，我国汉外语言对比研究在不同时期的特点分别是什么？
3. 试比较汉语和英语在语篇层面的差异。
4. 请结合自己的学习经历谈一谈对汉外语言对比与翻译这门课程的理解。

第二章 汉英语言对比与翻译

1977年5月，吕叔湘先生在北京语言学院发表了题为"通过对比研究语法"的著名演讲并提出，"要认识汉语的特点，就要跟非汉语比较；要认识现代汉语的特点，就要跟古代汉语比较；要认识普通话的特点，就要跟方言比较"[1]。转眼间，40年已经过去了，我国在语言对比研究方面成果显著[2]，潘文国[3]、王菊泉和郑立信[4]、许高渝和张建理[5]、杨自俭和王菊泉[6]等均有不少论述。

在全球七大语系中，英语属于印欧语系，汉语属于汉藏语系，英语和汉语是世界上使用人数最多的两种语言。翻译是思维活动转换的过程，人类的共性思维决定了不同语言之间可以进行转换和翻译，但是人类思维中的民族性也带来了东西方民族的语言和文化差异，造成汉英翻译中的障碍和困难。翻译的步骤通常包括理解、表达和校核三个阶段。其中，理解是表达的前提，又与表达相互联系、相辅相成。好的翻译要求译者对源语中的语言和文化现象、逻辑关系进行充分理解和分析，然后基于正确判断用目的语恰当地重新表达出来。由此可见，做好汉英翻译需要对汉语和英语这两种语言进行对比分析，而汉英语言对比和翻译研究不仅需要对比分析语言表层结构，更应该深层探讨汉英两种语言在思维方式、文化心理、审美习惯上的差异，从而从根本上解决翻译中该如何处理语言差异的问题。本章内容基于现有汉英对比和翻译教材及其研究，从形态、语音、词汇、句法、修辞和语篇六个角度入手，援引大量译例，逐层、逐次对汉英语言系统进行比较分析与论述，讨论深层差异在汉、英语言形式结构上的各种不同表现形式，以达到促进翻译研究、指导汉英翻译实践的目的。

第一节 汉语与英语形态对比与翻译

语言是一个由形、音、义共同组成的严密系统。杨元刚和熊伟[7]认为从形态上来说，

---

[1] 吕叔湘. 通过对比研究语法 [J]. 语言教学与研究（试刊）/（正式发行版），1977/1992(2)：4-18.
[2] 许高渝. 我国九十年代汉外语言对比研究述略 [J]. 外语与外语教学，2000(6)：47-50.
[3] 潘文国. 汉英对比研究一百年 [J]. 世界汉语教学，2002（1）：60-86, 115-116.
[4] 王菊泉，郑立信. 英汉语言文化对比研究 (1995—2003) [C]. 上海：上海外语教育出版社，2004.
[5] 许高渝，张建理. 世纪汉外语言对比研究 [M]. 北京：高等教育出版社，2006.
[6] 杨自俭，王菊泉. "英汉对比与翻译研究"系列文集对比 [M]. 上海：上海外语教育出版社，2009.
[7] 杨元刚，熊伟. 英汉语对比与翻译教程 [M]. 武汉：武汉大学出版社，2021.

汉语是语义驱动的语言（semantically-driven language），英语是形态驱动的语言（morphologically-driven language）。

汉语和英语的名词形态和标记存在显著差异，这种语言形式的差异是汉英民族文化差异的具体表现。比如，汉民族倾向于运用具象的思维方式，其中动意语言占据了主导地位；汉民族善于逻辑思维，语言逻辑严谨，用词精确且含蓄内敛。英语民族以其精湛的抽象思维表达能力著称，其语言呈现出一种静谧的状态，行文灵活自如，自然流畅，但同时也存在着难以理解的抽象晦涩之处。在本节中，我们将详细探讨汉英构词和形态之间的差异，并深入探讨汉英互译中需要注意的事项和技巧。

一、汉英构词对比

汉语和英语在语言符号、文字符号和意义结合方式和路径上截然不同。潘文国[1]提出，从思想到文字的途径来看，拼音文字是先有概念，再有语音和文字，但是汉字是以形写意，从概念直接到文字。具体来说，汉语属于表意文字（logograph），通过象征性的书写符号记录信息，每一个符号皆传递着意义。根据"六书"理论，汉字构造主要借助象形、指事、会意和形声四种造字法，转注和假借两种用字法。以下为一些例子。

象形字，如：日、月、山、川、人、犬、鱼、虫、手、足。
指事字，如：一、二、三、四、本、末、未、上、下、刃。
会意字，如：明、尖、间、卡、歪、休、信、采、林、森。
形声字，如"乔"：qiao，桥、侨、荞；jiao，娇、骄、矫、轿。

不过汉语的表音度并不显著，同时声符和音节之间也不是一一对应的。因此，在学习和使用汉语过程中，要特别注意语音方面的问题。汉语音节数较少，7000 个现代汉语通用字，共使用 1200 多个带调音节，平均 6 个汉字共用 1 个音节。也就是说，同一音节可能包含 6 种含义，尽管上下文可能排除了一些歧义，但仍会对阅读速度和听辨准确性产生影响。[2]

英语属于拼音文字（phonograph），词的形态很丰富，但是字母组合和单词意义之间没有必然联系。英语字母符号所对应的并非单纯的词语，而是在语音层面上的音素。音素是构成语言的最小单位，音素构成语素和词语，然后与其所代表的意义相对应。当然在英语中，也存在一些简单的符号，例如阿拉伯数字"1、2、3、4、5"，以及数学符号"+、-、×、÷、%、="等。英语中还有用字母表示不同形状的情况，比如 T-shirt（T恤衫）、U-turn（180 度拐弯）、V-belt（三角皮带）、I-bar（工字钢）等。

相对来说，字母的表意性不高，比如 AAA 可以表示以下意义。

---

[1] 潘文国. 汉英语对比纲要[M]. 北京：北京语言文化大学出版社，1997.
[2] 潘文国. 汉英语言对比[M]. 北京：商务印书馆，2010.

American Automobile Association 美国汽车协会

Amateur Athletic Association（英国）业余体育协会

Agricultural Adjustment Administration（美国）农业调整署

American Arbitration Association 美国仲裁协会

二、汉英形态对比

邵志洪在其《汉英对比翻译导论》[1]中提出从语言形态学分类的角度而言，汉语以分析型（analytic）为主，而英语则是从综合型（synthetic）向分析型方向发展的语言。分析型语言指的是一种语言形式，其语法关系主要通过虚词、词序等手段来表达，而非单纯依靠词汇本身的形态。这一类语言里，一般都有一个比较完整和系统的句法语义结构体系。汉语中的词汇以词根的形式呈现，然而缺乏一套能够表达语法意义的形态变化体系。汉语是一种单纯依靠形音义相结合的分析方法而构成的语言。汉语运用词汇的方式来表达概念意义和语法意义，其中后者包括名词的数及动词的时体、语态、语气等。所以，我们说汉语属于综合型语言，通过词汇形态的变化来传达语法意义。英语的词汇形态变化相对丰富多样，标示语法范畴可以表达语法意义，特别是动词形态变化，从而形成了以动词形态变化为主轴的句法结构模式，这种模式紧密结合了意义和句法形态。

从语言和思想之间的关系出发，按使用频率对语言形式进行判别，使用频率较高者视为无标记，反之视为有标记。[2]根据这一原则，语言中的标记可分为语法标记与词类标记，其中语法标记就是词汇由于语法上的需要而产生屈折变化的现象，比如性、数、格、时、体、态等，词类标记则是词汇经过派生变化后词性产生了变化。接下来，我们将以语法标记与词类标记两个方面为切入点，对汉英语言的异同进行对比。

（一）语法标记

语法标记方面，英语主要用添加词尾的方法去区分格（case）、时态（tense）、性（gender）、数（number）等语法范畴，如英语名词 student 有单数 student、复数 students、属格单数 student's 和属格复数 students' 等形式，英语的代词则保留了格性数的以上形态变化，取决于词汇的语法功能。汉字并不表现出与英语相似的词形变化。张吉生[3]提出汉字是以形表意的；英语以音表意丰富多样。二者体现了不同的思维，汉字属于形象思维的范畴，英语属于抽象思维。如汉字中与脚部运动有关的字，例如"踢蹬、跑蹬、

---

[1] 邵志洪. 汉英对比翻译导论[M]. 上海：华东理工大学出版社，2013.

[2] Rutherford W E. Markedness in Second Language Acquisition[J]. Language Learning, 1982, 32(1): 85-108.

[3] 张吉生. 从汉字的偏旁部首和英语的词根词缀看不同的思维形式[J]. 汉语学习，2000(2): 33-37.

跳跃、跨越、踩踏"等，均带有足字旁。但相应英语词 kick，run，jump，stride，tread 等，并无通用形式。尽管英语中同类词间并不存在形象联系，但是很多具有逻辑相关义的词语都可以用相同的词缀来表达。

汉语中不存在屈折形态的变化，通常需要借助词语、安排词序、隐含意义等方法来单独表示语法意义。例如，"时"的改变可由词汇及句法手段表示，如"了""着""过""已经""就要""现在""将来""正在""过去"等。英语动词"时"的表示则主要是由屈折变化引起的，例如 go，going，went，gone 等。表 2-1 体现了汉语和英语不同的表意手段。①

表 2-1 汉语和英语的表意手段

项目	汉语（词汇表意）	英语（形态表意）
名词的数	将两种文化视为一体	two cultures taken as a whole
	将两种文化各自视为一体	two cultures taken as wholes
动词的时态	他们过去是相爱的，但现在已没有什么感情可言了。	They loved each other and there is no love lost between them.
动词的语态	每场比赛他们都败在客队的手下。	In every game, they were bested by the visitors.

（二）词类标记

词类标记方面，英语中不同的词性和词形呈现出差异性，具有可识别的形态特征，即词性不同，词形也各不相同。这主要得益于英语中的词缀变化（affixation），包括大量的前缀（prefix）和后缀（suffix）。其中，前缀主要是由一个或两个音节构成，后缀则以单个音素为基础形成。英语的词缀具有高度的灵活性和多样性，种类繁多，通过变化词缀，可以对词形、词类和词义进行变化。这些词缀不仅是构成新词语或新语汇必不可少的成分，而且还具有丰富的修辞功能。无论从规模、数量还是种类上来看，汉语在运用词缀进行构词方面均不及英语，因此在进行汉英互译时，常常需要进行词汇类别的转换，以确保表达忠实顺畅。②

以名词标记为例，英语的标记数量远多于汉语，特别是动词和形容词可以通过后缀轻松转化为名词体，并带有动词和形容词的特征，这使得英语篇章中呈现出名词优势。以 sign（符号）为例，添加后缀可变为 significance（重要性），添加前缀可变为 insignificance（无意义）。名词的优越性在于其能够赋予语言表达更多的灵活性，使行文更加自然，

---

① 刘宓庆. 当代翻译理论[M]. 北京：中国对外翻译出版公司，1999.
② 邵志洪. 汉英对比翻译导论[M]. 上海：华东理工大学出版社，2013.

更容易表达复杂的思想内容，但同时也会导致语言抽象晦涩。汉语中多一词多性，无法从外在形式上对词性进行区分。例如"进攻"和"打击"一定是动词吗？"危险"和"红色"是形容词、名词还是副词呢？只有在具体使用语境中才能确定这些词的词性。

汉语名词在形态标记方面的数量相对较少，使用频率并不高。在现代汉语名词化的过程中，"的"字结构是被广泛采用的一种表达方式，"的"可以用作定语、状语或者补语，但是所修饰的成分不同。例如：

（1）年过五十的老先生，大概总读过韩愈的《师说》。这篇文章里很有几句话值得今天当老师和学生的想一想。

Elderly people aged over fifty must have read Han Yu's *On the Teacher*. Quite a few remarks in this essay are worthy of contemplation by present-day teachers and pupils.[①]

这一句子中"的"字一共出现了三次，在语义上和语法上起着重要作用。其中"想一想"单独从形态上看是动词，但在"的"字结构的影响下呈现了名词化，张培基的英译版本中处理成了"contemplation"，形态上更加对应。

汉语还特有核心词加范畴词的形式，凸显其具体思维。虽然范畴词在句中没有实际含义，但它非常有用，可以使句子更加流畅。所以，英语中的一些名词翻译成汉语时，常常需要加上范畴词，使表达更加顺畅完整，如：frontier 前沿领域，visibility 能见度，madness 疯狂行为，violence 暴力事件。又如：

（2）She was therefore obliged to seek another branch of the subject, and related, with much bitterness of spirit and some exaggeration, the shocking rudeness of Mr. Darcy.

她因此不得不另找话题，于是就谈到达西先生那不可一世的傲慢无礼的态度，他的措辞辛辣刻薄，而又带有几分夸张。[②]

相反，汉语这类用于形态标记的范畴词通常在句子中无实际意义，译成英语时需省略才能更精确。刘宓庆[③]指出："汉语命名中倾向于加范畴词。"程镇球[④]也指出："汉语里有一些较抽象的名词，如'问题''状态''情况''工作'等，有时本身没有实质的意义……翻译时可以省去不译。"如：

（3）垃圾分类工作就是将垃圾分为可回收和不可回收垃圾。

（The work of 省去）Garbage classification means dividing garbage into recyclable and unrecyclable.

（4）中国还将实施可持续发展的战略，促进全国的创新工作，加快技术进步，努力解决国民经济中的主要问题，加快我国科技事业的发展。

---

① 张培基. 英译中国现代散文选（二）[M]. 上海：上海外语教育出版社，2003.
② 简·奥斯丁. 傲慢与偏见[M]. 王科一，译. 上海：上海译文出版社，2010.
③ 刘宓庆. 汉英对比与翻译[M]. 南昌：江西教育出版社，1992.
④ 程镇球. 翻译问题探索[M]. 北京：商务印书馆，1980.

China will also implement strategies for achieving sustainable development, promote (the work of 省去) innovation on a national scale, speed up technological progress, make great efforts to solve major problems in national economy, and enhance the development of (the cause of 省去) science and technology of our country.

三、汉英互译中的形式隐化

汉语和英语属于不同语系，其形式化程度也有较大差异。语言形式化（linguistic formalization）是指一种语言表达一定意义所依赖的多种途径，其中包括音调和语序、屈折变化和功能词等的丰富程度和对于这些形式手段的依赖程度。[①] 若形式手段多样且依赖程度较高，则其形式化程度较高，反之则形式化程度较低。汉语形态手段具有词语黏着附加的特点，形态功能受到限制，多借助词汇手段表达语法意义。但英语更强调形合，形合手段多依靠显性、规范的形态变化来表达语法意义，经常使用多种形式手段来连接词语、分句和从句，比较注重句子形式，注重结构完整以及以形显义。所以在汉英互译时，显化或者隐化表现也会有很大区别，从形式化程度较高的语言向形式化程度较低的语言转化，例如从英语翻译成汉语时，显化现象减少，隐化现象增加。如果翻译方向与原文相反，那么显化现象增加，而隐化现象减少。[②] 例如：

（5）留得青山在，不怕没柴烧。

a. As long as the green hills last, there'll always be wood to born.

b. As long as the green mountains are there, one should not worry about firewood.

c. Keep the green mountains and you don't have to worry about where to get firewood—while there is life, there is hope.[③]

（6）Youth means a temperamental predominance of courage over timidity, of the appetite for adventure over the love of ease. This often exists in a man of 60 more than a boy of 20. Nobody grows old merely by a number of years. We grow old by deserting our ideals. （塞缪尔·厄尔曼散文《青春》）

青春气贯长虹，勇锐盖过怯弱，进取压倒苟安。如此锐气，二十后生而有之，六旬男子则更多见。年岁有加，并非垂老；理想丢弃，方堕暮年。（王佐良译）

从以上汉英翻译例子可以看出，汉语句子既无屈折变化又无功能词，也没有时态或语态的语法意义，逻辑语义关系是通过语序表达的，但在译成英语时需显化屈折形态的变化，使用时态与功能词 as long as, and 和 while 来表达逻辑语义关系。相反，英译汉过程中，译者对英语句子的介词、人称代词、冠词、动词进行了隐化处理。经过加工的汉

[①] 秦平新. 英汉语言形式化差异与翻译隐化处理[J]. 学术界, 2010（1）: 167-171.
[②] 黄立波, 王克非. 翻译普遍性研究反思[J]. 中国翻译, 2006(5): 36-40.
[③] 黄立波. 基于汉英/英汉平行语料库的翻译共性研究[M]. 上海: 复旦大学出版社, 2007.

语多为短句，译文在忠实传递原语文本中思想内容的同时又更加符合汉语表达习惯，同时还关照了由于语言形式化程度不一致而导致的两种语言所存在的差异，取得了良好的翻译效果。

第二节　汉语与英语语音对比与翻译

语音是语言的最基本的物质外壳及表达手段。在语言交际中，语音扮演着沟通双方"听"和"说"的纽带，一门外语的学习也往往始于语音。音韵铿锵、语音和谐能增强语言的表达效果。本节旨在探讨汉英语音系统的基本特征，通过比较汉英语的节奏和音韵修辞之异彩，探讨在翻译过程中如何运用音节调整、补偿等手段再现或再造源语的意境和音韵美。

一、汉英语音基本特点

一般认为，汉语是单音节语，一个汉字对应一个音节，音节和意义之间又有对应。值得注意的是，大部分情况下，汉语中的一个音节，无论是单念还是在语流中与其他音节相连念，其前后边界清晰明了，不会出现英语或法语中的连读现象，但是在拼写辅音韵尾音节和以元音 a、o、e 开头的音节的组合时，需要使用隔音符号（'），以将两个音节分隔开来，如"天安门广场"译成英语时为 Tian'anmen Square，缺少这个隔音符号，就会影响拼读以及意义理解。

英语中的音节并非与单词和概念一一对应，而是一个单词对应着 n 个音节。在语流中，前一个词的词尾辅音很容易与后一个词的词首元音结合，形成新的音节，这种现象被称为"连读"。这种情况下，原来的多个单词可以组合成新造的词语或短语，而不改变原词义。例如英语的 a cup of tea 可连读为 a cuppa tea（一杯茶）。

二、声调语言和重音语言

从语音系统上来说，汉语是声调凸显的语言（tone-prominent language），英语是重音凸显的语言（stress-prominent language）。[①] 在汉语的音韵系统中，声韵母组成音节，而且主要是声母在前、韵母在后，或者是零声母，加上音调的参与从而产生更多的音节，对应更多的语义。相对来说，英语音节排列组合的总数更加丰富，单词音节由元音、辅音和重音构成，其中元音和辅音的位置自由。

汉语共有四种声调（four tones），分别是阴平、阳平、上声和去声，四声通过改变

---

① 杨元刚，熊伟. 英汉语对比与翻译教程[M]. 武汉：武汉大学出版社，2021.

音高起到区别汉字字义的作用。潘文国在其《汉英语言对比》[①]中说过，汉语对音高的变化高度敏感，经常通过单个汉字音高的变化来区分词汇意义，还可以通过不同的音高模式来构建语调，以表达语法意义或说话人的态度情感等。比如，吧 [bā]、拔 [bá]、把 [bǎ]、爸 [bà] 音节相同，但是声调不同，对应的是完全不同的汉字和意义。而英语强调重音，通过词重音和句重音来区分音节、词义、句义，很多拼写相同但是重音位置不同的单词在词义和词性上都不尽相同。如：

refuse [ri'fju：z]（拒绝，动词）

refuse ['refju：s]（废料、垃圾，名词）

minute ['mɪnɪt]（分钟、一会儿工夫，名词）

minute [mai'nju：t]（细微的，形容词）

到了英语句子中又有语调，在信息传递的过程中，语调不仅是口头语言的组成部分，更是说话人表达态度、情感、信息重点以及隐含意义的重要手段，是影响言语表达效果的重要因素。[②] 在句子层面，重语调、重音和停顿等超音段语音要素可以传达许多"侧面"信息。这些元素在相互交织、相互渗透的过程中，形成了一个广泛的语调复合体。语调组是英语语调最基本的单位，一个语调组最重要的词的重读音节为调核（nucleus），"常规调核"（normal nucleus）指的是落在语句末尾的调核，标示的信息是"常规焦点"（normal focus），意味着讲话中没有特别需要强调的部分。[③] 比如：

I've just returned from Wuhan.（我刚从武汉回来。）

但是有时候，为了强调话语中的某一特定部分，说话者会特别调整调核的位置，使其提前出现在一般不出现的位置上，这种调核被称为"有标记调核"（marked nucleus），其所提示的是"有标记焦点"（marked focus）。比如：

I've 'just returned from Wuhan.（我才从武汉回来。）

英语中，说话人还可以通过语调变化，包括升调（↗）、降调（↙）、升降调（∧）、降升调（∨）以及平调（→），表示感情色彩、态度或意图，即语调意义（intonational meaning）。一般用降调表示说话人很肯定，升调表示持怀疑态度、不确定，降升调表示强调或进行比较。由此，英语虽然缺乏类似于汉语的语气词来协助表达说话人的语气和情绪，但可以通过语音手段进行补偿。而在汉语中，轻声的重要性远远超过了重音，特别是其具有区分特定词汇或词性、排除歧义的能力。

（1）轻声的作用在于区分词义和词性，以达到更加精准的表达。

如：**大意**（主要意思，名词）

大意（粗心，形容词）

[①] 潘文国. 汉英语言对比 [M]. 北京：商务印书馆，2010.

[②] 潘文国. 汉英语言对比 [M]. 北京：商务印书馆，2010.

[③] 潘文国. 汉英语言对比 [M]. 北京：商务印书馆，2010.

多少（或多或少，稍微，副词）

多少（询问数量，疑问代词）

（2）有时候，轻声可以用来区分短语和复合词，这是一种常见的区分方式。如：

买卖（买和卖，短语）

买卖（业务，复合词）

三、汉英节奏差异和翻译

英语句子的韵律通常通过轻重音的对比、音节的长短交错以及音量的巧妙安排来实现。[1] 相较而言，汉语句子强调长短交错、句式工整以及抑扬顿挫的效果。因此在翻译时需要对译文的音节进行配合和调整，使译文更加优美和谐。

（一）音节配合

汉语有一大特有的语音特性，那就是音节数会影响语法的完整性和语音的节奏感。汉语是"偶字易安，奇字难平"，陈宏薇[2]指出随着时代的发展，汉语词汇逐渐从以单音节为主发展为以双音节为主，所以在英译汉时可尽量保持偶字结构，突出汉语特有的音韵和节奏美。

（1）The surface of the road was covered with thin ice and deep snow.

译文1：路面覆盖着**薄薄的冰和深深的雪**。

译文2：路面覆盖着**薄冰和积雪**。

对比上述两个译文发现，译文1中的修饰成分双音节词"薄薄"和"深深"与被修饰成分单音节词"冰"和"雪"在一起使用，在音节上显得不平衡。译文2将thin和deep都改译成单音节词，从而与后面的被修饰成分"冰"和"雪"组合成并列的双音节词，译文变得更加简洁、明快，节奏感很强。

（2）Never get on or off the bus before it comes to a standstill.

译文1：在车未停稳之前，请勿上下。

译文2：车未停稳，请勿上下。

在上面两个译文中，译文2注意了汉语使用双音节词的特点，将"在……之前"省略，没有影响句子语法和意思的完整性，而且句子节奏感更强，读起来朗朗上口。这主要得益于汉语重意合，结构松散，遣词造句非常灵活。

---

[1] 王维萍．汉英节奏与翻译——兼论英语语音教学 [J]．教学与管理，2006(3)：67-68．

[2] 陈宏薇．汉英翻译基础 [M]．上海：上海外语教育出版社，1998．

（二）音节调整

英译汉时还可以借助汉语中"的""地""得""很"等虚词，以及汉语字词重叠法平衡音节、协调音韵，加强译文的节奏感。①

（3）He writes a good hand.

他写**得**一手好字。

（4）His girl friend jawed and cried, but he didn't say anything.

译文1：尽管女朋友唠叨着，哭着，但他什么也没说。

译文2：尽管女朋友**唠唠叨叨**，**哭哭啼啼**，但他什么也没说。

例（3）中，译文中添加一个"得"字，句子读起来就更完整了。例（4）中，"唠叨着"和"哭着"的音节数不同，通过双音节重叠改译为音节数相等的"唠唠叨叨"和"哭哭啼啼"，不仅句子结构更对称，音韵也更协调了。②

四、汉英音韵修辞格和翻译

汉英两种语言都凭借语音、语音和声调等因素富于音乐美，特别是有着多种音韵修辞手段。在翻译时，可以灵活使用直译、意译和补偿等方法再现或再造源语的音韵美。

（一）直译法（literal translation）

一般来说，可以通过直译保留源语的语言形式。译文虽无法再现源语语音上的音乐美，但却较好地保存了源语的语言风格。

（5）The creek is **gurgling** over rocks.

泉水在岩石间**汩汩**流淌。

（6）The rain fell **pitter-patter** to the plain.

雨**噼啪噼啪**地打在草原上。

英文中的拟声（onomatopoeia）主要通过模拟动物、人和自然界的声音，来让语言更加生动、直观、形象而有趣。上述两个例子中分别使用了拟声词"gurgling"和"pitter-patter"描摹泉水和雨滴的声音，语言富有动感，意境鲜活。译成汉语时同样用了拟声词"汩汩"和"噼啪噼啪"来摹声，惟妙惟肖，让人如临其境。③

---

① 夏立新．浅谈英汉翻译中的音韵和节奏美[J]．天津外国语学院学报，2003（6）：7-9．
② 夏立新．浅谈英汉翻译中的音韵和节奏美[J]．天津外国语学院学报，2003（6）：7-9．
③ 刘志慧．英汉音韵修辞之比较及汉译[J]．西安文理学院学报（社会科学版），2013(5): 119-122．

（二）意译法（free translation）

汉语和英语分属不同的语系，语音方面差异颇大，有些时候在翻译时很难保留源语中的音韵辞格，为此可以通过意译，用不同的表达形式再现源语。

（7）A hammering clatter of hoofs beating the hard road.

"得、得、得"，坚硬的路面上响着接连不断的马蹄声。

（8）His word is as good as bond.

君子一言，快马一鞭。

上例（7）中，"clatter"一词本身具备了拟声的特点，翻译时可以融音与意为一体，选用汉语拟声词"得、得、得"引起音与音之间的联想。例（8）中，如果直译为"他的话如契约一样好"不仅不能完整表达源语内涵，而且没有音韵美，通过辅音韵转译为"君子一言，快马一鞭"实现了音义俱佳。①

（三）补偿法（restitution）

汉语作为一种声调语言，在节拍的影响下形成了平仄格律。交替出现的平声（阴平、阳平）和仄声（上声、去声），让汉语听起来更和谐悦耳、朗朗上口，比如现代汉语中的许多四字短语注重平仄的交替对立，如山清水秀（平平仄仄）、鸟语花香（仄仄平平）、花好月圆（平仄仄平）。当翻译时无法在译入语中移植源语的音韵时，可以通过译入语语言形式补足转换原文语言形式时造成的损失。②

（9）Mr. President, my delegation is confident that your management of our affairs will be principled but practical, expeditious but not expedient.

总统先生，我国代表团深信你对我们事务的处理，既会符合原则，又会**实事求是**；**既雷厉风行**，而又不图**权宜之计**。

汉语四字格结构言简意赅、匀称悦耳，适当使用可以增强译文的表现力，发挥较好的修饰效果，特别是在翻译并列词组时，可以多运用四字格。

在翻译严肃诗歌和韵文时，译者还需遵循译入语的诗学规范，以韵译韵，但也不能因韵害义；在翻译非文学文本（例如打油诗、广告语、谚语等）时，也可以考虑保留押韵，以再现原文的音韵和诙谐，如英语谚语 An apple a day keeps the doctor away（"一天一苹果，医生远离我"），译文朗朗上口，便于传诵与记忆。又如：

（10）贾母这边说声"请"，刘姥姥便站起身来，高声说道："老刘，老刘，食量大如牛，吃个老母猪不抬头。"③

---

① 刘志慧.英汉音韵修辞之比较及汉译[J].西安文理学院学报（社会科学版），2013（5）：119-122.

② 王恩冕.翻译补偿法初探[J].中国翻译，1998（3）：11-12.

③ 曹雪芹，高鹗.红楼梦[M].北京：人民文学出版社，1975.

Old woman Liu, I vow,

Eats more than any cow,

And down she settles now,

To gobble an enormous sow.(杨宪益、戴乃迭译①)

本例中的语境是贾母在大观园摆宴招待刘姥姥,刘姥姥在鸳鸯"捉弄"之下赋诗。刘姥姥通过这几句打油诗,活灵活现地调侃了自己狼吞虎咽的窘态,而杨戴译本独具匠心,借助 vow, cow, now, sow 几个词体现并还原了打油诗的语言风格,再现了原文韵律。

又以头韵为例,简·奥斯丁在《傲慢与偏见》中运用了许多极具音韵美而又喻意丰富的押韵,主要具有以下特点。

(11)...and whenever any of the cottagers were disposed to be quarrelsome, discontented or too poor, she sallied forth into the village to **settle** their differences, **silence** their complaints, and **scold** them into **harmony** and **plenty**. (Chapter 7, Volume Ⅱ)

只要哪个村民爱吵架,好发牢骚,或是穷得活不下去,她总是亲自跑到村里,去**调节纠纷**,**平息怨言**,骂得他们一个个**相安无事**,**不再哭穷**。(孙致礼译②)

小说中简·奥斯丁描述伊丽莎白在柯林斯夫妇家做客期间对凯瑟琳夫人的印象,凯瑟琳夫人被比作好管闲事的非正式"地方行政长官",她不仅调节(settle)纠纷,平息(silence)怨言,还喜欢教训(scold)人,三词均以摩擦音 /s/ 开头,辅音重复形成了头韵,加上排比修辞,不仅加强了语势,而且让一个专横跋扈的悍妇形象跃然纸上。而且 harmony 和 plenty 以元音 /ɪ/ 收尾,形成了尾韵。译文虽然没有押韵,但是采用四字格,一定程度上补偿了源语的韵律。

(12)She could see him instantly before her, in every **charm** of **air** and **address**. (Chapter 13, Volume Ⅱ)

她一眨眼就能看见他出现在她面前,**风度翩翩**,**谈吐优雅**……(同上)

例(12)是伊丽莎白对威克姆的评价,仅用两词就一语道出威克姆具有欺骗性的外在优势:外表(air)风度翩翩,言谈(address)举止优雅,言简意赅,可见作者对人物形象的精确定位和语音词汇选择上的独具匠心。译文也相应地使用了四字格,读起来朗朗上口。

(13)... and, removed from the influence of Lydia's example, she became, by proper attention and management, **less irritable**, **less ignorant**, and **less insipid**.

现在摆脱了莉迪亚的影响,又受到妥善的关照,她也就不像以前**那样轻狂**、**那样无知**、

---

① 本章所引《红楼梦》英文译文皆取自杨宪益、戴乃迭译本,中文取自相应译本所使用的底本:脂砚斋版本。见:曹雪芹,高鹗.红楼梦[M].杨宪益,戴乃迭,译.长沙:湖南人民出版社,1999.

② 简·奥斯丁.傲慢与偏见[M].孙致礼,译.南京:译林出版社,2018.

那样寡趣。（同上）

例（13）中连用3个以否定前缀"in-"开头的形容词来说明小说结尾妹妹基蒂受到两个姐姐影响，在性格上的转变，译文通过排比使用"那样"，对基蒂以前的性格进行否定强调，译文语音流畅、形意贯通，在一定程度上再创了原文的修辞色彩，加强了语气。

（14）静夜思 Thoughts on a Tranquil Night（许渊冲译）

床前明月光，Before my bed a pool of light—

疑是地上霜。O can it be hoar-frost on the ground？

举头望明月，Looking up, I find the moon bright;

低头思故乡。Bowing, in homesickness I'm drowned.

中国古典诗词是音韵美的集大成者，以中国经典古诗李白的《静夜思》为例，这是一首四行雅韵诗，一、二、四句中的"光""霜""乡"都押 ang 韵，韵律为 aaba，读起来节奏感强烈。如何在翻译中再现汉语诗歌的音韵美一直是一大难点，在这一方面不得不提中国翻译大家许渊冲，他被誉为中国诗词翻译第一人，提出"意美、音美、形美"三美论、"浅化、等化、深化"三化论和"知之、乐之、好之"三之论，强调保留古诗的精华，即音韵和形式美。所以他把《静夜思》的译诗也处理成了韵律诗，韵律为 abab，读起来节奏明快，富有音韵美，而且每行的字数大体相同，句式对仗工整，结构合理，充分展现了原诗的意境、音律和形式之美。①

第三节　汉语与英语词汇对比与翻译

词汇，作为语言的基本组成元素，是语言符号中最小的有意义的语言载体。潘文国②认为汉语和英语分别为"字本位"和"词本位"，即汉语的语法基本构成单位是字，英语的语法基本构成单位是词。词汇的生成和演变不可避免地受到地理环境、文化价值和历史事件等多种因素的影响，必然呈现出各自独特的特点和差异，在翻译时必须要考虑这些因素，以实现对原文信息准确而完整的传达。在本节中，我们将重点探讨汉英词汇差异，包括词汇的可译性和不可译性、构词法异同、主要词类对比，同时探讨译者如何运用多种翻译技巧，特别是文化负载词的分类和翻译，以确保翻译词汇时不仅忠实于原文，还能体现目的语的语言特点。

---

① 李庆明，李宣慧．基于许渊冲"三美"论的古典诗歌翻译研究——以《静夜思》的四个英译本为例[J]．长春理工大学学报（社会科学版），2014(2)：125-126，130．

② 潘文国．汉英语言对比[M]．北京：商务印书馆，2010．

一、词汇的可译性和不可译性

由于人类有类似的认知和表达功能，不同语言之间如汉语和英语有可译性，体现在词汇层面上为词汇的相互对应。但有时也会出现词义空缺，有时表面上看起来词汇相互对应，但实际上它们并不是同一个含义。例如：

（1）他是一只狡猾老狐狸。

He is an ancient fox.

"狐狸（fox）"同时具有指称意义和语用意义，在中英两种语言中都指一种哺乳动物，而且由于该动物具有狡猾的天性，因此在形容某人狡猾时，人们会将其比喻为狐狸，从而体现了"狐狸"一词的语用含义。这时，英语中的"fox"与汉语中的"狐狸"是完全相同的形象比喻，具有高度可译性。

但是有些时候汉英语言的差异性会导致词汇的不可译性。德国语言学家和古诗翻译家威廉·洪堡（1767—1835年）曾说翻译是不可能完成的任务。当源语的内容涉及本国特有的自然环境、社会制度、文化习俗时，译文的意思不可避免地会有所流失。但要注意的是，不可译性是相对的，因为不同语言是可以跨越文化差异进行交流的。

（一）语音特征的不可译性

语言在使用过程中有许多和语音特征有关的地方，比如押韵、对仗、谐音、双关等很多时候是不可译的。比如菜名"连年有余"中的"连"同"莲"，"余"取"鱼"的谐音，但是即使翻译成 Cubed Fish and Lotus Roots 也仍然失去了源语的韵味和文化内涵。

（二）文字特征的不可译性

汉语为表意文字，而英语为表音文字，汉语中一些特殊的文字特征也无法移译。比如："冻雨洒窗，东两点，西三点；切瓜分片，横七刀，竖八刀。"这是一首利用汉字结构写成的诗，拆开表达，组成诗句，传递出诙谐的意义，但是如果译成英语，很难保留其中的奥妙和韵味。

（三）文化特征的不可译性

尽管人类共处于同一地球上，共享着相似的景象和生活体验，但不同民族的自然环境却因其独特的发展路径和文化背景而呈现出多样性。每个民族所使用的语言都有自己特殊的文化背景和历史传统。自然环境、社会制度、风俗习惯和思想信仰的差异，导致了各种语言中都有自己的独特词汇。比如，"龙"一词不分场合地翻译为"dragon"是一种不可取的做法。而"凤"在古代传说中是百鸟之王，其羽毛美丽，雄性被称为凤，雌性则被称为凰，常被用来象征祥瑞之兆。而"phoenix"是"不死鸟、长生鸟"，是埃及神话中的一种鸟，相传这种鸟在沙漠中生活五百年后身焚，然后又从其焚灰中再生，这与"凤凰"不同。因此，当我们翻译汉语成语"龙凤呈祥"（dragon and phoenix bringing prosperity）时，就应加注说明两种动物在汉语里的独特含义，以免误解。在风俗习惯方面，"旗袍"常常被译成 Chinese dress、Ch'i-p'ao 等。可是，两种译法都很难让英语读者了解这种衣服，所以有时需要加注释，如：Ch'i-p'ao is a close fitting woman's dress used to be worn by women in China. It has a high collar that usually fits close to the neck and slit skirt（旗袍是过去中国妇女穿的一种连衣裙，领子高、紧，通常下部开衩）。

这种音译加注经常用在翻译具有民族文化特色的词汇上。比如涉及"磕头"或"叩头"这样的行为时，译者通常会采用"kowtow"这一音译方式，将这些蕴含着独特文化内涵的词汇"移植"到英语文化中，既能保持源语的优美姿态，又能更好地被译语读者接受。此外，音译加注还可以避免因误译而造成的理解上的障碍和表达上的失误。如围棋是我们的国粹，但仅仅音译成"weiqi"，读者只会丈二和尚摸不着头脑，因为在大部分英语读者的认知中是没有这一概念的，因此我们会看到"围棋 weiqi（a game played with black and white pieces on a board of 361 crosses）" "散手 sanshou（Chinese boxing）" "西施 Xishi（a famous beauty in the ancient Kingdom of Yue）"等译例。

但是文化输出后会有变化，比如饺子译成"jiaozi"反而是最合适的，不会引起歧义，而且传播效果好。在社会生活方面，中国的"计划生育"是一种委婉的措辞，表达了对生育的控制和限制，而如果将其翻译为 family planning，即"家庭计划"，则与"节制生育"的意思有出入。此外，federal（联邦）和 state（州）之间的关系并非简单的"国家"和"省"之间的关系。不同民族在思想信仰方面也呈现出多样性，这也导致了语义上的缺失。比如相较于中国的"天"或"老天爷"，基督教所崇拜的神明 God（上帝）具有独特的特质。

随着跨文化交流的不断加深，人们将逐渐领悟到其他语言词汇的内涵，并以本族语言中恰当的措辞来表达。外来词的翻译可以采用音译、义译等多种方式，比如将"Twitter"翻译为推特，或者将"Youtube"翻译为油管，以达到更为精准的表达。在此基础上，我们还可根据自己民族文化特色和习惯，创造出新的词汇，比如 up 主（vlogger）。当然，随着时间的推移，新的空缺将会浮现，随之而来的是全新的词汇。

二、汉英构词法对比

汉英语都有构词法，包括派生、重叠、合成、缩略。不过英语构词主要通过派生产生形态变化，而汉语主要通过合成生成不同意义。借助派生法，英语词根添加词缀（affixation）生成新的词性、意义和语法功能。以一般来说，前缀会附加意义，如 biannual（每半年的）= bi（两）+ annual（每年的）；debug（排除故障）=de（除）+ bug（虫子、故障）；discharge（排出）=dis（反）+ charge（充进）。英语词汇还可以通过词缀构成反义词，包括 un-、non-、in-、mis- 等前缀和 -less 后缀，如：

un–（英语）

likely（可能的），unlikely（不可能的）

reasonable（有理的），unreasonable（无理的）

non–（法语）

human（人类），nonhuman（非人类的）

hero（英雄），nonhero（非英雄）

in–（拉丁语；在不同辅音前成为 il–、im–，ir– 等）

decent（得体的），indecent（粗鄙的）

legal（合法的），illegal（非法的）

mis–（古英语）

read（阅读），misread（误读）

lead（引导），mislead（误导）

–less

meaning（意义），meaningless（无意义的）

man（人），manless（无人的，卑鄙的）

英语词汇中还有大量的合成词，全部由词根组成，如 workman（工人）、airplane（飞机）、beachhead（滩头阵地）、water-ski（滑水）等。又如"他行进的速度快得令人惊讶"这个句子，借助英语词缀的不同变化可以有多种表达：

He moved astonishingly fast.

He moved with astonishing rapidity.

His movements were astonishingly rapid.

His mapid movements astonished us.

His movements astonished us by their rapidity.

The rapidity of his movements astonished us.

He astonished us by moving rapidly.

He astonished us by his rapid movements.

He astonished us by the rapidity of his movements.[①]

而汉语作为逻辑语言，合成法在构词中更为重要，有复合名词、复合动词、复合形容词、复合副词等，见表 2-2[②]。不过，英语复合词的组织内核是词性和语义，常常按照词类划分，汉语复合词主要基于语义逻辑，大都按照语义联结的方式进行划分，包括联合型、偏正型、

[①] 连淑能.英译汉教程[M].北京：高等教育出版社，2006.

[②] 杨元刚，熊伟.英汉语对比与翻译教程[M].武汉：武汉大学出版社，2021.

中补型、动宾型、主谓型、连动型等,见表2-3[①]。

表2-2　汉英复合构词类别

类别	汉语	英语
复合名词	火车、山水、福利	software, loudspeaker, software
复合动词	捉弄、慢跑、听讲	proofread, sleepwalk, broadcast
复合形容词	高大、冰冷、大大咧咧	outgoing, seasick, foolproof
复合副词	非常、刚才、总共	moreover, meanwhile, upstairs

表2-3　汉语复合构词方式

方式	组织内核	举例
联合型	由意义相同、相近、相关或相反的词根并列组合而成	忘记、土地、伟大
偏正型	前一词根修饰后一词根,前为偏,后为正	火红、课桌、海归
中补型	后一词根补充前一词根,前为中,后为补	延长、牛群、船只
动宾型	前为动词,后为宾语	动员、承包、举重
主谓型	前为主语,后为谓语	地震、月亮、私营
连动型	两个动作组合而成	到访、进来坐、出去玩

汉语中没有严格意义上的词形变化,不过确实有少量类词缀,即可以用作音韵和词义增补的词缀,有三大主要特点:①不具备形态变化和语法功能,只与意义相关;②词缀具有极大的自由性和开放性,有少数固定词缀,如"老大""初雪""贤者""儿子""母亲"等,大部分词缀可根据语义由不同的字来充当,如"大晴天""夜间""作家""小张""阿姨"等;③少数词缀同时具有感情和褒贬色彩,如"酒鬼""赌徒"。[②]

三、汉英主要词类对比

汉语在"字本位"的影响下,看重字与字之间的组合搭配,如偏正、主谓和偏正关系,而句子结构比较松散,一个句子中可以没有主、谓、宾这些语法结构,也不需要和词性

[①] 杨元刚,熊伟. 英汉语对比与翻译教程[M]. 武汉:武汉大学出版社,2021.
[②] 杨元刚,熊伟. 英汉语对比与翻译教程[M]. 武汉:武汉大学出版社,2021.

之间形成强对应性，①动词也可以做主语，如"跑步让我保持身体健康"，谓语可以是形容词，如"天亮了"等。英语有严格的主谓结构，词类划分严格以确定语法关系，主、谓、宾等语法结构分别对应名词、动词、代词等词性。

汉英两种语言的基本词类中，数量、功能、使用频率和组成等都有很大的差异。简单地说，可以大致分为开放性强的动词、名词、形容词、副词等实词（notional words），以及数量较少而且用法固定的代词、介词、连词等虚词（function words）。汉英语词类对比如表2-4②所示。

表2-4 英汉语词类对比简表

词类	数量比较 英语	数量比较 汉语	使用频率比较 英语	使用频率比较 汉语	对照情况 英语	对照情况 汉语
动词	少	多	少	多	受形态变化限制	动词化倾向，动词结构复杂
名词	多	少	多	少	英语名词化倾向，抽象名词多	
形容词	多	少	多	少	都很丰富，变化较多	
副词	多	少	多	少	数量多，形容词可转化为副词	数量少，有虚词性用法
代词	多	少	多	少	避免重复，多用替代	喜重复，少替代；没有关系代词
连词	多	少	多	少	注重衔接和连贯，多用连词	逻辑关系内隐，连词使用较少
介词	多	少	多	少	介词和名词优势共同引起静态语言	介词和动词区分不明显
感叹词	不对等				数量都不多	
冠词	有	无	多		英语特有	
助词	无	有		少	助词相当于时态、语态等语法结构	
量词	无	有		少	汉语特有，动量词/名量词	

汉语中动词是优势词类，不受时态、语态等形态变化的约束，构成方式和用法更为

---

① 杨元刚，熊伟．英汉语对比与翻译教程[M]．武汉：武汉大学出版社，2021．
② 杨元刚，熊伟．英汉语对比与翻译教程[M]．武汉：武汉大学出版社，2021．

繁复，使用也更加广泛，带来了汉语的动态化，而英语中名词和介词是优势词类，总体呈现静态化的特点。两种语言在形容词和副词方面基本相当，代词在英语中使用得更多，常用借代来避免重复。介词和连词在英语中的功能比在汉语中更加重要，因为英语强调语义连贯和形态衔接，而汉语中的逻辑关系比较内隐。

四、汉语词汇的翻译

（一）正确选择词义

词汇是句子或篇章的基本单位，词汇不仅具有指称意义，同时也蕴含着言内意义和语用意义。在下面的对话中，"意思"一词出现了四次，但是意义不尽相同，译者基于对词义的正确理解进行了解释性翻译，从而保证了译文的可读性，由此可见正确选择词义的重要性。

甲：这一点小**意思**请务必收下。

乙：你这人真是有**意思**，怎么也来这一套？

甲：哎，只是**意思意思**。

乙：啊，真是不好**意思**。

A：This is a little gift as a token of my appreciation. Please take it.

B：Oh, aren't you a bit too polite? You shouldn't do that.

A：Well, it just conveys my gratitude.

B：Ah, thank you then, though I really don't deserve it.

1. 根据词的搭配关系选择词义

一词多义、一词多类的现象在汉英两种语言中都十分普遍。一个词越是常用，其词义和词类越是繁多，搭配方式就越多，这对汉英翻译造成了巨大的挑战。以汉语中的"红"字为例：

红案：dish prep

红白喜事：weddings and burials

红榜：honour roll

红包：red paper prize bag

红茶：black tea

红尘：the mortal world

红蛋：eggs painted red for the entire family to share at the birth of a child

红得发紫：very influential

红粉：female; beauty

红光满面：one's face shining with health; in a ruddy state of health

红火：flourishes

红口白牙：right from sb.'s own mouth

在上述示例中，"红"字与汉族的传统文化和生活方式息息相关，彰显了其深厚的文化底蕴和独特的审美价值。在英语里，"红"也是一种颜色，因此，英语中有很多有关"红色"的词语。在汉族的传统文化中，红色象征着吉祥、顺利、成功和喜庆，所以有"红榜""红利""红运"等说法，红色又指"（人）受宠信发迹"，所以有"红人""走红""红得发紫"等说法。但是翻译成英语时不能一概等同于"red"。[①]因此需要分析词的搭配关系，在正确理解源语的基础上，选择恰当的英语词汇进行表达。

2. 根据语境来选择词义

在翻译时不仅要考虑它的具体内涵，更要结合它所在的语境（context），即"语言所存在的环境"。英国语言学家莱昂斯（John Lyons，1977）在《语义学》（*Semantics*）一书中对语境和语义的关系做了详细的解释。"在 Lyons 看来，语境变量大致有六个，第一个变量是参与者扮演的角色（role）和地位（status），每个参与者对此都必须有深刻的认识……第二个变量是参与者所处的时空，即说话者和受话者在何时何地进行交际……第三个变量是交际的正式程度……第四个变量是交际得以实现的媒介（medium）……第五个变量是交谈的话题（subject-matter）以及说话者对该话题所采取的态度……第六个变量是话题涉及的范围（province）或领域（domain）。"[②] 以"青"颜色为例，它是众多颜色词中意义最难确定的一个。在《汉语大字典》第二版中，"青"作为颜色词有四个释义：绿色、深绿色、蓝色、黑色，但在英语中无对应的颜色词。据统计，"青"字在《红楼梦》脂砚斋版中前八十回一共出现了137次。[③] 接下来将结合不同例句中"青"字的语境来分析它的词义。

（2）转过花障，则见青溪前阻。（第十七回）

Skirting round the fence, Baoyu saw a clear stream in front.

例句中的"青溪"不好把握，一方面可以理解为"清溪"，指溪水清澈见底，另一方面也可理解为"绿"溪，水中形状各异的小石块上长满了青苔，让溪水隐隐映出绿色。译者可以尝试从语境角度，考虑该句所处的"时空"，从而把握其内涵。该句是描写贾政、贾珍携文人墨客第一次游大观园时看到的景观，里面的一切都是新的，为此译为"clear stream"能够更加突出水清如镜，园子一尘不染。

（3）前门绿柳垂金锁，后户青山列锦屏。（第十八回）

Green willows with golden locks before the gate. Blue hills like embroidered screens be-

---

[①] 邵志洪. 汉英对比翻译导论[M]. 上海：华东理工大学出版社，2013.
[②] 朱永生. 语境动态研究[M]. 北京：北京大学出版社，2005.
[③] 刘奕霞，邹琼.《红楼梦》不同语境下颜色词"青"的英译研究[J]. 翻译研究与教学，2019(1)：103–110.

hind the house.

根据语境的第四个变量——媒介（medium），此处媒介为元春省亲时在大观园看到的"题字"。但是此处"青山"不宜译成"green hills"，因为这里的"青山"并非传统意义上的"绿山"，而是大观园内由深色石块堆成的假山，一般为深暗蓝色、深灰色，如果译成"black hills"或"grey hills"则会欠缺美感，但是译为"blue hills"则恰到好处。

（4）会芳园临街大门洞开，旋在两边起了鼓乐厅，两班青衣按时奏乐，一对对执事摆的刀斩斧齐。（第十三回）

The street gate in the Garden of Concentrated Fragrance was opened, and on platforms erected at both sides groups of blue-clad musicians played at appropriate times.

本例中，"青衣"是十分具有汉语特色的词汇，中国古代"青衣"主要有三种意思：①古代帝王、后妃的春服；②古代侍女、乐工、差役等地位低下者所穿的衣服；③儒生。① 本句中"青衣"属于第二种，指的是送葬乐工。杨戴译本将其译为"blue-clad musicians"，可能是考虑到在中国丧葬文化中，黑色、暗蓝色服装均是可接受的，而且深蓝色布料一直为穷苦百姓的服饰颜色，但是在西方文化中，参加葬礼之人通常着黑色服装，所以杨戴版译文可能会令英语受众理解上有偏差。霍版（David Hawkes）译文为"black-coated funeral bands"，直接点名了"青衣"身份，可读性更强，也更利于把本国文化输出到别国。

（二）转性译法

汉英两种语言的词法存在差异，但是词类划分相当，可以借助转性译法（Conversion），又称词类转换，在翻译时不拘泥于原文所用的词性，根据译入语的语言特点和表达习惯进行灵活处理，避免硬译、死译。

（5）中国是世界上第二大能源生产国和消费国。

译文1：China is the second largest producing and consuming country of world energy.

译文2：China is the second largest producer and consumer of world energy.

译文3：China ranks second in the production and consumption of world energy.

译文4：China produces and consumes the second largest amount of energy in the world.

得益于汉英两种语言丰富的构词方法，本例中除译文1对"生产国"和"消费国"进行了直译，其他译文均对词性进行了灵活转换。译文2直接将合成名词转化成了派生名词，比较符合英语习惯；译文3和译文4则分别尝试了"词性转换+句式调整"的方法，同样得出了符合英语句子结构的翻译。

---

① 刘奕霞，邹琼.《红楼梦》不同语境下颜色词"青"的英译研究[J]. 翻译研究与教学，2019(1)：103-110.

1. 动词转译

汉语中频繁使用动词，动词连用也多，而英语句子中一般只需一个动词作为谓语。因此汉译英时可以将汉语动词转性译为名词、介词、介词短语、形容词、副词等，英译汉则反之。[①]

（6）The invader had **prepared for** this campaign as carefully as he had for larger ones.[②]

侵略者对这次的进攻，也和对其他大战一样，会有很周密的**准备**。

（7）The local troops, all twelve of them, had been **away**, too, on this Sunday morning, for Mr. Corell, the **popular** store-keeper, had donated lunch, targets, cartridges, and prizes **for** a shooting competition to take place six miles back in the hills, in a lovely glade Mr. Corell **owned**.

当地的守军，一共有十二名，在这个星期日的早晨也都**离开**了，因为那大家**认识**的店主柯雷尔先生会准备好午餐、靶的、实弹和奖品，邀请他们到离城六里的自己的林中空地，**去举行**一个打靶比赛。

（8）Joseph **suspected** that something pretty important was happening, what with foreign soldiers in the town and the local army killed or captured.

约瑟**疑心地**认为一定发生了什么很重要的事情，因为外国兵进了城，而本地军队被杀或被俘了。

2. 名词转译

（9）The machine guns clattered for a moment and six of the soldiers became **dead riddled bundles** and **three half-dead riddled bundles**, and three of the soldiers escaped into the hills with their rifles.

那机关枪轧轧地响了一下，守军中便有六个**被打穿了死在一堆**，另外三个也**被打得半死倒在地下**，其余的三个带着他们的来福枪，逃到后山里去了。

（10）He saw nothing amazing about Doctor Winter's rolling thumbs; in fact he found them irritating.

温特博士在不断地转动拇指，他一点也不觉得有什么骇异，事实上他只认为有些讨厌。

（11）And when you have enough **mentions**.

当你**被提**得够多的时候……

（12）There were commands through the door and the clump of feet. Colonel Lanser got up heavily.

[①] 秦罡引. 实用汉英翻译教程[M]. 北京：北京邮电大学出版社，2018.
[②] 本节所引的句子取自钱歌川的译作《月落乌啼霜满天》。见：钱歌川. 月落乌啼霜满天[M]. 上海：中华书局，1946.

从门外传入命令和**重踏**的声音。兰塞上校无力地站起身来。

例（9）、例（10）和例（11）中将名词转译成了动词。例（12）中将名词转译成了形容词。

3. 形容词转译

（13）She's very **angry**.

她**大发脾气**了。

（14）They will be in danger if they are **rebellious**.

如果他们**反叛**，他们便将有危险。

（15）…while the townsmen, their mouths a little **open** and their eyes **astonished**, stood about listening to the music and staring at the gray-helmeted men who carried sub-machine guns in their arms.

那些城里的人，**目瞪口张地**矗立在四周，一面听着……一面望着……

例（13）和例（14）中都将形容词转译成了动词。例（15）中将形容词转译成了副词。

4. 副词转译

（16）He said **deprecatingly**.

接着又带着**抗议**的口吻说……

（17）When the bearers had gone, Lanser knelt and lifted a corner of the blanket and then **quickly** put it down again.

当抬来的人走后，兰塞跑下来，**以迅速的手势**掀开了。

（18）Corell spread his hands and said **comfortably**.

柯雷尔指手画脚而说得很泰然……

例（16）和例（17）中将副词转译成了名词。例（18）中将副词转译成了名词。

5. 介词转译

（19）Brought the line right down to the creek, but I never did get the bridge built. I thought I'd kind of work it out while I was **away**.

我把那路线一直铺设到溪边，但是从来没有功夫去架桥。我想我**离家**之后，可以把那桥设计出来。

（20）Your Excellency, our friend, George Corell, prepared this town **for** the invasion. Our benefactor, George Corell, sent our soldiers into the hills. Our dinner guest, George Corell, has made a list of every firearm in the town.

……曾为这次侵入，把我们的城池安排过的……把我们的兵士全调到后山去了……我们的上宾乔治柯雷尔，会把这城里每一件武器造一份表册。

例（19）中将介词转译成了动词。例（20）中将介词转译成了连词。

(三）动静转换译法

前文提过汉语动词没有形态变化，而且构成、含义和搭配都很丰富，使用灵活，总体上语言呈现动态化的特征；而英语中的动词由于时态、语态、主谓一致等形态因素的制约，倾向于使用名词、形容词、介词等表达本来用动词表达的意思，总体呈现静态化的特征。① 因此，在翻译时要根据汉英语各自的动态和静态倾向，在词性和句式上做出转换，比如在汉译英时将动词转译为名词、形容词和介词等静态词类，反之，英译汉时则多使用动词。

（21）The **sight** and **sound** of our jet planes filled me with **special longing**.

看到我们的喷气式飞机，**听见**它们隆隆的机声，我内心**神往**。②（译文略作改动）

（22）Talking with his son, the old man was the **forgiver** of the young man's past wrongdoings.

在和儿子谈话时，老人**宽恕**了年轻人过去所干的坏事。③

（23）Fenella's father pushed on with **quick, nervous strides**. Beside him Grandma bustled along in her crackling black ulster; they went so fast that she had now and again to give an **undignified little skip** to keep up with them.

范尼娜的爸爸**心神不定**，**大步流星**地往前走去。在他旁边，奶奶裹着窸窣发声的黑色长外套匆匆赶路。他们走得那么快，范尼娜顾**不得体面**，时不时地**小跑起来**，以便追上他们。（杨志才译）

（24）"Coming！" Away she skimmed **over** the lawn, **up** the path, **up** the steps, **across** the veranda, and **into** the porch.

"来啦！"她转身蹦着跳着地跑了，**越过**草地，**跑上**小径，**跨上**台阶，**穿过**凉台，**进**了门廊。④

（25）Perhaps she would prod at the straw in her **clumsy impatience**.

也许她会**迫不及待**地、**笨手笨脚**地翻弄那个草铺。

（26）He is **physically** weak but **mentally** sound.

他**身体**虽弱，但**思维**正常。⑤

上述例子中，英语原句中分别使用了名词、名词短语、介词、形容词或副词来表达动作，体现了英语的静态特征，译成汉语时转换为动词，不仅语义清晰，而且更加符合汉语的句子结构和表达习惯。但需要注意的是，这种"静转动"并非强制要求，而应当具体情

---

① 杨元刚，熊伟. 英汉语对比与翻译教程[M]. 武汉：武汉大学出版社，2021.
② 张培基. 英汉翻译教程[M]. 上海：上海外语教育出版社，2001.
③ 张培基. 英汉翻译教程[M]. 上海：上海外语教育出版社，2001.
④ 张培基. 英汉翻译教程[M]. 上海：上海外语教育出版社，2001.
⑤ 张培基. 英汉翻译教程[M]. 上海：上海外语教育出版社，2001.

况具体分析。如：

（27）Formality has always **characterized** their relationship.

他们之间的关系有一个**特点**，就是以礼相待。①

（28）Snow was **treated** very shabbily by the U.S. press and officialdom during this period, **victimized** for his views.

在这期间，斯诺受到了美国新闻界和政界极不公正的**对待**，由于他的观点，他受到了**迫害**。②

（29）In the early dawn, the guard towers were **silhouetted** against the sky.

黎明时，天空映出了瞭望塔的**轮廓**。

上述两个例子中，动词"characterized""victimized"和"silhouetted"分别是名词character，victim和silhouette派生而来的，在汉语中不易找到相应的动词译法，转译为汉语名词，虽然违背了"静转动"的原则，但是译文忠实于原句，而且表达通顺。

（四）具体法和抽象法

汉英语言的一大差异就是英语喜用抽象表达，而汉语则多用具体表达。所谓具体法是指将源语中意义相对抽象、模糊的信息译成比较具体明确的表达，可以让译文更加生动形象；而抽象法是将比较具体明确的信息处理成更为抽象模糊的表达，从而让译文更加概括化和一般化。③

1. 具体法

以英语中的抽象名词为例，它词义多变、搭配灵活，可应用于多种文体，连淑能在其《英汉对比研究》④中对抽象名词进行了这样的阐述："这类名词含义概括,指称笼统,覆盖面广,往往有一种'虚''泛''暗''曲''隐'的魅力，因而便于用来表达复杂的思想和微妙的情绪。"与具体名词不同，英语抽象名词一般表示某种动作、性质、品质、情感、状态等，主要包括三类：①行为抽象名词（abstract nouns of action），这类抽象名词主要是由动词派生或转化而来的，表示行为或过程；②品质抽象名词（abstract nouns of quality），由形容词经过派生或转化而来，这里的"品质"包括性质、状态、情况等意义；③身份抽象名词（abstract nouns of identity），大部分由具体名词派生而来，意义广泛，包括身份、地位、资格、学历、职业等。⑤这类抽象名词晦涩难懂，而且很难在汉语中找到完全对应的词语。为了克服这一障碍，让译文更加符合汉语受众的具象思维和语言习惯，有必要

---

① 张培基. 英汉翻译教程[M]. 上海：上海外语教育出版社，2001.
② 张培基. 英汉翻译教程[M]. 上海：上海外语教育出版社，2001.
③ 秦罡引. 实用汉英翻译教程[M]. 北京：北京邮电大学出版社，2018.
④ 连淑能. 英汉对比研究[M]. 北京：高等教育出版社，1993.
⑤ 武迪.《傲慢与偏见》中抽象名词的翻译分析[J]. 牡丹江大学学报，2014(6)：3.

对其进行具体化处理。

（30）**Affectation of candour** is common enough; oue meets it everywhere.

你走遍天下，到处都可以遇到**伪装坦白的人**。①

（31）Elizabeth listened in silence, but was not convinced; their behaviour at the assembly had nor been calculated to please in general; and with more **quickness** of observation and less **pliancy** of temper than her sister…

伊丽莎白听着姐姐说话，嘴上一声不响，心里可并不信服。她比她姐姐的观察力来得**敏锐**，脾气也没有姐姐那么**好惹**……②

上述例句中的品质抽象名词 affectation of candour、quickness 和 pliancy 由动词或形容词转化或派生而来，分别被译成了具象名词"伪装坦白的人"，形容词"敏锐""好惹"，表意更加具体，更加符合汉语表达习惯，让汉语受众觉得更加"平易近人"，也使伊丽莎白的性格特点变得活灵活现，人物形象跃然纸上。

（32）他每天要处理许多**棘手**问题。

He has many **hot potatoes** to handle every day.

（33）每个人都应该**分清楚好坏**。

Everyone should **separate the sheep from the goats**.

在例（32）中，"棘手"当然可以直译成"difficult"，但译例中借用 hot potato（烫手的山芋）这一习语让译文更加具体生动。同理，例（33）中把"好坏"分别具体译成"sheep"和"goats"，起到了同样的效果。

此外，抽象表达还表现在信息隐化，在翻译时可以通过明示和添加两种方式进行显化，明示指的是通过对源文隐含的某部分内容加以阐释或具体化，必要时也可在译文中增添源文中未出现但通过语境能够推断出的内容。如：

（34）门子道："……方才所说的这薛家，老爷如何惹得他！这件官司并无难断之处，皆因都爱着情分脸面，所以**如此**。"（第四回）

This Xue family mentioned just now is one Your Honour can't afford to offend. There's nothing difficult about this case but out of deference to them **it was never settled by your predecessor**.

例（34）的背景为贾雨村审理薛蟠为争英莲打死人一案，门子将雨村叫到后堂细说缘由。通过语境可推断出源文中"如此"一词指该案迟迟没有判决。杨戴译本选择对信息进行显化处理，具体说明其指代内容，符合英文用词明确的叙事表达，也更易于读者理解译文。

除了文本建构外，更多时候需要具体明示成语典故、建筑、礼仪习俗、历史人物、

---

① 简·奥斯丁. 傲慢与偏见[M]. 王科一，译. 上海：上海译文出版社，2010.
② 简·奥斯丁. 傲慢与偏见[M]. 王科一，译. 上海：上海译文出版社，2010.

诗词戏曲、社会关系、称谓、宗教背景等文化内容。如：

（35）宝玉因想道："我能病了几天，竟把杏花辜负了！不觉已到'绿叶成荫子满枝'了！"因此仰望杏子不舍。又想起邢岫烟已择了夫婿一事，虽说是男女大事，不可不行，但未免又少了一个好女孩儿，不过两年，便是"绿叶成荫子满枝"了。（第五十八回）

"Just a few days illness and I missed the apricot-blossom," thought Baoyu, "Now 'Green leaves make a shade and the boughs are filled with fruit.'"

源文中"绿叶成荫子满枝"一句出自杜牧的《叹花》，意为女子出嫁，儿女成行。杨戴译本对该句进行了直译，并在尾注中交代此句出处为杜牧某诗，有助于英语读者理解为什么宝玉会在看到杏树时联想到邢岫烟，同时尽量保留了源文简明的叙事风格。

（36）肚子里先有了这三个人的诗作了底子，然后再把陶渊明、应场、谢、阮、庾、鲍等人的诗一看。（第四十八回）

After digesting these and laying a foundation with these three poets, go on to read Tao Yuanming, Ying Yang, Xie Lingyun, Yuan Ji, Yu Xin and Bao Zhao.

本例中，黛玉教香菱写诗，让她去读陶渊明等人的诗，但在说话中对于谢灵运、阮籍、庾信和鲍照四位诗人仅提到了其姓氏。杨戴译本采用了明示加尾注的译法，音译了四位诗人的全名，并在尾注中标明他们是中国3—6世纪的诗人。这样一来避免在文中交代几人身份，破坏源文简约的语言风格，同时让读者可以参考尾注了解语境信息。

2. 抽象或概括法

汉语中惯用具体而形象的词汇，经常出现字面意思比较明确、形象的用词。倘若源语的语用目的只是一些概括性的、泛指的或一般性的事理，而非这些词句所代指的具体事物或概念，那便可以在翻译时选择一般化或抽象化的词语进行表达，从而减少读者的阅读负担。比如许渊冲在翻译《楚辞》时将"江蓠"泛化处理为"sweet grass"（香草），将"木兰"泛化为"grass"（草），虽然舍弃了原作香草的具体形象，但是减少了读者的阅读障碍。①

（34）黑暗中的一个黑影吓得他**魂飞魄散**。

He was half dead with a black figure in the darkness.

上例中汉语中使用了成语"魂飞魄散"，非常形象生动，但是考虑到英语中并没有对应的说法，所以可以采用 half dead 这样的抽象表达。

（35）The medical history begins with the **sociodemographic data** of the patient and chief concern.

病史常以患者本人的**基本情况**和主诉开始。

---

① 周梓欣，田传茂.《楚辞》中香草美人的文化内涵及其翻译方法[J]. 长江大学学报（社会科学版），2019(6)：94-96.

（36）The Yin and Yang represent the fundamental dualities, opposites and polarities of the universe.

阴阳代表着万事万物对立双方的两种属性。

上述两个例子中分别对"sociodemographic data"（社会人口统计资料）和"fundamental dualities, opposites and polarities"进行了适当的概括化处理，一方面表述更加确切精炼，另一方面也体现了中医特色。[1]

五、汉英文化负载词的翻译

词汇反映了人们对于客观事物的认知感受和概念化分类，同时也附着着生活方式、人文地理、价值观念、宗教信仰、风土人情等民族文化因素，只有结合其特定的民族文化背景知识才能对词语中的文化联想意义进行有效理解和翻译。[2]美国语言学家把这类有着文化联想意义的词语称为"文化负载词"（culture-loaded words）。

（一）文化负载词分类

美国翻译家奈达[3]把文化分成物质文化、生态文化、社会文化、宗教文化和语言文化五大类，杨元刚顺势在《英汉语对比与翻译教程》[4]中将汉英文化负载词分为物质文化负载词、生态文化负载词、社会文化负载词、宗教文化负载词和语言文化负载词，并做出了如下阐述。

1. 物质文化负载词

不同国家的人们创造了大量器物和产品，以反映社会发展和科技进步，形成了物质文化负载词。例如紫禁城（The Forbidden City）、太和殿（The Hall of Supreme Harmony）、中和殿（The Hall of Central Harmony）、保和殿（The Hall of Preserving Harmony）、黄鹤楼（The Yellow Crane Tower）、布达拉宫（The Potala Palace）、澳门大三巴牌坊（Ruins of St. Paul）、高铁（high-speed train）、共享单车（shared bike）、The British Museum（大英博物馆）、The Westminster Abbey（西敏寺）、Elysée Palace（爱丽舍宫）、virtual reality（虚拟现实）、London Sightseeing Coach（伦敦观光巴士）。另外，随着时代发展，还产生了一系列新词，如self-driving cars（自动驾驶汽车）、targeted drug（靶向药物）、satellite aerial imaging（卫星航空影像）、laser range finder（激光测距器）等。

---

[1] 范波.医学翻译中的对应化和概括化处理[J].云南中医学院学报，2000(3)：55-56.
[2] 杨元刚.英汉词语文化语义对比研究[M].武汉：武汉大学出版社，2008.
[3] [美]尤金·奈达.语言与文化：翻译中的语境[M].上海：上海外语教育出版社，2001.
[4] 杨元刚，熊伟.英汉语对比与翻译教程[M].武汉：武汉大学出版社，2021.

2. 生态文化负载词

生态文化负载词指的是人类社会所依赖和创造的客观地理环境、生态系统和生态思想观念的词语。习近平总书记说过："生态兴则文明兴，生态衰则文明衰。"根据生态的内涵，生态文化负载词又可细分为动物、植物和地理三类。以动物类为例，汉英民族在长期的历史发展中对不同动物形成了不同的审美心理，也产生了或褒义或贬义的词汇表达，比如 lionlike，wolfish，dogged，mulish。① 其中加 -ish 构成的形容词习语较多，而且多含有贬义。如：lionlike（凶猛的），dogged（顽固的），wolfish（残忍的），cattish（狡猾而阴险的、心怀不良的），sheepish（羞怯的、驯服的），elephantine（笨重的），hoggish（肮脏的、大食量的），piggish（贪吃的），bearish（粗鲁的），mulish（执拗的），apish（傻里傻气的），owlish（面孔严肃的），cowish（笨拙的、怯懦的），foxy（狡猾的），vulpine（狡猾的）。

值得注意的是，汉英语言中还有许多与动物有关的熟语。根据《现代汉语词典》，熟语是"人们长期以来习用的、形式简洁而意义精辟的、定型的词组与短语"。熟语由成语、惯用语、歇后语、谚语等组成，言简意赅，结构严整，形象生动，带有浓厚的民族色彩，代表着汉语文化的精华。如：to be as mild as a lamb（温顺如羔羊），sheep without a shepherd（乌合之众），play the goat（举止轻浮），打草惊蛇（wake a sleeping dog），挂羊头卖狗肉（to cry up wine and sell vinegar），宁为鸡头，不为牛后（better be the head of the dog than the tail of a lion），骑虎难下（hold a wolf by the ears）。

3. 社会文化负载词

社会文化负载词涉及一个国家的政治制度、风俗习惯、历史典故、艺术作品等。比如，美国将 American Dream 作为立国精神，强调个性自由、个人奋斗、机会均等等价值观念。而中国强调个人对他人和群体的义务，号召公民践行社会主义核心价值观（core socialist values），还提出了中国梦（Chinese Dream），即中国人民追求美好生活、国家富强、民族振兴的梦想。

汉英语言中都有着各种典故，其中蕴含着丰富的民族文化内涵，往往不能单从字面去理解和翻译。比如英语《圣经》中就有 700 多条典故收入词典，如 Archilles' heel（阿喀琉斯之踵，比喻唯一致命弱点），carry coal to Newcastle（送煤炭到煤都，比喻多此一举），Give me liberty or give me death（不自由，毋宁死）。② 而在翻译汉语典故时同样需要理解其中的历史背景，以"南柯一梦"为例，该典故源自唐代《南柯太守传》。传说唐朝东平郡"游侠之士"淳于梦在他家南面的古老大槐树下睡了一觉，在梦中他成了槐安国的南柯太守，娶了美貌的小公主，为官二十年，享尽荣华富贵，结果醒过来发现是一场梦。

---

① 杨元刚，熊伟. 英汉语对比与翻译教程[M]. 武汉：武汉大学出版社，2021.
② 杨元刚，熊伟. 英汉语对比与翻译教程[M]. 武汉：武汉大学出版社，2021.

后人因此用"南柯一梦"借喻世间荣华富贵不过是一场空梦,或比喻空欢喜一场。因此该词可译为 an empty dream 或者 illusory joy。

4. 宗教文化负载词

宗教文化负载词指的是与一个民族的宗教信仰和意识相关的文化表达,一般包括宗教人名、器物、典故和习语等(表 2-5①)。

表 2-5　宗教文化负载词举例

英语	汉语
Virgin Maria	圣母玛利亚
Juda's kiss	犹大之吻(比喻背叛)
Moses's Ten Commandments	摩西十诫
the Cross	十字架、耶稣受难
the salt of the earth	中坚力量、精英(salt 比喻为 elite)
the eleventh hour	在最后的关头
the land of promise	希望之乡
Confucius	孔子
Buddha Sakyamuni	释迦牟尼佛
incense burner	香炉
Dharma Chakra	法轮
Amrta	甘露
benevolence, justice, ritual, wisdom, faithfulness	仁义礼智信
Man proposes, Heaven disposes.	谋事在人,成事在天

小说《红楼梦》中儒、释、道三种宗教糅杂,并与小说情节的发展息息相关,在翻译时应忠实于原文的宗教文化意象,保留原文的"异国风味",同时有效传达原文的宗教文化内涵,以让目的语读者可以了解中国的宗教文化。

(37)"世人都晓神仙好……"(第一回)

All men long to be immortals...

"神仙"是一个道教概念,得道成"仙"是道教教徒的最高理想,杨戴译本将"神仙"

---

① 杨元刚,熊伟. 英汉语对比与翻译教程[M]. 武汉:武汉大学出版社,2021.

直译成"immortals",忠实了原文体现的宗教文化。

（38）周瑞家的听了笑道："**阿弥陀佛**，真巧死人的事儿！"（第七回）

"**Gracious Buddha**!" Mrs.Zhou chuckled, "How terribly chancy!"

这可算得是一个典型的例子。

（39）刘姥姥道："**阿弥陀佛**，这全仗嫂子方便了。"（第六回）

"**Buddha, be praised**! I'm most grateful for your help, sister." Exclaimed Granny Liu.

（40）"我只保佑着明儿得一个咬舌的林姐夫，时时刻刻你可听'爱'呀'厄'的去。**阿弥陀佛**，那才现在我的眼里。"（第二十回）

"I just pray that you'll marry a husband who talks like me, so that you hear nothing but 'love' the whole day long. **Amida Buddha**! May I live to see that day!"

例（38）、（39）和（40）中都出现了"阿弥陀佛"这一佛教概念，佛道文化是中国文化的重要组成部分，不了解佛道文化就谈不上了解中国文化。从文化信息传递的视角来看，杨戴译本对三处均采用异化方法，准确、忠实于原文。不过意译就像是一柄双刃剑，如果译者只是意译而不考虑到文化的差异，译文会失去美感且晦涩难懂。

5. 语言文化负载词

汉英语言中还包含一些具有特定文化背景内涵而且形式美的词汇和表达，具有语音、语法、语用和修辞等方面的审美特点，但是理解和翻译难度也更大。

谚语：

病从口入，祸从口出。A close mouth catches no flies.

鹬蚌相争，渔翁得利。Two dogs strive for a bone, and a third runs away with it.

格言：

I came, I saw, I conquered. 我来了，我看到了，我征服了。（罗马大将恺撒的格言）

苟利国家生死以，岂因祸福避趋之。In line with the conviction that I will do whatever it takes to serve my country even at the cost of my own life, regardless of fortune or misfortune to myself.（晚清名臣林则徐的格言）

（二）文化负载词的翻译

考虑到汉英语言和文化方面的巨大差异，凝聚民族特色的文化负载词很难在翻译中得以再现，所以译者应当首先准确、全面地理解每个词的本义和引申义，然后能直译时就直译，不能直译时则意译。

1. 直译法

异化（foreignization）与归化（domestication）的争论主要集中在翻译中文化因素的移植。不同的学者对异化和归化有不同的看法。异化的代表人物是文努蒂(Lawrence

Venuti），他认为异化作为一种阻抗式翻译策略，有助于消解西方强势文化的霸权，提出适当保留原文语言文化的差异和陌生度，这样可以避免强势文化驯化弱势文化。[①] 而奈达（Eugene A. Nida）强调归化，认为翻译的根本是一种跨文化交流，为便于读者获取信息，翻译时应用源语文化代替目的语文化，减少异族文化因素。综合两者，在翻译时，可将源语中的文化内容直译成目的语，既保留了源语文化，又使目的语读者容易接受。

在翻译文化负载词时，恰当地采用直译法可以兼顾形式与内容。汉英语言中有一些等效词汇，在内容和形式上完全或基本一致，具有相同或相似的意义和修辞，这种情况下可进行直译，而不需要任何额外的改动和增补。形式和内涵的完全对等能够形神兼顾，既能保证译文的完整性和准确性，又可提高读者的审美情趣。值得指出的是，俚语、比喻、典故、风土人情等词汇具有强烈文化信息，通过直译移植不仅能让读者深刻感受到原文蕴含的文化内涵，还可丰富翻译语言。

在翻译汉语成语时，可以套用目的语中的同义习语，最大限度地保留源语的比喻、意象和民族色彩，达到文化传播的效果。而且形式和内涵的完全对等能够形神兼顾，便于目的语读者理解，产生相同或相似的联想，给目的语读者一种新鲜、生动的感觉。例如：

火上浇油：add fuel to the fire /pour oil on fire

如履薄冰：to be on thin ice

井底之蛙：to be like a frog at the bottom of a well

赴汤蹈火：go through fire and water

三三两两：in /by twos and threes

君子协定：gentlemen's agreement /an agreement of gentlemen

隔墙有耳：Wall has ears.

浑水摸鱼：fish in troubled waters

趁热打铁：strike while the iron is hot

不可救药：beyond cure /hopeless

充耳不闻：tum a deaf ear

时时刻刻：every now and then

但是这种完全等效的表达比较少，大部分情况下汉英词汇不完全对应，传达的意义是相同的，但是形式不尽相同，这种情况下可以采用套译法（Loan Translation），又称借用翻译法，就是借助或套用目的语中的习语来翻译源语习语，实际上是一种直译。通过套用目的语中的同义习语，不仅可以使译文更加通顺地道，同时也能给读者带来一种亲切感。例如"艳如桃李"一词的翻译可以直接套用英语中的习语 as red as a rose。又如"山穷水尽"可以套用英语习语 at the end of one's rope。虽然它们的区别非常明显：汉语是

---

① Venuti L. Rethinking Translation: Discourse, Subjectivity Ideology[C]. London: Routledge, 1992.

两个动宾短语，而英语是一个介词短语；汉语是用"山"和"水"的意象来形容人绝望、无路可走，而英语是用"绳子的尽头"来形容"无助、别无选择"。它们的语言形式和隐喻完全不同，但意思基本相同。

有些时候在不影响信息传译的情况下，还可以省略习语中的部分内容。如"破釜沉舟"一词，可以套用英语习语 burn one's boats，英文翻译只反映了汉语中"沉舟"的意思，而省略了"破釜"的意思，虽然在形式和内容上有些缺失，但足以表达"誓死一搏"的意思。以下成语英译的例子都体现了套译法。

沧海一粟：a drop in the ocean
挥金如土：spend money like water
害群之马：a black sheep
笑掉大牙：laugh off one's head
掌上明珠：the apple of one's eye
原形毕露：show one's colors
骨瘦如柴：as lean as a rake
本末倒置：put the cart before the horse
贪得无厌：as greedy as a wolf
洞若观火：as clear as daylight
爱屋及乌：love me, love my dog
弱不禁风：as weak as water
怒不可遏：make one's blood boil
半斤八两：six of one and half a dozen of the other
杀鸡取卵：kill the goose that lays golden eggs
面如土色：as pale /white as ashes /sheet /death
过河拆桥：kick down the ladder
滴水穿石：constant dripping wears the stone
逃之夭夭：show a clean pair of heels /take to one's heels
了如指掌：know something like the palm /back of one's hand
得寸进尺：give him an inch and he'll take a mile /a yard
无风不起浪：there is no smoke without fire
老虎屁股摸不得：don't beard the lion
谋事在人，成事在天：Man proposes, God disposes.
不入虎穴，焉得虎子：Go to the sea, if you would fish well.
山中无老虎，猴子称霸王：When the cats are away, the mice will play.
棋逢对手，将遇良才：Diamonds cut Diamonds.

宁为鸡首，不为牛后：Better be the head of a dog than the tail of a lion.

倾盆大雨：rain cats and dogs

小题大做：make a mountain out of a molehill

枉费心机：go on a wild goose chase①

2. 直译加注释法

有些文化负载词蕴含着深刻的比喻内涵，其中不乏历史或神话典故的元素，只是直译就容易使译文失去原文中丰富而深刻的内涵。可以通过直译保留源语的文化形象，同时添加适当的解释性文字（annotation），以保持原文的形式和内容，也可让读者理解其隐含意义。这种注释分为文中注和脚注两种，前者适合比较简洁的注释，可以夹在句子或语段中间，例如"班门弄斧"（to show off one's proficiency with the axe before Lu Ban, the master Carpenter）——比喻在行家面前露怯。如果解释性文字较多，则更适于放在脚注中，以免影响读者的阅读。

（41）...the Doctor had passed out at the same gate, and had found him in the arms of acompany of **Samaritans**...

译文1：医生走出大门，却发现囚犯在一群**仁善的人们**的怀抱之中……（罗稷南译②）

译文2：医生赶出门来，只见被刺的囚犯正给抱在一群**撒玛利亚人**的怀中……（宋兆霖译③）译者加注释：指乐善好施的人，出自《圣经》典故：有一撒玛利亚人途中见一路人被强盗打伤，动了慈心，为他包扎好伤口，送他到旅店，亲自照顾他，还出钱为他治伤。详见《圣经·新约·路加福音》第十章。

上述两个译文中罗译本采用了意译法，而宋译本采用了直译加注释法，各有千秋。意译提高了译文的可读性，但是却舍弃了源语中的文化意象。而直译加注释一方面显化了民族文化的差异性，另一方面通过注释保存和反映了异域民族特征和语言风格特色，为译文读者保留了异国情调。

（42）...on the frame of which, a hospital procession of **Negro Cupids**, several headless and all cripples, were offering baskets of **Dead Sea fruit** to black divinities of the feminine gender...

译文1：……在那镜面的框子里雕刻着黑种人的**丘比得**们的款待行列，他们有几个没有头儿，全都是肢体残缺的，正在用黑篮子把**死海之果**献给黑种女神……（罗稷南译④）

译者加注释：①注：丘比得(Cupid)：爱神，维纳斯女神之子，其像为裸体美少年，有双翼，手持弓矢。（罗马神话）②注：死海之果：相传死海边长有苹果树，但结的果

---

① 秦罡引．实用汉英翻译教程[M]．北京：北京邮电大学出版社，2018．

② 查尔斯·狄更斯．双城记[M]．罗稷南，译．上海：上海译文出版社，1983：288．

③ 查尔斯·狄更斯．双城记[M]．宋兆霖，译．北京：北京燕山出版社，2011：219．

④ 查尔斯·狄更斯．双城记[M]．罗稷南，译．上海：上海译文出版社，1983：20．

实里全是黑色的灰烬。

译文2：那镜框上有一排残缺不全的黑色**小爱神**，全都缺臂少腿，有的还没有头，他们捧着盛满**死海之果**的黑色篮子，奉献给黑色的女神。

译者加注释：死海之果：相传死海边长有苹果树，但结的果实里全是黑色的灰烬。（宋兆霖译[①]）

中东的死海是地球陆地的最低点，也是世界上最大的天然温泉和旅游目的地。根据《旧约·创世记》，"所多玛"（Sodom）和"蛾摩拉"（Gomorrah）是古代中东对同性恋行为开放的两个城市。为了惩罚罪恶之城的居民，上帝烧毁了这两座城市。但罗得（Lot）和他的家人被允许逃离，他的妻子违反了上帝的指示，回头看着这座在大火中被摧毁和倒塌的城市，变成了一根盐柱（a pillar of salt）。因此在英语中，Dead Sea fruit/apple 意思是"死海的果实"，隐喻不值其价值的东西，相当于中文中的"金玉其外，败絮其中"或者"镜花水月一场空"。这样丰富的文化信息借助注释才能让读者更好地了解源语作者的语言特色和意图。

汉语歇后语（a two-part allegorical saying）是群众在生活实践中创造的一种特殊的表达形式。它一般由两个部分组成：描述/陈述＋解释说明。汉语歇后语承载着浓厚的中国文化内涵，以其独特的结构、生动的表现形式和有趣的表达效果，深受大众的喜爱，也经常出现在文学经典中。翻译这类词时不仅要考虑语言问题，还要考虑对文化内涵的理解和表达。译者应尽可能地传达源语文化，使目的语读者能够充分理解原文的文化信息，获得与源语读者相同或相似的文化感受。如：

（43）那个宝玉是个"丈八的灯台——照见人家，照不见自己"的，只知嫌人家脏。那是他的房子，由着你们糟蹋。（第十九回）

As for Baoyu, he's like **a ten-foot lampstand that sheds light on others but none on itself**. He complains that other people are dirty, yet leaves you to turn his own rooms topsyturvy.

（44）"没有良心的，**狗咬吕洞宾——不识好歹**。"（第二十五回）

"You ungrateful thing! Like **the dog that bit Lu Tung-pin—you bite the hand that feeds you**."

3. 外来词借用法

由于汉英词汇语义中的语义空缺，有些词汇难以理解和翻译。一些汉英文化负载的词在彼此的语言中没有对应的词，宜在翻译中采用音译。音译词和外来词是随着语言和文化不断交流自然产生的。临时音译的外来词长期使用后，在目标语言中逐渐固化成为外来词。汉英两种语言借用有三种方式，即音译法（Transliteration）、借形法（Borrowing of Lexical Items）和移植法（Loan Translation）。如：香槟（champagne）、威士忌（whisky）、啤酒（beer）、雪茄（cigar）、三明治（sandwich）、苏打（soda）、咖啡

[①] 查尔斯·狄更斯. 双城记[M]. 宋兆霖, 译. 北京：北京燕山出版社, 2011：16.

（coffee）、阿司匹林（aspirin）、尼古丁（nicotine）、荷尔蒙（hormone）、芭蕾（ballet）、华尔兹（waltz）、维纳斯（Venus）、模特（model）、蒙太奇（montage）、拷贝（copy）、沙发（sofa）、高尔夫（golf）、保龄球（bowling）、扑克（poker）、吉普（jeep）、摩托（motor）、坦克（tank）、磅（pound）、盎司（ounce）、幽默（humor）、雅皮士（yuppie）、朋克（punk）、丁克（dink）、镭射（laser）、比基尼（bikini）、雷达（radar）等。①

随着中西文化交流的扩大，许多反映中国饮食文化、传统文化和政治思想的词也通过音译进入了英语，如：jiaozi（饺子）、dimsum（点心）、toufu（豆腐）、wonton（馄饨）、chowmein（炒面）、chowfan（炒饭）、ginseng（人参）、kungfu（功夫）、qigong（气功）、wushu（武术）、weiqi（围棋）、mahjong（麻将）、kowtow（磕头）、fengshui（风水）、typhoon（台风）等。但需要注意的是，截至1988年，统计有979个英文单词起源于汉语，但其中只有196个汉语词汇被收录在权威的英文词典中，从1588年到1988年，400年间只有不到200个汉字进入英语。② 这说明汉语的传播任重道远。

除了借音，还借用书写形式，也就是借形法，如汉语新词"给力"的英译为geilivable。更多的时候会通过移植法把源语的文化负载词概念移植到目的语中，比如Snow White（白雪公主）、Cold War（冷战）、shuttle bus（班车）等。

4. 意译法

由于汉英文化负载词的意义差异很大，如果逐字翻译原文，会造成语言符号和含义的割裂，原文可能会失去原有的光彩，甚至意义遭到扭曲，让读者感到困惑，且不能有效理解源语的文化联想意义和内涵。这种情况下译者应当不拘泥于原文的形式，同时尽可能地保留原文的真实意义，力求实现译文通顺流畅，尽可能减少歧义。以"门外汉"一词为例，如果译成 a man outside the gate 就歪曲了原意，更适合意译为 the uninitiated 或 a layman。另外，为了准确表达某些词语的确切含义，不宜硬译、死译，而应具体情况具体分析。有些词含有丰富的异国文化色彩，特别是有异国地名、人名、宗教等元素，这些词直接翻译可能容易混淆，而添加太多的注释文本，又会失去词汇自身的独特特征，通过意译避开其文化背景，追求符合目的语惯用原则的译法不失为一种方法。如"叶公好龙"一词中的叶公是中国古代传说的名字，不妨取其意，忘其形，译为 professed love of what one really fears。

许多汉语成语就很适合意译，虽然文化特色和形象会有损失，但可以有力简洁地诠释成语的喻义。以"快马加鞭"为例，如果直译成 spur the flying horse at high speed，不免有些冗余，用得不好在语段中还会显得突兀，倒不如意译为 speed up，简洁明了。以

---

① 杨元刚，熊伟. 英汉语对比与翻译教程[M]. 武汉：武汉大学出版社，2021.
② Yang J. Chinese Borrowings in English[J]. World Englishes, 2009（1）：90–106.

下是更多对成语进行意译的例子。

万紫千红：a riot /blaze of colour
单枪匹马：all by oneself
眉飞色舞：beam with joy
落花流水：be shattered into pieces
迎刃而解：be readily solved
前赴后继：advance wave by wave
孤注一掷：at all hazards
趾高气扬：carry one's head high
一帆风顺：plain sailing
有条不紊：in perfect order
倾城倾国：to be extremely beautiful
四分五裂：fall apart /be all split up /disintegrate
罄竹难书：(of crimes) too numerous to mention
锱铢必较：to haggle over every penny
忍无可忍：have exhausted one's patience
噤若寒蝉：keep silent out of fear
抛头露面：to make one's own appearance
虚怀若谷：to be modest and extremely open-minded
东施效颦：crude imitation with ludicrous effect
初出茅庐：at the beginning of one's career
毛遂自荐：volunteer one's service
暗送秋波：make secret overtures to sb.
悬梁刺股：be extremely hard-working in one's study
怨声载道：complaints are heard everywhere[①]

第四节　汉语和英语句式对比和翻译

句子是翻译的基本单位，《朗文当代英语辞典》上对句子是这样定义的：A group of written or spoken words that has a subject and a verb, and expresses a complete thought or asks a question. Sentences written in English begin with a capital letter and end with a PERIOD, a QUESTION MARK, or an EXCLAMATION POINT. 中国对汉语句型也有很多讨论，自《马

---

① 秦罡引. 实用汉英翻译教程[M]. 北京：北京邮电大学出版社，2018.

氏文通》以来，几乎所有的汉语语法家都研究过汉语句式。邵敬敏在《现代汉语通论》一书中对句子也进行了定义：一个句子前后都有停顿，有一定的语调，意思比较完整，是用来交流的基本语言单位。[①] 由此可见，汉英两种语言中的句子都是表达完整意义的语言单位，但是英语句子一般都要有主语和谓语，而汉语中的句子则没有这样的要求。

一、汉英基本句型对比

（一）英语的基本句型

主流的说法是英语句型分为七种，即主 - 谓（SV）结构、主 - 谓 - 宾（SVO）结构、主 - 谓 - 补（SVC）结构、主 - 谓 - 状（SVA）结构、主 - 谓 - 宾 - 宾（SVoO）结构、主 - 谓 - 宾 - 补（SVOC）结构和主 - 谓 - 宾 - 状（SVOA）结构。下表对这七种句型进行了说明和举例（表 2-6）。

表 2-6　英语的七种句型

句型	特点	举例
主 - 谓结构（SV）	谓语动词为不及物动词（intransitive verb）	Truth hurts. 真相伤人。
主 - 谓 - 宾（SVO）	谓语动词为及物动词（transitive verb），后面须跟宾语	I had a dream. 我曾有一个梦想。
主 - 谓 - 补（SVC）	谓语动词为联系动词（link verb）	This essay is well-written. 这篇论文写得很好。
主 - 谓 - 状（SVA）	谓语动词为不及物动词，但是动词后须带状语	All rivers run into the sea. 百川归海 / 殊途同归。
主 - 谓 - 宾 - 宾（SVoO）	谓语动词为及物动词，后面须跟两个宾语（间接宾语和直接宾语）	He made me a cup of tea. 他给我泡了一杯茶。
主 - 谓 - 宾 - 补（SVOC）	谓语动词为及物动词，后面须跟一个宾语和一个宾语补语	We elected him our class president. 我们选举他为班长。
主 - 谓 - 宾 - 状（SVOA）	谓语动词为及物动词，后面须带宾语和状语	The car will find its way round the hill when it gets there. 车到山前必有路。

---

① 邵敬敏．汉语语法专题研究 [M]．北京：北京大学出版社，2009．

（二）汉语的基本句型

邵敬敏[①]对汉语句式进行了系统、全面的总结，他将汉语句型分为三个层次。在这里，我们引用相关阐述如下（表2-7）。

表2-7　现代汉语单句句型系统

第一层次(2)	第二层次(7)	第三层次(11)
主谓句	名词性谓语句	名词谓语句
		数量谓语句
		定心谓语句
	动词性谓语句	动词谓语句
		述补谓语句
		述宾谓语句
		连谓谓语句
		兼语谓语句
		主谓谓语句
	形容词性谓语句	形容词谓语句
		形补谓语句
非主谓句	名词性非主谓句	
	动词性非主谓句	
	形容词性非主谓句	
	特殊非主谓句	

其中主谓句是由主谓复语构成的句子，即能分析出主语和谓语两个直接成分的句子，包括动词性谓语句、形容词性谓语句、名词性谓语句。

（1）动词性谓语句。

动词性谓语句的谓语由动词或动词性短语构成。主要有以下六种基本句型。

①动词谓语句：花开了。

[①] 邵敬敏．汉语语法专题研究[M]．北京：北京大学出版社，2009．

②述宾谓语句：我们吃苹果。

③述补谓语句：汽车开走了。

④连谓谓语句：小王去上海买器材。

⑤兼语谓语句：学校派老张值班。

⑥主谓谓语句：面包我吃光了。

（2）形容词性谓语句。

形容词性谓语句的谓语由形容词或形容词性短语构成。主要有以下两种基本句型。

①形容词谓语句：天气晴朗。

②形补谓语句：大楼上的霓虹灯亮得刺眼。

（3）名词性谓语句。

名词性谓语句的谓语由名词或名词性短语构成。主要有三种基本句型。

①名词谓语句：今天星期天。

②数量谓语句：新来的校长四十来岁。

③定心谓语句：这人好大的架子！

非主谓句是由单个词或者非主谓短语构成的单句，不能分析出主语和谓语，可以分为四类。

（1）名词性非主谓句。例如：

①飞机！（名词）

②好大的老鼠！（定心短语）

③老张和老李。（联合短语）

④图书馆的。（"的"字结构）

（2）动词性非主谓句。例如：

①听！（动词）

②下雨了。（述宾短语）

③晒干了！（述补短语）

④请大家不要抽烟。（兼语短语）

⑤开着门睡觉。（连谓短语）

（3）形容词性非主谓句。例如：

①对！（形容词）

②好极了！（述补短语）

（4）特殊非主谓句。例如：

①不！（否定副词）

②啊？（叹词）

二、形合和意合

汉语属于汉藏语系，而英语属于印欧语系。两种语言的句式组织有很大的不同，可以分为意合（parataxis）和形合（hypotaxis）两大类。所谓"形合"是指通过语言形式手段，包括词汇手段和形态手段，将词语或句子连接起来，而"意合"是指通过词语或句子所包含的意义的逻辑连接而不是通过语言形式手段。前者注重语言形式的连接，而后者注重行文意义上的连贯性。①汉语语法具有意合特点，而英语语法具有形合的特点。汉民族思维上十分注重全局性和辩证性，表现在句子建构上为偏重意合，即句子中成分之间或句与句之间结构较松散，不求严谨，通过意念，即词语或句子间的内在逻辑关系来连接。②

一般认为汉语强调意合而英语则强调形合。但在探讨这一问题时，千万不要认为汉语中只有意合而无形合，英语中只有形合而无意合。潘文国在《汉英对比大纲》中说过，很少有某种语言纯粹使用意合或形合，一般都是结合使用，只是使用的范围、程度各不相同。在句子层面及以下，英语以形合为主；到了句以上，英语采用了意合手段；汉语则相反，在句子或相当于句子的较短的语言片段内，主要靠的是意合，用"意脉"贯串全句；而到了较大的语言片段里反而变成了某种意义上的"形合"。③

不同的文化土壤孕育着不同的思维方式。语言作为思维的最直观载体与外在表现，更受到了它的深刻影响。东西方思维方式千差万别，使汉英语言表现出了截然不同的特征。就意合、形合而言，二者的区别主要表现在连接手段、逻辑表达以及句式结构等方面。英语是一种以形合为基础的语言，它的词汇和句子注重显性衔接和句子形式，以形显义，以形统义。主要体现在以下几个方面。

（一）连接手段

关系词包括关系代词（that, who, whom, whose, which 等）、关系副词（when, where, why 等）、连接代词（what, whatever, who, whoever, whom, whomever, whose, which, whichever 等）和连接副词（when, whenever, where, wherever, how, however, why 等）。英语中常用关系词来连接主句和主语从句、宾语从句、表语从句或状语从句。而汉语中没有这类词，因此英译汉时可以省略这类词，或者将其还原成其所替代的词。

连词包括并列连词和从属连词，如 and, or, but, yet, so, however, as well as, either...or..., neither...nor... 及 when, while, as, since, until, so...that, unless, lest 等，可以将词、短语、分句等句子成分连接起来组成句子。汉英两种语言都有连词，不过它们的用法差别很大。英语受严格的形式逻辑的影响，非常重视显性衔接，连词是表达英语句子之间内在逻辑

---

① 潘文国. 汉英语言对比 [M]. 北京：商务印书馆，2010.
② 包惠南. 文化语境与语言翻译 [M]. 北京：中国对外翻译出版公司，2001.
③ 潘文国. 汉英语言对比 [M]. 北京：商务印书馆，2010.

关系的重要手段。而汉语句子的组织主要依赖于词义的衔接，较少使用连词作为词汇衔接手段，尤其是在古代汉语中少见连词。现代汉语受到外语的影响，连词的使用越来越多。然而，由于汉英连词使用的差异，英译汉中通常不需要翻译原连词。

介词是英语中最活跃的词性之一，它是连接单词或子句的重要手段。英语介词丰富且使用频繁，可以分为简单形式和复杂形式。简单的介词是一个词，如 at, in, for, to, between 等，共有七十个左右。复杂介词有两种形式，一种是由其他词类的词和一个介词组成，数量有限，如 along with, except for, due to, because of 等；另一种是"介词 1 + 名词 + 介词 2"，例如 in view of, in accordance with, by means of。复杂介词数量很多，但大多数不是形式上固定的，所以可以被视为短语。现代汉语中只有七八十个介词，而且以单音节介词为主，如"在、和、向、把、被、从、因"等。还有十来个双音节介词，如"对于、至于、关于、自从、因为、由于、按照、根据、通过、除去"。汉语介词数量少，使用频率也不高，常常省略，有时使用也显得多余。

汉语作为意合语言，不像英语句子与句子之间通常依靠多种语言形式紧密相连，汉语连接手段少而隐蔽，注重隐性连贯，句子的语法意义及逻辑关系往往藏在句子之间，语序、修辞手法等方式都可以反映句子隐含的逻辑与语法关系。以语序为例，汉语一般都是按照比较固定的叙事逻辑或事理顺序进行的，如从因到果，层层铺陈，构成一个有秩序的整体。

吕叔湘指出："汉语口语里多流水句，一个小句接一个小句，多地方可断可连。"① 流水句是汉语长句的典型句式之一，虽然看起来比较松散，但是它总是围绕着一个主题展开，虽然"形离"但是"神聚"。而且汉语经常运用紧缩句、四字格等。汉语紧缩句言简意赅，很多时候不使用关联词语也可以表达分句之间的关联。汉语四字格言简意赅，整齐划一，充分显示了汉语构句的简洁和节约，集中体现了汉语的意合特点。汉英互译时连接手段应结合具体情况适当隐性化或者显性化，才能使译语语篇更为自然和符合读者阅读习惯。汉英翻译中，如果不仔细分析原文中隐藏的逻辑关系和语义关联，译文就会显得不自然、不真实，很容易引起读者的困惑。而在英汉翻译中，要在不损害意义表达的前提下，对显性的连接手段进行含蓄化处理，使译文无明显痕迹。

（1）上梁不正下梁歪。

译文 1：A crooked stick will have a crooked shadow.

译文 2：Fish begins to stink at the head.

译文 3：If a leader sets a bad example, he will be followed by his subordinates.

译文 4：When those above behave unworthily, their subordinates will do the same.

（2）物极必反。

---

① 吕叔湘. 通过对比研究语法 [J]. 语言教学与研究（试刊）/（正式发行版），1977/1992(2)：4-18.

Once a certain limit is reached, a change in the opposite direction is inevitable.

上面两个例子均表现出汉英两种语言在连接手段方面的差异。汉语多紧缩句，逻辑关系内隐，但是在英译时大都需要对逻辑语义进行显化处理。

（3）第二天，天气好了，又得把花都搬出去，就又一次腰酸腿疼，热汗直流。

The next day, when the weather is good, we'll have another round of being dog tired and wet with perspiration to get all the flowers out in the yard again.①

本例中的语段很符合汉语的句式特色，由若干短句构成，句与句之间没有连接词，但是结合语境可以读出它内在的逻辑含义。比如原文中"天气好了"与"又得把花都搬出去"之间暗含时间和因果关系，即"当天气好转时，我们又得把花儿都搬出去。"因此，英语翻译时须补加衔接词"when"，显化处理其中的逻辑关系。另外"又一次腰酸腿疼"与"热汗直流"暗含并列关系，因此，英译时添加"and"，以衔接两句。两个连接词的使用使中文散句成为结构紧凑的英文复合句。

（4）燕子去了，有再来的时候；杨柳枯了，有再青的时候；桃花谢了，有再开的时候。

If swallows go away, they will come back again. If willows wither, they will turn green again. If peach blossoms fade, they will flower again.②

本例中的原句是三个并列的分句，每个分句又由两个小分句组成，根据上下文可知小分句之间蕴含着假设关系，英译时考虑到形合的特点，可以增译连词"if"，将小分句连接起来，以忠实地传达原文的内在含义，读起来也更加朗朗上口，具有音律美。

（5）李守中承继以来，便说"女子无才便有德"，故生了李氏，便不十分令其读书，只不过将些《女四书》、《列女传》、《贤媛集》等三四种书，使他认得几个字，记得前朝这几个贤女事迹便罢了，却只以纺绩井臼为要。（第四回）

When he became head of the family, however, in the belief that "an unaccomplished woman is a virtuous woman," instead of making his daughter study hard he simply had her taught enough to read a few books such as the Four Books for Girls, Biographies of Martyred Women, and Lives of Exemplary Ladies so that she might remember the deeds of worthy women of earlier dynasties while devoting her main attention to weaving and household tasks.

可以看到杨戴译本中增译了"when""however""instead of""so that""while"等连词，使翻译具有连贯性和整合性。"自李守忠继承以来"与"说'女子无才便有德'"之间有一个转折点，但在原著中，这种意义只能在理解语境后才能实现，而在英译中，这种关系需要明确。特别是"so that"是一种典型的英语形合语法，表达一种目的逻辑关系。根据汉英两种语言的特点和差异，杨戴在翻译中增加了连词，使译文更符合英语形合的特点，在结构和形式上更有条理、更加完整。

① 张培基.英译中国现代散文选（三）[M].上海：上海外语教育出版社，2007.
② 张培基.英译中国现代散文选[M].上海：上海外语教育出版社，1999.

（二）逻辑表达

汉语的内在意合特征与英语的内在形合特征在汉英逻辑表达中的作用也不尽相同。在省略方面，汉语、英语两种语言有差异性。英语中的人称照应、指示照应多于汉语。潘文国[1]提出，汉语的省略是意合的极致。比如汉语句子的主语，尤其是叙事性主语，并不是必要成分，这就导致了汉语中的省略多于英语。

（6）这门子道："这四家皆联络有亲，一损皆损，一荣皆荣，扶持遮饰，皆有照应的。"（第四回）

"These four families are all closely connected," said the attendant, "Injure one and you injure them all, honour one and you honour them all. They help each other and cover up for each other."

在这个例子中，汉语的语法自由度大，"一损皆损，一荣皆荣"的主语省略了，不会影响到句意表达，但是在翻译成英语时，杨戴还原了汉语中省略的代词"you""them"，使原文的意思更加清晰。下面我们再来看一个例子。

（7）原来这李氏即贾珠之妻。珠虽夭亡，幸存一子，取名贾兰，今方五岁，已入学攻书。（第四回）

Li Wan was the widow of Jia Zhu who had died young, but luckily she had a son, Jia Lan, just five and already in school.

原文中的"幸存一子"省略了"李纨"这个主语，这种省略不会影响汉语读者的理解，因为这种省略大部分是因为在前文有所交代。但是这在以"形合"为主的英语里不太能够被接受，特别是主谓往往是缺一不可的，因此在目的语中，我们必须将原文中被省略的部分，即"Li Wan"添加到语篇中。

语序对于汉语的话语组织非常重要，它往往体现出句子的内在逻辑。汉语句子一般按照相对固定的逻辑或事理顺序，不受时态、语态、文体变化的限制，即以动词为中心，对事物的顺序进行逻辑表达。而英语中丰富的时态和多样化的连接手段使笔者可以摆脱动作顺序和时间顺序的限制，根据自己的表达习惯和逻辑关系组合句子成分，使英语句子的排序更加自由。因此，在汉译英时，厘清句子内部的逻辑关系，避免语序对照翻译是非常重要的。

一般而言，决定句子中词语顺序的基本规律有时序律、因果律、范围律等。时序律是决定汉语句子的重要规律之一。在汉语句子中，通常是先发生的事先说，后发生的后说，句子的语序遵循时间上的先后顺序。而英语并不严格遵循时序律，除非是连续发生的动作。因此，在汉译英时经常要进行语序调整，或者借助英语丰富的语法连接手段，按照汉语的叙述次序直接进行顺译。如：

---

[1] 潘文国. 汉英语言对比 [M]. 北京：商务印书馆，2010.

（8）王夫人打发文官等出去，将攒盒散与众丫鬟们吃去，自己便也乘空歇着，随便歪在方才贾母坐的榻上，命一个小丫头放下帘子来，又命他捶着腿，吩咐他："老太太那里有信，你就叫我。"说着也歪着睡着了。（第四十一回）

Lady Wang, having dismissed the actresses and given what was left in the hampers to the maids, was free to lie down on the couch vacated by her mother-in-law. She told a small maid to lower the portiere and massage her legs. "When the old lady wakes, come and let me know." she ordered the servants. With that she settled down for a nap.

本例是汉语中经常出现的连动式结构，即出现了同一个主语下的动词连用。在翻译成英语时，看似并列的连动不能机械式地用"and"连接。在本例中，"王夫人……又命他捶着腿"句式中连用了10个动词，语义连贯，表达力强，充分体现了汉语"连动"的特点。杨戴译本中把它翻译成两个句子。第一句以限定动词"was"为中心，扩展句子；第二句以限定动词"told"和"message"为中心，中间再用"and"相连，充分体现了英语形合的特点。而且考虑到本句中文中的动词是按简单的时间顺序排列，英译时通过动名词"having"，得以保留原文的语序。

外位语结构（extrapositive structure）也是汉语里常见的一种句子结构，外位语指的是独立于句外，同时又和句中某个成分指同一事物或同一概念的成分。翻译外位语时，可以把其中较长的难以处理的成分，如长定语从句、状语从句或并列从句等，提前译出，作为外位独立成分，然后再借用承上词语，如"这""那""他""他们""该点""这方面"等作为本位语将主句译出。这样的外位结构可以突出重点，避免译文臃肿，句子逻辑也更加严密清楚。

（9）To acquire languages, departed or living in spite of such obstinacies as he now knew them inherently to process, was a herculean performance which gradually led him on to a greater interest in it than in the presupposed patent process.

无论是死的语言还是活的语言，要想掌握就不能像他以前所想的那样，是一学就会的事情，而是要费尽心血的事情。这种认识使他对语言学习的兴趣远远超过以前认为语言一学就会时的那种热情。①

本例中，译者主句为"To acquire languages...was a herculean performance"，而其后which引导的定语从句为典型的外位语结构，考虑到它的长度，最好将其作为外位独立成分单独译出，并且借用词语"这种认识"进行承上启下，如此一来长句翻译的难点就化解了。

三、长难句的翻译

根据前文所述，汉语多紧缩句，而英语多长句，英语长难句是翻译的一大难点，论

---

① 托马斯·哈代. 无名的裘德[M]. 耿智，萧立明，译. 武汉：长江文艺出版社，2010.

其方法，大概可分为以下几种，即顺序法、逆序法、分译法和综合法。

（一）顺序法

当英语长句内容的叙述次序和时空观与汉语一致时，可按汉语顺序直接进行翻译，以适应汉语阅读习惯。

（10）They were accompanied by a carter, a second man, and a boy, who kicked a large stone behind one of the wheels, and allowed the panting animals to have a long rest, while those in charge took a flagon off the load and indulges in a drink round.

跟随在后的是一位赶车人，一个帮手和一个男孩。那男孩在用脚踢一块大石头来顶住其中一个车轮，好让喘息的牲口好好休息一会儿；而两个赶车的大人从煤堆里拿出一大瓶酒，轮流喝起来。（同上）

英语原句的句式冗长，其中包含"who"所引导的定语从句修饰限定"a boy"，此外，定语从句中又有由"kick"和"allow"两个并列动词引导的两个分句，另有"while"引导的分句与前面描述 boy 的状态形成对比。但是该句虽然包含从句、连词等一系列的复杂成分，但叙述顺序和汉语的阅读习惯一致，不必刻意调整顺序。

（二）逆序法

英语在思维方式、表达方法等方面都有别于汉语，甚至截然相反，往往是先事后放，后事前排，这种情况出现时必须逆着原文顺序进行翻译才能适应汉语表达习惯。具体翻译实践中，完全逆序和部分逆序视不同情况而定。

（11）But artifice was necessary, he had found that, for stemming the cold and inhumane blast of the world's contempt.

他现在发现，要想把世人鄙视他的那种冷漠无情，毫不仁义的邪恶气焰压下去，讲究策略，施展手段也是必要的。（同上）

本句英文的前半句是对整个句子的总结，因此应最后翻译，而"found"后紧跟的"that"所引导的宾语从句是铺垫性的语言，故汉译时应从后向前翻译，更加符合汉语的表达习惯。

（12）Some time later he went to a church-builder in the same place, and under the architect's direction became handy at restoring the dilapidated masonries of several village churches round about.

过了一段时间，他又投身到教区一个教堂建筑师那里。在建筑师的指导下，通过修复附近一带好几处乡村教堂的石建筑，他渐渐变得心灵手巧起来。（同上）

本句根据意群对"and under the architect's direction became handy at restoring the dilapidated masonries of several village churches round about"进行了部分逆译，考虑到 at 后

面的分词短语是对"become handy"的原因进行解释,实为语义铺垫,所以应把分词短语提前翻译。

(三) 分序法

英语中多后置修饰语,为了符合汉语表达习惯,如果长句的主语或者主句和修饰词之间的联系不是很紧密,在翻译时可将长句中的一连串后置修饰语与其他修饰成分分开来译,化长为短,即把短语或从句拆译为短句,有时还可增译词语,力求忠实于原文。

(13) On one of these pilgrimages he met with a hunchbacked old woman of great intelligence, who read everything she could lay her hands on, and she told him more yet of the romantic charms of the city of light and lore.

在其中一次这种朝圣似的旅途中,他遇见了一位驼背的老太太,智慧过人,凡弄到的书,爱不释手。她把那个光辉灿烂和人才辈出的城市的魅力给他讲得更多更仔细。(同上)

该英语长句中的主语"he"和宾语"woman"后都有后置修饰语,特别是"woman"后面有"who"引导的非限制性定语从句作为长修饰语,考虑到该从句与其先行词的关系并不十分密切,翻译时可以按照汉语多用短句的习惯,把长修饰语分译成短句,单独译出。

(四) 综合法

翻译英语长句时须灵活应对,很多时候不是简单地运用某一种翻译方法就能完成,而是需要结合多种方法,或是按照原文形式上的顺序,或者按其内在逻辑顺序顺逆结合、主次分明地将整个句子综合起来,以实现流畅、忠实、地道的译文。

(14) The crowd surged, pushing Arabella and her friends sometimes nearly into the river, she would have laughed heartily at the horse-play that succeeds, if the imprint on her mind's eye of a pale, statuesque countenance she had lately gazed upon had not sobered her a little.

人群挤来挤去,有时差点把阿拉贝娜和她的朋友们挤到了河里。接着是喧闹的游戏,如果不是刚才那苍白、僵硬、冰冷的面容在她心里留下了印记,使她稍微冷静一点的话,这时她一定会会心地大笑起来。(同上)

本例中前半部分叙述顺序符合汉语习惯,无须特意调整次序,可直接翻译;而后半句叙述顺序与汉语相反,连词"if"引导的条件状语从句需要根据动作出现的顺序由后往前翻译;另外无论是"she would have..."引导的主句中动词补语"at the horse-play",还是状语从句中的虚拟语气结构,译者都通过增补标点符号,以短句形式呈现。因此总体上译者综合采用了顺逆结合、化长为短等方法。

第五节　汉语和英语修辞对比和翻译

汉语与英语修辞手段十分丰富，并且包含着丰富的文化意义。修辞主要是"一种使用语言达到有效口语和书面语交际的艺术"①。考虑到第二节已经对音韵修辞进行了对比，这一节将主要梳理语义和结构修辞手段，分析其构成形式和语用特点，总结常用的翻译方法。

一、汉英语义修辞与翻译

本节主要介绍比喻、矛盾修饰、夸张、双关、委婉语几类语义修辞手段和翻译方法。

（一）比喻

比喻是增强语言艺术表达效果的重要修辞手段。陈望道②提出比喻有明喻（simile）、暗喻（metaphor）和借喻（metonymy）三类。

明喻指的是对比两个事物的相似点，特别是用熟知的具体事物描写生疏的抽象事物，从而达到传神达意、生动形象的修辞效果。③明喻由三要素构成：本体（tenor）、喻体（vehicle）和喻词（indicator of resemblance），其中常用的英语喻词有 as, as if, as it were, as though, be analogous to, be comparable to, be something of, can be likened to, it was a bit like, like, may be compared to, not unlike, similar to 等。④如：I wandered lonely as a cloud.（W. Wordsworth, The Daffodils）这句话中，本体是 I，喻体是 cloud，as 为喻词。

汉语喻词包括"像""似""如""同""若""比""般""样""好像""好似""好比""比如""如同""犹如""宛如""宛若""仿佛""一样""一般""似的""比方说""像……一样""如……一般""像……似的""仿佛……似的"等，用来联结被比喻的事物(本体)和比喻的事物(喻体)。这些词叫作"比喻词"或"喻词"。⑤如："只见薛蟠衣衫零碎，面目肿破，没头没脸，遍身内外，滚的似个泥母猪一般。"（曹雪芹《红楼梦》），本句中薛蟠被喻为"泥母猪"。

暗喻，又称隐喻，本体和喻体之间一般使用"是""就是""作""为""成""成了""成为""变成""当作""等于"等表示判断或关系的词充当喻词来加以联结。暗喻不直接比较本体和喻体，而是巧妙借助人们熟悉的形象、特征等去暗示不易把握或理解的对象，通常类似点更加鲜明，如：

---

① 郭秀梅. 实用英语修辞学[M]. 南京：江苏人民出版社，1985.
② 陈望道. 修辞学发凡[M]. 上海：上海教育出版社，1979.
③ 李亚丹，李定坤. 汉英辞格对比研究简编[M]. 武汉：华中师范大学出版社，2005.
④ 杨元刚，熊伟. 英汉语对比与翻译教程[M]. 武汉：武汉大学出版社，2021.
⑤ 杨元刚，熊伟. 英汉语对比与翻译教程[M]. 武汉：武汉大学出版社，2021.

Some books are to be tasted, others to be swallowed and some few to be chewed and digested. (Francis Bacon)

本句中，本体是 books，根据动词 swallow, chew 和 digest 可以推断喻体为食物。这样一来，书籍和食物这两种看似不属于同一范畴的事物得以联系起来。王寅[①]曾说过，隐喻性用法在不同事物之间建立了人们所能认识的联系，已经成为人们进行范畴概念化的工具。又如 a thunder of applause 中，喻体 thunder 和本体 applause 本属于两个完全不同的语义范围，但是二者共享"响亮"这一特征。通过这一隐喻可以把一个心理和思维空间概念投射到另一个心理和思维空间，[②]这样一来目标域 applause 这一概念就更加形象生动。

借喻包括使用容器代替容器中的东西，或者原因与结果进行相互替代，或者有联系的事物之间的借代。特点是本体和比喻词都不出现，直接用喻体来作为本体的代表。《红楼梦》中就多次使用了借喻，比如：

（1）谁知次年便有黄巾、赤眉一干流贼余党复又乌合，抢掠山左一带。（第七十八回）

The next year the **Yellow Turbans, Red Brows** and other rebels joined forces to raid the region east of the Taihang Mountains.

Note：The Yellow Turbans rose in 184A. D., and the force wore yellow turbans. The Red Brows rose early in the first century, and the force drew their brows red.

本例中的"黄巾、赤眉"是历史典故，如直译为"Yellow Turbans, Red Brows"，目的语读者可能会不知所云，杨戴译本使用了直译加注法，以尽可能地保留源语的文化特色和意象，在注释中点出了"黄巾、赤眉"两个词语是借用群体佩戴的服饰代指人物本身。

在翻译实践中，明喻可以根据汉英的语言特点和东西方民族的思维习惯，可保留、替换、舍弃或添加比喻形象，喻词可译可不译。而隐喻是翻译中比较难解决的问题，纽马克提出了七种翻译方法，依据使用频率的高低依次为：①在目的语中重现相同的喻体；②用目的语中合适的喻体代替源语中的喻体；③用明喻来代替隐喻；④用明喻和喻义相结合翻译隐喻；⑤将隐喻转化为喻义；⑥省略；⑦隐喻和喻义相结合。[③] 关于隐喻翻译的原则，纽马克认为要么译出喻义或者喻体，要么对其一进行调整，或者兼顾二者，要考虑到语境因素，特别是隐喻在文本中的重要程度。[④]

各民族共有相似的认知过程，当汉英隐喻词语具有相似的喻义之时，可以采用直

---

① 王寅. 认知语言学[M]. 上海：上海外语教育出版社，2007.
② 程同春. 英语隐喻的思考与翻译[J]. 中国科技翻译，2005(5)：36-38.
③ Newmark P. Approach to Translation[M]. Shanghai: Shanghai Foreign Language Education Press, 2001.
④ Newmark P. A Textbook of Translation[M]. New York: Prentice Hall, 1988.

译。①《红楼梦》中的"一个是水中月,一个是镜中花"译为 One is the moon reflected in the water, the other but a flower in the mirror,英文读者也是可以理解其中喻义的。不同语言文化的隐喻既有同质性(homogeneity)的一面又有异质性(heterogeneity)的一面。② 有时候源语篇章的隐喻的源域和目标域在译语篇章中可能没有相同的源域和目标域,或者只有类似的隐喻,但是其中的源域(喻体)和目标域(本体)不同。

1. 完全直译

当原文的隐喻在目的语中也激发相似性联想时,就可以进行直译。这往往是本体、喻体、喻义和语言都不用做任何变化的情况。如:

(2)同桌的人怕闹出事来,便恭敬地劝酒,李武借坡下驴,干了一杯酒,用袖子擦擦嘴,拣起因为训斥刘老大而丢掉的话头,说……

The guests, fearful of causing trouble, held out their glasses in a show of respect for Li, who, like a man who dismounts from his mule on a downward slope, emptied his glass, wiped his mouth on his sleeve, and, picking up the thread of conversation lost in the remonstrance of the elder Liu son, said...③

2. 直译并调整喻体

当原文的喻体在目的语中稍微修改就能够激发相似性联想时,就可以直译,然后对喻体根据语言、文化以及审美等方面的差异进行跨文化微调,以避免译入语读者产生误解。

(3)她的双眼水灵灵,黑葡萄泡在蛋清里。

Her limpid eyes looked like grapes floating in egg white.(同上)

这是莫言在《檀香刑》中描写眉娘外在美的一个句子。中国人都是黑眼珠,因此莫言把眉娘的黑眼珠比喻成泡在鸡蛋清里的"黑葡萄",而葛浩文考虑到西方人的审美观与中国人有差异,所以选择省译"黑",回避了这一文化差异,"葡萄泡在蛋清里"也仍然足以勾勒出眉娘眼睛水灵灵的美感。

3. 直译并补充说明

有些时候,在直译原文比喻的基础上,还需要补充说明其喻义。如:

(4)尽管娘家爹出了事,**但嫁出的女儿泼出的水**,爹你好自为之吧,女儿今后就管自己的日子了。

Sure, my dieh had gotten into a terrible fix, but **a married daughter is like water splashed on the ground—it cannot be taken back.** You will have to look out for yourself, Dieh, and I will

---

① 程同春.英语隐喻的思考与翻译[J].中国科技翻译,2005(5):36-38.
② 朱山军.隐喻的认知与翻译[J].河南社会科学,2007(7):148.
③ Mo Y. Sandalwood Death (Tanxiangxing)[M]. Goldblatt H, Translated. Norman: University of Oklahoma Press, 2012.

do the same from here on out.（同上）

译者直译"嫁出的女儿泼出的水"的字面意思，但是担心读者可能不理解这个比喻的喻义，所以又补译了"it cannot be taken back"，以帮助读者理解。

4．以目标语喻体替代源语喻体

由于目的语和源语存在历史、地理、政治、文化和宗教等引起的差异，如果原文的喻体不能激发目的语读者相似的联想，则需要在翻译中用能激发相似联想的喻体代替原文中的喻体。

（5）他一声长吼，宛如虎啸狼吟。

He roared like a lion.（同上）

译文变更了比喻喻体，原文采用了"虎啸"和"狼吟"两个喻体，而译文将喻体更换成了"狮吼"，便于读者理解。

（6）听了公爹一席话，俺的心中一阵冰凉，身上的**鸡皮疙瘩**突出了一层。

...my gongdieh's brief monologue nearly froze my heart and raised **gooseflesh** on my arms.（同上）

本例中将喻体"鸡皮疙瘩"更换成了"鹅皮"，译成了gooseflesh。

5．省译

当原文中的喻体不适合硬译，可以省略喻体，只译出喻义，即将比喻性的表达方式改为非比喻性的表达方式。

（7）贤媳妇，你那些偷鸡摸狗的事儿，也瞒不过我的眼睛。儿子无能，怨不得红杏出墙。

My dear daughter-in-law, do you believe that I do not know what you have been up to? My son is an idiot, so I cannot blame you for sneaking around the way you have been doing.（同上）

这句话是出自刽子手赵甲对其儿媳眉娘说的话。赵甲用"偷鸡摸狗"和"红杏出墙"这两个含有贬义的形象喻指眉娘与钱丁二人之间的不轨。可能是考虑到英语读者很难在"鸡和狗""红杏"与"偷情出轨"之间建立相似性联想，葛浩文译本省译了这两个比喻的喻体，而且以"顺化"为目的，选择比较委婉的话语来传达这两个比喻的喻义。

（二）矛盾修饰法

《朗文现代英语词典》中对矛盾修饰（oxymoron）的定义为 a figure of speech in which apparently contradictory terms are combined to produce an epigrammatic effect（把看起来互相矛盾、互相排斥的词汇结合起来使用，以产生一种警言的效果）。成伟钧等[①]也

---

① 成伟钧，唐仲扬，向宏业．修辞通鉴[M]．北京：中国青年出版社，1992．

提出矛盾修饰法指的是两个在意义上互相对立或互相排斥的词语或词组，通过一定方式组联在一起构成句子，用来描述事物、说明事理，形成某种情趣的修辞方式。矛盾修饰法多以词语为单位，运用语义反常（semantic antonym）现象，把两个意义对立或相反的词放在一起形成一个偏正短语，二者结合紧密，语言表达准确生动、精练有力。[①]《罗密欧与朱丽叶》（*Romeo and Juliet*）是英国剧作家威廉·莎士比亚创作的四大悲剧之一，其中就有不少矛盾修饰法用于抒情和说理。

（8）Juliet：Good night, goodnight! Parting is such **sweet sorrow**. That I shall say good night till it be morrow.

晚安，晚安！离别是这样甜蜜的悲伤。让我向你道晚安直到天明。[②]

此例描写了罗密欧与朱丽叶深夜在花园里幽会后临别时的复杂心情，初恋幽会自然是无比甜蜜，但此刻已近天明，爱人又不得不互道"晚安"，又是何等的不舍和痛苦，用 sweet sorrow 来形容十分恰当，翻译中也保留了这一组矛盾形容词。又如：

（9）Beautiful tyrant! Fiend angelica!

Dove-feathered raven! Wolfish-ravening lamb!

Despised substance of divinest show!

Just opposite to what thou justly seems'st—

A damned saint, an honorable villain!

——W. Shakespeare：*Romeo and Juliet*

美丽的暴君！天使般的魔鬼！

披着白鸽羽毛的乌鸦！豺狼般残忍的羔羊！

神圣仪表下的卑鄙本质！

你的内心正和你的形状相反，

一个该遭诅咒的圣徒，一个体面的恶棍！

——W. 莎士比亚《罗密欧与朱丽叶》

当朱丽叶知道她的爱人罗密欧杀死了她的表哥提伯尔特（Tybalt）后，不明真相的她诅咒起罗密欧，但是内心饱受又爱又恨的煎熬。这段独白用了一连串的矛盾修辞结构，节奏急促，淋漓尽致地反映了罗密欧外在秀美、内心狠毒的矛盾品质，以及朱丽叶当下爱恨交织、矛盾复杂的心情。

（三）夸张

演讲或写作时，夸张这一修辞手法常常被用来表达强烈的思想感情。通过运用丰富的想象力，某人、某事、某物的某些特征被刻意夸大或淡化，达到艺术渲染的效果。"夸

[①] 杨元刚，熊伟. 英汉语对比与翻译教程[M]. 武汉：武汉大学出版社，2021.
[②] 莎士比亚. 罗密欧与朱丽叶[M]. 朱生豪，译. 昆明：云南人民出版社，2009.

张"可以深刻生动地揭示事物的本质特征,增强语言的感染力,启发听者或读者的想象力,给人留下深刻印象。① 在翻译实践中,译者可以直译以保留夸张形式,意译以保留夸张效果,或者意译以增添夸张效果。

（10）And I will lure thee still, my dear,
　　　　Till a'the seas gang dry.
　　　　Till a'the seas gang dry, my dear,
　　　　And the rocks melt wi'the sun.
　　　　(Robert Burns: *A Red, Red Rose*)
　　　　亲爱的,我永远爱你,
　　　　纵使**大海干涸水流尽**。
　　　　纵使大海干涸水流尽,
　　　　太阳将岩石烧作灰尘。（王佐良译）

这四行诗出自罗伯特·彭斯的《一朵红红的玫瑰》,作者借助夸张的手法,表达了主人公对一位姑娘至死不渝的爱。而译文通过直译,保留了夸张形式和效果,忠实地还原了原诗的修辞。

（11）"……这位凤姑娘年纪虽小,行事却比世人都大呢。如今出挑的美人一样的模样儿,**少说些有一万个心眼子**,再要赌口齿,**十个会说话的男人也说他不过**……"（第六回）

　　Mrs. Lian may be young, but when it comes to doing things, she's got an older head on her shoulders than any I've ever come across. She's grown up to be a real beauty too, has Mrs. Lian. But sharp! Well, if it ever comes to a slanging match, she can talk down ten grown men any day of the week!

"少说些有一万个心眼子""十个会说话的男人也说他不过"都是夸张的说法,从中能够看出周瑞家对王熙凤的无比赞赏。在翻译"一万个心眼子"时,译者没有直译其中的数量,但是借助英语的最高级,同样凸显了王熙凤的经验老到。而为了传译出原文表现的口若悬河、能言善辩,译者对夸张手法,包括其中的数字,进行了直译。

（12）……每一棵树,每一枝花上,都系了这些物事。满园里绣带飘飘,花枝招展,更兼这些人打扮得**桃羞杏让,燕妒莺惭**,一时也道不尽。（第二十七回）

　　...which they tied with gay ribbons to every tree and flower, turning the whole Garden into a blaze of colour. They decked themselves out so prettily, too, as to **put the very flowers and birds to shame**. But time forbids us to dwell on that splendid scene.

本句中的"桃羞杏让,燕妒莺惭"借用动植物的意象反衬人的漂亮,译文舍弃了这

---

① 李亚丹,李定坤. 汉英辞格对比研究简编[M]. 武汉：华中师范大学出版社,2005.

些意象，但是用了"put the very flowers and birds to shame"充分表现了其夸张意味，还还原了拟人手法，众姐妹和丫鬟们浑身散发着青春的气息，个个打扮得美若天仙，美得连芬芳馥郁的桃李都感到无比害羞和谦让，连娇俏玲珑的燕莺都自叹不如而心生嫉妒，虽然在文化要素上有所折损，但是相较原文，修辞的语义信息比较准确地传达了出来。

（13）又寄一封密书与封肃，转托问甄家娘子要那娇杏作二房。封肃**喜得屁滚尿流**，巴不得去奉承，便在女儿前一力撺掇成了，乘夜只用一乘小轿，便把娇杏送进去了。（第二回）

There was also a confidential letter for Feng Su asking him to persuade Mrs. Zhen to let the prefect have Jiaoxing as his secondary wife. Feng Su **could hardly contain himself for joy**. Eager to please the prefect, he prevailed on his daughter to agree and that very same night put Jiaoxing in a small sedan-chair and escorted her to the yamen.

娇杏是甄家的丫鬟，被已升为知县的贾雨村钟爱，而身为甄士隐岳父的封肃嫌贫爱富、攀龙附凤，一听到这个消息后，马上觉得巴结权贵的时机到了，机不可失、时不再来，他喜出望外，喜上眉梢，人们高兴的时候，常常喜形于色，或呈现于面部表情，或见诸肢体动作。此处曹雪芹说他"喜得屁滚尿流"，乍看之下好像不甚合适，但是考虑到封肃趋炎附势之态，这样的夸张手法反而非常贴切。杨戴译本中弱化了原句中的夸张形式，但是通过"could hardly contain himself for joy"，夸张效果不减反增。

（四）双关

The Longman Dictionary of the English Language 中对双关（pun）的定义为 a witticism involving the use of a word with more than one meaning or of words having the same or nearly the same sound but different meanings（使用具有一个以上意义的单词或使用发音相同或相近，但意义不同的多个单词的一种诙谐用法）。汉语的双关是在一定的语言环境中，利用词的多义和同音等条件，有意识地运用一个语音、一个词语或一个句子，同时关照两种不同的事物，表达双重含义，言此意彼，这种修辞手法又叫"多义关联"[①]。

《红楼梦》中有许多人名、地名和诗词都是利用音义双关语或词义双关语构成的。如：

（14）二人正说着，只见湘云走来，笑道："爱哥哥，林姐姐，你们天天一处顽，我好容易来了，也不理我一理儿。"黛玉笑道："偏是咬舌子爱说话，连个'二'哥哥也叫不出来，只是'爱'哥哥'爱'哥哥的。回来赶围棋儿，又该你闹'幺爱三四五'了。"（第二十回）

"Why, Ai Brother and Sister Lin!" she cried cheerfully. "You can be together every day, but it's rarely I have a chance to visit you; yet you pay no attention to poor little me." "The

---

[①] 李亚丹，李定坤. 汉英辞格对比研究简编[M]. 武汉：华中师范大学出版社，2005.

lisper loves to rattle away," said Daiyu with a laugh. "Fancy saying *ai* instead of *er* like that. I suppose, when we start dicing, you'll be shouting one, love, three, four, five"

本例中，黛玉取笑湘云将"二哥哥"说成"爱哥哥"。因为湘云说话咬舌，将卷舌的"二"说成不卷舌的"爱"。杨戴译本的翻译对"爱"和"二"字均采取了音译，从而凸显两个汉字在发音上的差异，可以让目的语读者感受汉语语音的特色，同时借助尾注解释"爱"一词的语音双关。

（15）湘云便用箸子举着说道：这鸭头不是那丫头，头上哪讨桂花油。（第六十二回）

Then holding up her chopsticks, Xiangyun said, "This duck's head is not that serving-maid. How can its head be smeared with oil of osmanthus?"

在这个例子中，"鸭头"和"丫头"构成了语音双关语，杨戴译本在文中舍弃了该修辞，但是在注释中进行了解释。由此可见，汉语中的语音双关很多时候不易翻译。

（五）委婉语

委婉语（euphemism）源自希腊语，词头 eu 意为 good, well, pleasant, 词干 pheme 意为 speech。《韦氏新大学词典》中将 euphemism 定义为 substitution of an agreeable or inoffensive expression for one that may offend or suggest unpleasant（使用一种令人愉快或不加冒犯的表达方式代替某种有可能冒犯他人或令人不快的表达方式）。委婉语通过借助含蓄的语义进行留白，给人以回味的余地，激发目的语受众自行去想象、思索、联想，揣摩源语的弦外之音，言外之音。①比如：

（16）说至警幻所授云雨之情，羞得袭人掩面伏身而笑。（第六回）

Concluding with his initiation by Disenchantment into the "**sport of cloud and rain.**" Xiren, hearing this, covered her face and doubled up in a fit of giggles.

本例中的"云雨之情"出自宋玉的《高唐赋》，以楚怀王梦游高唐，与巫山神女幽会交欢委婉代指男女媾和之事。翻译时，杨戴译本中采取的是直译加注法，增补"sport"一词，很容易令读者联想起英语表达"sporting house"（男欢女爱之所），以此尽可能既保留文化色彩，又兼顾读者理解。

（17）贾母听了，忙问："怎么了？"丫鬟回说："南院马棚子里走了水了。不相干，已经救了下去了。"（第三十九回）

At once they asked what had happened. A maid explained that **a fire had broken out in the stables in the south court**, but there was no danger as it was now under control.

"走水"一词经常出现在古汉语中，"走水"即"失火"，是一种避讳说法。译文

---

① 杨元刚，熊伟．英汉语对比与翻译教程[M]．武汉：武汉大学出版社，2021．

将其意译为 a fire had broken out。考虑到英美文化中对"失火"并没有禁忌,所以直译是最好的选择。

二、汉英结构修辞与翻译

本节主要以对偶和排比为例介绍汉英语言中的结构修辞手法。

(一) 对偶

对偶 (antithesis) 指的是 "those sentence patterns which balance opposing thoughts by placing them in similar or parallel structures or positions" (James E. Robinson, 1970: 264),是一种"揭出互相对立的现象,使它们相映相衬,以达到加强文势的效果"的修辞格。[①] 陈望道[②]对对偶的定义为"凡是用字数相等,句法相似的两句,成双成对排列成功的辞格",常常可以"表达相关、相似或相反的意思"[③]。

(18) 假作真时真亦假,无为有处有还无。

When false is taken for true, true becomes false; if non-being turns into being, being becomes non-being.

本例中的原句是一个典型的对偶结构,句式相似、字数相等,译文增译了连词 when 和 if,显化处理了原文的逻辑关系。此外,两个连词连接的状语从句形成呼应,主句也结构相同,有效地传译了原文上下句的对照,很好地再现了原文的结构美。同时,译文还忠实反映了原文对偶的意义。

(19) 风声雨声读书声声声入耳

家事国事天下事事事关心

译文 1:We should listen with open ears to the sound of wind and rain and the reading voice as well;

We must not only concern ourselves with personal affairs but the affairs of the state and the world.

译文 2:The sound of the wind, the sound of the rain, the sound of the study of books——all these sounds enter the ear.

The affairs of family, the affairs of state, the affairs of all under heaven——all these affairs concern my mind.

比较上述两个译文可以发现,译文 1 对于原文进行了意译,同时省略了原文上下句分别对"声"和"事"的重复,注重对原文思想内容的再现,但是忽略了原文在结构上

[①] 王广荪. 简明英语修辞词典[M]. 北京:北京语言学院出版社,1992.
[②] 陈望道. 修辞学发凡[M]. 上海:上海教育出版社,1979.
[③] 张斌. 汉语语法学[M]. 上海:上海教育出版社,1998.

的对称美和音韵上的节奏美。相较之下，译文2保留了源语的重复，使用了相似的句式，而且也较好地兼顾了原文的内容，因此从音、形传译角度来看，译文2优于译文1。

（二）排比

根据《现代汉语词典》，排比 (parallelism) 是一种用一连串结构类似的句子成分或句子来表示强调和层层递进的修辞方式。排比常常容易和对偶混淆。所以，目前较通行的说法是把排比的单位规定为"三个或三个以上"①②。但是，翻译中排比项中包含的重复有些时候并不需要全部完整的传达。

此外，汉语喜重复用词，多排比句式，经常重复姓名、人名或称谓等词语。而英语则经常避免重复，往往省略重复的词语，使用更多的代词，尤其是人称代词，过多的重复会造成结构上臃肿、冗余。因此在进行汉英语转换时，应注意在适当处避免结构上的重复，可以通过对重复部分进行全部或部分合并，或者换用同义结构的办法来实现这一点。

（20）我们几姊弟和几个小丫头都很喜欢——**买种的买种，动土的动土，灌园的灌园**；过不了几个月，居然收获了！（许地山《落花生》）

That exhilarated us children and our servant girls as well, and soon we started **buying seeds, ploughing the land and watering the plants**. We gathered in a good harvest just after a couple of months.（张培基译）

本例中，源语"买种的买种，动土的动土，灌园的灌园"通过重复动词呈现出排比句式，但是这是汉语口语中经常出现的无意义重复，张培基先生在英译时舍弃了重复，采取了归化策略，使用了英语读者更加习惯的动名词结构。

（21）于是——洗手的时候，日子从水盆里**过去**；吃饭的时候，日子从饭碗里**过去**；默默时，便从凝然的双眼前**过去**。（朱自清《匆匆》）

Thus the day **flows away** through the sink when I wash my hands; **vanishes** in the rice bowl when I have my meal; **passes away** quietly before the fixed gaze of my eyes when I am lost in reverie.（张培基译）

不同于例（20），本例中的排比项"过去"重复了三次，对于原文的结构美和音韵美十分重要，因此在译文中，张培基先生分别采用"flows away""vanishes""passes away"三个同义词组对三个"过去"进行转换，这样一方面保留了原文相似的、平行的句法结构，又避免了完全的重复。但是笔者认为不妨把"vanishes"改译为"fades away"，这样一来音韵美会更加凸显。

---

① 王希杰. 汉语修辞学[M]. 北京：北京出版社，1983.
② 倪宝元. 大学修辞[M]. 上海：上海教育出版社，1994.

第六节　汉语和英语语篇对比和翻译

语篇 (discourse/text)，亦称"话语""篇章"或"文本"，是一个重要的语言学概念，不同学者对语篇进行了定义。系统功能语言学派创始人韩礼德和哈桑[①]给语篇下的定义是：The word text is used in linguistics to refer to any passage, spoken or written, of whatever length, that does form a unified whole...A text is a unit of language in use. It is not a grammatical unit, like a clause or a sentence; and it is not defined by its size...A text is best regarded as a semantic unit; a unit not of form but of meaning.（语篇一词在语言学里可以指任何口头的或书面的，长的或短的，构成一个统一整体的段落，语篇是使用中的语言单位，不是像小句或句子一样的语法单位，不能用长度来确定它。语篇最好被视为语义单位；不是从形式上而是从意义上来衡量的单位。）语篇语言学家伯格兰德和德列斯勒[②]则认为：A text can be defined as a communicative occurrence which meets seven standards of textuality—Cohesion, Coherence, Intentionality, Acceptability, Informativity, Situationality and Intertextuality, without any of which the text will not be communicative. Non-communicative texts are treated as non-texts.（语篇应定义为满足七个组篇标准的交际事件。若其中任何一个标准被认为没有得到满足，该语篇就不具备交际性。不具有交际性的语篇为非语篇。这七个标准分别是：衔接、连贯、意向性、可接受性、信息性、情景性和互文性。）国内学者胡壮麟[③]对语篇的定义：语篇指任何不完全受句子语法约束的在一定语境下表示完整语义的自然语言。

一、语篇的类型

德国功能学派翻译理论家赖斯[④]提出了语篇类型的三分法。

（1）信息类 (informative)，即以信息为导向的文本，注重文本的内容，翻译信息类语篇要注重传达事实，传递信息（如说明书、报告、论文、传单）。

（2）表情类 (expressive)，即以受众为导向的文本，翻译表情类语篇需要再现原作的形式（如小说、诗歌、戏剧、传记等）。

（3）操作类/感召类 (operative)，感召类语篇以一定的价值取向和行为模式为导向，旨在影响受众的观点、行为并引起受众共鸣，以达到语篇的交际目的，其重点在于呼吁

[①] Halliday M A K, Hasan R. Cohesion in English[M]. London: Longman, 1976.

[②] De Beaugrande R, Dressler W U. Introduction to Text Linguistics[M]. London: Longman, 1981.

[③] 胡壮麟. 语篇的衔接与连贯[M]. 上海：上海外语教育出版社，1994.

[④] Trosborg A. Text Typology: Register, Genre and Test Type[C]//Trosborg A. Text Typology and Translation. Amsterdam/Philadelphia: John Benjamins Publishing Company, 1997: 3-23.

和感染受众（如广告、讽刺等）。

二、主谓结构和话题－说明结构

语言学家韩礼德① 提出语篇元功能（textual metafunction）的概念，亦称语篇组织功能，它包括"主位（theme）→述位（rheme）系统"（或主位结构 thematic structure）、"已知信息（given information）→新信息（new information）系统"（或信息结构 information structure）和"衔接（cohesion）系统"。

英语以主谓结构为主，语法结构清晰，运用主语、谓语、宾语、定语、状语和补语等概念来阐述句子结构，但是汉语多话题 - 说明结构，语法结构灵活，而且句中的很多成分都可以省略，很多时候不易分析汉语句子的成分。赵元任在《中国话的文法》中指出："在汉语中，主语和谓语间的语法关系与其说是施事和动作的关系，不如说是话题和说明的关系，施事和动作可以看作是话题和说明的一个特例。"② 潘文国也指出，汉语是语义型语言，汉语的语法研究有必要从语义着手，因此话题 - 说明结构最适合于汉语的语法研究。③ 下面将结合实例，对主谓结构和话题 - 说明结构进行对比，以揭示出汉英两种语言语篇结构的特点。

（1）偏值近年水旱不收，鼠盗蜂起，无非抢田夺地，鼠窃狗偷，民不安生，因此官兵剿捕，难以安身。（第一回）

But the last few year's harvests had been ruined by flood and drought and the countryside was overrun by bandits who seized fields and land, giving the people no peace. The punitive expedition by government troops only made matters worse.

根据上下文语境，本例主要是围绕百姓生活之艰这一话题，汉语原句中无任何形态标记，文字流畅自然，意思层层推进，体现了重意合的特点，是典型的话题 - 说明结构。杨戴在翻译时将原句拆分为两句。第一句为两个主谓并列结构，其中第二个主谓结构后还跟着一个定语从句，修饰先行词"bandits"，第二句为简单句。仔细分析英语句子的主干，会发现每个句子都严格采用主谓结构，充分体现了英语重形合的特点。

（2）今之人，贫者日为衣食所累，富者又怀不足之心，纵然一时稍闲，又有贪淫恋色、好货寻愁之事，哪里去有工夫看那理治之书？（第一回）

At present the daily concern of the poor is food and clothing, while the rich are never satisfied. All their leisure is taken up with amorous adventures, material acquisition or trouble-making. What time do they have to read political and moral treatises?

---

① Halliday M A K. An Introduction to Functional Grammar[M]. London: Edward Arnold Ltd., 1985.

② 潘文国. 汉英语言对比[M]. 北京：商务印书馆，2010.

③ 潘文国. 汉英语言对比[M]. 北京：商务印书馆，2010.

此例中汉语的主题词为"今之人",之后的内容均是围绕这一主题词的具体阐述。但是英语中需要用主谓结构串起不同的信息。杨戴译本中省略了"今之人",而是直接把"the poor"和"the rich"作为主语,之后再次提及时又使用英语惯用的代词"their"。

(3) 他岳丈名唤封肃,本贯大如州人氏,虽是务农,家里却还殷实。(第一回)

Now this Feng Su, a native of Daruzhou, although only a farmer, was quite comfortably off.

此句中的主题词为"他岳丈",但是英语译文中也没有译出,主要是因为前文已有铺垫,"to find refuge with his father-in-law Fengsu",已经对封肃的身份有所交代,整体来看信息并未缺失。另外,英译中根据语义关系确定"家里却还殷实"为主干,其他信息均以同位语和状语等小句呈现,符合英语的表达方法。

三、语篇衔接手段的翻译

衔接(cohesion)是语篇最重要的特征之一。通过衔接可以使语篇各部分在语法和意义方面产生联系,从而实现整个篇章的语义连贯。Halliday[1] 提出了衔接的五种途径:照应(reference)、省略(ellipsis)、替代(substitute)、连接词(conjunction)和词汇衔接(lexical cohesion)。弗兰西斯·培根的《论读书》畅谈了读书的益处、经验和方法。通篇用词凝练,句子结构富于变化,而且使用了多种衔接手段,语篇通达连贯。接下来将结合其中的实例和王佐良的汉译本,对比分析汉英语言的篇章衔接手段和翻译方法。

(一)照应

照应是重要的衔接手段,语篇中的照应一般被细分为人称照应、指示照应、比较照应和分句照应。以人称照应为例:

(4) Crafty men contemn studies, simple men admire them, and wise men use them, for they teach not their own use; but that is a wisdom without them and above them, won by observation.[2]

有一技之长鄙读书,无知者慕读书,唯明智之士用读书,然读书并不以用处告人,用书之智不在书中,而在书外,全凭观察得之。(王佐良译)

本例英语原句中的前三句运用了排列的修辞手法,使文章富有节奏感,增强了文章的表达效果,并阐述了不同人对阅读的不同态度。同时原句还使用了人称照应的衔接手段。这种衔接手段通常可以细分为回指(anaphoric reference)和顶指(cataphoric refer-

---

[1] Halliday M A K. An Introduction to Functional Grammar[M]. London: Edward Arnold Ltd., 1985.

[2] 弗朗西斯·培根. 培根论说文集[C]. 北京:外语教学与研究出版社,1998.

ence），回指是指上面出现的相同名称，顶指是指下文中出现的名称。原文多次使用了人称 them 和 they 来回指前句中的 studies，王佐良从语篇层面出发理解这些指称关系和衔接手段，并在翻译中借用重复"书"一词，让译文更富逻辑性。

（二）省略

省略是指省略句中的重复部分，通过词项空缺达到上下文的衔接，包括名词性、动词性和分句性省略。

（5）Studies serve for delight, for ornament, and for ability.

读书足以怡情，足以博彩，足以长才。（王佐良译）

（6）Histories make men wise; poets witty; the mathematics subtle; natural philosophy deep; moral grave; logic and rhetoric able to contend.

读史使人明智，读诗使人灵秀，数学使人周密，科学使人深刻，伦理学使人庄重，逻辑修辞之学使人善辩。（王佐良译）

例（5）为名词性和动词性省略的叠加，后面两个小句承接前句省略了主谓结构 studies serve。例（6）为动词性省略，省略了动词 make，培根借助省略以避免词汇形式和意义的重复，这是英语写作的惯用方法，可以使文章用词简洁，意义清晰紧凑。王佐良在翻译例（5）时，尊重了原作的句型结构，对"读书"一词进行了适当省略，并不违和，原因是汉语中主语并非必要。但是在翻译例（6）时，王佐良并未像对源语一样对"使"一词进行省略，反而让汉语译文产生了排比特有的音韵美和节奏感。

（三）替代

语篇中的句子可以通过替代词语，紧密联系被替代成分，从而达到语篇衔接的功能。翻译时要注意对替代词所代替的具体语义进行甄别。

（7）Some books are to be tasted, others to be swallowed, and some few to be chewed and digested.

书有可浅尝者，有可吞食者，少数则须咀嚼消化。（王佐良译）

（8）...and if he read little, he had need have much cunning to seem to know that he doth not.

不常读书者须欺世有术，始能无知而显有知。（王佐良译）

以上两个句子中，第一句为名词替代句，后两个分句中分别用 others 和 some few 替代前句的 some books，并且通过对比阐述书的不同读法。汉译文中采用省略的方式同样可达到衔接语义的目的。第二句为动词替代句，使用了 doth 替代 know，考虑到汉语中没有同类替代方式，译者使用了同构的方式在译文中形成衔接关系。

（四）连接词

连接词指连接句子和句子成分的各种连词、介词等，它介于语法和词汇衔接手段之间。① 连接词作为语篇的纽带，将各句群展现的语义和逻辑关系衔接起来。

（9）For expert men can execute, and perhaps judge of particulars, one by one; but the general counsels, and the plots and marshalling of affairs come best from those that are learned.

练达之士虽能分别处理细事或判别枝节，然纵观统筹、全局策划，则舍好学深思者莫属。（王佐良译）

（10）And therefore, if a man write little, he had need have a great memory.

因此不常做笔记者须记忆特强。（王佐良译）

以上例句使用连接词来表达篇章中句子及句群间的逻辑关系，整个篇章的脉络因此更加清晰。译者或直译或适当删减，使译文既符合汉语意合的语言特征，又遵循了"信"和"达"的翻译标准。

（五）词汇衔接

很多时候运用词语就可以达到语篇衔接的目的，这种就叫作词汇衔接。英语的词汇衔接可分为复现(synonymy)和词现(collocation)两类。复现指运用同义词、近义词、上义词、下义词、概括词等所构成的词汇链。②

（11）Some books are to be **tasted**, others to be **swallowed**, and some few to be **chewed** and **digested**.

书有可**浅尝**者，有可**吞食**者，少数则须**咀嚼消化**。（王佐良译）

原句通过四个近义词 taste, swallow, chew, digest，表明读书的四种状态是逐渐递进的，过程中须不断投注更多精力。王佐良没有借助额外的连接词，而是通过"浅尝、吞食、咀嚼、消化"四个词语本身蕴含的程度深浅，准确再现了原文中的递进关系。

（12）If a man write **little**, he had need have a **great** memory; if he confer **little**, he had need have a **present** wit; and if he read **little**, he had need have **much** cunning to seem to know that he doth not.

因此不常做笔记者须记忆特强，不常讨论者须天生聪颖，不常读书者须欺世有术，始能无知而显有知。（王佐良译）

原语句中使用了 little vs. great 和 little vs. much 两组反义词，形成明显的对比关系，实现了词汇衔接的效果。译者翻译时没有按照字面意思直译，而是通过意译同样实现了

---

① 鞠玉梅. 汉英篇章中语法衔接手段及其文体效应[J]. 外语与外语教学，1999(11): 11-14.
② 李运兴. 语篇翻译引论[M]. 北京：中国对外翻译出版公司，2000.

语义对比。

从语篇生成的角度讲,词语的意义不是孤立和静态的。在组词成篇的机制中,语篇中不同词语的不断组合会形成不同的语义,其意义受不同的上下文或语境制约,且各个词汇的意义紧密衔接。

(13) For natural abilities are like natural plants, that need pruning by study.

盖天生才干犹如自然花草,读书然后知如何修剪移接。(王佐良译)

(14) So if a man's wit be wandering, let him study the mathematics.

如智力不集中,可令读数学。(王佐良译)

以上例句分别使用了 plants-pruning 和 wit-wandering 两组同现关系进行衔接。译文再现了这种同现关系,对应译为花草-修剪,智力-不集中。值得一提的是,"wander"本意为"游荡、闲逛",但是与 with 进行搭配时调整成"不集中",语义搭配更为恰当。

四、语篇风格的翻译

1981年,杰弗里·利奇(Geoffrey Leech)和米克·肖特(Mick Short)在其著作《小说风格》中探讨了文学语言的风格变异及其研究方法,主要从偏离、心理凸显和文学相关性三个方面探讨了如何借助风格特征的测量维度来研究文学语言的风格变异。其中,偏离指的是与惯常规范的差异,心理凸显是读者所识别的风格特征等,而文学相关性是与某特征预设的动机和价值等相关的因素。他们认为风格是基于"一些反映表达或思维习惯的小细节"所识别出的"作者个人的语言习惯的组合"。[①] 莫纳·贝克(Mona Baker)在其著作《文学译者风格方法论探究》一文中指出,译者有自己的风格,这些风格会在其传译的作品中留下痕迹。根据贝克的定义,译者风格是一系列语言和非语言特征所表达出来的一种指纹。[②] 其中,语言性特征是指译者通过译文本身与注释、脚注等附加文本等体现出来的词汇、句型和语篇方面的偏好表达,非语言特征则是译者在译文和附加文本之外所遗留的痕迹,包括译者对原文的选择和翻译策略等元素。据此,要想了解译者和语篇的风格,我们可以从译文中的典型表达所体现的翻译方法和相关补偿措施等出发。英国作家托马斯·哈代(Thomas Hardy)的经典小说《苔丝》有超过20个中文译本,[③] 不同译者对同一源文本的差异化理解和翻译,不仅显示了译者的匠心独运,也可借来探讨风格差异以及体现方法。接下来将以张谷若的《德伯家

[①] Leech G N, Short M. Style in Fiction: A Linguistic Introduction to English Fictional Prose[M]. London: Longman, 1981: 48-50, 69, 11-12.

[②] Baker M. Towards A Methodology for Investigating the Style of A Literary Translation[J]. Target, 2000, 12(2): 241-246.

[③] 张乐金,徐剑.《苔丝》两译本的译者风格对比研究[J]. 江苏师范大学学报(哲学社会科学版),2013(5): 69-73.

的苔丝》（1984）和孙致礼的《苔丝》（2005）的版本为例，从译文语言习惯、附加文本特征和翻译策略三个方面分析其语篇风格。

（一）译文语言习惯

译者的语言习惯与其教育背景息息相关。张谷若深受儒家经典的影响，学习古代典籍多年，古文功底深厚，所以张译本的一大鲜明特色是大量使用四字格结构和成语。相较而言，孙致礼接受的主要是以白话文为主的中文教育，语言风格更加符合当代文学的文风，译文用词也更加通俗。如：

（15）But this encompassment of her own characterization based on shreds of convention, peopled by phantoms and voices antipathetic to her, was a sorry and mistaken creation of Tess's fancy—a cloud of moral hobgoblins by which she was terrified without reason.[①]

张译本：苔丝根据了破旧褴褛的余风遗俗，安插了与己忤违的媚形妖影、鬼哭神嚎，硬造出这样一些幻象虚境，把自己包围，这都不过是她自己想象模拟出来的一些怪诞荒谬、不值一笑的东西，没有道理、恫吓自己的一群象征道德的精灵妖怪。[②]

孙译本：苔丝自己描绘的这个周围世界，建立在余风遗俗的基础上，到处都是与她格格不入的幽灵和声音。其实，这只是她幻想中的一个既可悲又荒谬的产物——一群使她无缘无故感到害怕的象征着道德的幽灵。[③]

（16）Her flexuous and stealthy figure became an integral part of the scene. At times her whimsical fancy would intensify natural processes around her till they seemed a part of her own story. Rather they became a part of it; for the world is only a psychological phenomenon and what they seemed they were.

张译本：她那袅袅婷婷、潜潜等等的娇软腰肢，也和那片景物融为一体。有的时候，她那些想入非非的绮思深念，使她周围自然界的消息盈虚，深深含上感情，一直到它变得好像是她个人身世的一部分。或者不如说，她周围自然界的消息盈虚，就是她那身世的一部分；因为世界只是心理的现象，自然的消息盈虚，看起来怎么样，也就是怎么样。[④]

孙译本：她那袅袅婷婷、隐隐约约的身影，也成了那片景物不可缺少的一部分。有时候，她的想入非非会给周围自然界的进程蒙上浓郁的感情色彩，好像这自然界的进程已成为她个人身世的一部分，因为世界只是一种心理现象，自然界的进程看起来是什么样，

---

① Hardy T. Tess of the D'Urbervilles[M]. Beijing: Foreign Language Teaching and Research Press, 2006.
② [英]哈代. 德伯家的苔丝[M]. 张谷若，译. 北京：人民文学出版社，1984：104.
③ [英]哈代. 苔丝[M]. 孙致礼，唐慧心，译. 北京：中国致公出版社，2005：70.
④ [英]哈代. 德伯家的苔丝[M]. 张谷若，译. 北京：人民文学出版社，1984：104.

实际上也就是什么样。①

（17）But such was unreasoning memory that though he stood there openly and palpably a converted man who was sorrowing for his past irregularities a fear overcame her, paralyzing her movement so that she neither retreated nor advanced.

张译：但是，"一次叫蛇咬，千年怕烂绳"；所以德伯当时站在那儿，虽然公然分明是一个回头人，痛恨自己过去胡行乱走，胡作非为，而苔丝一看见他，却也不由得一阵惊怕，瘫痪在那里，不能前进，也不能后退。②

孙译：不过，记忆是不受理智支配的，虽然德伯维尔就站在那里，分明成了一个弃恶从善的人，为自己过去的不轨行为感到悔恨，但是苔丝却感到一丝恐惧顿时动弹不得了，既不能前进，也不能后退。③

（18）Was it not proved nineteen hundred years ago—if I may trespass upon your domain little?

张译：让我班门弄斧，说一句你们那一行的话吧：这种并行不悖的事实，不是一千九百年以前就有人证明过了吗？④

孙译：恕我冒昧地说一句你们的行话：这个事实不是一千九百年以前就被证明过了吗？⑤

基于上述四例译文，从语言习惯来看，张谷若的译本风格体现了其深厚的文学素养，语言大量使用四字结构，结构工整，辞藻华丽，追求译文地道古朴，还使用了多种修辞，比如在例（15）中用了"破旧褴褛""余风遗俗""与己忤违""媚形妖影""鬼哭神嚎""幻象虚境""怪诞荒谬""不值一笑""精灵妖怪"等四字结构，而例（16）和例（18）中也各有七处和两处四字结构，例（17）还使用了"一朝叫蛇咬，千年怕烂绳"这样的传统谚语。相较之下，可以发现孙致礼的译语风格明显更为通俗，在翻译时更为还原原文特色，遣词造句也与源语更为对应，更加兼顾了源语和目的语的语言特色，可以称之为杂合体，"就是不同语言和文化相互交流、碰撞，最后形成的具有多种语言文化特点但又独具特色的混合体"⑥。

（二）附加文本特色

另外，附加文本方面，即译者的前言、后序、脚注及文本注释等表述，也可以直接反映译者的语言风格和翻译思想。张谷若在《德伯家的苔丝》译者前言中说："我译这

---

① ［英］哈代. 苔丝[M]. 孙致礼，唐慧心，译. 北京：中国致公出版社，2005：70.
② ［英］哈代. 德伯家的苔丝[M]. 张谷若，译. 北京：人民文学出版社，1984：423.
③ ［英］哈代. 苔丝[M]. 孙致礼，唐慧心，译. 北京：中国致公出版社，2005：260.
④ ［英］哈代. 德伯家的苔丝[M]. 张谷若，译. 北京：人民文学出版社，1984：195.
⑤ ［英］哈代. 苔丝[M]. 孙致礼，唐慧心，译. 北京：中国致公出版社，2005：134.
⑥ 韩子满. 文学翻译与杂合[J]. 中国翻译，2002（2）：53-57.

本书的理想，是要用道地的中文，译原来道地的英文。"由此可见，张谷若强调译文要更加彰显汉语的语言特色。而孙致礼对张谷若有一定的研究，并基于此提出译文若过多使用汉语的四字格和习语，难免古朴之风过甚，反而令原文的"洋味"过少。他认为翻译时应当结合归化和译化，在合适处保留源语的文化特色，以让读者获得更加丰富的阅读体验。在一定程度上可以说孙致礼在翻译上不仅借鉴了张谷若等前辈的经验，而且有意识地进行探索和创新，故而形成了自己独特的风格。在小说《苔丝》中，张译本中对原作注释的翻译和自己加的注释加起来一共有478条。[①]张译本一方面对文本中有关社会、政治、法律、民俗、典故、术语、引文等背景信息进行了注释，另一方面也通过加注评论了原作者的创作思想，甚至对原作者投稿、刊物刊登情况等都有作注，说明张谷若在翻译前做了大量的准备工作，许多注释还涉及自己研读原作的所思所想。[②]从这一方面来看，张译本在一定程度上丰富了原作品的文学价值，旁征博引，兼顾了翻译鉴赏和研究价值。相较之下，孙译本中的注释只有133条，因此呈现的译本更加简洁，[③]这体现孙致礼更加注重文本自身，而在阐释上比较克制。

（三）译者翻译策略

前文提到《苔丝》的张译本中采用了大量的四字格和成语，张谷若本人也提出要使用更加道地的汉语来翻译，由此可见译者主要受归化翻译策略的影响。这可以追溯到他所身处的时代，当时中国译者意识形态上有一定的排他心理，主张民族中心主义，因此文学翻译更加强调凸显汉语的语言风格，采用归化译法。[④]而且在当时的中国社会，古汉语文学和儒家经典的影响巨大，文言文形式仍是主流，广大读者自然也更加容易接受带有文言文味的译作，从这个角度来看张谷若的归化翻译策略也是顺势而为，符合当时的主流思潮。

而根据前文的分析，孙致礼的译作无论是用词还是语篇风格都偏向异化的翻译策略。以"unreasoning memory"词语的翻译为例，张译本将其意译成谚语"一朝叫蛇咬，千年怕烂绳"，体现了张充分结合语篇语境含义和自身的汉语文学素养，增译了汉语中特有的文化意象，体现了汉语的语言风格；而孙译本则是直接移植了原文的意象，直译成了"记忆是不受理智支配的"，乍看似乎不如张译本的汉语地道，但是保留原文的"洋味"，不失为一种更为忠实的译法。又如对于源语"if I may trespass upon your domain little"，张译本译为"说一句你们那一行的话吧"，而且还增译了成语"班门弄斧"，而孙译文为"恕

[①] 张乐金，徐剑.《苔丝》两译本的译者风格对比研究 [J]. 江苏师范大学学报（哲学社会科学版），2013(5)：69-73.
[②] 孙迎春. 张谷若翻译艺术研究 [M]. 北京：中国对外翻译出版公司，2004.
[③] 张乐金，徐剑.《苔丝》两译本的译者风格对比研究 [J]. 江苏师范大学学报（哲学社会科学版），2013(5)：69-73.
[④] 孙致礼. 再谈文学翻译的策略问题 [J]. 中国翻译，2003(1)：48-51.

我冒昧地说一句你们的行话",相较之下更为忠实于原文,体现了孙致礼更加强调"异化为主、归化为辅"。结合孙所处的时代来看,他的翻译观体现了辩证的观点,符合全球化的语境。

近年来,联合国和国际译联等组织都越来越强调文化多元性[①],习近平总书记在2023年3月15日出席中国共产党与世界政党高层对话会时发表主旨讲话,提出了全球文明倡议,"'一花独放不是春,百花齐放春满园。'在各国前途命运紧密相连的今天,不同文明包容共存、交流互鉴,在推动人类社会现代化进程、繁荣世界文明百花园中具有不可替代的作用"。因此,对比归化和异化翻译策略,异化更加有利于彰显语言和文化风格的多样性,促进不同语言背景的读者相互理解和合作。而且随着英语和汉语语言的普及,越来越多的读者有一定的语言基础和文化积累,通过异化策略更加忠实于原作的译作也会越来越受广大读者的欢迎。

思 考 题

1. 请从汉英形态和语音等角度解释为什么汉语青睐四字格结构?
2. 从汉英词汇的差异出发,分析汉英翻译时可怎样发挥汉语的优势?
3. 怎样辩证地认识英语是语法显性语言,汉语则是语法隐性语言?
4. 试举例解释"意合"和"形合"之意。
5. 汉英语的修辞主要有哪些类别?翻译时可采用何种方法?

本 章 练 习

1. 汉译英

(1)林黛玉回头见是宝玉,待要不理他,听他说"只说一句话,从此撂开手",这话里有文章,少不得站住说道:"有一句话,请说来。"宝玉笑道:"两句话,说了你听不听?"黛玉听说,回头就走。宝玉在后面叹道:"既有今日,何必当初!"林黛玉听见这话,由不得站住,回头道:"当初怎么样?今日怎么样?"

(2)案上设着武则天当日镜室中设的宝镜,一边摆着赵飞燕立着舞的金盘,盘内盛着安禄山掷过伤了太真乳的木瓜,上面设着寿阳公主于含章殿下卧的宝榻,悬的是同昌公主制的连珠帐。宝玉含笑道:"这里好!"秦氏笑道:"我这屋子,大约是神仙也住

---

① 姜倩,何刚强. 翻译概论[M]. 2版. 上海:上海外语教育出版社,2016.

得的!"说着,亲自展开了西施浣过的纱衾,移了红娘抱过的鸳枕,于是众奶姆伏侍宝玉卧好了,款款散去,只留下袭人、秋纹、晴雯、麝月四个丫鬟为伴。

(3)满纸荒唐言,一把辛酸泪!
都云作者痴,谁解其中味?

2. 英译汉

(1) If a woman conceals her affection with the same skill from the object of it, she may lose the opportunity of fixing him; and it will then be but poor consolation to believe the world equally in the dark. There is so much of gratitude or vanity in almost every attachment, that it is not safe to leave any to itself. We can all begin freely—a slight preference is natural enough; but there are very few of us who have heart enough to be really in love without encouragement. In nine cases out of ten a women had better show more affection than she feels. Bingley likes your sister undoubtedly; but he may never do more than like her, if she does not help him on.

(2) "Well," said Charlotte, "I wish Jane success with all my heart; and if she were married to him tomorrow, I should think she had as good a chance of happiness as if she were to be studying his character for a twelvemonth. Happiness in marriage is entirely a matter of chance. If the dispositions of the parties are ever so well known to each other or ever so similar beforehand, it does not advance their felicity in the least. They always continue to grow sufficiently unlike afterwards to have their share of vexation; and it is better to know as little as possible of the defects of the person with whom you are to pass your life."

(3) "You are a very strange creature by way of a friend!—always wanting me to play and sing before anybody and everybody! If my vanity had taken a musical turn, you would have been invaluable; but as it is, I would really rather not sit down before those who must be in the habit of hearing the very best performers."

(4) On Miss Lucas's persevering, however, she added, "Very well, if it must be so, it must." And gravely glancing at Mr. Darcy, "There is a fine old saying, which everybody here is of course familiar with: 'Keep your breath to cool your porridge'; and I shall keep mine to swell my song."

第三章 汉日语言对比与翻译

第一节 汉语与日语形态对比与翻译

语言是人类特有的、以语音和文字为媒介的表达沟通手段。语言与人类生活息息相关。世界上究竟有多少种语言,至今尚无定论,少则3000种,多则6000余种。汉、日语是其中使用人数众多的两种。世界上的各种语言从谱系上大致可以划分为语系和语族。一种语系源于同一原始语,如印欧语系由梵语、希腊语、拉丁语、斯拉夫语和日耳曼语等组成,都来自同一原始语——原始印欧语。一个语系内不同语群称为语族。同属欧洲,罗曼语族包括意大利语、西班牙语、葡萄牙语和法语等,其共同祖先是拉丁语。日耳曼语族包括英语、德语、荷兰语和丹麦语等。汉语和藏缅语族、泰语族同属汉藏语系。日语的谱系,一般认为与蒙古语、土耳其语等阿尔泰语系诸语言、印度尼西亚语、波利尼西亚语等南岛诸语言有亲缘关系,但尚未在词汇比较和音位对应规则上得到确证。[①]

世界上的各种语言,从形态上,可分为:孤立语、黏着语、屈折语和多式综合语。孤立语是通过词序表示语法功能的语言,如汉语、泰语等,特点是没有词的形态变化,因而是一种无形态语。黏着语的代表是日语、韩语等,特点是实词后面附加各种要素(主要是助词)表示语法功能。屈折语以拉丁语、梵语为代表,包括德语、法语、俄语等,特点是通过词形内部发生变化、添加词缀等手段表示语法功能。多式综合语比较少见,包括日本的阿伊努语等,特点是句子结构体现为词的屈折变化,一个句子就是一个复杂的词。但是,需要注意的是,形态学上的分类是相对的,日语用言(动词、形容词、形容动词)的活用变化兼有屈折语的性质,汉语介词的用法兼有黏着语的特点。

从句子结构看,根据主语(S)、动词(V)、宾语(O)的排列顺序,汉语属于SVO型语言,日语属于SOV型语言。

从语音看,汉语和日语一样,基本上都属于开音节语言。汉语除了鼻辅音韵尾外,

[①] 据金田一春彦著、皮细庚译《日本语》,"学者之中还有人提出其他各种各样的说法。比如京都大学西田龙雄的看法是日语和藏缅语很相似。也有人很认真地探索,认为可能与巴布亚高地民族的语言有关系。最近,学习院大学的大野晋提出看法,说日语与印度南部的达罗毗荼语系的泰米尔语很相似……据他说,泰米尔语的语言不仅在发音、语法方面与日语很相似,而且有很多与日语相似的单词,这项研究将会很有意义。但是,泰米尔语属于达罗毗荼语系,而这个达罗毗荼语系是一个拥有比日语更悠久的历史的大语系,由于它的全貌尚不清晰,笔者无法做出任何判断"。

日语除了拨音、促音音节外，均为元音或次元音结尾的开音节。

从韵律看，汉语和日语一样，都采用音高作为重音的表现手段，属于广义的高低型重音。两者不同之处在于，汉语的高低变化是在音节内部实现的，日语重音的高低变化是在音拍之间实现的。关于汉日语音，下一节会详细说明。

一、汉日语语法特征

在主要对比汉、日语的前提条件下，笔者参照汉外语言对比认为，在宏观层面上，汉语和日语的语法特征可以概括为两条：第一，汉语语法是隐性的，日语语法是显性的；第二，汉语语法是柔性的，日语语法是刚性的。

"汉语语法是隐性的"是刘宓庆先生早在1991年提出的概念，潘文国先生认为此论断既肯定了汉语是有语法的，又回答了汉语语法的基本特点——隐含性。"汉语语法是柔性的"这种说法最早可追溯到郭绍虞先生（1938年）和王力先生（1944年）提倡的"弹性"，后史有为先生提出"柔性"一说，综合多家观点，基于对比需要，此处采用"柔性"术语。

"日语语法是显性的"和"日语语法是刚性的"是依据汉语语法特征做出的判断。众所周知，日语句子成分须由助词连接；日语词汇有体言（名词、代名词、数词）、用言（动词、形容词、形容动词）之分；日语句尾由各种助动词表达各种意义等，这些语法成分都是显而易见，且带有强制性的。

由以上两条，可以得出汉、日语的不同属性：第一，汉语是语义型语言，日语是形态型语言；第二，汉语是音足型语言，日语是形足型语言。

"语义型语言"的概念是徐通锵先生1992年提出的，但他把与汉语相对的语言称为语法型语言，学界认为语法是语言的组织规律，语义型语言也有语法，不如称为形态型语言。汉语和日语，之所以分别称为语义型语言和形态型语言，是因为汉、日语都有语法，但汉语语法不如日语语法那样有显露的外在形式，而是隐含在语言内部，它并非通过形态或形式来表示语言成分之间的关系，而是让语义本身来体现这种关系。对于语义型语言而言，"语义结构的研究远比形式结构来得重要。事实上，我们以前在汉语语法上进行的研究，凡属切实有用的，多数是语义研究；我们所分析的'语法'错误，多数是语义搭配上的错误，只是人为地套上了西方的语法术语，才徒增了许多纷扰"[①]。

关于汉、日语第二条属性特征，是相对而言的，"汉语的音节和节奏在汉语的组词造句乃至构建句子中有重要的作用，大概远比我们所认识和所承认的要重要。从理论上来说，一种语言的组织，总有一种规律在起基本作用。但如果只有一种规律，语言就会

---

① 潘文国.汉英语对比纲要[M].北京：北京语言大学出版社，1997：115.

显得单调，总会有另一种或几种规律来起协调作用，从而使语言的组织变得多姿多彩。汉语中，起基本作用的规律是语义组织，或者说语序，语序的背后是逻辑，纯粹按逻辑组织的语言在世界上可说是不存在的。汉语靠音节和节律来打破逻辑的呆板次序，使之成为丰富多彩、有声有色的语言。大概没有一种语言像汉语这样依赖音节和节奏。这个意义上，可以认为汉语是一种节律型语言或音足型语言"①。说日语是形足型语言，并非否认日语没有韵律节奏，而是与汉语相比，日语的语言表层形式更显著。日语中，起基本作用的规律是形态，助词和助动词起到了极为重要的调节作用，它们在日语中的使用特别固执，不可或缺，在这个意义上，我们认为日语是一种形足型语言，即在形式上自我满足。

二、汉日语形态对比

（一）隐性和显性的表现

汉语的隐性和日语的显性表现在以下几个方面。

1. 词类标记

日语大量词汇从词形上一看便可知是什么词性，如：～み、～さ是名词（楽しみ、高さ、楽しさ、強さ）；～い是形容词（高い、近い、楽しい、嬉しい）；词尾在う段、～る等是动词（書く、泳ぐ、話す、死ぬ、呼ぶ、読む、売る、あう、食べる、起きる、来る、する）；～り多是副词（はっきり、しっかり、さっぱり、すっかり）等。

汉语词头和词尾大体有两类。

一是传统的，如阿～、老～、初～、～子、～儿、～头，它们的作用与其说是语法上的，不如说是语音上的，是汉语词汇双音化过程中的一个手段（汉语词汇双音化手段很多：叠音、双声叠韵、附加、并列等），而且不稳定，在构词造句过程中，根据节奏需要常常可以不用，如：桌子—方桌，旗子—红旗，阿哥—哥哥—大哥；"初"只用于单音节，更是明显的证据；有的如"儿""头"，则有明显的方言因素。

二是新兴的，主要是"欧化"现象②，翻译英语移植进来的，如"～性""～化""～度""～派""～家""～师""～手""反～""多～""可～""双～""准～""亲～""超～""不～""非～"等，其意义与其说是语法上的，不如说是语义上的，语言学家赵元任把它们称为"复合词中结合面宽的语素"。从性质上看，这些成分大多是黏附性的，去掉后除了语义以外，对剩下成分的独立性没有影响，如"社会性"与"社会"、"高龄化"与"高龄"等。这一点上，日语也有类似构词法，但数

---

① 潘文国. 汉英语对比纲要［M］. 北京：北京语言大学出版社，1997：116.
② 有研究认为是"日化"现象，详见陈彪博士论文：《现代汉语"日化"现象研究——以鲁迅译著为例》，上海：华东师范大学，2018年.

量远不如汉语这么丰富，如「超～」「大～」等。

日语词汇属性较为固定，名词为名词，动词为动词，形容词为形容词，[①]一般不发生改变；汉语则没有这样的便利，如以下几例：

老吾老，以及人之老；幼吾幼，以及人之幼。

春风风人，夏雨雨人。

君君，臣臣，父父子子。

他把那把门儿的一把拽住。

第一句，"老吾老"，第一个"老"为动词，第二个"老"为名词，第三个"老"为名词，第一个"幼"为动词，第二个"幼"为名词，第三个"幼"为名词；第二句，"春风"是名词，"风人"的"风"则为动词，"夏雨"是名词，"雨人"的"雨"则为动词；第三句，对"君君"的理解可以有两种："君要像个君"或"把君当作君"，"臣臣""父父""子子"大体相同；第四句，"把门儿"是一个词汇，作名词用。也即是说，汉语词汇属性需要根据其在句中的位置进行判断。

2. 语法标记

首先来看词尾。词尾有两种：一种是构词词尾，是离开句子在词本身形式上体现出来的，既是词本身的组成部分，又可借此在词进入句子之前大致辨认出它的词性。如日语的形容词的词尾「～い」、形容动词的词尾「～だ」等；另一种是构形词尾，词尾表示词的形态变化，这是词进入句子以后发生的，例如动词加「～ます」「～ません」「～ました」「～ませんでした」，形容动词加「な」「に」等。构词词尾随每个词一起收入词典，构形词尾都不进入词典，它与一定的词类发生关系，表示一定的语法范畴，可借此辨认出词在句子中的词性和语法功能，是一种更普遍、更具规律性的变化。

日语中，名词有单复数的变化：～たち、～ら

代词、连体词有方向性：これ、それ、あれ、どれ

　　　　　　　　　　ここ、そこ、あそこ、どこ

　　　　　　　　　　こちら、そちら、あちら、どちら

　　　　　　　　　　この、その、あの、どの

补助动词接动词后表各种"态"：被动态（れる／られる）

　　　　　　　　　　　　　使役态（せる／させる、しめる）

　　　　　　　　　　　　　可能态（れる／られる）

　　　　　　　　　　　　　自发态（れる／られる）

动词有体的变化，见图 3-1。

[①] 日语中形容词、形容动词修饰动词，词尾发生变化，作副词用。此处视为变形，而非改变词性。

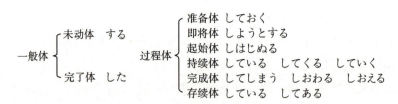

图 3-1　日语动词体的变化

汉语没有或极少有这样的标志，说"极少"是因为 20 世纪 50 年代在学习苏联，寻找汉语形态的热潮中，曾找出过汉语的一些所谓形态，但作用实在有限，而更重要的是，它们没有强制性，不像日语的形态是非出现不可的，它们缺少了也不要紧。例如：

表人称名词、代词的复数标志"们"："我校"可以说成"我们学校"，但"各位代表"不能说成"各位代表们"。

表领属的"的"，口语中，"我家"一般不说"我的家"，"我爸""我妈"也如此。

定语标志的"的"、状语标志的"地"、补语标志的"得"，其区别是人为的，使用并无强制性，需要服从汉语自身组织规律。例如我们歌颂共产党，可以说"伟大的、光荣的、正确的中国共产党""伟大、光荣、正确的中国共产党""伟大、光荣、正确的党"，但不说"伟大的、光荣的、正确的党"，这和汉语造句受音节和节奏制约有关，[①]在此不做展开说明。

动词词尾"着""了""过"，确实常用在动词后，不用也是可行的，如：他穿着一件白衬衣 / 他穿一件白衬衣；我到家时天已黑了 / 我到家时天已黑；我吃过饭了 / 我吃饭了。

至于时态等常常没有形式上的标志，往往是隐含的，如：你去，我也去。（将来时态）

（二）柔性和刚性的表现

柔性和刚性是相对而言的。说日语语法是刚性的，不是说一点弹性也没有；说汉语语法是柔性的，也不是一点强制性的东西也没有。汉语的柔性和日语的刚性表现在以下几个方面。

1. 日语的刚性

日语的刚性体现在该有的不能少。形态上要求的，一般都必须遵守；形式上要求有的，通常也不能少。日本人尤为重视人际关系，反映在语言上，主要表现为授受动词和敬语系统，此节我们讨论授受动词。

以原点为说话人的立场，对 A 区的人要尊敬，对 D 区的人不需要尊敬，至于 B 区和 C 区，则需要根据语境加以对待（图3-2）。

[①] 可参见：罗常培著《汉语音韵学导论》、潘文国著《汉语的构词法研究》等。

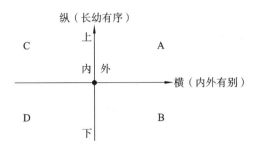

图 3-2　日语刚性分区

授受动词的用法如果从人称角度区分有以下四种情况。

（1）第一人称和第二人称之间。

A. 第一人称给第二人称，用「あげる、やる、差し上げる」。

これ、おじさんにあげましょう。/ 叔叔，这个送给你。（对一般关系、长辈）

卓也、この本、君にやるよ。/ 卓也，这本书给你。（兄弟间）

先生にこれをさしあげたいのですが。/ 想把它送给老师您。（对长辈、上级）

B. 第一人称接受第二人称的物品或行为用「もらう、いただく」。

（妹に）このリンゴ、僕がもらうよ。/（对妹妹）这苹果我拿了哦。（对下）

あのう、道を教えていただきたいのですが。/ 不好意思，能告诉我怎么走吗？（对陌生人，按上对待）

C. 第二人称给第一人称用「くれる、くださる」。

兄ちゃん、2000 円くれないか。/ 哥哥，能给我 2000 日元吗？（对平辈）

先生、これ、ぼくに下さるんですか。/ 老师，这是给我的吗？（对长辈）

（2）第一人称和第三人称之间的方向性运用。与（1）的情况一致，只是同义词的敬谦程度的选择要以听话人为基准进行比较。当第三人称与第二人称（即听话人）相比为长时，第三人称的动作要用尊敬动词「くださる」，第一人称的动词要用谦让动词「あげる、さしあげる、いただく」。当第三人称相对第二人称是平辈或晚辈时，第三人称的动作要用一般动词「くれる」，第一人称的动作要用一般动词「あげる、やる、もらう」。

これは先生にさしあげましょう。/ 把这个送给老师吧。

あの本、田中さんにあげました。/ 那本书送给田中了。

あの本、あいつにやったよ。/ 那本书给那小子了。

石田さんに頼んで、証明書を書いてもらいましょう。/ 请石田写个证明吧。

『日本文学史』を先生からいただいた。/ 从老师那儿得了本《日本文学史》。

課長がこの地図を貸してくださいました。/ 科长把这张地图借给了我。

田中さんがこれを届いてくれた。/ 田中把这个送来了。

（3）第二人称和第三人称之间的授受动词的方向性运用。首先考虑第一人称（说话人）与第二、三人称之间的关系，若第二人称属于说话人的势力范围（说话人一方），则可看作第一人称和第三人称的关系。若第三人称属于说话人一方，则可看作第二人称和第一人称的关系。例如：

父はこれを田中さんにあげたいんですが。/ 我爸想把这个送给田中先生您。（把第三人称看作第一人称一方）

これは、田中先生からいただいた薬ですか。/ 这是从田中先生那儿拿的药吗？（把第二人称看作第一人称一方）

明子ちゃん、あの方がこのカメラを貸してくださったよ。/ 明子，那位先生把照相机借给你了。（把第二人称看作第一人称一方）

（4）第三人称和第三人称之间的授受动词的方向性的运用。也同（3）一样，首先要把其中之一归为第一人称一方，然后再按第一人称与第三人称的关系处理。例如：

田中さんがこれを課長にさしあげたいとのことです。/ 听说田中要把它送给科长。（把"田中"看作第一人称一方）

これは母が山口先生からいただいた薬です。/ 这是我妈从山口大夫那儿拿来的药。（把"母"看作第一人称一方）

祖母が弟にお年玉をくれました。/ 我奶奶给了我弟弟压岁钱。（把"弟"看作第一人称一方）

2. 汉语的柔性

古今汉语都有一些形式词，如古汉语的"之"，现代汉语的"的""地""得"，以及所谓的构词词头词尾"阿""第""老""子""儿""头"等。但这些字的使用往往缺少强制性，用也可，不用也可，其用与不用并非出于语法上的必须。

例如：我的妈妈—我妈妈

我妈—我的妈（用得少）—我的妈哟（用得多）

桌子—方桌

几乎所有汉语单词都有可能形成单双音节的等义词。人们在使用时有了选择调节的自由。

例如：日语、汉语、日汉词典；电话、来电、通话；老师、学生、师生、尊师爱生；电视、广电总局、影视专业等。

缩略是现代汉语最具有生命力的造词方法。

例如：维权、小确幸、广本（广东本田）、华科、武大、华师、华农、武理、地大、财大、湖大[①]、外院（外国语学院）等。

---

① 在湖北指"湖北大学"。

汉语词汇常常可以扩展。人们爱说汉语词汇发展的规律之一是双音化，从数量上来说，现代汉语使用的双音词、复音词比过去要多。潘文国先生举出《诗经》里的许多用例：单音词双用的，如"邦""家""国"可说成"邦家""邦国""家邦"等；"衣"可以组成"衣裳""裳衣""衣服"等；"归"可以组成"归处""来归""归息""归适""行归"等，还有以"有""其""彼""斯""思"等组成的"衬字双音结构"，如"静女其姝""节彼南山""有鸣仓庚"等；双音词单用的，如"婉娈"可说成"婉兮娈兮"，"优游"可说成"优哉游哉"，"玄黄"可说成"载玄载黄""何草不玄，何草不黄"等。

从汉语词汇总体的发展来看，可以说双音词的数量增加了，但从各个词的演变来看，却不宜说都"双音化"了。从动态和弹性的角度看，"双音化"的说法没有完全反映汉语的事实。倒是两千多年前荀子说的"单足以喻则单，单不足以喻则兼"，较好地反映了汉语词汇的动态性质。

三、汉日形态与翻译

综合以上分析，看以下例子。

原文1：韓さんが来たら、みんなで食事に出かけましょう。

译文1：小韩来了，我们一起去吃饭吧。

译文2：等小韩来了，我们再去吃饭吧。

译文3：等小韩来，大家一块吃饭吧。

译文4：小韩一到，我们大家一起用餐吧。

译文5：我们等小韩到了一起用餐吧。

解说：这句话不难，但是日语原文存在"小韩到底来没来"和"我们包不包括小韩"这两个"陷阱"。日语容易理解，轮到汉语表达，就容易出现问题。译文1，如果在"基础日语"课上这么翻译没有问题，但如果深入到翻译实践，严格来讲并不合格，这句译文既没有指明小韩到底来没来的问题，也没有明确我们包不包括小韩的问题，至少可以归为歧义句。译文2，一个"再"字毁所有，小韩被排除在"我们"之外。后三句译文，无论是何种语境，都回答了前后两个动作之间的关系，即"小韩在来的路上，小韩来了之后，我们和小韩一起吃饭"。短短的一句话，很考验汉语功力，如何翻译得透彻明白，避免踩坑，需要谨慎斟酌。回到汉日对比，日语原文中的「～たら」表条件，基于前句前提条件，后续人为动作，此处不能使用「～と」「～なら」表条件。「みんなで」中的「で」作为助词，表动作进行时的状态，同样无法替换成其他助词。由此可见日语形态的显性和刚性。再看汉语，译文3、4、5形态各异，意义相同，相较之下，汉语形态的隐性和柔性立显。

再看一例。

原文2：今回の公演のために、彼らは2か月間準備した。

译文1：为了这次演出，他们做了两个月的准备。

译文2：为了这次演出，他们准备了两个月。

译文3：为了这次演出，他们做好了两个月的准备。

译文4：为了这次演出，他们准备好了两个月。

这句话同样很短，原文中「2か月間準備した」因有「た」表示完成，是"完了体"。基于此，前两句译文正确。后两句译文"做好了两个月的准备"和"准备好了两个月"均指向未来，是留下备用的时间，故而错误。此例同样印证了日语语法的显性和刚性，汉语语法的隐性和柔性。依笔者看，汉译日，作为中国人在时态的理解上不会出现错误，很少误译；但日译汉，汉语措辞往往忽视最基本的时态问题，造成误译，应引起重视。

原文3：あるいは直子が僕に対して腹を立てていたのは、キズキと最後に会って話をしたのが彼女ではなく僕だったからかもしれない。こういう言い方は良くないとは思うけれど、彼女の気持はわかるような気がする。僕としてもできることなら<u>かわってあげたかった</u>と思う。しかし、結局のところそれはもう起ってしまったことなのだし、どう思ったところで仕方ない種類のことなのだ。

——『ノルウェーの森』

译文1：直子生我的气，想必是因为同木月见最后一次面说最后一次话的，是我而不是她。我知道这样说有些不好，但她的心情似可理解。可能的话，我真想<u>由我去承受那次遭遇</u>。但毕竟事情已经过去，再怎么想也于事无补。

译文2：直子生我的气，或许是因为和木月见最后一次面说最后一次话的，是我而不是她。我知道这样说不太好，但她的心情似可理解。可能的话，我愿意<u>成全她</u>。但毕竟事过境迁，再怎么想也无法改变。

——《挪威的森林》

解说：这段话意思并不复杂，下画线部分「かわってあげたかった」涉及授受动词「あげる」，此处作补助动词用。动作关系由主人公"我"到"直子"。译文1"由我去承受那次遭遇"指代不明，这里的"遭遇"，既可以理解为我承受木月自杀的遭遇，也可以理解为直子代替我去见木月。直子未能和男友木月，见最后一面说最后一次话，似乎谈不上什么"遭遇"，此处容易导致误读。译文2意译为"成全她"，也即让直子替代"我"，去见木月最后一面说最后一次话，意思明确。如上文所述，授受动词是日本人际关系内外上下、长幼尊卑最直观的表现方式，日常生活中不绝于耳，同样是显性和刚性的存在。汉语无类似表达，可以根据上下文语境自由灵活翻译。

第二节　汉语与日语语音对比与翻译

人类生活在这个世界上，每时每刻都能听到各种各样的声音，其中人类说话的声音是最重要的声音。如果没有有声的语言，人类则无法表达各自思想，也无法开展正常的交际活动。一般而言，语言是音和义结合的符号系统，语音是语言的重要组成部分，无论是词汇意义还是语法意义，都靠语音来表达，这是人类语言的共性。语音是由人的发音器官发出的、能负载与传达一定的语义信息并能被别人理解的语言的物质外壳。也即是说，语音是人类以社会交际为目的，用发音器官发出的传递一定语义信息的声音载体。任何一种语言，语音都是第一位的，语音是语言存在和发展的基础。离开了语音，语言符号的存在变得毫无意义和价值。

一、汉语语音系统的特点

语音的系统性特点体现在两个方面：一是有不同的语音单位；二是这些语音单位有不同的组合特点。就汉语普通话而言，基本的语音单位有 22 个辅音，6 个元音，4 个声调。这些最小的发音单位进一步组成了话语（即言语、语流）中在听感上最自然的单位——音节。汉语一般是一个汉字代表一个音节，但也有例外，如"花儿"等写作两个汉字，但实际只代表一个音节，即 huar。

汉语语音的特点是音节结构简单，音节界限分明，声调是音节的重要组成部分。汉语的音节结构有很强的规律性。元音一般是音节中不可或缺的成分，一个音节内部最多可以连续出现三个元音（如 iao、uai）。辅音主要位于元音前，即音节的开头；只有少数辅音可以位于元音后，即音节的末尾。位于元音前后的辅音一般只能有一个，不存在 sk、fl、str 之类的辅音组合，且以清辅音为主，浊辅音只有 m、l、r。清辅音声带不振动，所以音节中噪音少而乐音多。汉语的音节大致有以下几种：V、VS、VC、CV、CVS、CVC、CSV、CSVS、CSVC（V 表示元音、S 表示过渡音、C 表示辅音）。

传统上，我们把汉语的音节分为声母、韵母和声调三个部分。声母是位于音节开头的辅音（如 da、kou、ban、liao、suan 中的 d-、k-、b-、l-、s-）。音节的开头如果没有声母，就是零声母音节（如 an、ou）。韵母指音节中声母后面的成分，可以只是一个元音（如 gu 里的 u），也可以是元音的组合或元音和辅音的组合（如 gua 里的 -ua 或 guan 里的 -uan）。韵母可以进一步分为韵头、韵腹和韵尾三个部分。韵头和韵腹都是元音，韵尾可以是辅音。韵腹是一个韵母不可缺少的成分，如 ta、hua、diao、kuan 都有韵腹，可是韵头 u、i 和韵尾 o、n 则不是每个韵母所必须具备的。

声调指整个音节的高低升降，汉语的声调具有辨义作用，汉字通过声调来区别意义。汉语的声调一般来说是固定不变的，但两个或两个以上音节连在一起时，音节的高低升降往往发生变化，这种现象称为"连读变调"。儿化音也是汉语语音中很常见的现象，当"儿"音节处在其他音节之后时，往往和前面音节的韵母合并成儿化韵。

汉语的字调和节奏也有自己的特点，绝大多数汉字都有四声调，很多情况下，每一个四声调调号都能表达多个意思。汉语以音节为节拍，加上四声调，铿锵有力，形成了自己的风格。汉语中还存在不少语流音变现象，因为我们在说话时不会一个字一个字地往外说，总要把一些语言单位组织起来，说出一个个句子，一段段话，形成连续的语流。

总之，汉语在语音上最大的特点要数声调了。在汉语音节的三大要素中，声调是音节的标志，而且每一音节都有声调。日语的音节通常以元音为标志，两个元音则为两个音节。而汉语的复韵母即便是两个元音或三个元音，也只是一个音节。元音是汉语音节结构的核心，占绝对优势地位。

二、日语语音系统的特点

从音素[①]的数量来看，汉、日语的总数差不多。与汉语拥有众多复元音不同，日语的5个元音都是单元音，其特点是发音时要求发音器官的位置稳定，不能中途改变声道的形状。此外，日语元音的稳定性还表现在音色方面：无论元音的语音环境如何，无论某一元音的前后出现什么音，该元音自身的音色无显著的改变。

日语辅音存在清辅音和浊辅音两种，并且除了 [k][g] 等少数几个之外，大部分辅音的发音部位都在口腔的前部。

由于日语在历史上与汉语的词汇交流，不仅产生了音节文字——假名，还在语音体系中增加了长音、拨音、促音等特殊音节。除拨音、促音外，日语基本上属于"辅音+元音"结构的开音节语言。具体而言，日语的音节基本上都是以元音结尾的（特殊音节除外），因此以辅音结尾的外来词进入日语时都被在音节的尾部加上元音而变成了开音节。一般来说，日语中没有复元音和复辅音。

日语的音节结构比较简单，一般可以分为以下五种类型：元音、辅音+元音、辅音+半元音+元音（拗音）、半元音+元音以及特殊音节（促音、拨音、长音）。其中，"辅音+元音"的音节数量最多，最具代表性。

从音节长短看，日语的音节可分为"短音节"和"长音节"两类。从时长角度看，一个长音节大体相当于两个短音节的长度。从音拍角度看，一个短音节与一个音拍是等值的，一个长音节则为两个音拍。

短音节的音素构成可分为两种：V 音节和 CV 音节。V 音节由"单元音"构成，如「あ、い、う、え、お」。CV 音节由"辅音+元音"或"半元音"构成，如「か、さ、た、な、

[①] 音素是指某一特定语言的语音系统中能够区别语言意义的最小的语音单位。

しゃ、ちゃ」等。此外，由于半元音亦可视为半辅音，故 CV 音节也包括「や、ゆ、よ、わ」等。

长音节的音素构成可分为五种：VR/CVR 音节、VQ/CVQ 音节、VN/CVN 音节、二连元音音节以及元音弱化后的音节。

VR/CVR 音节由长元音或辅音＋长元音构成，长元音分做两个音拍，如「ああ、ええ、ちい、すう、けい、よう、ティー」等。

VQ/CVQ 音节由元音（或辅音＋元音）＋促音构成，如「あっ、えっ、よっ、ちょっ」等。

VN/CVN 音节由元音（或辅音＋元音）＋拨音构成，如「おん、りん、ちゃん」等。

二连元音是由两个元音相连构成的音节，通常指在舌位方面有"低—高"或"后—前"变化的两个相邻元音，如「あい」「しゃい」「さえ」「こい」「るい」等。

元音弱化后形成的音节是指由于元音的弱化，有可能使音节中的元音脱落，造成辅音连续出现的情形，例如：スケート [suke：to] → [suke：to]（元音弱化）→ [ske：to]（元音脱落）。但元音脱落后仍被视作音节，基本保持发音意识上作为音节的独立性，并不与后面的合并为一个音节。日语的音节中除了塞擦音外，不允许有其他复辅音存在。

日语的所有音节，包括"长音""促音""拨音"等特殊音节，长音节的音长是短音节的两倍，或者说日语所有音节的时长在人们的心理感受上是大体相同的。一般把日语的这一特点称作音拍的"等时性"。这种时间上的等时性是日语语音节奏的一大特点，形成了日语特有的节奏感和韵律感。日语诗歌的韵律也来自这种音拍的等时性，例如俳句（五七五）、和歌（五七五七七）的旋律。另一方面，由于日语中音的长短能够区别意义（如「ここ／这里」「こうこう／高中」「ここう／孤高」），建立正确的音长概念对于日语的正确表达是十分重要的。

一般认为，日语的声调属于高低声调（高低アクセント），音的高低变化发生在音拍之间，这是日语声调的一大特点。日语声调的另一个特点就是第一个音拍与第二个音拍的高低正好相反。日语的声调有平板式和起伏式两大类。平板式即所谓的⓪调（低高型）。起伏式又包括头高型①调（高低型）、中高型②③④⑤⑥调（低高低型、低高高低型、低高高高低型）等和尾高型②③④⑤⑥调（低高型、低高高型、低高高高型）三种。详见图 3-3。

声调是语词单位的韵律形式，它在日语中有两大功能：区分词义功能和词语分界功能。

区分词义功能，即用以区别词语意义的功能。例如：同是「はし」两个音节，读⓪调时为"桥梁"，读①调时则为"筷子"。日语词汇中，类似这样靠声调区别意义的词占比并不是很大。

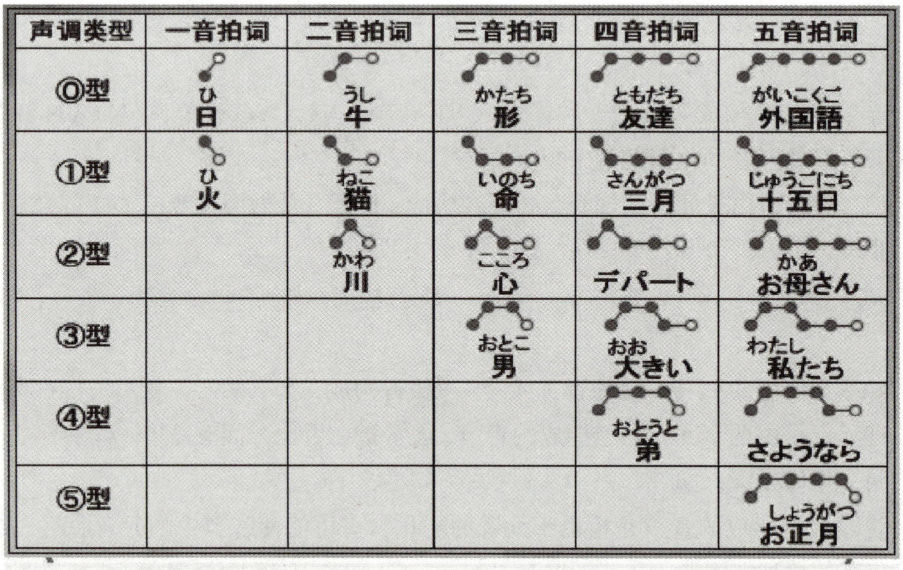

声调类型	一音拍词	二音拍词	三音拍词	四音拍词	五音拍词
⓪型	ひ 日	うし 牛	かたち 形	ともだち 友達	がいこくご 外国語
①型	ひ 火	ねこ 猫	いのち 命	さんがつ 三月	じゅうごにち 十五日
②型		かわ 川	こころ 心	デパート	おかあさん お母さん
③型			おとこ 男	おおきい 大きい	わたしたち 私たち
④型				おとうと 弟	さようなら
⑤型					しょうがつ お正月

注：● 代表单词假名
　　〇 代表单词后续的助词

图 3-3　日语声调类型

词语分界功能，即用以划分语义单位（词或短语等）的界限。按照日语声调的规则，在一个语义单位内部，音高一旦降下来就不会再升上去，形象地说，在一个语义单位内部，只会出现一个音高的"峰"，高峰只出现一次而不可能是两次或多次，而由低到高的声调变化标志着一个新的语义单位的开始。例如笔者居住的武汉市有所著名的武汉大学，作为专有名词「武漢大学」一般读④调，7拍的分布是低高高高低低低。从低到高的音高变化只有一次，高峰只出现一次，因此它是一个单词，属于一个语义单位。但如果将「武漢大学」这一专有名词按词典里「武漢」和「大学」的读音分别读成①调和⓪调，声调的高低变化出现两次，这样「武漢」和「大学」就失去了作为专有名词「武漢大学」这一语义上的联系，仍为两个独立的词。

声调的词语分界功能从下面例子中更能体现出其作用：
庭には二羽鳥がいる。庭院里有两只鸟。
庭には鶏がいる。庭院里有只鸡。

仅从假名看，两句话完全相同，只有通过声调的词语分界功能，才能将两句话区别开来。

庭には / 二羽 / 鳥が / いる。
庭には / 鶏が / いる。

「二羽鳥」是「二羽」（①调）和「鳥」（⓪调）的组合，是两个独立的语义单位，声调的高低变化应该出现两次，需有两次音高的高峰。「鶏」(⓪调)是一个独立的语义单位，声调的高低变化只应出现一次，只有一次音高的高峰。由此可见，声调的词语分界功能在日语中的作用之大。

日语句子的节奏特征除了与音节的等时性有关以外，还与词的构成成分有关。例如，汉语词汇「大学」除了是四个音节「だいがく」以外，还是「大」和「学」两个构词成分。如果机械地将它读成长短相等的四个音节，并不能清晰地表达该词的词义。正确的读法是将节奏单位由音节扩展到汉字。

日语句尾的音调与句子类型有关，疑问句为升调（上昇調），非疑问句为降调（下降調）。与汉语相比，日语的升降幅度不是很大。但受某些终助词的意义所限，有时读升调时也不表示疑问。

日语的语调（イントネーション）大致分为以下四种：升调、平调、降调和升降调。

（1）升调主要表达说话者与听话者在感情、情绪等方面的联系或呼应。具体地说，升调可以表达疑问、提议、轻微的命令、确认及吸引对方注意等语气。

（2）平调一般用于肯定语气。

読んだ？　　读了？
うん、読んだ。　嗯，读了。

上句为升调，下句为平调。

（3）降调在整体上表示隔断说话人与听话人在感情、情绪上的共享或联系。换言之，降调所表达的情绪是封闭的、内向的，如「私はね、…」「あなただよ、…」。

（4）升降调的语音表现是先升后降，这种语调多用于好友之间，一般只伴随终助词「ね」出现，表示一种复杂的语气，既有对发话者的强烈赞同，又隐含对话题中某人、某事的不满，如「そうですよね」。

另外，语调具有一定的感情色彩，语调的高低升降可以部分反映说话者的某种情感。同一句话，用升调还是降调，语气大不相同。例如：

どうして早く教えてくれないの？（升高幅度不大时为一般性的疑问）
怎么不早点告诉我呢？
どうして早く教えてくれないの？（升高幅度加大时为责问的口气）
为什么不早点告诉我！
どうして早く教えてくれないの？（降调时表示一种不满的情绪）
你为什么不早点告诉我？！

又如：

あなた！（升调时为唤起注意，语气亲切）
亲爱的！

あなた！（降调时也为唤起注意，语气生硬、不满）

你！

日语语流音变的种类主要有元音的弱化（无声化）、加音及减音等。在语流中，某些元音有时受前后音节的影响，只保留元音发音的口形而声带却不振动，有时甚至元音完全脱落，只剩下辅音，这种现象称作"元音的弱化"或"元音的无声化"。元音弱化以后，发生弱化的音拍通常仍保留原来的时长，因此单词原有的节奏不发生改变。最容易发生弱化的元音是高元音「い」/i/ 和「う」/u/，「あ」/a/、「え」/e/、「お」/o/ 在特定情况下，也有弱化的可能。

两个清辅音之间的 /i/ 和 /u/ 常常弱化。例如：

きく（听、问）[k<u>i</u>ku]　　　きし（岸）[k<u>i</u>shi]

ひかり（光）[h<u>i</u>kari]　　　しかる（责骂）[sh<u>i</u>karu]

つき（月）[t<u>u</u>ki]　　　　　すき（喜欢）[s<u>u</u>ki]

くさ（草）[k<u>u</u>sa]　　　　　ちから（力量）[ch<u>i</u>kara]

ふたり（二人）[f<u>u</u>tari]　　ふきん（附近）[f<u>u</u>kin]

句尾的清辅音 +/i/ 或 /u/ 时，元音脱落，只剩下辅音 /s/。典型的情况是句尾的「です」「ます」。

清辅音 + 高元音 /i/ 或 /u/，音拍处在停顿之前时也会发生元音弱化。例如：

スリープ（睡眠）[suri：p<u>u</u>]　　かく（书写）[kak<u>u</u>]

ブレーキ（车闸）[bure：k<u>i</u>]　　パーツ（零件）[pa：ts<u>u</u>]

清辅音 +/a/ 或 /o/ 在相邻的两个音拍中重复出现，并且词首为①调以外的声调时，也有可能发生元音弱化。例如：

かたち（形状）[k<u>a</u>tachi]　　かかく（价格）[k<u>a</u>kaku]

こころ（心）[k<u>o</u>koro]　　　そこで（因此）[s<u>o</u>kode]

加音大多是出于语义强调的需要而出现的。在日语中，加音表现为元音或辅音的长化。例如添加长音。

（1）元音长化。

ぜんぜん——ぜーんぜん

すごい——すごーい

たくさん——たーくさん

じっと——じーっと

（2）辅音长化，添加拨音或促音。

あまり——あんまり

やはり——やっぱり

ますぐ——まっすぐ

とても——とっても

减音要比加音复杂。有时减掉的是一个或几个音节，有时只是一个元音或一个辅音，此时音节需要重组。减音与语音融合的生理依据是"语音省力化"原则，其结果是音拍总数的减少或下颌开度变小、舌位变化的减少等。

单纯的减音是由音素脱落造成的。音素脱落后有时词形紧缩，即原词形减少一个音节；有时发生词形改变。单纯的减音一般称作「縮約形」，常见的有以下情况。

では——じゃ（缩约）
それは——そりゃ（缩约）
それで——そんで（缩约）
～てしまった——～ちゃった（缩约）
～ている——～てる（音节/i/脱落）
ところ——とこ（音节/ro/脱落）
いやだ！——やだ！（音节/i/脱落）
まったく！——ったく！（音节/ma/脱落）
そんなことない——んなことない（音节/so/脱落）
だろう——だろ（长音脱落）
なければならない——なきゃ（缩约+省略）
なければならない——なくちゃ（缩约+省略）
いいじゃありませんか——いいじゃん（省略）

音素脱落，造成音节重组。

あなた：anata——あんた：anta（元音/a/脱落后重组）
このあいだ：konoaida——こないだ：konaida（元音/o/脱落后重组）
～ておく：teoku——～とく：toku（元音/e/脱落后重组）
わたし：watashi——あたし：atashi（辅音/w/脱落后重组）
すみません：sumimasen——すいません：suimasen（辅音/m/脱落后重组）
～だもの：damono——～だもん：damon（元音/o/脱落后重组，/n/成为拨音）
～のうち：nouchi——～んち：nuchi（元音/o/脱落后重组，/n/成为拨音）
～のだ：noda——～んだ：nda（元音/o/脱落后重组，/n/成为拨音）

音素脱落后，同部位辅音相连变为促音。

洗濯機：せんたくき——せんたっき
三角形：さんかくけい——さんかっけい
よく効く：よくきく——よっきく
大阪から：おおさかから——おおさっから

常见的语音融合有：/ae/、/ai/、/oi/、/e:/。

お前：おまえ——おめえ
高い：たかい——たけえ
うまい：うまい——うめえ
凄い：すごい——すげえ
面白い：おもしろい——おもしれえ

三、汉日语音系统的对比

汉语和日语分属两个不同的语音系统，两种语言的发音差别很大，但同时亦有一定关联。无论是从语音学的角度，还是从音位学的角度，以及生成音系学的角度，二者都有许多内容可比。汉语的单音节和声调，被国际语言学界看作是汉语语音的本质特征。即汉语一字一音一义和每一个音节都有固定的能区别意义的声调是汉语语音的最大特点。而日语语音的开音节化以及音节之间特有的声调则被国际语言学界看作是日语语音的本质特征。通过对比分析汉日两种语言的语音体系，我们可以发现许多在各自语言的本体研究中难以发现的现象，也就是说一些隐藏在两种语言中的不同的现象才能显现出来，从而进一步揭示两种语言各自的细微面貌。

从语音的标音手段来看，为了描写本民族语言的发音系统，汉、日语都有各自书面形式的标记手段。汉语在明清之前基本上都是用汉字给汉字注音，明清之后，欧洲传教士来华，为了方便汉语的学习，开始用罗马字给汉语注音。中华人民共和国成立后，于1958年制定了"汉语拼音方案"，使用拉丁字母来标记汉语的语音系统。现在汉语拼音已经成为中国人学习母语汉字读音和外国人学习汉语语音不可或缺的有力工具，同时也是研究者描述汉语语音系统的重要手段。日本古代最初没有文字，后来引进汉字作为标记日语的手段，再后来在汉字的基础上，用片假名和平假名来标记日语的语音系统。二战后在美国的影响下，研制了"日语罗马字"方案，现在成为日语的拼音文字，在地名标音和电脑的罗马字输入法上广泛使用。在对西方的日语学习者进行日语教学时，也有采用罗马字给日语假名和汉字注音的方法。但在日本国内通行的日语标音方式仍为平假名和片假名。

从语音种类看，日语里没有汉语的元音 e、ü，也没有辅音 zh、ch、sh、r。

从元音角度看，汉语的元音开口度大，音调高，用力强，舌头运动激烈，受音节制约的音位音多。日语的元音开口度小，音调低，用力弱，舌头运动和缓，受音节制约的音位音少。例如，日语元音 /ウ/ 和汉语的元音 /u/ 相似，但实际上又有较大区别。日语的 /ウ/ 为舌面、后、高、不圆唇元音。发音时，嘴唇只是稍稍开启，放松而不突出。汉语的 /u/ 为舌面、后、高、圆唇元音。发音时，双唇拢圆，且稍向前突出。

从辅音角度看，汉语的辅音施于发音器官的力强，有卷舌音，以送气音和不送气音为基本对立，因而口腔内的音多，振动声带的音少；与此相对，日语的辅音施于发音器官的力弱，无卷舌音，以有声音和无声音为基本对立，因而振动声带的音多，口腔内的音少。另外，日语还有一种叫作"促音"的发音，这是汉语普通话所不具备的。

从音节角度看，汉语的音节，有元音、韵头辅音与元音结合、韵头辅音与元音和韵尾辅音结合等音节，而其中的元音除单元音之外，还有双元音、三元音；与此相对，日语的音节，虽然也是以元音、韵头辅音与元音结合、韵头辅音与元音和韵尾辅音结合的音节体系，但其中的元音以单元音为主。汉语中几乎没有长音节而日语中有；汉语中没有以辅音（鼻辅音除外）为韵尾的音节，而日语中有（以所谓的促音为韵尾的音节）。

从声调角度看，汉语的每个音节都有声调，而日语的声调则是在两个以上音节的发音结构中才显现出来。汉语的声调音调高，音域宽，起伏大，音量衰减幅度小，而日语声调低，音域窄，起伏小，音量衰减幅度大。

从音域层面看，日语词语内部高低变化的幅度，即相对音域比汉语略窄，因此如果说日语时音域也像汉语那样宽的话，就会使人听起来像是吵架一样很不舒服。也可以说，正是由于汉语的音域比日语宽，而且调型复杂，所以汉语的发音才需要放慢、松弛、悠长，听上去音乐感较强；而日语不仅音域比汉语窄，且没有升、曲、降等复杂的调型，因此日语的发音就显得比较轻快、均匀、简短，给人一种节奏感较强的感觉。

（一）声调的汉日对比

汉日语声调在性质上有着本质区别。汉语的声调表现在音节内部，而日语的声调表现在音节与音节之间。具体而言，日语的声调表现在词的层面上，是词内部音拍与音拍之间的高低配置。一般来说一个词可以是一个音节或多个音节，但一个词只能有一个声调。汉语的声调与日语不同，它不是表现在词的层面上，而是表现在字的层面上。通常是一个字一个音节，一个音节一个声调，因此也可叫作字调。换句话说，汉语声调的变化表现在音节的内部，其变化在音节的内部得以实现，而且是固定地覆盖于每一个音节之上的。也可以说，对于汉语的音节而言，声调是不可或缺的组成部分。汉字基本上是一字一音一调，每个汉字都由固定不变的声调来表示该字的意思。日语声调的主要功能是标识词和词的界线。日语通常一个假名为一个音节，当只有一个音节时则无法判断其声调。

汉日语声调类型不同。汉语属激昂型声调；日语属平缓型声调。汉语的第三声是"高低高"型的配置，日语中没有这种声调配置，日语声调的类型只有两种：平板型和起伏型。后者还可细分为：头高型、中高型、尾高型。现代汉语有五个声调，在世界语言中是具有完全声调系统的语言。五个声调为"阴平""阳平""上声""去声"和"无调"，通俗说法是"一声""二声""三声""四声"和"轻声"。这种平、升、曲、降的"曲线声调"具有调型丰富、曲拱复杂、抑扬顿挫明显等特点，因此也可称之为"旋律型"

声调。日语声调变换相对比较平缓、单纯。日语声调从低到高时升幅较小，从高到低时降幅却相对较大，这有点类似于汉语中的阳平和去声的声调变化，但升高和降低的幅度都要小于汉语，不像汉语起伏那么大。另外，日语在首音节为长音节，即长音、拨音等特殊音拍组合成"二连元音"（アイ、オイ）时，升幅会变得更小，有时几乎是高平调。

汉语声调的辨义功能远远大于日语。日语除一些有限的词当中声调具有区别意义的作用以外［「あさ」①（朝）和「あさ」②（麻）；「せき」①（席）和「せき」②（咳）等］，绝大部分日语词汇的声调与词义没有太大关系。可以说，靠声调才能区别意义的词在日语词汇中占比很小，但在汉语中声调的辨义作用却是举足轻重的。

汉语的声调在句子中相对比较固定，而日语的声调在句子中比较容易发生变化。日语的词在词形发生变化时，声调也随之发生相应的改变。这种变化虽然复杂，但也并非没有规律可循。例如名词和名词构成复合词时，不是按照组合前的个体单词进行发音，前面的名词往往变成"低高"型，后面的名词往往变为"高低"型（参照前文「武漢大学」）。与此相对，汉语的声调是比较固定的，除个别音连读时发生变调外，一般来说，汉语的每个字的声调无论组成什么样的词，无论顺序怎样变化，其声调原则上都是固定不变的。还是以"武汉大学"为例，"武汉"和"大学"这两个词无论是作为独立的普通名词，还是作为"武汉大学"这种专有名词，在声调上是没有任何变化的。这一点与日语有着明显区别。

从音域角度看，汉语词语内部音节之内高低变化的幅度比日语要宽，即汉语的相对音域比日语大。这也是汉日语音差异的一大特点。因此汉语听上去声音的起伏较大，口型的变化幅度也比较激烈，甚至有时会给人一种吵架的感觉；日语由于音域相对较窄，听起来比较平和、温柔，且口型的变化幅度也不是很大，语速较快，给人一种低声细语之感。

从句子语调看，日语声调通常是"由高而低""由低而高"和"无起伏"，由于日语在每个音节的内部并无音高的变化，一个词或短语内部从高到低的音高变化也只允许有一次，因此，日语句子的整体听觉印象是，音高相对较为平缓，高低起伏的变化不像汉语那样明显。而汉语由于每一个音节都有声调，因而整个句子听起来高低起伏、抑扬顿挫的感觉比较明显。也正是由于汉语每个音节的字调占用了相当的音高资源，所以留给语调的音高变化幅度也就很有限了，我们才会感到汉语句子末尾的语调升降没有日语那么明显。

（二）读音的汉日对比

日语文字既有本民族的语素，又有来自中国汉字的读音，而且引入汉字读音的时代各不相同，造成日语文字的读音非常复杂。有音读、训读、音训混读，音读又分为吴音、汉音和唐音，训读又分为正训和词训，音训混读又有「重箱読み」和「湯桶読み」，所以常用日语汉字几乎都是多音字，有时一个汉字多达十几种甚至上百种读音。

与日语相比，汉语汉字基本上是一字一音，读音简单清楚。汉语汉字虽然也有一字多音的现象，但在所有汉字中的比重较小。而且读音大多为两三个，最多不超过五个。与汉语相比，日语汉字的读音非常之多。比如，"生"这个字，在汉语里只有"shēng"这个读音，而据日本大修馆书店统计，日语中的"生"的读音则多达 158 种①，以下是一些常见读音。

生憎	生きる	生まれる	生い立ち	生地
萩生田	皆生	生江	福生	来生
虫生	生姜	来生	早生	生活
麻生	晩生	生る	生放送	玉生
生見	生える	實生	芝生	柴生田
生板	生す	羽生田	弥生	桐生

日语汉字这种繁杂的读音现象反映了日语文字演变的曲折性。从另一个角度看，正是日语汉字读音的多样性，为我们研究中国古代汉语提供了重要参考。其中，中古汉语的入声与日语汉字音读的双音节音就有很重要的关联。中古汉语的入声是指有些汉字以辅音 [-p][-1][-k] 做结尾，发出一种短而急促、具有顿挫感的闭塞音。例如：六 [lok]、七 [sit]、独 [dok]、立 [lit]、压 [yap]。汉字传入日本时普遍含有入声，所以日语音读中保留了中古汉语的入声。由于日本人不习惯以辅音结尾的读音，便将古汉语入声音尾 [-p][-t][-k] 加上元音，独立成为一个音节，使传入日本的入声汉字变成了有两个音节的读音，比如：六 [loku]、七 [siti]、独 [doku]、立 [litu]、压 [yatu]。但当日语汉字词的第一个字是入声字，后面跟随的字是以清辅音开头的话，入声音尾则不会独立成一个音节，而是变为促音，如：国家 [kokka]、発達 [hattatu] 等。②

通过汉日文字语音的对比可以看出，日语和汉语在语音上虽有关联，但各自拥有完全不同的语音体系。汉语语音规则相对成熟而完整，日语的语音则显得多样而繁杂，有时会对日译汉造成相当程度的困扰，试举经典几例：

例1：しかし瞿太素は挙人の資格しか持っておらず、官吏とならなかったのもそのためであったらしい。錬金術にこって、リッチが錬金術の大家であるという噂を聞いて一五八九年に肇慶に友人劉節斎を訪ねた折にリッチを訪ねたのが、二人の交際のはじまりであった。

——『マッテオ・リッチ伝』

---

① 参见 https：//kanji-bunka.com/kanji-faq/old-faq/q0326/。
② 罗集广．汉日语言对比研究概论［M］．北京：光明日报出版社，2022：38-39．

译文：然而，瞿太素后来只做到举人，没有当官可能也就是因为他有了这些优点。他热衷于炼金术，当他说利玛窦是炼金术<u>大师</u>时，便于1589年去肇庆拜访他的朋友刘节斋时拜访了利玛窦，这便是他二人交友的开端。

——《利玛窦传》

例2：僕は裏手の土間口から入った。客人はもう二人とも目をさまし、矢須子やシゲ子と共に食卓を囲んでいた。（<u>大家</u>さんが貸してくれた黒檀の堂々たる食卓である）食卓の上には附焼の餅を入れた茶碗や小皿などが並べてある。客人が土産に持って来た餅だろう。矢須子とシゲ子は、がつがつ餅を食べていた。

——『黒い雨』

译文：我从后土间门口走进去，见两位客人已经睡醒了。他们两个和矢须子、繁子围坐在餐桌旁（这餐桌是<u>富裕人家</u>借给我们用的，是一张紫檀木的大餐桌），餐桌上摆着<u>盛烤饼</u>的碗和小盘子。这可能是客人带来的家乡饭，矢须子和繁子都贪婪地吃着。

——《黑雨》

例3：「あたり前じゃない。あなたのところに変な中年女が転がりこんでギター弾いてたりしたら<u>大家</u>さんだって何かと思うでしょ？こういうのは先にきちんとしといた方がいいの。そのために菓子折りだってちゃんと持ってきたんだから」

——『ノルウェーの森』

译文："情理之中嘛。一个怪模怪样的半老婆子钻到你这里弹吉他，<u>房东</u>也会纳闷吧？这方面还是先弄稳妥为好。为这个我连糕点盒都备好带来了。"

——《挪威的森林》

例4：シゲ子と矢須子は<u>大家</u>さんに置手紙して、午前五時ちょっと過ぎに神石郡の郷里に向って出発した。弁当には焼米のほかに食塩少々と水筒の水を持たしてやった。それ以外に咽に入るものは家には皆無である。罹災証明書は広島の焼跡で隣組長がくれる規則だが、広島を通らないで北廻りの電車で可部・塩町経由にするのだから、証明書は持たないで行った。焼跡から遠ざかって行く者は誰も制限を受けないことになっている。

——『黒い雨』

译文：繁子和矢须子给<u>大家</u>留了个信之后，早晨五点多，就出发到神石郡的老家去了。我在饭盒里给他们带了炒米，另外还有一些食盐，水壶里也装了水。除此以外，能够吃的东西家里全都没有了。受灾证书按规定由邻组的组长在广岛的废墟上当场发给。可是，她们没有经过广岛，而是坐从北边绕行的电车，经过可部和盐町走的，因此，没有领到证书。这就使得远离废墟的人，谁也可以不受限制了。

——《黑雨》

解说：「大家」是多音词，必须判断它在每一个语境中的具体读音，唯有如此，才

有可能进行准确的翻译。在例 1 中念「たいか」，意为"大师、专家、权威"；例 2 中念「たいけ」，意为"大富之家、大户人家、望族"；例 3 中念「おおや」，意为"房东、房主"；例 4 中「大家」应该还是念「おおや」，意为"房东、房主"。译文译为"大家"，属于误译。三种读法分别对应不同的含义，翻译时须避免落入日语多音字的陷阱。

整体而言，汉日语由于分属不同语种，尽管历史上日语大量借词于汉语，在一定程度上了保留了汉语的原始发音，但与现代汉语已不可同日而语，且部分词汇意义已发生迁移，应更多关注两者之间的异而非同。在翻译实践中，造成困扰的或许不是单纯的读音，而是多音词、同音词的翻译。现代日语中，不仅有常用汉字的多音词，还有外来语中的多音词，很容易导致严重误译，在学习和翻译中需要谨慎对待。

第三节 汉语与日语词汇对比与翻译

"不少人承认客观世界有三大要素：物质、能量、信息。"语言是文化信息的载体。语言之所以能成为文化信息的载体，显然跟词汇具有客观性、社会性、历史发展性等特点密不可分。词汇是语言里所有词的总汇，即词的集合体。一般而言，词汇是语言的建筑材料，由词和词组组成，是语言中最活跃、最敏感的要素。词汇与语音、语法一样，具有自身的系统性。词汇的基本系统包括两个方面：一是依靠形式特征的联系而形成的系统，如同音词和同形词；二是依靠意义特征形成的系统，如单义词与多义词、上下位词以及类义词、同义词、反义词等。汉语和日语是两个不同国家和民族使用的语言，在词汇方面，虽然有着令人吃惊的相同或相似点，但也存在着许多不同之处。本节从词汇系统构成切入，通过对比，分析汉日语在词汇意义上的分布情况，进一步围绕汉日同形词的对比，探究同形词翻译这一难点问题。

一、汉日词汇系统对比

（一）汉语的词汇系统

关于汉语词汇的系统性问题已有很多学者进行过阐述，随着语言学理论的发展，对这个问题的研究也越来越深入。通过对汉语词汇横向和纵向的分析研究，学者们在三点上达成了共识。

第一，大多数学者认为词汇系统是客观存在的，而不是杂乱无章的，但是由于词汇现象的复杂性，多数学者认为词汇的系统性表现在多个方面，可以从多个角度展开多层次的研究，并认为词的核心是词义。词汇系统的研究应该着重研究词义系统。对词义系统的理解包含两个方面：一是整个词汇的意义系统；二是词汇意义系统中某个小的局部系统。而词义系统又可以分为两个层次：一是词与词之间的意义关系；二是多义词内部的意义关系。多义的单音词内部有本义、众多引申义，有的还有一个或者几个假借义，以及由假借义产生的多个引申义。在语法研究迅猛发展、计算机要求语义描写形式化的今天，词汇系统研究不仅要关注义位的聚合系统，义位组合系统的研究也要引起高度重视。同时，也有学者指出词汇的系统性不像语音系统和语法系统那么严密、有规律，义位也有非系统的一面，词汇系统受社会文化的影响，存在许多非对称现象。

第二，词汇系统的研究应以共时描写为主（同时也要参照历时），并对其加以解释和验证。但词源研究属于历时研究的范围，中国训诂学也将词源意义作为研究词汇意义的特征要素。在共时层面上的词汇中，有相当数量的词语是不同历史阶段的词语不改变构词形式直接累积下来的。因此，共时词汇系统的描写要参照词汇的历时演变规律和词源意义的探讨，以便更好地发现词与词在共时平面上如何形成相互之间的联系和区别，以及一个历史传承词在新的词汇系统中应该占有什么位置，与哪些词构成分布上的互补关系等。也许是由于汉语文献语言历史悠久，而且文言文的用词和句式相对定型化、泛时化，才产生了这种不同于西方语言学的特殊研究方法。

第三，汉语词汇系统非常庞大，其分类标准也各不相同。一般来说，根据词汇的地位可分为基本词汇和一般词汇。基本词汇具有稳固性、常用性和能产性三个特点，如"电车、电话、电脑"等。一般词汇又分为词和语两大部分，词包括古语词（文言词）、方言词、外来词、学术词、新词等，而语包括成语、惯用语、谚语等。此外，根据词汇的使用频率可分为常用词汇和非常用词汇，根据词汇的适用范围还可分为通用词汇和非通用词汇，根据词汇的构词法又可分为单纯词和合成词等。

（二）日语的词汇系统

日语词汇是日语语言的一个重要元素。从历史上看，日语词汇的来源比较复杂，既有固有的和语词汇，也有舶来的汉语词汇以及外来词词汇，甚至还有日制汉语词和日制外来语词汇。这些词汇相互渗透与融合，最终形成了大量的复合词、派生词，这些形式构造上的特征为日语词汇的丰富性提供了物质条件。日语词汇中有一些比较成体系的集合词汇，如亲属称谓、拟声词、拟态词等，成为日语词汇体系的一个鲜明特色。由于词汇的来源不同，导致日语中出现了大量的同义词，这也形成了日语词汇的一大特点，但这些同义词的使用环境和文体意义等未必完全相同。词汇数量多也促使日语中生成了大量的反义词和近义词。此外，日语中的同音词和同形词数量多也是其重要特色之一。日语的词汇就其来源而言具有多样性，其种类一般分为四种：和语词（和語）、汉语词（漢語）、外来词（外来語）和混合词（混種語）。玉村文郎（1992 年）将日语的词汇一目了然地划分为如下成分：

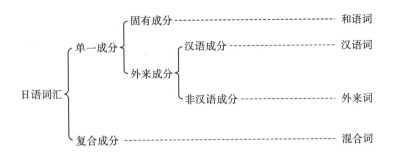

具体来讲，和语词是日语固有的词汇，使用频率很高，其构词主要采用合成法，多用于口语。

汉语词主要指古代从中国传入日本用汉字书写、发音又与汉语原词接近的词汇。但有一些用汉字书写的音读（音読み）词汇为近代日本人所造，即所谓日制汉语词（和製漢語）。为将这部分词也包括在内，广义的汉语词一般也称为字音词（字音語）。汉语词多表示意义抽象的词，且汉语语素的能产性很高，多用于书面语。

外来词是指16世纪以来，从中国以外的其他国家陆续传入日本的音译词汇。外来词通常用片假名书写，故有时称之为片假名词（カタカナ語）。但有些用片假名书写的所谓"外来词"为日本人所造，这些词被称为日制英语词（和製英語）。严格来讲，狭义的汉语词也属于外来词，但由于进入日语词汇体系的年代较早，受到了不当作外来词对待的"特殊待遇"。外来词用缩略方式的较多，且没有特定的文体特征。

混合词是指以上三种不同来源的语素之间相互结合构成的复合词。例如：

（1）汉+和　新聞読み、体制引き締め、禁止薬物込み。
（2）和+汉　赤信号、先駆け評価、居眠り運転。
（3）汉+外　学生デモ、電子マネー、老人ホーム。
（4）外+汉　ノーベル賞、アルコール依存症、カラー写真。
（5）外+和　ガス漏れ、ペン先、コスト高。
（6）和+外　生ビール、消しゴム、相手チーム。

二、汉日词汇构成对比

词汇是社会生活和人们日常生活的真实反映，某个领域的分布状况，丰富或贫乏，与相应的事物、概念在社会生活和日常生活中所占的比例是成正比的。一个特定领域的词汇越发达，它在人们的社会生活和日常生活中所占的比例则越大；反之，则越小。例如阿拉伯语中与骆驼相关的词语有100多个，这是因为对阿拉伯人而言，骆驼是必不可少的交通工具，又是宝贵的财富。再如蒙古语中，与马相关的词汇尤为发达，雄马、雌马、不同年龄的幼马，名称各不相同。

词汇对比在汉日语言对比研究中最容易引起人们的兴趣，因为汉语和日语在这方面的对应性最强，可比内容非常丰富。田岛毓堂于1999年把词汇的整体作为研究对象，认为仅从词汇构造的角度考察词汇有一定的局限性，词汇不仅是一种量的存在，也是意义的存在，对词汇也应该从意义的角度分析，通过给每一个词定位，并赋予其数值符号，然后再对这些数值加以统计，从而凸显该组词汇在不同意义领域的构造特点。王春2004年运用田岛毓堂的"比较词汇论"理论，对汉日两种语言的词汇做了对比研究，将对汉语的调查范围设定在了汉语的语素上。结果发现，在意义分类中，日语所表示的具体概念及与自然密切相关的植物、光线、味觉、天文现象等意义领域的词十分丰富。尤其突出的是表现雨的词汇，日本是个多雨的国家，年平均降水量超过1600毫米，全国大多数地区每年都经历漫长的梅雨季节，多雨的自然环境，诞生了名目繁多、细分化的雨类词汇。

梅雨（梅雨）　　　　　　　　　　五月雨（梅雨的雅称）
菜種梅雨（油菜花开时的连天雨）　冰雨（秋天下的凉雨）
春雨（春雨）　　　　　　　　　　時雨（秋冬之交下的阵雨）
夕立（夏日傍晚下的阵雨）　　　　通り雨（过云雨）
霧雨（蒙蒙细雨）　　　　　　　　小糠雨（牛毛细雨）
天気雨（太阳雨）　　　　　　　　狐の嫁入り（太阳雨的俗称）
にわか雨（骤雨）　　　　　　　　集中豪雨（集中性暴雨）
秋雨前線（秋雨锋）　　　　　　　涙雨（极小的雨）

汉语词汇中，表示抽象概念意义领域中的词极为丰富，如"阶级、语言、创作、本体、关系"等。

（一）汉语词汇构成因素

汉语在词汇构成上有以下特点。

第一，语素绝大部分是单音节，单独使用时就是词，不单独使用时则成为构词成分。如"月"和"亮"既是两个语素，又是两个词，二者合起来也是一个词。

第二，构词法与句法基本一致，这主要是由于汉语缺乏形态变化，词根复合是新词产生的主要方法。因此，很多复音节词是由古代单音节词发展而来的，如："桌—桌子、凳—凳子"。

第三，汉语复音节词绝大部分是合成词，但有一部分是双音单纯词，主要表现为叠音词和联绵词。叠音词是重复同一个音节所构成的词，如"绿油油""平平安安""团团转"等；联绵词是指两个音节连缀成义而不能拆开的词，如"徘徊""倜傥"等。叠音词和联绵词有一个共同的特点：词中的单字不表示任何意义，只起到记录音节的作用。重叠或两个字合起来后的两个音节表示一个具体词义。

第四，汉语中有一大批外来词（包括少数民族词语）。如"匈奴（huna）""佛（buddha）"

等古代的音译外来词;"雪茄(cigar)""加仑(gallon)"等现代的音译外来词。汉语中的外来词主要有三种情况:一是纯音译,如上例;二是半音半义,如"吉普车(jeep)""啤酒(beer)"等;三是纯意译,如"科学(science)""电话(telephone)"等。

第五,汉语的词汇有双音节化趋势,单音节词常常扩充为双音节,多音节词语往往被压缩成双音节,如:"车—车子""月—月亮""高级中学—高中""电视大学—电大"等。

第六,汉语中有大量四字成语,就其语言结构单位来说,多属于短语,就其造句功能来说,相当于一个词。

(二)日语词汇构成因素

日语在词汇构成上有以下特点。

第一,根据语素在构词中的作用,一般将其分成三种:词根(語基)、词缀(接辞)、词尾(語尾)。词根是一个单词中担负核心意思的单位,一个词至少包括一个词根,词根有时也可以独立构词。所以词根还分自由词根(自立語基)和黏着词根(総合専用語基)。前者如「春」「風」可以单独构词,后者如「男女」中的「男」「女」则不能单独成词,只能附加词缀或同其他词根结合成词,如与另一个词根「性」结合成「男性」「女性」。词缀(接辞)又分前缀(接頭辞)和后缀(接尾辞)。词缀不能单独成词,必须同词根一起参与造词,其功能赋予词以形式意义,如「(二日)目」,或赋予其词性,如「(春)めく」。词尾是附在词根或后缀之后只表示语法意义的语素,属于词的形态变化部分,如「(高)い」中的「い」。

第二,由于日语音位少,从而导致同音异义词较多。在日语中,像「足」「脚」「葦」「悪し」这样的同音词很多,尤其在日语汉语词中居多,且在音节上以三拍词和四拍词居多。如读作「かん」的字有「刊、完、官、寒、間、幹、感」等,读音为「きこう」的词有「気候」「機構」「寄稿」「紀行」「帰航」等。

吴侃(1999)指出,日语和汉语在词汇上的最大不同就是构成因素的不同。首先,日语构成因素多,有汉字、平假名、片假名、罗马字等,而汉语只有汉字。其次,日语除和语词外,外来词占有相当大的比例,比如有来自汉语的汉语词汇(以使用汉字书写为典型特征)、来自西方语言的外来语词汇(以主要使用片假名书写为典型特征)以及部分缩略语词汇(以主要使用罗马字书写为典型特征)。

汉语也有大量外来语,但数量远远少于日语。而且,引入外来语时,原则上都翻译成汉语,音译词比例较小。有一些曾音译引入并使用广泛的外来语,后来也被意译词取代。现在的外来语仍以意译为主,音译为辅,且有相当一部分是音译和意译相结合,呈二形并存的现象,例如:香波—洗发水;紧士裤—牛仔裤等。

可以看出,汉语完全可用汉字来表达外来语,且意译的译词占大多数,而日语则多以音译的方式引进外来词，形成了一套易于引进和接受音译外来词汇的语言体系。

（三）汉日词汇分布的对比

词汇反映社会，也能折射出人们的日常生活。某一方面的词汇多，就说明在该社会中这些事物、概念占有较重要位置，在人们的日常生活中占有较大比例。从已有的各种研究可以看出，汉日词汇的分布状况有所不同，有些原先和语词汇分布较为贫乏的领域已补充了汉语词汇，并且这些汉语词汇已完全融入日语，成为日常语言的一部分。

首先从亲族关系词汇来看，汉日词汇的分布差别较大。古代中国大家族制度带来了表达这一制度、特别是其中的人与人之间的关系的大量词汇。例如：

おじ——伯伯、叔叔、姑父、姨父、舅舅

おば——伯母、叔母、姑姑、姨妈、舅妈、婶婶

いとこ——堂兄、堂弟、堂姐、堂妹、表兄、表弟、表姐、表妹

日语的「おじ」表示"亲属关系中比自己大一辈的、父亲以外的男性"，「おば」表示"亲属关系中比自己大一辈的、母亲以外的女性"，这两个亲属称谓反映了性别差，「いとこ」连性别都不区分。汉语有"兄弟、姊妹"的说法，日语中虽然也有「兄弟、姉妹」，但通常只说「兄弟」。有时为了区别性别而说「男きょうだい、女きょうだい」。日常语言中，称"哥哥"（兄）和"姐夫"（姉婿）均为「兄さん」，称"姐姐"（姉）和"嫂子"（姉嫁）均为「姉、姉さん」。但对配偶父母的称呼，汉语有"公公、婆婆""岳父、岳母"的区别，日语统称为「しゅうと、しゅうとめ」「義理の父親、義理の母親」。面对面称呼时则是一样的："爸爸、妈妈"（お父さん、お母さん）。汉语的"公公、婆婆""岳父、岳母"均以一个词来表达，而日语必须前加「義理の」的词组来表达。「義理の」还可用于「義理の兄、義理の姉」等。由此看来，汉语表示亲族关系的词汇比日语要丰富得多。如果汉语为出发语，日语为目的语，翻译相对简单；反之，则难度较大，须根据上下文找到精准的译词。

例1：我坐在沙发上，翻看着表姐女儿的结婚相册。表姐向我介绍，女婿是上海人，在北京只有一个表叔。

译文：私がソファーに座って、いとこの娘の結婚記念アルバムをめくっていると、いとこが説明しました。娘婿は上海出身で、北京には叔父が一人いるだけである。

例2：年轻时，妯娌俩曾在一个锅里吃饭，后来分开过，现在儿大成人，当上婆婆抱孙子了。

译文：若いころ、二人の相嫁は同じ釜の飯をつっついていた。その後、分家して、それぞれ居を構えるようになって、今では子供たちが大きくなり、しゅうとめになって、孫を抱く身になった。

解说："妯娌"和"连襟"是汉语特有的亲属称谓词，日语中无对应词，只能意译为「相

嫁」「嫁同士」和「相婿」「婿同士」。

再从与海洋有关的词汇来看，汉日词汇的分布差别也十分明显。与亲族关系词汇相反，与海洋有关的词汇是日语比汉语要丰富得多。例如：

磯（いそ）——多石的海岸（汉语"矶"意为水边突出的岩石或石滩）
浦（うら）——波浪平静的海湾（汉语"浦"意为水边或河海处）
江（え）——湾
沖（おき）——离岸较远的海面
潟（かた）——浅滩，被沙洲等几乎完全隔开的海湾
洲（す）——洲
瀬（せ）——浅滩
瀬（せ）——狭窄的海峡
渚（なぎさ）——海边、水边（汉语"渚"意为水中间的小块陆地）
灘（なだ）——波涛汹涌的海域
浜（はま）——海滨
汀（みぎわ）——海边、水边（汉语"汀"意为水边的平地）
岬（みさき）——岬角、海角（汉语"岬"意为两山之间）
湾（わん）——海湾

从以上这些词的日汉对比可以看出，汉语的译词大多是解释说明性的文字，很难找到与日语完全一致的对译词，且这些日语词汇绝大部分是和语词汇。与海洋有关的词还有海产类词汇，特别是表示鱼的名称的词汇，日语中鱼的名称几乎都是和语，汉语词汇的传入对其补充并不大。日语中鱼的名称词汇举不胜举，远远超过了汉语。这与日本作为岛国的地理环境是分不开的。日本人自古食鱼，早在3世纪的《三国志》就有"滨山海居……好捕鱼鳆，水无深浅，皆沉没取之"的记载。中国虽然海岸线很长，岛屿也不少，然而因国土辽阔，大部分人生活在远离大海的地区，从整体上看，中国人的日常生活中"海"所占的比重与日本相比要小得多。这种自然条件导致了汉语中与海洋有关的词相对日语较少。

三、汉日同形词汇对比

汉日两国虽都使用汉字，但分别植根于中国文化和日本文化之中的同形词却未必完全相同。随着时代的变迁和推移，其词义的内涵和外延、词的性质和用法等方面都发生了很大变化。在汉日词汇对比研究中，同形词最为热门，因为同形词在中国人学日语以及日本人学汉语的过程中所起的迁移作用最大。

外语言对比与翻译

同形词的定义及范围定界问题，一直是学界关注的焦点。大河内康宪[①]认为中日同形词必须是从属于"漢語"的范畴，并将中日同形词范围限定为主要指明治以后开始频繁、大量地使用的「漢語」。但潘钧指出，应该将那些本属"和語"，但如果将送假名等因素抛开不计的话，其字形（汉字）与汉语中的某个词构成同形对应关系的词也应纳入同形词考察范围，例如：「取（り）締（ま）り」「手続（き）」等。并且，此类词在词源上往往具有借用、同源的关系。潘钧认为，汉日同形词绝非迟至明治时期才出现，中日语言接触至晚可上溯至6世纪；平安、中世、江户是日语摄取汉语、形成同形词的三个重要时期，不容忽视。[②]

荒川清秀早在1979年指出：认定汉日同形词的根本标准应当是"视觉上的同一性"，不应将其只限定在音读「漢語」范围内。因此我们可以说，对同形词的界定应宽泛一些，只要是中日双方认为"长相"一样或基本一样的词，都应该视为同形词，都应该纳入汉日同形词考察范围内。

潘钧以为在判定同形词时应该依据以下三个必要条件：①标记为相同的汉字（繁简字体差别及送假名、形容动词词尾等非汉字因素均忽略不计）；②具有共同的出处和历史上的关联；③现在中日两国语言中都在使用的词。其中以双音节词（二字音语）为最多，另有三音节词、四音节词等。需要强调的是，中日同形词研究应立足于为中日两国语言的教学、对译服务，因此从根本上讲应将其限定为共时性研究。为此，须将汉日同形词研究与汉日借词研究严格区别开来。此外，须作补充的是，另有一类词，虽然不符合上列条件②，即不具有借用、同源关系，但由偶然的因素导致中日双方二者词形相同，即所谓的"殊途同归"型的词。尽管这类词数量极有限，但假如本着上述立场似乎也应列入同形词考察范围里，姑且可算作"破格"，例如，「手紙」「洋行」等。

从开始的汉字单方传入到日本形成汉语词，到后来特别是近代中国从日本引入部分汉语词，可以说中日两国的语言交流既有互为渊源的历史因素，又有一个复杂的交叉过程。而且这一过程并未结束，现在仍有大量的词语被引进或输出。[③]一般来说，这些同形词中绝大部分都是汉语词，但也有像「立场、手続」等和语词。尽管字体不同，但由于中日双方均使用汉字，因此将一些和语词看作同形词也不无道理。

1868年日本明治维新之前，中日两国的文化交流一直是"汉学东渐"，但到了20世纪，中日文化交流关系发生了逆转，主要表现为中国由语言文化输出国转向了输入国，西方

---

① 「同形語とは双方同じ漢字で表記される語」といってみてもこれらを同形語に数えることはあまり意味がない。日本語で使っている漢字は同じ意味の文字をあてたということにすぎないのであって、本来どこかで双方が関連のあった単語という痕跡はない。まったく表記における借用ということにすぎないのである。

② 潘钧. 中日同形词词义差异原因浅析[J]. 日语学习与研究, 1995 (3).

③ 彭广陆. 汉语新词中的日源词——以《现代汉语词典》（2002年增补本）为考察对象[M]//北京师范大学日文系. 日语教育与日本学研究论丛（第一辑）. 北京：民族出版社，2003.

先进文化的引进主要是通过日本来输入。在此背景下,大量的表达西方近现代科学思想文化的日本汉语词汇融入中国,极大地丰富了汉语的表现力。中国第一次从日本大规模地引进和吸收日本汉语词是在清末民初二三十年间,遍及哲学、自然科学、人文社会科学等各个领域,如:"政府""革命"等政治词汇,"宪法""审判"等法律词汇,"破产""金融"等经济词汇,"心理学""物理学"等学科名称,"电子""电波"等自然科学词汇,"漫画""交响乐"等文学艺术词汇,"基督教""抽象"等宗教、哲学词汇等。这些词汇对汉语从单音字的古汉语、近代汉语向复音词占绝对优势的现代汉语的过渡和转型,对语言表达的丰富、精确和语言面貌的焕然一新,均起到了重要作用。

中国引进日本汉语词的第二次高潮出现在20世纪的后二十年,即1978年缔结《中日和平友好条约》以后。这一时期,随着改革开放的不断深入,中日在文化、经贸上的往来逐渐升温。像"物语""写真""卡拉OK""料理""寿司""低迷""人气""通勤""安乐死""过劳死""新干线""水族馆""人工授精""大气污染"等日语词汇,再一次引入中国。但与第一次高潮相比,其影响是局部的、个别的。这种古代中国向日本的文化输出和近现代日本向中国的文化输入,即一往一来的文化碰撞和词汇交融,使得中日两国间产生出很多共同的元素。如今,中日两国之间人员往来的日益频繁和传媒的迅猛发展,为中日两国的互通有无创造了极为有利的条件。

同形汉字词历来是翻译中的盲点和难点,之所以说它是盲点,是因为它和汉语同形,中国人有"同文同种"之感,似乎可以照搬照用,无须多加考虑。说它是难点,则正因为我们的"轻敌",反而"平白无故"地给自己找来许多剪不断理还乱的麻烦。其实,同形汉字词虽然有时像既方便又省时省事的"快餐",但更多的时候却无异于"陷阱",会给译文留下隐患或重创。试举几例:

例1:清は今に返すだろうなどと、苟めにもおれの懐中をあてにしていない。おれも今に返そうなどと他人がましい義理立てはしない積だ。こっちがこんな心配をすればする程清の心を疑ぐる様なもので、清の美しい心にけちを付けると同じ事になる。返さないのは清を踏みつけるのじゃない、清をおれの片破れと思うからだ。

——『坊っちゃん』

译文1:阿清也不会老记挂着这件事,时刻揣摩我的心思:"快还了,快还了。"我呢,也不打算马上还她,使她觉得像对待外人一般。如果我老惦记着这件事儿,那就等于怀疑阿清的一片诚心,给她纯洁的心灵涂上污点。我不还钱并不是想欺负她,而是把她当作自己的亲人一般看待。

——《哥儿》

译文2:清婆从来也没想过不久俺就要还她,她压根儿也没有算计过俺的钱袋。俺也决不想像对待外人似的,对她搞什么客气。如果俺这里越是把这件事儿放在心上,那就等于不相信清婆的真心,等于玷污了清婆的美意。俺不还她,并不是瞧不起清婆,而是因为把清婆看成是自己人。

——《哥儿》

译文3：阿清婆根本不会盯着我的钱包，想着"他快还了吧"之类的事；我也不想做"把钱还给她吧"那种账目清楚的见外事。如果我有这种担心，便是怀疑了阿清婆的一片好心，等于玷污了阿清婆美好的心灵。不还钱决不是欺侮阿清婆，而是把阿清婆看作我的骨肉。

——《少爷》

解说：中国的"义理"强调的是君臣主从间的人伦，因此带有"普遍主义""个别主义"这一双重性。日本的义理观念是在近世初期，由日本风俗和宋学的"义"相结合而产生的。在日本形成的"义理"概念因与"人情"概念紧密结合而失去了其原来具有的普遍主义的一面，成了"对谁的义理"这样一种个别主义性格的社会规范。这三段名家译文都没有将「義理」直接译出，而是根据上下文做出了解释。译文1略去了"义理"，也没进行补充说明，只是简单地处理为"对待他人一般"。这样一来相比原文，与"阿清"的关系就淡得多。译文2译出"决不想像对待外人似的"，还补充了一句原文所没有的"对她搞什么客气"，这样就确定了二人之间的关系，本来不是一家人，但相处得跟一家人一样，家人之间不需要客气。此译法既拉近了两人之间的关系，也较好地阐释了"义理"的含义。译文3则解释得更为清楚"账目清楚的见外事"，重点在"见外"一词，日本社会本来就有内外上下之别，家内和家外是两个不同概念。"见外"一词可以说准确地传达了这种社会关系，同时也拉近了两人的关系。如此一来，译文3就做到了没有加译便达到译文2的效果，可谓比译文2要更胜一筹。

例2：他们俩<u>离散</u>七年后决定回北京结为夫妻。

译文1：彼らは<u>離散</u>後七年で北京に戻って夫婦になることを決めた。

译文2：彼らは<u>別れ別れになった</u>後七年で北京に戻って夫婦になることを決めた。

例3：我又来到了<u>离别</u>两年多的北京。

译文1：私は二年余り<u>離別</u>していた北京にまたやって来た。

译文2：私は二年余り<u>離れていた</u>北京にまたやって来た。

例4：我<u>告别</u>了儿子，告别了生我养我的故乡。

译文1：私は息子と<u>告別</u>し、私を生み育てた故郷を<u>告別</u>した。

译文2：私は息子と<u>別れを告げ</u>、私を生み育てた故郷に<u>別れを告げた</u>。

解说：与"分离"相关的动词"离散、离别、告别"中的"离散"，在汉语中有因外部原因而分离的语感，但没有时间长短的限制。而在日语中，两个人的"分离"不能使用「離散（りさん）」。日语的「離別（りべつ）」在只"分离了两年多"的情况下也是不能使用的。「告別（こくべつ）」在日语中则多表示"永久的别离"。这大概是因为日语中的汉语所带有的高格调和厚重之感使之具有了与日常性的"分离"不同的唤情价值。也可以说，日语中的很多汉语词都具有夸张性的唤情价值。

除了与"分离"有关的词以外，与"住宿"相关的中日同形词在时间长短上的偏差也是显而易见的。

例5：我出差有时在朋友家<u>寄宿</u>。

译文1：私は出張の折、友人の家に<u>寄宿</u>することがある。

译文2：私は出張の折、友人の家に<u>宿泊</u>することがある。

例6：她今晚只能跟我<u>住</u>在一起了。

译文1：彼女は今晩私と一緒に<u>住む</u>より仕方なくなった。

译文2：彼女は今晩私と一緒に<u>泊まる</u>より仕方なくなった。

解说：日语中的汉语词汇「寄宿（きしゅく）」在时间上要求是相当长期的；「住（す）む」虽是日语中原来就有的词即和语词汇，但在时间上同样要求是相当长期的。汉语的"住"，既可用于长期在某地生活，也可以用于短期在宾馆住宿等。

由此可见，在日语中时间的长短非常重要，有时甚至可能改变事物的本质。例如，"旅日侨胞"指住在日本的华侨。"旅"是指"去他乡生活"，在汉语中没有时间长短的问题。另外，减肥前的体重，汉语可说成"原始体重"，但是日语的「原始（げんし）」则有强烈的追溯到远古时代之感，不会指几个月前的事情。再如，汉语方言中用"初头"指"年、月"的起初的一段时间，但在日语中使用「初頭（しょとう）」，放在年月后，如「九月初頭」并不自然。而说成「九月の初め」「九月の頭」才是自然的。日语中的「初頭」适用于「二十世紀の初頭」这种更广大的时间叙事。

像这种时间范围的变化，许多汉语在日语中被赋予了"严肃夸张"的特点。再如下例：

例7：他也<u>加入</u>了谈话。

译文1：彼も談話に<u>加入</u>した。

译文2：彼も談話に<u>変わった</u>。

解说：日语中「加入」不适用于"谈话"这种时间比较短暂的事，汉语则没有这种区别。同样，汉语的"安静"也可以用于短时间的事，如"安静几分钟"。也是说日语的"加入"与"安静"除了有较长的时间要求外，"加入"的对象限于"组织、团队、保险"等事物，而"安静"则通常主语只限于"病人"，即二者的对象与主体都是特定的。

由此可见，无论是日译汉还是汉译日，都会因为对同形词的认知方式而引起偏误，需要学习者、翻译者谨慎对待。在瞿东娜、王秋生、沈国威等学者的研究基础上，潘钧提出，造成汉日同形词词义差异的原因主要是"历时原因"和"共时原因"两大类：一是由于词义本身发生变化导致词义分歧；二是由于词义变化以外的因素导致词义分歧。前者还可以细分为：①词义的比喻性转用和俗用性转用（如"市场""暖流""死角""细胞""对象"等）；②借用导致词义的特定化（如"前线""道具"等）；③词义分化及借用时间上的先后差异致词义发生变化（如"敷衍"等）；④社会生活的变迁对词义的影响（如"检讨"等）。后者可以细分为：①词的构成不同导致歧义（如"入选""激动"等）；②古代汉语词义还保留在一国的词语里（如"颜色""妻子""分配"等）；③读音不同词义也随之改变（如"高潮""作物""大家""恶女"等）；④同音汉字的转写导致歧义（如"谅解""了解"等）；⑤语素意义不同导致歧义（如"老婆""洋行"等）；⑥国情、制度、文化、社会诸背景不同导致词义不同（如"正月""警官"等）；⑦字训（字义）不同导致歧义（如"快走"等）。

从宏观角度看，得益于中日两千多年的交流史，汉日同形词大同小异，同多于异。但汉日语毕竟属于两种不同语系，构词及语法体系各不相同，必然产生差异。处理汉日同形词，仅从词义到词义是不够的，应兼顾共时和历时，共时比较揭示差异，历时比较揭示差异背后的原因并进一步验证差异，加强这方面的研究，对汉日词汇对比研究与翻译一定会起到积极的促进作用。

第四节　汉语与日语句式对比与翻译

我们在了解了汉日词汇与翻译的种种关系之后，还须研究句式。如果说词汇是翻译大厦的一砖一瓦，那么，句子则是这座大厦的钢架结构。词汇所承载的信息，若不根据一定的语言规则排列组合成完整的句子，那它所能传递的信息量就极为有限。如果对外语词汇完全直译而不考虑语言的句法层面，即使相应的每一个译词都是正确的，也不可能成为优秀的译文。本节，我们对比汉日句式异同，提供行之有效的句式分析方法，解决翻译实践中经常碰到的问题。

一、汉日基本句式异同

汉语和日语分属于孤立语、黏着语，这两个语言体系，前文已有叙述。本节仅就两者基本句式的主要异同做简要介绍。

首先，从总体上来说，"汉语语法可以说是一种意合语法，即词语间的组合以达意为标准，对词的形式、顺序没有太多特别的要求"。日语虽然对词的顺序没有严格要求，甚至可以说各句子成分的位置有时十分自由，看似接近汉语语法特征，但是日语语法通过特殊的助词来表示词与词的相互关系。

其次，"S+V+O"是汉语最重要的句子结构，日语是"S+O+V"。尽管汉日语的基本语序不同，动词的否定标志位置也不同，但在"所有格与名词""指示词与名词""副词与动词""副词与形容词""疑问句标志""疑问句倒装""假定表达与主句"等层面，汉日语之间颇有相似之处。另外，汉语的语序与思维的次序合拍，在这一点上，日语与汉语也基本一致。例如：

我回来后给你打电话。

帰ってから電話します。

再次，汉语里"大量的词类活用以及没有形态变化，这一特征使汉语不可能建立起动词为中心的句子结构。动词无形态限制，又可按自然进程铺排"，由此汉语的一个句子里常常会出现多个动词。在这一层面，日语动词的使用情况可以说和汉语十分接近。

最后，从句子结构的膨胀方式来看，汉语和日语句子都是句首开放。例如：

项链不见了。

金项链不见了。

上星期买的金项链不见了。

我姐姐上星期买的金项链不见了。

花が好きです。

白い花が好きです。

あの白い花が好きです。

友達からもらったあの白い花が好きです。

以上几条抽象的总结有助于我们对汉、日两种语言的句法特征有所了解。换个角度来说，既然汉日句式有以上诸多异同点，如果我们可以对其中几种典型的句式做具体总结并运用于日汉翻译实践，相信会减少翻译硬伤的数量，提高译文质量。下面就从长修饰语（定语）、省略以及双重否定等方面来具体分析中日的句式特点。

（一）长修饰语

例1：梢の葉がさらさらと音を立て、遠くの方で犬の鳴く声が聞こえた。<u>まるで別の世界の入口から聞こえてくるような小さくかすんだ鳴き声だった。</u>その他にはどんな物音もなかった。どんな物音も我々の耳には届かなかった。誰一人ともすれ違わなかった。<u>まっ赤な鳥が二羽草原の中から何かに怯えたようにとびあがって雑木林の方に飛んでいく</u>のを見かけただけだった。歩きながら直子は僕に井戸の話をしてくれた。

——『ノルウェーの森』

译文1：树梢上的叶片簌簌低语，狗的吠声由远而近，若有若无，细微得如同从另一个世界的入口处传来似的。此外便万籁俱寂了。耳畔不闻任何声响，身边没有任何人擦过。只见两只火团样的小鸟，受惊似的从草丛中骤然腾起，朝杂木林方向飞去。直子一边移动步履，一边向我讲水井的故事。

——《挪威的森林》

译文2：树梢的叶子发出沙啦沙啦的声响，远方传来狗吠的声音。简直像从别的世界的入口传来似的微小而模糊的叫声。除此之外没有任何声音。任何声音都没传进我们耳里，迎面没有遇到任何人。只看见两只鲜红的鸟像害怕什么似地从草原里飞起来，往杂木林的方向飞去。一面走着，直子一面告诉我关于井的事。

——《挪威的森林》

解说：先看译文1。第一个画线处，原文分为两句，由于原文后一句是对前句"狗吠声"的进一步描写，所以译文没有严格按照原文断句，而是将两句合并，这样一来，上下文衔接更为紧凑。"若有若无""细微""如同从另一个世界的入口处传来似的"，在原文中都是"狗吠声"前的长修饰语的一部分，译文中，前两者单独提前，与"由远而近"并排放在一起，对"狗吠声"进行补充说明，从而避免了"狗吠声"前修饰语过长的问题，更符合汉语的表达习惯。译文未按原文表层结构译出，原意却没有丝毫削减，反而添增了一股韵味。

再看第二个画线处，原文「見かけただけ」译为"只见"提到句首，使译文前后更为连贯。原文一句，译文也是一句，但被分为三个部分，层次立显，节奏感强。且中间一部分，「とびあがる」译成"骤然腾起"，一个"腾"字描绘出了鸟儿的惊慌失措和敏捷迅速，与「何かに怯えたように」形成了很好的对应。整体来看，译文通过调整句式，将原文中的音、形、色形象地展现在读者面前。

再看译文2，按原文句式译出，存在明显的长修饰语问题，如第二句"叫声"的定语——"简直像从别的世界的入口传来似的微小而模糊的"，共21个字，导致语气迟滞，读起来显得拖泥带水，原文的氛围很难传达出来。

从以上例文可以看出，日语句子有一个特点，就是修饰成分一定要放在被修饰语的前面，结果造成修饰成分集中重叠的现象。但是主语、谓语、宾语之间的线性距离短是汉语的特点，过度拉长的定语会使汉语句子主干成分之间的距离过长而变得不好处理。有学者认为长定语不是汉语发展的方向。也就是说，这两种语言各自的特点决定了我们在翻译时要遵循这样一个原则，即日语的主干部分"均可接受各种形式的连体修饰从而使自己膨胀，而规则是修饰成分在前，被说明、被修饰的主干词居后；而在汉语句子里被修饰的主干词不管充当的是主语还是宾语抑或谓语均可作为话题置前，而其说明、叙述部分则置后"。

（二）省略

日语一方面允许出现冗长的修饰成分，另一方面，省略现象也几乎是随处可见。尽管在有些情况下日语的谓语动词可以借助助词、副词、接续助词等的呼应而略去，但与此相比更为显著的省略现象恐怕要数主语省略了。日语的人称代词尽管数量众多，但在使用频率上并不高。敬语的存在、一个主语可以管多个句子的语法特征、表示"接受、给予"的动词及补助动词的存在等都是主语频繁省略得以实现的重要条件。而汉语的主语省略也"相当灵活、广泛，只要是能明确表达出意思，不管是正式还是非正式文体中都可省略主语"。

例2：お母さんとか親しい友達とかそういう嘘をついたら直ぐばれちゃうような相手にはあまり嘘はつかないし、そうしなくちゃいけないときには細心の注意を払って嘘をつくの。決してばれないような嘘をね。そしてもしばれちゃうようなことがあったら、あのきれいな目からぽろぽろ涙をこぼして言い訳するか謝るかするのよ、すがりつくような声でね。すると誰もそれ以上怒れなくなっちゃうの。

——『ノルウェーの森』

译文：在母亲或亲朋故友等容易识别其谎言的对手面前，她不大扯谎，非扯谎不可的时候也认真考虑再三，绝对不至于让对方发觉。而万一被发觉了，她便从那美丽的眼睛里一个接一个地挤出眼泪，或解释或道歉，用那小鸟依人般的声音。这一来，谁都不好再发火了。

——《挪威的森林》

解说：原文全篇没有出现主语"她"，指代的对象被省略了。根据上下文语境，可知是围绕一个人展开描写。搞清楚了主语，补全了主语"她"，翻译问题就迎刃而解了。

例3：途中で一度受付の女性が「もう少しで見えますから」と僕に声をかけた。<u>僕は肯いた</u>。まったくなんて静かなところなんだろうと<u>僕は思った</u>。あたりには何の物音もない。なんだかまるで午睡の時間みたいだなと<u>僕は思った</u>。人も動物も虫も草木も、何もかもがぐっすりと眠りこんでしまったみたいに静かな午後だった。

——『ノルウェーの森』

译文1：这当中，那位负责接待的女郎对我说了一次"一会就来"。我点点头，心想这地方真是静得出奇。四周没有任何声息，恍若午睡时间——人、动物，以及昆虫草木统统酣然大睡，好一个万籁俱寂的下午。

——《挪威的森林》

译文2：其间有一次服务台的女子对我招呼道："一会儿就来了。"我点点头。真是好安静的地方，我想。周围没有一点声音。像是午睡时间一样，我想。好像人、动物、昆虫和草木，一切的一切都沉沉睡着似的安静的下午。

——《挪威的森林》

解说：先看译文1。这段话的翻译，句式处理比较有特点。原文下画线处，一共五句，出现了三次「僕は」，两次「僕は思った」，译文根据句意对原文句子结构进行调整，重新整合为两句，仅译出了一个"我"，作为主语放在译文第二句句首，统括后文"我"所有的动作和心理。原文后四句都是描写"静"，译者用一个"心想"概括后续所有内容，先指明"这地方真是静得出奇"，再另起一句对"静"做进一步描写。原文后两句都是在谈"午睡"，因而译者将"恍若午睡时间"提前，用破折号引出后文的"人、动物，以及昆虫草木统统酣然大睡，好一个万籁俱寂的下午"。破折号的使用，在句式上是对"午睡时间"的解释说明,客观上强调了午后的寂静。译文最后一句,"统统"起强调作用,"酣然大睡""万籁俱寂"两个成语的连用,加强了语气,再加上"好一个",一个安静祥和的世外桃源的下午呈现在读者面前。译文这样处理,虽然与原文结构有些许出入,但从整体上保证了语意的连贯,环境描写和心理描写融为一体,画面立体形象,更好地传达出了原文之意。

再看译文 2,虽然在句式上与原文一一对应,标点都与原文一模一样。然而短短的一段话中,频繁出现"我""我想",句子被人为切断,语气不连贯,原文中静谧的氛围也就很难体会得到了。

(三) 双重否定

再来看一下双重否定表达方式的问题。日本人在人际交往中比较喜欢回避直接的表达方式,希望能给双方的谈话留一点回旋的余地,因此比起肯定句和祈使句来,他们似乎更喜欢用双重否定(包括"否定 + 疑问"的情况)来表达肯定的意愿或态度。有时候为了达到委婉暧昧的效果,还要在句末加个推测语气助词,这就使得意思更加模糊。这个特点在沟通讲求直接、表达力求清晰明确的汉语中相对较少,也因为这样,汉语中的肯定表达到了日语里往往可以变成双重否定,而双重否定的日语句式翻译成汉语时往往也可以改用肯定句式。下面例文中画线的日语句子都是双重否定句。由于译者理解不当,译文产生了或多或少的偏差,有的甚至与原文完全相反,值得我们借鉴和反思。

例 4:あまりにも穏かなのでときどきここが本当のまともな世界<u>なんじゃないか</u>という気がするくらいです。でも、もちろんそうではありません。

——『ノルウェーの森』

译文:由于过于悠闲了,有时我甚至怀疑这不是活生生的现实世界,当然实际并非如此。

——《挪威的森林》

解说:原文「なんじゃないか」意为"不是吗?",也即是"是"。肯定误译成了否定。笔者试译为:"由于过于悠闲了,我有时甚至会怀疑这里才是活生生的现实世界。但是,当然不是。"

二、汉日句式与翻译

缩扩句法和后推法,主要用于对日语句式结构的理解和把握,保证原文的准确传达。

(一) 缩扩句法

缩扩句法在原文句法结构分析中,首先是"缩",之后才是"扩",重点在于抓住原文的主干,分清主干与枝蔓之间的关系,理清全句的主次关系。

例1：しかし作家達の道は平坦ではなかった。作家達の前には、世界にもまれな専制国家、絶対主義天皇制が立ちはだかり、天皇制への絶対服従を強制し、人々の自由な思想は抑圧されていた。<u>啄木は、それを「時代閉塞の現状」と論評したが、この天皇制を支える前近代的な思想、宗教、道徳、半封建的な小作制度や家族制度と補強しあいながら、新しい思想の前進をはばみ</u>、そのために一たび目覚めた近代的な自我は、苦悩し屈折し、苦闘せざるを得なかった。

——『近代作家入門』

分析：这段话最难之处在下画线处。主干是「啄木は、…と論評したが、…を支える…と補強しあいながら、…をはばみ…」。逐步扩充是：

①前近代的な思想、宗教、道徳、半封建的な小作制度や家族制度がこの天皇制を支える。

②この天皇制と前近代的な思想、宗教、道徳、半封建的な小作制度や家族制度が補強しあいながら。

③この天皇制と前近代的な思想、宗教、道徳、半封建的な小作制度や家族制度が新しい思想の前進を阻み。

这三层意思缺一不可，否则就遗漏了信息。在翻译课堂教学中，学生容易将三者关系译为"陈腐的旧思想、旧宗教、旧道德以及半封建的佃农制和家族制支撑着天皇制，它们互相补充，阻碍新思想的前进"。如此一来，就会导致误译："它们互相补充"的"它们"指代不明，既可以理解为"天皇制"与"陈腐的旧思想、旧宗教、旧道德以及半封建的佃农制和家族制"互相补充，也可以理解为"陈腐的旧思想、旧宗教、旧道德以及半封建的佃农制和家族制"之间的互相补充。按原文，应该是包含着"天皇制"，并与"天皇制"一起阻碍新思想的发展。如若直译为汉语，是"陈腐的旧思想、旧宗教、旧道德以及半封建的佃农制和家族制支撑着天皇制，并与天皇制互相补强，阻碍着新思想的发展"。

参考译文：然而，作家们前进的道路并不平坦。在他们面前，横陈着世间罕见的专制政权和独裁主义的天皇制。它压制人们的思想自由，强迫人们对天皇绝对效忠。石川啄木斥之为"窒息时代的社会"。陈腐的旧思想、旧宗教、旧道德以及半封建的佃农制和家族制是天皇制的有力支柱，它们与天皇制互为一体，阻碍着新思想的发展。因此具有近代思想的人们一旦觉醒，必然将在痛苦与磨难中竭力抗争。

例2：友情がこのように人生において最も大切なものであり、すべての人間関係を成り立たせる基礎的なものであるのは、それが最も人間的な関係、本能的な欲望や打算的な利害に動かされることの最も少ない関係だからであり、心と心との親密なふれあい、言葉では言い表せない深い共感、他の物を目的にしない純粋な信頼の気持ちだからです。

——『友情について』

分析：这段话的主干是：「…ものであるのは、…関係、…関係だからであり、…ふれあい、…共感、…信頼の気持ちだからです」。

①友情がこのように人生において最も大切なものであり、すべての人間関係を成り立たせる基礎的なものである。
②最も / 人間的な関係。
③本能的な欲望や打算的な利害に動かされることの / 最も少ない関係。
④心と心との親密なふれあい。
⑤言葉では言い表せない / 深い共感。
⑥他の物を目的にしない / 純粋な信頼の気持ち。

这段话看起来复杂，如果找准主干，结构其实比较简单，可以直译为"之所以……是因为……"。需要做的是把一个个修饰语和被修饰语合在一起，用地道的汉语将原意传达出来。

参考译文：友谊之所以如此这般在人生中最为重要，是建立一切人际关系的基础，是因为它是最本真的人际关系，最不受本能欲望和利害关系的驱使；是心与心的亲密接触，是无法用言语表述的深深共鸣；是没有其他目的、相互信赖的纯真情感。

（二）后推法

后推法是从日语谓语位于句尾这一特点出发进行句法分析的方法，从句末一步步往前推，以谓语为龙头去梳理句子的整体结构。

例3：何日かつづいたやわらかな雨に夏のあいだのほこりをすっかり洗い流された山肌は深く鮮やかな青みをたたえ、十月の風はすすきの穂をあちこちで揺らせ、細長い雲が凍りつくような青い天頂にぴたりとはりついていた。

——『ノルウェーの森』

分析：这段话是风景描写，最复杂的是下画线的第一句，后面两句结构比较简单，「すすきの穂を揺らせ」「雲が天頂にはりついていた」。第一句复杂在修饰语长，且使用了被动态，一时难以理清其中的脉络，如果用后推法可以分解如下。
①谓语是「たたえる」。
②宾语是「青み」，宾语修饰成分是「深く鮮やかな」。
③主语是「山肌」，「何日かつづいたやわらかな雨に夏のあいだのほこりをすっかり洗い流された」整体是主语的修饰语。
④「何日かつづいたやわらかな雨に夏のあいだのほこりをすっかり洗い流された」里同样有主谓宾，主语是「雨」，谓语是「洗い流す」，「洗い流された」是它的被动态，宾语是「ほこり」。
⑤「何日かつづいたやわらかな」是「雨」的修饰语。

⑥副词「すっかり」修饰动词「洗い流された」。

译文1：连日温馨的霏霏轻雨，将夏日的尘埃冲洗无余。片片山坡叠青泻翠，抽穗的芒草在10月金风的吹拂下蜿蜒起伏，逶迤的薄云仿佛冻僵似的紧贴着湛蓝的天壁。

——《挪威的森林》

译文2：在夏天里积满灰尘的山林表面已经被连日轻柔的雨冲洗干净，满是苍翠的碧绿，四下的芒花在十月的风中摇曳着，细长的云紧贴着仿佛凝冻起来的蓝色苍穹。

——《挪威的森林》

译文1整体比较有韵味，第一句其实是山坡的定语，但"冲洗无余"后用句号结句，容易造成误读。译文2按原文语序译出，句子较为冗长，不符合汉语的表达习惯。

例4：昔から「早起きは三文の得」といいますが、朝ねぼうの味わいもなかなか捨てがたいもの、「三文の得」なんかどうでもよいから、もうちょっと寝かせておいてくれ、といいたいほうが、むしろ多数派ではないでしょうか。

——『中国の名句・名言』

分析：这段话从后往前推，是名词谓语句，用肯定句式表达，即「むしろ多数派です」。前面都是"多数派"的相关内容，有三项：「朝ねぼうの味わいもなかなか捨てがたい」「「三文の得」なんかどうでもよい」「もうちょっと寝かせておいてくれ」，把这三项按照汉语的句式习惯置后，语义可以得到充分表达。

参考译文：有句老话"早起三分利"，可大多数人都难以割舍懒觉的香甜：无所谓"三分利"了，还是让我多睡会儿吧。

第五节　汉语与日语修辞对比与翻译

人们常说，"语法管言语通不通，逻辑管它对不对，修辞管它好不好"。这基本上说出了人们对修辞的朴素的理解，也大体抓住了修辞的主要方面。

承认修辞的美学功能是中日乃至东西方所共同的，但修辞的目的绝不单纯是为了美，其功能也绝不仅仅是美。在西方的传统认识中，修辞学至少应有两个功能，一个是文学的美的功能，另一个是辩论或雄辩的说服功能。而中国对于修辞的传统认识，其最明显的特色则是将修辞与人格人品联系起来，将言语修辞道德化。大凡中国的修辞学的书都会引用《易传·文言传·乾文言》中的一段话，"子曰：君子进德修业。忠信，所以进德也；修辞立其诚，所以居业也"。意思是说，孔子说了，君子应该注意向德迈进并且好好修业，诚心诚意是向德前进的手段，而好好说话、确立诚意则是为了达到修业并且居业的手段。

当代语言观的变化导致了对修辞的重新认识。新的语言观认为：①语言是文化的象征；②语言自身具有美的机能；③语言是一种模式，而绝不像以前人们认为的那样语言仅仅是一个工具。就是说，语言是制度，是思想，是文化本身。

　　在新的语言观面前，人认识到了自己的无力，自己的能力有限。科学主义不能也不可代替修辞。例如，虽然许许多多的人都吃过梨子和苹果，但若用语言准确说出其滋味的不同，并非易事。这时，人们往往不得不借助其他东西的滋味来表达。于是就使用了"比喻"——这看似人为、实则不得已而为之的修辞手法。人们认识到，修辞还应该是认识和发现，是作为认识和发现的一种方式，是符号表现的形式化。例如：

　　Studies serve for delight, for ornament, and for ability. Their chief use delight is in privateness and retiring; for ornament, is in discourse; and for ability, is in the judgement and disposition of business.

　　日译：学問の役だつものとして、よろこび、飾り、能力がある。よろこびの面の主な効用は、私的生活と自分だけの生活ということである。飾りのためとしては、談話がある。また能力のためには実務の判断力と処理がある。

　　中译：读书足以怡情，足以傅采，足以长才。其怡情也，最见于独处幽居之时；其傅才也，最见于高谈阔论之中；其长才也，最见于处世判事之际。

　　王佐良先生的译文是翻译史上的经典，备受学界和读者赞誉，在学者眼里其审美价值足以和原文媲美。

　　此外，修辞对语言的结构具有解构性特点。解构是修辞的基本特征与普遍现象，所谓解构就是打破，就是解开一种固定的关系或结构，析出一种或多种崭新的意义。语言就其本质来讲，永远是结构与解构的矛盾统一。语言的意义不在于它本身的封闭性与确定性，而在于它的开放性与可变性。修辞活动正是语言实现这种开放性与可变性的一种积极努力。试举村上春树文学作品中的数例：

（1）（绿子）眯细眼睛，那眼神活像眺望对面一百米开外一座行将倒塌报废的房屋。

——《挪威的森林》

（2）就像观看天空裂缝似的盯视我的眼睛。

——《舞！舞！舞！》

（3）男子用兽医观察小猫跌伤的前肢那样的眼神，瞥了一眼我腕上的迪斯尼手表。

——《舞！舞！舞！》

（4）他先看我看了大约五分之一秒，活像在看门口的擦鞋垫。

——《舞！舞！舞！》

（5）她略微撅起嘴唇，注视我的脸，那眼神活像在山丘上观看洪水退后的景象。

——《舞！舞！舞！》

（6）袋鼠以才华枯竭的作曲家般的神情定定看着食料箱里的绿叶。

——《百分之百的女孩》

（7）眼睛内侧的眼珠却如物色特定对象的深海鱼动物一般探我的底。

——《斯普特尼克恋人》

（8）（妻）目不转睛地盯着我的脸，眼神好像正在搜索黎明天幕中光色淡然的星斗。

——《再袭面包店》

以上都是打破常规的说法，标志着修辞对语言具有革命性的意义。

一、汉日修辞的共性

揭侠认为汉日在修辞上的共性有以下几个方面。

第一，重直觉，重感觉。这首先表现在两种语言中表示抽象意义的原始词语相对较少上。就汉语而言，一个抽象的意思，往往要用两个具体的品词来表现，譬如"大小""长短""宽窄"等。日语中固有的抽象词语少，可以从其大量的汉语词以及外来语的类别中得到证明。

第二，言语表达上模糊性的倾向比较明显。关于日语的暧昧性，日本人已经做了很多论述，有人甚至说这是日语和日本文化的个性。其实，汉语也有明显的模糊性。仅就修辞研究来讲，由于中国学术不重逻辑实证，传统修辞研究中分析方法不发达，所建立的范畴就表现出相当程度的模糊性。这种模糊性有两个表现：一是表示范畴的词语意义丰富，没有清晰的界说与明确的界定；二是建立范畴展开与论证。至于暧昧的语言现象，其例证就多得不胜枚举了。

第三，重简洁，多省略。在这一点上，日本一些学者似乎也有误解，很多书中都讲，日语的省略之多世界罕见。揭侠以为这种讲法起码忽略了汉语讲究简洁的风格。简洁是一个表达上的言语问题，指的是语言运用时的一种功能追求。在视觉心理学看来，"简洁""简化"具有两个密不可分的特征：一是成分简少；二是结构简单。陈平原说："中国表意文字创造的艰难，再加上远古文人书写条件的限制，自然形成汉语简洁的表达习惯；汉语没有严格的数、格，少复句，逻辑性不强，故中国人相对长于'醉'的诗而短于'醒'的文；文言文言简意赅，语意含糊，故重意会，重领悟，这促使中国诗人避开'易于穷尽'的'正言直述'，而言比兴，求含蓄。"这话的确道出了汉语运用中简洁含蓄的风格特征。

第四，俗语与比喻的通用。如汉语中的"搞"字，"瞎搞""胡搞"用这个字，"搞工作""搞学问""搞经济""搞革命"还是用这个字，反映了汉民族喜欢形象化思维的特点。与汉语相对应，日语中的「する」也有被广泛运用的特点。再如比喻表达的日常化问题，汉日语也呈现出大致相同的特征。像汉语中的"头痛医头，脚痛医脚""远水解不了近渴""磨刀不误砍柴工"，像日语中的「急がば回れ」「果報は寝て待て」等俯拾皆是的例子，都说明了这一问题。

第五，轻逻辑和分析，重情感和综合。学者李泽厚说："中国哲学和文化一般缺乏严格的推理形式和抽象的理论探索，毋宁更欣赏和满足于模糊笼统的全局性的整体思维和直观把握中，去追求和获得某种非逻辑非纯思辨非形式分析所能得到的真理和领悟。"在西方人眼中，日本属于东方文化圈，其语言也呈现出东方式思维的特点，缺乏逻辑和分析。只是日语表达少了些大气和霸气，多了些灵气和机智罢了。

二、汉日修辞的特点

（一）汉语修辞的特点及文化内涵

第一，循环思想和天人合一的整体把握。中国传统文化中的一个最根本的观念，就是认为天地万物的运动规律是一种周而复始的环周运动；宇宙的根本结构是一种圆道结构。这是中国文化对世界运动与宇宙结构的根本体验与认识，也是汉语修辞观念对修辞活动与修辞结构的根本规范与把握。汉语表达的一个典型结构是"由内向外，再由外回内"的返身而诚的过程。中国人写文章、做报告，往往是首先放眼全球，进而纵谈全国，最后言及本系统、本单位和自身。这种特点的形成与传统文化的影响不无关系。再看中国的诗文，其特征就更加明显。如杜甫的《登岳阳楼》：

昔闻洞庭水，今上岳阳楼。
吴楚东南坼，乾坤日夜浮。
亲朋无一字，老病有孤舟。
戎马关山北，凭轩涕泗流。

杜甫的诗前半首由近说到远，下半首又从远处返归内心，表现出一种从主体自身出发而又回到主体自身的意向思维特征。古人是这样，毛泽东主席的词如《沁园春·长沙》也呈现出这种回环结构：

独立寒秋，湘江北去，橘子洲头。
看万山红遍，层林尽染；漫江碧透，百舸争流。
鹰击长空，鱼翔浅底，万类霜天竞自由。
怅寥廓，问苍茫大地，谁主沉浮？
携来百侣曾游，忆往昔峥嵘岁月稠。
恰同学少年，风华正茂；书生意气，挥斥方遒。
指点江山，激扬文字，粪土当年万户侯。
曾记否，到中流击水，浪遏飞舟？

这种结构在时间感悟中也极为常见。如陈子昂的《登幽州台歌》："前不见古人，后不见来者。念天地之悠悠，独怆然而涕下。"先是由近及远，后又由远及近，进而返回内心。正是在这种远近回环的结构展开中，诗人的沉痛而博大之情溢于言表。

第二，阴阳相对的思想。中国文化认为"一阴一阳谓之道"，大到宇宙，小到人间万物，莫不阴阳相对。汉语修辞也不可避免地体现了这种文化哲学精神。在修辞原则上，注重情与景、虚与实、直与曲、整与散、常与变、长与短的结合，等等；在修辞的表达方式上，对仗句式几乎成了汉语运用的一个典型的句式。对仗的要义在于声律、用词、语义等各个方面，下句必须向上句的对立面返回。此形式在中国民间运用最广泛的是"春联"。如果说到诗人们的对仗手法，就更加讲究了。如杜甫的《九日》，言到"老去悲秋强自宽，兴来今日尽君欢"，对的真是天衣无缝。著名的《木兰辞》简直把这种对仗形式推向了形式主义，说"东市买骏马，西市买鞍鞯，南市买辔头，北市买长鞭"，天下哪里有这样的市场和买主？当然，这首诗追求的是方位对立中的语言张力，要造成一种急促的气氛，并非真的在说什么东西南北。不加注解，直译为外语的话，外国人定会觉得不可思议。

第三，喜爱夸张的修辞习惯。作为修辞格的一种，夸张同比拟、讽喻、示现、倒反、婉转、设问等一样，在任何一种成熟语言中都可以找到其修辞现象。问题在于使用的广泛程度，以及夸张的程度。同日语相比，汉语的夸张气魄宏大，具有排山倒海之势。诸如李白的"白发三千丈""黄河之水天上来""飞流直下三千尺，疑是银河落九天"；柳宗元的"千山鸟飞绝，万径人踪灭"；杜甫的"锦江春色来天地，玉垒浮云变古今"等名句自不待言，就连普通百姓的日常话语也夸张得厉害。像"冷得要死""热得要命""渴死了""饿死了"等说法随处可闻，赌咒发誓爱说什么"天打五雷轰""让我不得好死"等。夸张式的比喻如此强烈、如此普遍，是非极度浪漫的民族所不具有的。

第四，民以食为天的现世观。我们中国人说到什么人没事找事时有很多俏皮话，其中之一是"吃饱撑的"。看来对于我们中国人来讲，自古以来，能吃饱饭一直是一件很不容易的事情，所以应当珍惜，不应该胡乱消耗体力和精力。像日常对话"你吃了没有？"的问候语，以及"富态""发福""美食家"的形容，还有"海吃海喝""坐吃山空"的批评和告诫，实际上包含了一种价值取向和文化信息。就是说，在很多持有"知足者常乐"思想的我国同胞看来，倘能每天吃得不错，又不用担什么心，便是好运气。难怪几十年前林语堂就曾经引用别人的话说："人生但须果腹耳，此外尽属奢靡。"在文学里头，这个意识常转化为田园思想和乐天主义。

第五，喜爱形象化思维。每一种语言中，当然都会有一些独特的意象。一个意象常常就是一个画面，就是一个意境。类似汉语的植物意象——松、竹、梅；动物意象——虎、豹、豺、狼；事物意象——酒、茶、剑；人物意象——张飞、韩信、诸葛亮等，我想任何一种语言中都会有，但是汉语显示出了它的独特性。例如大量的量词，便是说明汉语爱好形象化思维的一个很好的例证。像"一杯""一碗""一把""一次""一张""一条""一面""一块""一架""一片""一口""一具"等，都说明中国人爱根据事物的形状来把握事物。另外，在景点的命名、外来事物（如手机、电脑等）的吸收等方面也都显示了这一特点。

第六，结构独特的表达形式。

（1）"N 的 N"式。如"男子汉的男子汉""散文中的散文"。

（2）"不是 A 的 A"式。如"她是不幸的，怎么会嫁给了一个这样不像男人的男人？"

（3）"N 是 N，M 是 M"式。如"他长得不错，鼻子是鼻子，眼睛是眼睛"。

（4）"N 不是 N，M 不是 M"式。如"原来的团脸胖腮，现在拉得老长老长，一脸的铁青色，眼不是眼，鼻子不是鼻子"。

（5）"比 N 还 N"式。如"比黄世仁还黄世仁"一类的说法。

（6）"除了 N 还是 N"式。如"除了人还是人""除了沙漠还是沙漠"均属于这种例子。这六种表达形式，很难按照原来的结构译为外语。

（二）日语修辞的特点及文化内涵

第一，日语的黏着性特点与日本人的集体意识。日语是黏着语，日本人称作「膠着語（こうちゃくご）」。在句子中，词语之间主要依靠助词以及用言的连用性、连体性等取得联系。一般说来，日语的单词自主性比较小，总是受到上下相连关系的束缚。句子中的单个词语往往摆出一副伸出手来寻求结合的姿态，像是呼唤，又像是求助。例如，小林秀雄在『様々なる意匠』中写下了这样一段话：

さて今は最後の逆説を語るときだ。もし私が所謂文学界の独身者文芸批評家たることを願い、しかも最も素晴らしい独身者となることを生涯の願いとするならば、今私が長々と語った処の結論として，次のような英雄的であると同程度に馬鹿馬鹿しい格言を信じなければならない。「私は、バルザックが『人間喜劇』を書いたように、あらゆる天才等の喜劇を書かわばならない」と。

上文虽然比较长，但中止形、连用形、假定形和终止形的形式较为明确，理解起来应该没有多大问题。由于日语的句子中词语间有这种比较明确的联系形式，所以可以产生串联起许多用言和体言的长句，一般不致关系不清。如「あそこに座って、本をよんでいる人」这样一个极其简单的例子，若用汉语表达，恐怕就会说"有个人正坐在那里读书"，而不会说"正坐在那里读书的人"。关于日本人的「集団的意識」，人们已经议论了很多。日语的这种作为文化模式的语言结构，难道就没有给"集团意识"的形成带来影响吗？影响肯定不小。

第二，高度注重言语对人际关系的影响。凡是与日本人有比较深入交往的人，都能强烈地感受到日本人说话时总是特别小心，生怕因为自己的言语不周得罪了什么人。日本学者中村明在谈起日本人表达上的特殊性时，举了一个电车车厢内广播的例子，广播员说：「——あいにくの雨のため、足を組んだり投げ出したりなさいませんよう、よろしくご協力願います。」从这个例子出发，中村氏分析了日本式的表达，并得出了如下结论：日本式表达充分顾及他人（「あいにく」一词的选择使用可说明）；日本式表达爱留有余地（「たり」的连用是例证）；日本式表达爱好间接（虽然上面的车厢内的广播中没有明显的间接表达，但「ご協力」和「願います」具有间接的倾向）。归纳起来，不外乎是说日本人十分注意言语在人际关系中的润滑作用。再如由外语教学与研究出版社 2021 年出版的教材《日语演讲与辩论》中有一例，上课讨论时，师生满堂大笑。「1に2を足したらいくつになりますか。もし、この問題をアメリカ人、中国人、日本人に尋ねると、それぞれどう答えるでしょうか。アメリカ人なら「おいおい、冗談をよせよ。マイフレンド、3に間違いないぜ」と答えるでしょう。中国人の場合は、「これはどう見ても3でしょう」と言うかもしれません。では、日本人はどうでしょうか。「ご質問をいただき、誠にありがとうございます。通常であれば、答えは3になる可能性が大きいのではないかと思いますが、回答の品質を保証するため、その正確性を改めて検証させていただきたいと思いまう」」可简单译为："1加2等于几？这个问题，如果分别问美国人、中国人、日本人，会如何回答？美国人会说'别开玩笑了，我的朋友，绝对是3'。中国人也许会说'怎么看都是3'。日本人会怎样呢？'谢谢您的提问，通常，答案是3的可能性很大，为了保证回答的品质，请让我再确认下其正确性。'"此例，夸张中带着幽默，恰如其分地展现了日语的文化特色。在前面讲汉语的特点时，已经多少涉及了修辞格的问题。当然不是日语才有婉转、间接一类的表达，但问题是此类表达在日本使用得十分广泛并且深入人心，这才构成了日本式表达的特点。

第三，喜爱提喻式表达。所谓提喻，即借代辞法的一种，就是以部分代替全体。

日语以"手""口""头""足"等替代"人"本身，使用的就是这种修辞手法。学者外山滋比古指出，日本人真正关注的是被替代的部分。他举例说道：

危篤の病人がいまはのきわに、母親に向かって、「長いことお世話になりました。だんだん目が見えなくなってきました」と言ったことばは、永山の一角であるけれども、その下に万こくの思いが隠されている。

再请看以下例子。

花は早北へ移りし京都かな　　　泊月（这里的花代表了春天的全部）
旅に病で夢は枯れ野を駆け回る　芭蕉（短短数语浓缩了诗人的一生）

第四，对"点"的追求。日本人讲究精细、新颖、机敏。这表现在修辞上，就变为了对"点"的刻意追求。日本文章不是恐怕也不可能以气势的宏大、寓意的深刻取胜，而是以它独具匠心的入细入微的笔法而获得世人的好评。一首脍炙人口的芭蕉俳句，集中体现了这种艺术倾向：

古池や 蛙飛び込む 水の音

"古池""青蛙跳入""水声"三者之间的联系是松散的，每一个都是一个点，都是一个促人遐想的景，让人在联想、品味之中获得快感和享受。古人云："山不在高，有仙则名；水不在深，有龙则灵。"日本也有"山不在高，以有木为贵；川不在长，以水清为荣"的说法。应该说，这种以小巧为美的意识，联系着日本人对"点"的追求。

三、汉日修辞与翻译

对翻译实践而言，修辞是翻译的重要基础之一，无论译者是否意识到它的存在，修辞都已经参与到翻译之中。从起笔到修改、校对、定稿，处处都可以见到修辞的身影。实际上，很多时候，已经很难把修辞从整个翻译中剥离出来，它已经同遣词造句等基本写作能力融为一体。因为人们的语言学习，尤其是母语学习，词汇、语法和修辞是同步进行的，并且很多时候是不分彼此的。学习怎样说话，学习怎样把话说得更好一些，这其中当然少不了修辞的参与。因此，不言自明的是，无论译者主观上是否有修辞意识，他都不可能在翻译实践中躲开修辞这个重要的工具。从这个角度说，修辞在翻译中的地位并不高，属于人人都会的雕虫小技，可以把它归为下里巴人的层面。这是一层意思。另一方面，在外语学习上，如果把修辞与语音、词汇、句法比较一下，就不难发现，两种语言之间的差异大致是按照语音—词汇—句法—修辞的顺序划分成不同层面，越往后，两者之间的差异就越小。也即是说，到了修辞阶段，两种语言之间的对立和矛盾大幅度减少，在大部分场合已不影响相互理解或沟通。换言之，褪掉语音、词汇和句法的外壳，不同语言之间的修辞已经没有多少属于自身独有的内容，相反，倒常常给人以相通之感，尤其是汉日两种语言，这种相通远远大于相异。因为生活在这个世界上的不同民族、不同国家虽然语言不同但是却有着非常相近、相似的逻辑思维和形象思维能力以及对世界的表述方式，而修辞正是在这个层面上发挥着它自身的作用。日本学者说："只要浏览一下从古希腊以来至19世纪后半期这两千年的传统，就会发现修辞的格式、结构呈现出令人惊讶的相同性和一贯性。各式各样的修辞学家尽管都充满了对各自母语的热爱，但其结果，都无一例外地用不同的母语实例，进行了几乎同一形式的逻辑论证——花了两千年，间接地证明了修辞学的普遍性。"而"日、汉语的修辞格不仅有相应的名称，而且还有相应的意义、作用以及用例"。从这个角度看，修辞当然也是具有普世性的。但是，换一个角度看，不同语言之间也确实存在一些令翻译家大伤脑筋的修辞方式，譬如盘桓译诗中的种种修辞问题以及与民族文化密切相关的修辞方式等，它们在总体上虽然只占少数，不足以影响整个翻译的进行，但是，他们却高高在上，令人望而却步，不可仰攀。因此，等到翻译达到较高的水准之后，译者之间的较量也从词语、句法为主的达意层面上升到以传神为主的修辞层面。能否树立强烈的修辞意识，能否解决好少数高难度的翻译问题便是译者不可回避的新问题、新挑战。从这个角度看，修辞又是翻译中的"阳春白雪"。

综上所述，修辞问题对翻译既重要又不重要，在翻译中，修辞较少成为翻译的障碍，因为修辞问题而影响传达原意的情况比较少见，困扰人们的主要是词汇、语法和文化等方面的因素。但是，翻译水平有了一定程度的提高后，需要进一步强化修辞意识，从审美视角去看待翻译。

对翻译而言，比较难以处理，或处理有一定难度的修辞方式大致说来主要有两类，一类是由中日文本身的语言特点所形成的修辞手法，如汉语的"对仗""顶真""分合""回文""镶嵌"等。从日语角度说，日语的"缓和语气法"（委婉表达方式）、"摹状辞格"（拟声拟态词）、日本诗歌的基本格律"五／七"节拍等在汉译时，也都有一定的困难，其中最不容易解决好的是俳句与和歌的翻译。此外，敬语也可以看作一种修辞方式，而它的翻译有时非常棘手，因为现代汉语在这方面没有日语发达。另一类则是由文化背景和思维方式的不同而导致的修辞翻译困难。前文说过"不同民族、不同国家虽然语言不同，但是却有着非常相近、相似的逻辑思维和形象思维能力以及对世界的表述方式"，所以修辞不但没有成为人们交流的障碍，相反，促进并加强了人们的相互沟通。不过，这是一种宏观讲法，具体到每一个民族、每一个国家的时候，还是会在某些具体修辞上出现差异。对汉日翻译而言，影响最大的是比喻类辞格，其中隐喻造成的困难往往比较棘手。此外，在夸张等辞格上，汉日也有一些区别。下面先讨论第一类中的敬语翻译，然后讨论第二类的翻译问题。

（一）敬语的翻译

敬语的翻译令人棘手之处其实不在日语本身，相反在于我们的汉语水平。很多时候不是读不懂日语的敬语，而是缺乏相应的表达手段。进入20世纪以后，汉语的敬语体系，包括称谓的敬谦表达方式逐渐式微。因此，如何在当代语境下翻译现代日语的敬语依然是一个没有解决的问题。我们可以借用一些尚有生命力的表述方式，但已经不可能完全套用古汉语的敬谦表达方式。

例1：お母様は、今まで私に向って一度だってこんな弱音を<u>おっしゃった</u>ことがなかったし、また、こんなに烈しく<u>お泣きになっている</u>ところを私に見せたこともなかった。お父上が<u>おなくなりになった</u>時も、また私がお嫁に行くときも、そして赤ちゃんをおなかに入れて<u>お母様</u>の許へ帰ってきたときも、そして、赤ちゃんが病院で死んで生まれたときも、それから私が病気になって寝込んでしまったときも、また、直治が悪いことをしたときも、<u>お母様</u>は、決してこんなお弱い態度を<u>お見せになりはし</u>なかった。

——『斜陽』

译文1：母亲一次也没有向我讲过这样的泄气话，我也从未见她哭得这么厉害过。父亲逝世的时候，我出嫁的时候，我肚子里怀着孩子回到她身边来的时候，我在医院里生下了死胎的时候，我卧病在床起不来的时候，或者直治干了坏事的时候，母亲都没有露出过这种示弱的态度。

——《斜阳》

译文2：母亲大人迄今为止从未向我开口说过一次泄气话，也从未在我面前如此珠泪盈眶。慈父千古之时，我出阁嫁人之际，抑或在我身怀六甲回到母亲大人身边，以及后来在医院生下死胎，还有我一病不起的日子里，甚至直治做了坏事的时候，母亲大人也从未像今天这样不坚强。

——《斜阳》

解说：原文画线处皆可看作日语的敬语表达方式，用现代汉语翻译确有一定的难度。两个译文比较，译文2敬语意识相对强一些，除了使用敬谦词以外，还在句式和语气上做了一些努力，采用了一些委婉的句型方式，如最后一句翻译为"母亲大人也从未像今天这样不坚强"，以给人委婉和有所讳言的感觉；第一句则在"说过"之前加上"开口"二字，也是为了缓和语气。但是，这也并不能保证读者能从中充分感受日语原文的敬语特点。

（二）有民族特色的辞格翻译

下面主要讨论比喻和双关的翻译问题。这是日汉翻译中出现频率相对较高的两种修辞格。

1. 比喻类修辞

例1：なるほど、時が馬のように駆けだしたりすることはないかもしれない。しかし、手押し車より遅いということもなさそうだ。見る見る朝の気温が、本格的な暑さになり、目玉や脳味噌を茹で始め、さらには内臓を焦がし、つづけて肺に火をともす。

译文1：当然，也许时间不会像野马一样飞奔。但是，看来它也不会比手推车的速度慢。眼看着早上的气温，动真格地热起来，眼球和脑浆开始被煮，内脏更是已经烧焦了，紧接着，肺开始冒火。

译文2：当然，也许时间不会像野马一样飞奔。但是，看来它也不会比手推车的速度慢。眼看着早上的气温，动真格地热起来，眼球和脑浆开始被煮，内脏更是火烧火燎，紧接着，嗓子眼开始冒烟。

解说：译文1基本直译，大概是想借此表现原文的极度夸张。不过，作为汉语，还是有些生硬、不自然的感觉，需要做一些调整。译文2更符合汉语的表达习惯。

例2：仕事以外は見向きもしない。まったく家庭を顧みなかった私は、妻や子供の目にどう映っていたのだろうか。面白みのない仕事人間の夫であり、近寄りがたく、しかも放任主義の落第父親だっただろう。加えて、合理主義のカチカチ、今思えば男のエゴ（自己中心的）そのものが背広を着て歩いていたようなものだったに違いない。

译文1：不知在妻子、孩子的眼里，我这个只知工作，完全不顾家庭的人到底是一个什么样的形象呢。恐怕是一个令人感到毫无风趣、只会工作的丈夫；一个难以接近，而且对孩子放任不管的不合格的父亲吧。不仅如此，还是一个顽固的合理主义者，今天想来，就像一个男性的利己主义者（以自我为中心的人）穿着西服走在路上的那个样子吧。

译文2：不知妻儿眼中我这个只知工作完全不顾家的人是个什么形象。也许是个呆板无趣，工作狂的丈夫，并且还是位难以亲近，对孩子放任不管的失职父亲吧。此外，还是一个十足的死脑筋。现在想来，不过是男人的利己主义裹着冠冕堂皇的外衣而已。

解说：「背広を着て歩いていた」是日语中的比喻，在汉语中直译的话，往往会让人不知所云或莫名其妙。译文1就比较让人费解，不如译文2容易被人接受。它虽然也保留了"衣服"的概念和比喻，但是，去掉了直译"西服"的唐突感。当然，从汉语修辞考虑，也可以完全换掉原文的外包装，译为"现在想来，不过是金玉其外，内里是男人的利己主义而已"，但效果并不比译文2好。

例3：Kは私より偉大な男でしたけれども、まったくここに気がついてなかったのです。ただ困難に慣れてしまえば、しまいにその困難は何でもなくなるものだと極めていたらしいのです。かんくを繰り返せば、繰り返すというだけの功徳で、そのかんくが気にかからなくなる時機に邂逅えるものと信じきっていたらしいのです。

——『こころ』

译文1：K是个比我伟大的人，但是完全没有注意到这点。好像他只是认定对困难习惯以后，结果会对那困难丝毫不以为意。好像他确信，如果把艰苦一次一次地反复下去，就是由于"反复"的这点功效，会无意中遇到一个时机，到那时不再把那种艰苦放在心上了。

——《心》

译文2：K虽比我了不起，却没有意识到这点。他以为对困难习以为常以后，困难也就不再是困难了。他似乎总相信，艰苦就像推磨，久了，也就会对它毫不在意。

——《心》

解说：原文中本无比喻，但说法比较拗口，译文2选用了"推磨"的比喻。虽然形态上和原文有别，但也不失为一种生动的处理方式，且没有改变原文的意思。

2. 双关类修辞

例4：縁起かつぎの友人は、息子さんの大学受験当日の朝、トンカツと十勝チーズを食べさせた。ところが、息子さん、胃がもたれて試験中に気分が悪くなったらしい。

译文1：我的一位朋友很迷信。他儿子高考那天早晨，他让他吃了炸猪排，又给他吃十胜奶酪。但是，考试时，儿子胃里存食，撑得很难受，影响了考试。

（原译注：日语里炸猪排是「とんかつ」，「かつ」意为获胜。）

译文2：我有一个朋友讲迷信，儿子考大学那一天，给他准备了"通吃"炸猪排和十胜奶酪。结果，搞得儿子在考场上胃胀难受，情绪大受影响。

解说：此例含有双关的修辞手法。译文1采取了加注的办法来解决这个难题。译文2虽然下了不少功夫，可还是不尽人意，无法很好地再现原文的修辞特色。

第六节 汉语与日语语篇对比与翻译

进入20世纪后，语言研究发生了以索绪尔为代表的第一次革命和以乔姆斯基为代表的第二次革命。就目前来说，新的学派与新的学说层出不穷，现代语言学的研究方兴未艾，人类研究自身所用的语言的深度和广度在不断拓展。在深度上，不仅追求对语言结构的详尽描写，而且追求对它的内在和外在动因的解释；在广度上，将眼界从传统的句子放宽到了一次交际过程中的完整语言体——语篇。当代语言学的发展，对其他学科产生了重大影响，以致在国外语言学被称为"领先的学科"。

现代篇章语言学（或称"语篇语言学"）是一门新兴的边缘学科，其研究对象是语篇现象，是把语篇的形式与结构跟语境联系起来，从语境来解释语篇现象的形式与结构。语篇现象是指语言在实际运用时由于跨越句子而产生的语言现象。目前，这方面的研究无论是汉语还是日语，都还处于起步阶段，而比较汉日语篇的异同，更是一个亟待探索的新领域。目前，国内外学者在现代语篇语言学的理论背景下，在描写汉日主要语篇现象的基础上，比较汉日语篇在形式、结构方面的异同，揭示其在形式连贯和功能连贯以及各主要语体的结构要素和这些要素构成语篇时的作用和规律，具体分析归纳汉语和日语在连贯手段、语篇结构单位和结构层次以及结构单位间的关系与组合等方面的异同。国内研究集大成的著作是2005年河南大学出版社出版的《汉日篇章对比研究》。该书研究之重点是汉日语言在形式连贯手段方面的比较，包括指称替代、词语替代、省略、连接成分、连接手段、句子排列顺序、层次结构等方面的比较，力图总结归纳汉日语言在这些方面的规律、倾向性和异同点。结合翻译，笔者认为语篇连接成分起到了承上启下的作用，承上，它是语篇连接关系的显性因子，无论连接关系多么复杂，都需要通过成分来显现出来；启下，它与语篇连接手段是因果关系，手段因成分而处于动态变化中。以下，笔者结合汉日语篇连接成分的对比，论及翻译。

对现代汉语和现代日语书面语中，句子或大于句子的结构体之间所使用的连接成分进行描写和对比。本节讨论的连接成分与语法上所讨论的连接成分有所不同，这种差异主要表现在两个方面：①范围不同，传统语法研究语言的结构规律，一般到句子为止，对于大于句子的语言单位之间的连接则不加讨论或很少讨论；②性质不同，传统语法一般讨论句内词语与词语、小句与小句的连接。所讨论的连接成分是从语法角度划分出来的，即从词与词之间的组合能力、词的组合功能划分出来的，限于词的范围。这里讨论的连接成分则主要从功能出发，凡是具有启承转接作用的语言成分，不管是词、短语、小句、句子，也不管语法上的性质如何，都在讨论之中；只要起连接作用，都在讨论之列。所列举的连接成分根据两个标准来加以确定：功能和位置。以功能为主，以位置为辅。从功能上看，连接成分是用来明确表达语段之间在语义上的种种启承转接关系的。从位置上来说，语篇中绝大多数连接成分位于句首，即位于下一个句子的主语之前。汉语有少数连接成分位于句中，即位于谓语之前。日语接续助词加在用言或动词活用形的后面，表示词语或小句之间的关系，它的功能和作用跟接续词是一样的，但它一般用于句内连接。凡是符合以上两个标准的词语、小句、句子，都是语篇的连接成分。

在语义连贯的语篇中，任何句子或段落之间都有语义上的联系。但是，并非所有的语义联系都有相应的表达形式。首先，有许多语义联系是隐性的，没有形式标志，得靠读者或听者自己推敲出来。其次，连接成分所连接的上半部分在该文以外，属于交际双方所共享的讲话场合或背景知识。最后，句子或大于句子的语段之间的语义联系是靠后续句中连接成分以外的词语来表示的，如名词短语、动词短语、介词短语、助词短语等。以上三种情况不在本节讨论之列。

一、汉日语篇内的连接成分

文章，是作者的思想、认识、经验、感受，按照一定的时空顺序，语义连贯、层次分明、脉络清晰的表现。语篇的脉络通过句子与句子、句群与句群、段落与段落之间的连接和线性排列而表现出来，汉语称之为语篇结构，日语称之为文脉。

从人对客观世界认知角度来看，世界上的一切事物都处于不断的运动变化之中。对客观世界存在发生的事件、状态和过程来说，相互之间有两大联系，一是在时间序列轴上的相对位置，二是事物之间相互影响、相互制约的因果联系。这种认知结果也必然反映到语言表达形式上来。由此，我们将语篇中的连接成分分为时间关系连接成分和逻辑关系连接成分两大类。

（一）时间关系连接成分

时间关系连接成分是两个或两个以上的事件、状态、过程或一个事件的两个或两个以上阶段相对的发生时间的形式标记。时间关系连接成分又可分为序列时间、先后时间和共同时间三种连接成分。

1. 序列时间连接成分

一系列相关事件或一个事件的几个阶段，如果按照它们发生的时间先后顺序排列，其中包括或蕴含了起始时间，那么就构成了一个时间序列。如果这个时间序列包括或蕴含了结尾时间或整个事件的结局，那么它就构成了一个封闭的时间序列。相应地，如果这个时间序列不包含或蕴含结尾时间或结局，那么它就构成了一个开放的时间序列。一个时间序列的起始、中间和结尾，很少全部而通常只有部分有相对应的时间序列连接成分来作形式标记。

起始时间连接成分如下。

汉语：最初、最先、最早（的时候）、先、首先、起先、起初、当初。

日语：最初（に）、いちばん初めに、初めて、いちばん先、最も早く、真っ先に、まず、先から、第一に、もとは。

中间时间连接成分和以后时间连接成分相同，详见下文。

结尾时间连接成分如下。

汉语（常见的只有一个）：最后。

日语：最後、いちばん後（後ろ）、いちばん終わり、しまいに（は）、終りに（は）、ついに。

2. 先后时间连接成分

先后时间连接成分通常是连接两个事项或一个事项的两个阶段，表示它们发生的时间是先后关系。

以前时间连接成分如下。

汉语：以前、原先、先、先前、原先、原来、本来、过去、从前、事前、事先、（在这/那）之前/以前。

日语：以前、当初（は）、もと（は）、これまで、昔、従前、事前に、前もって、それ以前。

以后时间连接成分如下。

汉语：然后、尔后、后来、以后、此后、其后、事后、（在这/那）之后/以后、随即、随之、随后、继而、继之、接着、接下来、跟着、嗣后、说时迟、那时快、霎时、顿时、瞬间、刹那间、立即、立刻、马上、俄顷、顷刻之间、旋即、很快、片刻、不久、不一会（儿）、不多时、稍后、（久而）久之。

日语：その後、そのうえで、それから、そして、それ以後、この後、事後、（その）あとで、（それに）続いて、おっつけ、すぐ、すぐさま、ただちに、即刻、引き続いて、にわかに、急に、瞬間、一瞬、またたく間、直に、ほどなく、しばらくすると、一刻、片刻、間もなく、やがて、幾ばくもない。

3. 共同时间连接成分

共同时间连接成分表示一件事与另一件事发生的时间重叠，两件事同时发生。

汉语：（与此／在这）同时、（另）一方面。

日语：同時（に）、同じ時（に）、しかも、それと同時に、それに、さらに、一方では…他方では、そのとき。

（二）逻辑关系连接成分

逻辑关系连接成分用来表达内容事项之间的事理关系，是客观存在的事件、状态、变化之间相互影响、相互制约的种种因果关系的反映。语言是思想认识的表现形式，而人的思想认识则是对客观存在的反映。因此，说逻辑关系连接成分是对事件之间种种因果联系的表达，实际上是对客观存在的事件之间种种因果联系的主观认识的表达，是反映客观存在的事件之间联系的主观思维形式的语言表现形式。由于受到语言系统的影响和制约，在不同语言中，这种语言表现形式必然既有基于人类共同思维形式的共性，也有经不同民族语言折射过滤的个性。根据连接成分所连接的句子（句群、段落）之间的事理关系，把语篇内的逻辑关系连接成分分为三大类，即顺接、逆接和转接。其中，顺接关系连接成分种类最多，成员最多，也最为常见。逆接关系连接成分种类虽然并不是很多，但成员并不少，也很常见。相对而言，转接关系连接成分的种类很少，成员也不多，也不常见。

1. 顺接连接成分

顺接连接成分所连接的两个或几个事项是协调一致的，在本质上是不相违背的，在意义上是顺着说下去的。它们或者是高一层次事项的几个组成部分，或者是同一事项的不同说法，或者是先行句提出情况、原因、理由、时机、场合、目的、条件等，后续句则说明产生的结果、结论、现象或相应采取的行动、措施等。根据所表达关系的不同，顺接连接成分可以分为以下几类：累加、阐释、总结、再肯定、释因、纪效、推论、比较、选择。

1）累加连接成分

累加连接成分表示所连接的事项是组成高一层次事项的部分。这些组成部分有时用表示序列的词语，有时用表示加合的词语连接起来。前者称为序列连接成分，后者称为加合连接成分。

（1）序列连接成分。

汉语常用的序列连接成分包括两种手段，一种是以基数或序数的排列顺序排列，另一种是按时间或位置先后顺序排列，按数字排列的序列连接成分常见的有以下几种。

基数序列：一、二、三、……、n；其一、其二、……、其n。

按时间或位置先后排列的序列连接成分常见的有：首先、其次、……、最后/末了；甲、乙、丙、丁、……、癸。

"首先、其次、……、最后/末了"这个序列连接成分，除首尾以外，变化多样，例如"首先、再者、第三、……、最后/末了"，有时还掺杂加合连接成分。而序数序列连接成分则经常和时间或位置序列连接成分混用，如"第一、其次、再其次""首先、第二、第三……"等。

日语按时间或位置先后排列的序列连接成分常见的有：まず（最初/元来）、次に（それから）、……最終に（最後に）、始めに、後に、……終りに、一つは（第一に）、第二は（第二に）、そして、そうして、つづいて、そのうえで、それ以後、この後、引き続いて、後で、そのあとで。

（2）加合连接成分。

加合连接成分是把组成高一层次事项部分的相关事项连接起来，它们和序列连接成分的最大差异在于它们不构成一个序列，而且通常只连接邻近的句子、句群或段落所表达的两个事项。一般来说，事项越复杂，层次越高，组成部分越多，就越不会使用加合连接成分来表达。根据所连接事项的相对重要性来划分，加合连接成分可以分为并列、递进和附加三类。

①并列连接成分。

并列连接成分分别说明或描写两个事件、两种情况或同一事物的两个方面，它们的重要性相当，不分主次。

汉语常见的并列连接成分有：同时、（另）一方面、也、还、相应地、与此相应、无独有偶。

日语常用的并列连接成分有：かつ、あわせて、おなじく、それで、そしてまた、ならびに、同時に、これとともに、そのときに、と同時に、そうして、そして、おまけに、また、しかも、それと同時に、それに、さらに、それにおうじて。

②递进连接成分。

递进连接成分所连接的事项，前面的分量轻，后面的分量重，后一句子在范围、数量、程度等方面比前面的句子更进了一层。

汉语常用的递进连接成分有：而且、并且、况且、何况、又、又有、加上、加之、再加上、再加之、再、再说/再讲、再者、再则、再有、进一步、进而、推而广之、更有甚者、甚至、（就）连……也/都、就是……也。

日语常用的递进连接成分有：かつ、そのうえ、しかも、そして、まして、なおさら、また、そうして、それに、かつまた、おまけに、さらに、ひいては、そのことから。

③附加连接成分。

先行句叙述一个或几个事项，后续句叙述的事项是对先行句事项的追加补充。附加连接成分连接的事项可以是两个，但经常多于两个。这些连接成分一般处于后一事项或最后一个事项之前，事项的分量是前重后轻。

汉语常见的附加连接成分有：此外、另、另外、还、还有、（再）补充一句/点、除此之外。

日语常用的附加连接成分有：このほか、そのほか、それから、別に、それに、なお、なおまた、なおさら、なおのこと、なおなお、なおなおがき、おって、おってがき、つけくわえて。

2）阐释连接成分

先行句叙述描写比较概括或较难理解的事项，后续句加以比较详细具体的解释或换一种较为通俗易懂的说法。这种连接被称为阐释连接，其连接成分被称为阐释连接成分。这种连接成分分为两类：举例和换言。

（1）举例连接成分。

举例连接成分把一个比较概括抽象的描述跟具体的事例说明连接起来，它的功能就是对前面的描述进一步举例说明。

汉语常见的举例连接成分有：如、例如、比如、譬如、像、比方/如（说）、拿……来讲/说、以……为例、就说。

日语常见的举例连接成分有：たとえば、かりに、もしも。

（2）换言连接成分。

先行句是比较抽象或较难理解的描述，后续句则是比较具体或通俗易懂的描述，用换言连接成分连接起来，表明它们的表述方式虽然不同，但实质意义或所指是相同的。

汉语常见的换言连接成分有：换言之、换句话说、也就是说、（这/那）就是说、即、即是说、或者（说）、具体地说、具体而言。

日语常见的换言连接成分有：換言すれば、ことばをかえて言えば、別の言い方をすれば、いいかえると、いいかえれば、すなわち、つまり。

3）总结连接成分

总结连接成分是把前面的详细描述跟后面的归纳总结连接起来，归纳就是把要点用简单的一句话或几句话概括出来，主要是为了帮助读者或听者掌握作者或说者的意图和主要意思。总结连接成分的上文可长可短，但一般不会过短，至少在三句以上，不然就没有加以总结的必要。

汉语常见的总结连接成分有：总（而言）之、总（而言）之一句话、总起来说/讲、总括起来说、总的看（来）、概括起来说、一句话、一言以蔽之。

日语常见的总结连接成分有：要するに、概して言えば、つまり、ひっきょう、とにかく、総じて言えば、どのみち、ひと口で言えば、ひと言で言えば、ひと口に言うならば、ひっくるめて言えば、とかくに、いずれにしても、いずれせよ、なにしろ。

4）再肯定连接成分

这种连接成分用来肯定前面所说的话是正确的，并且从另一角度加以引申或阐述。

汉语常见的再肯定连接成分有：是的、是啊（！）、真的、的确、不错。

日语常见的再肯定连接成分有：そう、そうそう、確かに、じっさいに、まちがいなく、それもそうだ、そうなんだ。

5）释因连接成分

篇章中的释因连接成分出现在结果已经表达了之后，用来解释产生上述结果的原因。

汉语常用的释因连接成分有：原来、因为。

日语中没有汉语"原来"的对等词，相当于"原来"的是一个句式，例如：

原文：我说这屋里怎么这么安静，原来没人。

译文：この部屋はなんと静かなことかと思ったら、なんだだれもいなかったのか。

可以把这个句式概括为"なんと…であったのか""なんだ…であったのか"。日语表原因最常见的是用接续助词"ので、から"，常用于句中分句连接。

前面叙述的是一个结果、结论、看法等方面的事项，后面叙述的是该事项的根据、原因、理由等，日语把这种连接方式称为附上根据连接型。常用的连接成分有："なぜなら、なぜならば、なぜかというと、なんとなれば、というのは、というわけだ、どうしてかと言えば、なぜかと言えば、だって、というわけは、その証拠には、その証拠に"等，大致相当于篇章中的释因连接成分，只不过观察分类的角度不同而已。

6）纪效连接成分

纪效连接成分后边接续事件的结果或结局。根据这些连接成分所表达的关系的性质，可以分为四类：一是强调结果的连接成分；二是强调原因的连接成分；三是强调条件的连接成分；四、强调目的的连接成分。

（1）强调结果的纪效连接成分。

这类连接成分又可以依据人们的认识分为三小类：中性结果、预期结果、可理解的结果。

①中性结果连接成分。

汉语常见的连接成分有：（其）结果、终于。

日语常见的连接成分有：その結局、その結果、結局として、結果として、あげくの果て、とどのつまり、ついに、すると、そうすると、とすると。

②预期结果连接成分。

汉语常见的连接成分有：果然、果不其然、果真。

日语常见的连接成分有：果たして、やはり、案の定、思っていた通り、予想していた通り、なるほど、果に、果然、てっきり、いかにも、いよいよ、さてこそ。

③可理解的结果连接成分。

汉语常见的连接成分有：（这就）难怪、怪不得、（这就）无怪乎。

日语常见的连接成分有：道理で、なるほど、怪しむに足りない、無理もない、それもそのはず。

需要指出的是，日语虽然也用上述连接成分连接可理解的结果，但更多的是在句末用"わけだ、はずだ、当然だ、いうまでもない"等表示出现这样的结果是不足为奇、合乎情理的。

（2）强调原因的纪效连接成分。

汉语常见的连接成分有：所以（说）、于是（乎）、因此、因而、因之、结果、故、故而、由此。

日语这类连接成分较多，常见的有：したがって、だから、ですから、であるから、ですので、であるので、そこで、それで、そして、ここにおいて、それゆえ、それだから、それですから、従って、ゆえに、このために、すると、とすると、そうすると、そうなると、そういうわけで、だからこそ、それだけに、これから、ここから、これで分かる、このことから分かる（ように）、そのため。

（3）强调条件的纪效连接成分。

这些连接成分表达下文所述的结果是在上文所述的条件下产生的，强调条件。根据条件的性质不同，可分为三类：中性条件、相反条件、毋论条件。

①中性条件连接成分。

汉语常见的连接成分只有一个：那么。

日语常见的连接成分有：それでは、それなら、とすれば、そうすれば、そこで、そこへ、そうすることによって。

②相反条件连接成分。

汉语常见的连接成分有：否则（的话）、（要）不然（的话）、要不是（的话）、要不是这样（的话）。

日语常见的连接成分是在表条件或结果的连接成分后加否定词：さもなくば、さもないと、でないと、さもなければ、そうでなければ、そうでないと、でなければ、そうではなくて。

③毋论条件连接成分。

汉语常见的连接成分有：不论/无论/不管如何、无论/不论/不管怎（么）样、反正。

日语常见的连接成分有：とても、どうしても、どうでもこうでも、なにがなんでも、とにかく、とにもかくにも、どうせ、どのみち、いずれにせよ。

（4）强调目的的纪效连接成分。

汉语常见的连接成分只有一个：为此。

日语常见的连接成分有：このために、ここに、それには、そのために、そのゆえに、ゆえに。

7）推论连接成分

这类连接成分前边是根据，后边是据此推出的结论，表示从上文提供的情况来看，人们有理由得出下文所说的结论。这类连接成分有从根据推出结论的可能性和可信度的差异，将汉语常见的连接成分按从弱到强的顺序可排列如下：（由此）看来、（由此）可见、显然、显而易见、足见、无疑、毫无问题 / 疑义 / 疑问。

日语常见的连接成分有：このことから見れば、これでわかるように、はっきりと、目立って、明らかに、いうまでもなく、言わずと知れたこと、明らかであるように。

8）比较连接成分

比较连接成分用来比较两个或两个以上的事件在性质、情况等方面的相似性或在程度上的差异。根据比较的对象之间有无差异以及差异的程度，比较连接成分可分为三类：类同、差比、尤最。

（1）类同连接成分。

汉语常见的连接成分只有一个：同样（地）。

日语常见的连接成分有：同じように、同様に。

（2）差比连接成分。

汉语常见的连接成分有：更、再、比较。

日语常见的连接成分有：いっそう、ますます、さらに、もっと、比較的に、わりに、ひときわ。

（3）尤最连接成分。

汉语常见的连接成分有：尤其（是）、特别（是）、尤（为）、最。

其中"尤为、尤其、特别、最"通常位于表示程度的词语前，而"尤其是、特别是"通常位于表示人、事、物的词语前。

日语常见的连接成分有：なおさら、さらに、特に、殊に、とりわけ、ことのほか、わざわざ、最も、いちばん、なかでも。

9）选择连接成分

汉语表典型的选择或取舍关系的连接成分，如"或者、还是、要么""不是……就是……""要不……""与其……不如（宁可、宁愿）……""宁（可、愿）……（决）不……"等，一般只能做句内连接成分，不能做语篇连接成分。这一点日语和汉语有较大差异，日语的选择连接成分常常用来连接句子，做语篇连接成分。

日语常见的连接成分有：それとも、あるいは、または、でなければ、さもなければ、もしくは、いうより、それよりも、むしろ、そうするより。

2. 逆接连接成分

前后两部分之间在意义上是不协调的或者两部分之间存在本质上的差异，表示这种逻辑关系的连接成分叫逆接连接成分。根据它们所连接的两部分之间关系的不同，进一步分为六类：转折、意外、实情、让步、对立、对比。

1）转折连接成分

汉语常见的转折连接成分有：但（是）、可（是）、然而、而、却、不过、只是。

日语表转折的连接成分比较丰富，常见的有：（だ）が、でも、しかし、ただし、ところが、けれども、果というのに、だのに、しかるに、しかしながら、のに、かえって、それほど、それでも、そのくせ、といえども。

2）意外连接成分

汉语常见的连接成分有：不料、岂料、岂知、谁知、哪儿知道、哪里知道、没想到、忽然、突然、猛然间。

日语表示"不料"的连接成分有：あにはからんや、意外にも、誰が知ろう、誰が予想しよう、誰も知らない、どうして知ることができよう、はしなくも、なんと、おもいがけず。

日语表示"忽然"的连接成分有：急に、にわかに、突然、思いがけなく、いきなり、出し抜けに。

3）实情连接成分

汉语常见的连接成分有：其实、事实上、实际上、老实说、说实话、说句老实话、确切地说、殊不知。

日语常见的连接成分有：実際上、事実上、実質上、実質的に、素直に言えば／いって、本当に、実際に、現に。

4）让步连接成分

让步连接成分可以分为两种，一种重在对上文的说明加以补充和修正，被称为修正连接成分；另一种表示结果或结论不受所说情况或条件的影响，重在转折，被称为让转连接成分。

（1）修正连接成分。

汉语常见的连接成分有：退一步说、至少、当然、自然、诚然、固然。

日语常见的连接成分有：少なくとも、せめて、当然だ、当たり前だ、もちろん、確かに、ほんとうに、もとより、むろん、もっとも。

"少なくとも、せめて、当然だ、もとより、むろん"等多表示对上文所说的情况进行修正补充。"もっとも"的转折意味较强。

（2）让转连接成分。

汉语常见的连接成分有：尽管/虽然如此（这样）、即使/即使如此（这样）。

日语常见的连接成分有：とはいえ、それはそれとして、どうでもあれ、それにしても、そうしても、とはいっても、それにもかかわらず、とはいうものの、いずれにしても、それはいっても、とまれかくまれ、なにがなんでも。

5）对立连接成分

汉语常见的连接成分有：（与此/和这）相反、相反的/地、反过来（说）、反之、反而、反倒、倒是。

日语常见的连接成分有：逆に、反対に、それに反して、これに反すれば、かえって、あべこべに。

6）对比连接成分

汉语常见的连接成分有：相比之下、与此相比、对比起来/之下、相形之下、比较起来、另一方面。

日语常见的连接成分有：それに比べ、比較して、対比して、対照して、双方を比べ合わせてみると、その代わりに、また一方では。

3. 转接连接成分

转接连接成分用来提示话题即将转移，这里有两种情况：一种是把上文的话题转移到一个新的话题；另一种是上文所谈的是主要话题，下文转移到主要话题之外。前者称为转题连接成分，后者称为题外连接成分。

1）转题连接成分

汉语常见的连接成分只有一个：至于。

日语常见的连接成分有：では、それでは、じゃ、それじゃ、じゃあ、されば、さて、つぎに、さてつぎに、そもそも、つまるところ、いったい、ところで、ときにはなしかわって、それはそうと。

2）题外连接成分

汉语常见的连接成分有：顺便说、顺便一提、附带说、附带一提。

日语常见的连接成分有：ちなみに、ついでに、ついでに話して、ついでながら。

二、汉日语篇连接成分

语篇中所使用的连接成分有两种情况，一种情况是跟句中连接成分重叠，即既用于句内连接，又用于句外（句子与句子、句群与句群、段落与段落）连接。另一种情况是只用于或大多数情况下用于句外连接。本节所谓篇章连接成分仅指第二种情况。下边按第二节的分类，把其中属于篇章连接成分的对照列举如下（表3-1）。

表 3-1 汉日语篇连接成分

连接关系	连接成分		
		汉语	日语
序列时间	起始	最先、最早（的时候） 首先、起先（位于句首时） 起初（位于句首时） 开始时/开始的时候	最初（に）、初めて いちばん先 最も早く、真っ先に 第一に、もとは
	中间		
	结尾	最后	最後 いちばん終わり しまいに（は） 終りに（は）
先后时间	以前	原先（位于句首时） 原来（位于句首时） 本来（位于句首时） 此前、事前、事先	以前、当初（は） もと（は）、事前（に） 前もって、これ以前
	以后	尔后/而后 后来（位于句首时） （在这/那）之后/以后 此后、其后、事后 随即（位于句首时）、随之 随后、继而、继之、接着 接下来、跟着、嗣后 霎时、顿时、瞬间、刹那间 顷刻之间、很快、片刻 旋即（位于句首时） 不久、不一会（儿） 不多时、未几、稍后 曾几何时、（久而）久之	その後、そのうえで それから、そして それ以後、この後 事後、（その）あとで （それに）続いて おっつけ、すぐ ただちに、即刻 引き続いて にわかに、急に 瞬間、一瞬 またたく間に 直もに、ほどなく しばらくすると 一刻、片時 間もなく、やがて 幾ばくもない
逻辑序列		第一、第二、……、第 n 其一、其二、……、其 n 首先、其次、……、最后	1、2、3、…… Ⅰ、Ⅱ、Ⅲ、…… イ、ロ、ハ、…… まず/最初、次に、 ……最終に 始めに、後に、 ……終りに

续表

连接关系	连接成分		
		汉语	日语
加合	并列	同时、相应地 与此相应、无独有偶	かつ、あわせて おなじく、ならひに 同時に、そして そうして、おまけに それと同時に、さらに それに応じて
	递进	再说、再则、再者 再有、又有、进一步 更有甚者、推而广之	そのうえ しかも、まして なおさら、また それに、かつまた おまけに、さらに ひいては そのことから
	附加	此外、另外 除此之外、还有 （再）补充一点/句	このほか、それから 別に、なお なおさら、なおなお おってがき つけくわえて
阐释	举例	拿……来说/讲 以……为例	たとえば かりに、もしも
	换言	这/那就是说 换句话说、换言之 具体地说、具体而言	換言すれば いいかえると すなわち、つまり 別の言い方をすれば
总结		总（而言）之、总起来说 总括起来说 一句话、一言以蔽之 总的看（来）	要するに 概して言えば 畢竟 とにかく 総じて言えば どのみち、なにしろ ひと口で言えば いずれにしても

续表

连接关系	连接成分		
		汉语	日语
再肯定		是的、是啊（！） 不错、真的 的确、确实	そう、そうそう 確かに、じっさいに まちがいなく それもそうだ
纪效 结果	中性	终于（位于句首时） 结果	その結局（結果） 結局として あげくの果て とどのつまり そうすると
	预期	果然、果不其然 果真	果たして、やはり 案の定 思っていた通り
	可理解	难怪、怪不得 无怪乎	予想していた通り 果に、果然 てっきり、いかにも 道理で、なるほど 怪しむに足りない 無理もない それもそのはず
条件	相反	要不是这样（的话） 否则（的话） 不然（的话） 要不是（的话）	さもなくば さもないと でないと そうでなければ そうではなくて
	毋论	无论/不论/不管如何 无论/不论/不管怎么样 反正	とても どうしても なにがなんでも とにもかくにも どのみち いずれにせよ
	目的	为此	このために ここに、それには そのゆえに

续表

连接关系	连接成分	
	汉语	日语
推论	由此（看来） 可见、足见、显然 显而易见、毫无问题 不用说	このことから見れば これで分かるように はっきりと 目立って 明らかに 言うまでもなく 明らかであるように
比较	类同　同样（地）（位于句首时）	同じように 同様に
意外	岂料、岂知、谁知 哪里知道、忽然（间） 忽地、蓦地 突然（间）、猛然间	あにはからや 意外にも だれが知ろう 思いがけず、急に だれが予想しよう はしなくも、にわかに 突然 いきなり、出し抜けに 思いがけなく
实情	其实、事实上、实际上 老实说、说实话 说句老实话、确切地说	実際上、事実上 実質的に、ほんとうに じっさいに、現に
让步	退一步说、当然 自然、诚然 固然（位于句首时）	少なくとも、せめて もちろん、確かに ほんとうに、むろん もとより、もっとも
对立	与此/和这相反 相反的/地 反过来（说）、反之	逆に、反対に それに反して かえって
对比	相比之下、与此相比 对比之下、相形之下	それに比べ 比較して、対比して そのかわり（に） また一方では

续表

连接关系	连接成分	
	汉语	日语
题外	顺便说一/几句、顺便一提 附带说一/几句附带一提	ちなみに、ついでに ついでながら ついでに話して

把语篇连接成分跟句内与语篇共用的连接成分和单纯用于句内的连接成分进行比较，语篇连接成分表现出如下特点。

第一，语篇连接成分所表达的某些语义连接关系不在句内出现，如总结、再肯定、实情等。反之，句内的某些连接关系也不出现或很少出现在语篇连接中，如条件关系、目的关系等。

第二，语篇连接成分跟句内连接成分即使所表达的连接关系相同，它们所用的连接成分也并不完全相同，甚至差异很大，如对立、对比、让步等关系。

第三，汉语中句内连接成分有很多是配套使用的，如倚变、取舍等连接成分，而语篇连接成分没有成套使用的。另外，语篇连接成分，除了时间关系连接成分以外，包含了不少动词短语和介词（助词）短语，短语结构的连接成分较少出现在句内连接成分。

第四，从节律上看，语篇连接成分后面往往大都可以有停顿，书面语用逗号来表达。

第五，某些语篇连接成分有时也用于句内，这属于语篇连接成分的句内用法。不过，这种句内用法大部分都可以有对应的语篇中的用法，往往因个人断句心理和习惯的不同而表现出差异。

第六，从连接成分与所连接的对象的距离来看，语篇中的连接成分所连接的对象大部分在语篇中是相邻接的，但也有隔句和跨段落的情况。句内连接成分所连接的对象一般都是相邻接的。另外，语篇连接成分一般以位于句首为常，日语也有少数是位于句末的。

三、汉日语篇与翻译

从信息传送和理解的角度来看，连接成分的作用是把若干彼此关联的语句串联起来，使之形成有机的整体，并使相关语句之间的语义联系有明显的外在形成标记。显然，有组织的、有形式标记的信息块比处于无序状态的语句之间无标明关系的标记的信息块更易于理解。因此，建立内部有序的模块，尽量给出语句之间语义联系的形式标记，这是一种组织上的策略，目的在于减少信息的理解难度，使信息传送更加迅速、更加顺利。这种传送信息组织语句的基本要求，对汉语和日语当然都是适用的。然而，从语言类型上说，汉语是孤立语，日语是黏着语；汉语是 SVO 型语言，日语是 SOV 型语言。语言类型上的巨大差异，也必然会在语篇组织和语篇连接成分上反映出不同的特点。

（1）在日语中，有所谓的"文末决定性"，谓词的核心作用比较明显，有很强的结构控制能力，其他部分都受谓词的影响和制约，可以看作都是从不同方面修饰说明谓语的。具体体现为要求用各种句法手段（主要是格助词）来标明句内成分与谓词之间的语义结构关系。因此，日语句子允许带有较多且较复杂的修饰成分的长句出现。汉语则主要靠语序在谓词前后依次排列谓词的各种必选和可选连带成分，因此一般不允许太多太复杂的连带修饰成分，句子一般不允许太长。带有多而复杂的连带成分的日语长句，汉语多分解为简短的流水句来表达。日语谓语有专门的结句形式（终止形），因此，日语的句子有较明显的成句标志。而汉语的句子界限则不是那么清楚，往往因不同的断句心理和习惯有较大的变通伸缩余地。汉语惯于用一系列语义联系紧密的小句表述一个较为复杂的意思，因此，汉语多有层次复杂、包含多个分句的复句；而日语则由上述的特点所决定，或构造修饰语复杂的长单句，或以一系列单句构成句群或段落来传送较为复杂的信息群，较少出现汉语那样复杂的复句结构。这是汉语和日语在组织信息模块上的一个重大差异。因此，汉语有复杂多样的复句句内连接，日语的复句句内连接则相对简单，以句外连接涵盖了汉语大部分复句句内连接。

（2）日语是重形式的语言，从总体上说，日语的连接成分比汉语丰富，使用频率也比汉语高得多。汉语的复句及句群之间常出现没有连接成分的所谓"意合"连接，日语则一般要用连接成分。

（3）某些类型的连接成分，如选择连接成分、毋论条件连接成分，汉语出现在复句句内连接的频率要高得多。反过来说，日语出现在句外连接的频率要高得多。

（4）某些类型的连接成分，如转题连接成分和题外连接成分，日语在数量上要比汉语丰富得多，在分类表意上也要比汉语细致一些。

（5）某些类型的连接成分，如预期结果、相反条件、毋论条件、推论、意外等，汉语连接成分多以词或固定词组的形式出现，日语则多以词组或小句的形式出现。换句话说，汉语这些类型的连接成分的固定化程度要比日语高。

（6）从连接成分的内部构成上来看，日语连接成分中指示词出现的频率要比汉语高很多，这应该说也和日语重"形式"、汉语重"意合"的特点有关。

例1：このぜんまい歯車もない時計がどのようにして時をきざむのかは，まだよく分かっていない。これから<u>さらに</u>研究を進めることによって，しだいに明らかにされるであろう。

译文：这个既无发条又无齿轮的钟是如何计时的，还不太清楚。不过，我想通过今后的进一步研究一定会逐渐弄明白的。

解说：这个日语句子属典型的追加连接型，是对先行句表达的事项进行进一步的追加描述，而相应的汉语句子，却不能把「さらに」译成"加上、而且、并且"等，而要用"不过"表示轻微的转折。日语重视的是下句对上句的追加描述，汉语则更重视上下文意的相逆。

例2：この用法が古くなったか。あるいは、人人がそれを避けるようになったか。もしくは今では多少の軽蔑感を持って表象的にそれを用いているかということである。

译文：或者是这一用法过时了，或者是人们已开始回避这一用法，或者就是当今人们多少带有一种轻蔑感而象征性地使用这一用法。

例3：その一つは、原子力を少しずつ取り出し、それを、熱や電気のエネルギーに変える。あるいはまた、放射性をもった元素を製造して病気をなおすとか材料を検査するとか、そのほか、いろいろなことに利用する。

译文：或者使原子能不断地发挥出来，把它变成热能或电能；或者制造出具有放射性的元素，用在医疗上、检查材料上，或在其他各方面加以利用。

例4：ここで修理しましょうか。さもなければ、テレビをお宅へ持ってゆきましょうか。

译文：就在这儿修理呢，还是把电视机送到府上去修理呢？

以上三例译成汉语，都变成了句内连接。例2有三个部分，分别用"あるいは"和"もしくは"连接。例3有两层选择，第一层用"あるいは"连接，属句子之间的连接，第二层用"そのほか"连接，同样属句内连接。例3，连接成分"さもなければ"如果直译，是"不然的话、否则"，但从整个文意以及"さもなければ"连接的上下文语境来看，归入选择关系是合适的，而不应归入相反条件关系。

例5：夕べかえってきたんですか、ご苦労さん。それはそうと、あの工事はどうなりましたかね。

译文：你是昨晚回来的吗？辛苦了。哎，那项工程进行得怎么样了？

解说：汉语口语中常用叹词转移话题，有时也用"说到、对了"之类提示新话题的开始。

例6：さて、それはともかく、私のビジネス人生を振り返ってみると、多分に幸運に恵まれたところが大きいと思う。と同時に、自分で大きな目標を立て、それに向かってがむしゃらに突き進んだことが良い結果を生んだのだろうとも思う。大なる目標には当然大なる困難がつきまとうが、自分の目標を信じる強さがあれば、乗り切って行けるものだ。

译文：且不说这些。每每回顾自己商海沉浮的一生，感慨自己备受幸运女神眷顾之余，也深深感到正是树立了远大目标，并为之披荆斩棘，勇往直前，才有了今天的成就。自然，目标愈高远，困难愈大。但只要信念坚定，就一定能乘风破浪，到达胜利的彼岸。

解说：原文中的"さて、それはともかく"本意为让步，结合上下文语境，理解为递进关系更为合适。再者，"と同時に"表并列，译文并未直译，而是用"之余"和"也"双管齐下，传达了原意，更具艺术效果。

思 考 题

1. 从宏观层面，思考并对比汉、日语基本结构单位。
2. 从宏观层面，思考并对比汉、日语句子结构。
3. 从宏观层面，思考并对比汉、日语话语组织法。
4. 从宏观层面，思考并对比汉、日语语言心理。

本 章 练 习

1. 日译汉

僕が永沢さんにせかされて何かをしゃべると女の子たちは彼に対するのと同じように僕の話にたいしてひどく感心したり笑ったりしてくれるのである。全部永沢さんの魔力のせいなのである。まったくたいした才能だなあと僕はそのたびに感心した。こんなのに比べれば、キズキの座談の才なんて子供だましのようなものだった。まるでスケールがちがうのだ。それでも永沢さんのそんな能力にまきこまれながらも、僕はキズキのことをとても懐しく思った。キズキは本当に誠実な男だったんだなと僕はあらためて思った。彼は自分のそんなささやかな才能を僕と直子だけのためにとっておいてくれたのだ。それに比べると永沢さんはその圧倒的な才能をゲームでもやるみたいにあたりにばらまいていた。

2. 汉译日

西安是与中国悠久的历史共存的中国最早的古都，历史上大约有13个王朝在此建都。这里也是通向罗马的丝绸之路的起点，作为东西文化的交汇地引人注目。特别是唐代的长安闻名于世，各个国家的人涌来于此，其中也有不少日本人。例如，弘法大师空海作为遣唐使来到长安，在青龙寺跟随惠果大师学习密教，回到日本后，创建了真言宗。另外一名是有名的遣唐使阿倍仲麻吕，他来到长安，努力学习，后来做了唐王朝的官吏，遣唐使中当了官的唯有他一人。他多次想回国，但最终没有回成，在长安生活了54年，后死于长安。

第四章　汉德语言对比与翻译

自教育部 2018 年初新版高中课程标准颁发，新课标规定在英、日、俄语的基础上，增加德语、法语和西班牙语科目①以来，国内已有相当多的高校开设德语课程。截至 2020 年底我国德语学习者人数已达 14.5 万，其中中学生约有 2.3 万名，且有 30% 的学生将其作为第一外语、70% 的学生将其作为第二外语学习，②开设德语专业的高校达 130 多所，③德语在中国越来越受到重视。此外，德语教材承载的文化使命应包括助力新形势下的德语教材编写、课程建设和人才培养，力求达到知识、语言和跨文化三位一体的要求，④促进德语教育更好地服务于构建"人类命运共同体"的目标，通过文化共现与互鉴培养学生的文化思辨能力，实现文化育人等⑤目标；通过分析德语形态、句法构式、修辞（如明喻、隐喻等）、篇章语义等方面的语言现象了解德语文化，以达到"兼顾学生语言水平和学科知识建构"⑥的要求等。

文化在外语学习中是不可或缺的学习内容。相较于对英语教材内容呈现、文化设计的研究，着眼于德语与汉语、教材内容呈现的教材寥寥无几。且德语教材本身的发展、更新与研究就已相当滞后，遑论德语与其他语种的语言对比教材。德语文化方面的教材在我国的发展明显与德语的发展态势不符。考虑到国内对德语教材与文化、语言学习的需求可能会继续增加，我们必须提供有质量保证的语言、文化学习教材和对比方法，以促进学习者对德语的了解与掌握。本节内容基于现有德语教材现状及其研究、中华人民共和国教育部相关德语课程标准与语言学习相关教材，进行汉德语言对比与翻译的研究。

---

① 见教育部官网：http://www.moe.gov.cn/jyb_xwfb/xw_fbh/moe_2069/xwfbh_2018n/xwfb_20180116/mtbd/201801/t20180117_324939.html。

② Auswärtiges Amt: Deutsch als Fremdsprache celtweit. Datenerhebung 2020[J/OL]. [2023-06-01]. https://www.auswaertiges-amt.de/blob/2344738/b2a4e47fdb9e8e273 9bab2565f8fe7c2/deutsch-als-fremdsprache-data.pdf.

③ 谢建文. 德语教育特色创建尝试与问题反思[J]. 外语高教研究，2020（0）：61-69.

④ 张晓玲. 我国高校德语专业本土化的内容——语言融合教学策略探究——以跨文化交际课程为例[J]. 外语教育研究前沿，2021（3）：57-64，94-95.

⑤ 葛囡囡. 中国德语教材文化呈现研究——以《当代大学德语》为例[J]. 外语教育研究前沿，2022（4）：61-68，93.

⑥ 刘齐生.《德语专业本科教学指南》与德语专业的学科转向[J]. 外语学刊，2020（5）：1-6.

第一节　汉语与德语形态对比与翻译

一、形态与认知：数性格

刘宓庆在其《翻译与语言哲学》[①]中提出，狭义的语言形态指"屈折形态"，所以每一种语言都有自己的特定形态。广义的语言形态应是语言非直观的"性质"与"功能"的"直观表象载体"，汉语语言形态不同于西方自我中心的"屈折形态"，汉字不具备屈折变化的生成机制。

因此，与德语相比，汉语的动词没有语态变化、时态变化、语气变化和"体"的变化，人称代词没有"格"的变化，名词没有"性"和"数"的变化，形容词没有"级"的变化。汉语把这一切都寄寓在词语的"意念"和"意念序列式（语序）"中，用"虚词"来表述，统统以社会语用的"约定俗成"为终极规范。[②]

（一）动词对数和性的反映

（1）我爱你，你爱我。

Ich liebe dich, du liebst mich.

这个例子交代了句子中两个十分基础但重要的语法：一是汉语的动词没有性和数的变化；二是德语中有相应变化。在汉语中，"爱"表示一个动作，不论主语是第一人称还是第二、第三人称，它都没有发生变化。而德语就大不相同。对一般表示动作的动词（不包括情态动词、助动词）来说，德语中有规则与不规则动词的现在时变位。"爱"在德语中的动词原型是 lieben，在上例中可以看出，以单数第一人称"我"ich 为主语时，动词词尾发生了变化：由 en 变成了 e；而以单数第二人称"你"为主语时，词尾又发生了变化：由 en 变成了 st。德语动词在使用时需要依据主语的不同而选择相应的词尾。同样，如果给出一个把主语去掉的句子，如：__liebst mich. 那么，可以依据这个词尾变形规律推出主语是"du"。谓语动词根据不同人称变换词尾是德语语法中最基础但又十分重要的语法点，与汉语形成了鲜明的对比。

德语中常用现在时表示正在进行的行为或存在的状态，现在时的词尾变化又分为规则动词变化和不规则动词变化，这些语法规律需要记忆，它是正确使用句法的基础。在此不再赘述，德语现在时的词尾变化规则如下。

①规则动词：词干＋现在时人称结尾（表4-1）。

[①] 刘宓庆. 翻译与语言哲学[M]. 北京：中译出版社，2019：470.
[②] 刘宓庆. 翻译与语言哲学[M]. 北京：中译出版社，2019：471.

表 4-1 规则动词变位

动词	词尾	machen	lernen	arbeiten	tanzen	
ich	-e	mache	lerne	arbeite	tanze	动词词干以 -t, -d, -ffn, -chn, -gn 等结尾，在 -st, -t 前加 e。
du	-st	machst	lernst	arbeitest	tanzt	
er/sie/es	-t	macht	lernt	arbeitet	tanzt	动词词干以 -s, -ß, -ss, -z, -tz 结尾，du 人称的动词变位中省去 -st 中的 -s
wir	-en	machen	lernen	arbeiten	tanzen	
ihr	-t	macht	lernt	arbeitet	tanzt	
sie/Sie	-en	machen	lernen	arbeiten	tanzen	

* 现在时表示目前正在发生的行为、存在的状态或将要发生的情况。

要注意：

德语动词皆以 en 结尾，其根据人称不同又有不同变化。

规则变化：仅词尾 n/en 发生变化弱变化与强变化变音，如 a, au, o 分别变为 ä, äu, ö（第二、第三人称单数使用）。

在德语文化里，平时用语与说话中常用现在时，但在德语中的小说或其他一些文体中，也用过去时。如：

（2）何为护官符？（你如何**理解**"护官符"？）（《红楼梦》第四回[①]）

Was **verstehst** du unter einer Protektionsliste?（Franz Kuhn 译[②]）

（3）贫贱之交不可忘。（《红楼梦》第四回）

Alte Freundschaften, die man in Zeiten der Armut und Not schließt, **soll** man später nicht **vergessen**.（Franz Kuhn 译）

（4）他学习物理。

Er **studiert** physik.

（5）上面字迹分明，镌着"通灵宝玉"四字。（上面**刻有**"通灵宝玉"四字。）（《红楼梦》第一回）

Auf der vorderen Fläche **waren** die vier Schriftzeichen tung ling pao yü >Edelstein der durchdringenden Geisterkraft< eingeschnitten.（Franz Kuhn 译）

（6）及**到**了他门前，**看见**士隐抱着英莲。（《红楼梦》第一回）

[①] 本章所引《红楼梦》中文出自：曹雪芹，高鹗. 红楼梦（中华经典小说注释系列）[M]. 启功，等校注. 北京：中华书局，2014.（该版本是以北京师范大学图书馆所藏程甲本为底本进行整理的《红楼梦》校注本，见该版本《红楼梦》序言。）

[②] 本章所引《红楼梦》德文译文出自：Kuhn F. Der Traum der roten Kammer[M]. Leipzig: Insel-Verlag, 1995.（一说 Franz Kuhn 翻译所依据的底本为程甲本。）

Vor Schi Yins Türschwelle blieben sie stehen und schauten ihn und sein Kind groß an. （Franz Kuhn 译）

（7）那僧便大哭起来，又向士隐道……（这时，和尚忽然长叹一口气，对甄士隐说……）（《红楼梦》第一回）

Dann hub der Bonze auf einmal laut zu seufzen an und sprach zu Schi Yin...（Franz Kuhn 译）

从以上例子中可见，汉语中无论人称、时态为何，动词都没有变形。而在译文中，例（2）～例（4）是都用了现在时，例（5）～例（7）都用了过去时。例（2）中的 **verstehst** 的词尾就是现在时第二人称 du 所用的动词词尾 st。例（3）中的 **soll** 是第三人称单数的动词现在时形式，而 **vergessen** 是在情态动词后使用的动词原型。例（4）中的 **studiert** 是第三人称单数的动词现在时形式。例（5）在汉语中的叙述逻辑是"玉的正面有四个字"，主语是"玉的正面"，而"字"是"玉的正面所有"。而在德语中，逻辑是"字在玉的正面上"，主语是"四个字符"vier Schriftzeichen，而"玉的正面"则被译为介词短语 Auf der vorderen Fläche。从中可见其中句式的变换。因此，译文中的谓语动词用了复数主语所用动词 **sind** 的过去时 **waren**。例（6）是讲述两位仙人化作一位跛脚道人和一位癞头僧人在凡间，来到甄士隐门前看到甄士隐抱着英莲便停下，看着甄士隐和英莲。主语是两位仙人，因此"站定""看"用了 stehenbleiben（立定）和 anschauen（注视）的过去时的复数人称所用动词形式 blieben stehen 和 schauten an。stehenbleiben 和 anschauen 是可分动词，因此把前缀与词分开，变位时只需要变词 blieben 和 schauten，而前缀不变。例（7）中的 **hub an**、**sprach** 都是用了第三人称单数的动词形式，两者是过去式。**anheben** 意为"开始叹息"。例（7）中主语是"和尚"，因此动词用的是第三人称单数所用的动词过去式"hub"和"sprach"，而 seufzen 在 zu 后用动词原型。

②不规则动词：词干（部分变音或换音）+ 现在时人称词尾（表 4-2）。

表 4-2 不规则动词变位

动词	geben	essen	lesen	fahren	laufen	haben
ich	gebe	esse	lese	fahre	laufe	habe
du	gibst	isst	liest	fährest	läufst	hast
er/sie/es	gibt	isst	liest	fährt	läuft	hat
wir	geben	essen	lesen	fahren	laufen	haben
ihr	gebt	esst	lest	fahrt	lauft	habt
sie/Sie	geben	essen	lesen	fahren	laufen	haben

不规则动词变化中要特别注意 e 变成短音 i 的语法现象，如 sprechen 变成 sprichst（第二人称使用）；或者 e 变成长音 ie，如 lesen 变成 liest（第二人称使用）等。如：

（8）Herr Wang **liest** ein Buch.

王先生读书。

（9）Monika **fährt** morgen nach München.

莫尼卡明天要去慕尼黑。

（10）**Fährst** du morgen nach Hannover?

你明天要去汉诺威吗？

（二）名词、人称代词对数性格的反映

另外，汉语的人称代词没有性与格的变化，但德语的人称代词有数性格的区分。以"格"来说，德语中有主语和宾语形态上的区分，因此要相应地采用不同的格，主语用第一格，表示定语的用第二格，表示某些所属关系的用第三格，有些宾语用第四格。

第一格（N）用作主语和表语。

第二格（G）用作定语，或受某些介词（wegen：由于）支配。

第三格（D）用作某些所属关系、某些介词和动词的宾语。

第四格（A）用作某些介词和动词的宾语。

需要牢记以下表格（表 4-3）。

表 4-3　名词数性格的变化

格＼性	m	f	n	pl
N	der	die	das	die
G	des	der	des	der
D	dem	der	dem	den
A	den	die	das	die

注：①阴性、中性和复数名词的第一和第四格的形式在任何时候均相同；②第三格通常指人。

相类似的还有如下词：

单数 dieser, jener, mancher, solcher, welcher, jeder（以阳性形式为例）。

复数 alle, viele, weinige, einige, mehrere, keine。

另外，德语名词词尾也会发生变化（表 4-4）。

表4-4 名词词尾变化示例

数	格	阳性 m.	中性 n.	阴性 f.
单数 Si	N	der Tisch	das Buch	die Uhr
		ein Tisch	ein Buch	eine Uhr
	G	des Tischs	des Buchs	der Uhr
		eines Tischs	eines Buchs	einer Uhr
	D	dem Tisch	dem Buch	der Uhr
		einem Tisch	einem Buch	einer Uhr
	A	den Tisch	das Buch	die Uhr
		einen Tisch	ein Buch	eine Uhr
复数 Pl	N	die Tische	die Bucher	die Uhren
	G	der Tiche	der Bucher	der Uhren
	D	den Tischen	den Buchern	den Uhren
	A	die Tische	die Bucher	die Uhren

* 复数第一格以 -e，-er，-el 结尾，复数第三格加 -n。

* 阳性和中性的单数名词第二格加 -s。

*-s,-ß ,-x,-z 结尾的名词和许多单音节名词，单数第二格加 -es。

* 阳性弱变化名词第二格词尾加 -en 或 -n。

少数几个阳性名词变格使用弱变化，第二至第四格词尾加 -n 或 -en（表 4-5）。

表4-5 弱变化名词变格

名词 \ 格	N	G	D	A
大学生	der Student	des Studenten	dem Studenten	den Studenten
先生	der Herr	des Herrn	dem Herrn	den Herrn
讲师	der Dozent	des Dozenten	dem Dozenten	den Dozenten
职员	der Angestellte	des Angestellen	dem Angestellen	den Angestellen
人	der Mensch	des Menschen	dem Menschen	den Menschen
生物学家	der Biologe	des Biologen	dem Biologen	den Biologen
同事，同行	der Kollege	des Kollegen	dem Kollegen	den Kollegen

汉语中，无论人称代词是作主语还是宾语，人称代词如"你""我""他""你们"等都没有发生任何改变，在数量上，一般复数的表述是在代词后加上"们"，如"他"与"他们"，"我"与"我们"等。如：

（11）道人道："既如此，便随**你**去来。"（《红楼梦》第一回）

（12）士隐听得明白，心下犹豫，意欲问**他**来历，只听道人说道："**你我**不必同行，就此分手，各干营生去罢，三劫后**我**在北邙山等**你**……"（《红楼梦》第一回）

（13）想**他**定是我家主人常说的什么贾雨村了，每有意帮助周济**他**，只是没甚机会。（《红楼梦》第一回）

（14）若姊妹们不理**他**，**他**倒还安静些；若一日姊妹们和**他**多说了一句话，**他**心上一喜，便生出许多事来。（《红楼梦》第三回）

（15）**我**怎么没有见过**他**，你带**他**来我瞧瞧。（《红楼梦》第三回）

（16）**你们**赶早打扫两间下房让**他们**去歇歇。（《红楼梦》第三回）

在德语中，"我"作为主语使用 ich，作为宾语则使用 ich 的宾格形式（在德语中也称为第四格）mich。同理，"你"在德语中作为人称代词的主格是 du，宾格是 dich。第三人称及复数也有相应的变化。见表 4-6。

表 4-6　人称代词第四格

格	Sing					
N（单数）	ich	du	er	sie	es	Sie（尊称）
A（单数）	mich	dich	ihn	sie	es	Sie
N（复数）	wir	ihr	sie			Sie（尊称）
A（复数）	uns	euch	sie			Sie

如：

（17）知**他**正要请一西席教训女儿，遂将雨村荐进衙门去。（《红楼梦》第三回）

Fand er die geeigneten Mittler und Fürsprecher und erhielt dank ihrer Empfehlung den Erzieherposten im Hause Lin.（Franz Kuhn 译）

（18）若论荣国一支，却是同谱。（《红楼梦》第二回）

Hm, es ist richtig, **wir** stehen im selben Geschlechtsregister verzeichnet.（Franz Kuhn 译）

这是贾雨村回应上文子兴所说"你们同姓，岂非一族？"之语，译文直译的意思是：要这么说，我们是在同一族谱上。

要十分留意的是，德语中都需要根据名词的性选择不同的人称代词。如画 das Bild 是中性，代词用 es；桌子 der Tisch 是阳性，代词用 er；女人 die Frau 是阴性，代词用 sie。如：

（19）Das Bild（Es）ist schön.

这幅画（它）很美。

（20）Der Tisch（Er）ist groß.

这张桌子（它）很大。

例（19）和例（20）中，在汉语里若用人称代词来指代"画"和"桌子"，那么都用表示无生命物体的"它"。但在德语中，"画"的名词和"桌子"的名词属性不同，"画"是中性，因此要用中性的代词"es"，"桌子"是阳性，因此要用阳性的代词"er"。由此，对比之下可见汉语与德语之间的不同之处甚多。

二、从语言学角度思考汉语与德语的基本形态特征

另外，还可以从语言学的角度来思考，或许能更好地掌握汉语、德语的基本形态特征。语言学依据语言的句法特征将世界上的语言大致分成"分析语"和"综合语"。分析语的句法特征是，主要靠词序和虚词来表示各种句法关系；综合语的特征是，各种句法关系主要靠构形形态所显示的一致关系和支配关系范畴来表示。[①]

汉语由于方言、习语抑或习惯用法几乎完全依赖词序和词类表示句法关系和句子结构，是典型的分析语。[②]相比德语，汉语小句语义配置结构"更显松散，逻辑-语义关系具有不确定性"[③]。汉语的简单句是最常使用的句型，它并不具备类似西方语言那样的结构特征，句子与词组之间没有严格的结构上的差异。主谓结构不是句子得以成立的必要条件，甚至有些类型的主谓结构是黏着的格式。[④]如：

（21）大家走的走，散的散。

（22）说是说了……

例（21）、例（22）中，汉语的松散显而易见。两个句子结构类似但稍有不同，例（21）使用了"V 的 V"结构，例（22）使用了"V 是 V"的结构，这在德语中不太可能出现，但在汉语中却是常态。吕叔湘在《汉语语法分析问题》[⑤]一文中认为"汉语缺少严格意义

[①] 沙平. 形态 词序 虚词——关于语言类型学分类及汉语语法特点的检讨[J]. 福建师范大学学报（哲学社会科学版），1999（4）：85-91.

[②] [英]罗·亨·罗宾斯. 普通语言学概论[M]. 李振麟，胡伟民，译. 上海：上海译文出版社，1986：411.

[③] 何伟，仲伟. 从语言元功能的编码方式看英汉语本质差异[J]. 当代修辞学，2021（5）：26-36.

[④] 沙平. 形态 词序 虚词——关于语言类型学分类及汉语语法特点的检讨[J]. 福建师范大学学报（哲学社会科学版），1999（4）：85-91.

[⑤] 吕叔湘. 汉语语法分析问题[M]. 北京：商务印书馆. 1979：11.

上的形态"。多数情况下汉语不需要类似语法手段，而是以直接融入语境的方式赋予小句人际潜势。[①]汉语的时体标记并不依附于动词而是由名词来担任动词时体范畴的"宿主"，[②]甚至不少学者持"汉语有体无时"之观点[③④⑤]，或就汉语时体范畴的"有"[⑥⑦]与"无"[⑧⑨⑩⑪⑫]之间展开争议。而且，汉语的主语和谓语都很难做出语法形式上的规定，它只是语义上的或语用上的。所以汉语的简单句离开了语调、语气等语用成分则很难辨认，并且具有十分强的审美意识与性质。刘宓庆[⑬]认为，汉语的"无形态"也是一种形态，或可被称为"模糊形态"。

德语十分依赖词尾的屈折变化来表示语法关系，归属综合语的范畴。不仅动词需要通过词尾变化来保持人称、时态、支配关系等的一致性，名词也会有相应变化，并需要根据其在句子中所起的成分作用来判定变化形式。德语中名词一般由冠词带出，变化也主要表现在冠词的变形上。如：

（23）Der Hund bellt.

狗在叫。

（24）Ich locke den Hund.

我引诱小狗。

（25）Die Straße ist weit weg.

路很远。

（26）Sie tanzen auf der Straße.

他们在路（街）上跳舞。

德语中有四格，例（23）与例（25）的第一句中名词"小狗""路"都是第一格（N）。第一格用作主语、表语，与英语中的主语、表语用法类似。在例（23）和例（24）中，

---

① 何伟，仲伟．从语言元功能的编码方式看英汉语本质差异[J]．当代修辞学，2021（5）：26-36.
② 王灿龙．名词时体范畴的研究[J]．当代语言学，2019（3）：317-332.
③ 王力．王力选集[M]．郭锡良，编．长春：东北师范大学出版社，2002：222.
④ 高名凯．汉语语法论[M]．北京：商务印书馆，2011：212.
⑤ 戴耀晶．现代汉语时体系统研究[M]．杭州：浙江教育出版社，1997.
⑥ 朴珉娥，袁毓林．汉语是一种"无时态语言"吗？[J]．当代语言学，2019（3）：438-450.
⑦ 张济卿．汉语并非没有时制语法范畴——谈时、体研究中的几个问题[J]．语文研究，1996（4）：27-32.
⑧ 胡建华．论元的分布与选择——语法中的显著性与局部性[J]．中国语文，2010（1）：3-20.
⑨ 曹道根．汉语中的格标效应[J]．外国语，2012（3）：51-58.
⑩ 曹道根，许凌春．"真"无时态语言研究[J]．当代语言学，2017（1）：93-121.
⑪ 曹道根，许凌春．汉语是一种"（半）时态语言"吗？[J]．当代语言学，2019（3）：451-465.
⑫ 罗天华．汉语是作格语言吗——作格格局是什么和不是什么[J]．当代语言学，2021（1）：114-129.
⑬ 刘宓庆．翻译与语言哲学[M]．北京：中译出版社，2019：471.

名词"小狗"由主语"第一格"变成宾语"第四格",其名词变化主要体现为定冠词 der 变成了 den。同样,在例(25)、例(26)中,die Straße 变成了 der Straße,der 说明原本应该用 die 的 Straße 用了第三格。根据德语的"静三动四"原则,可知这是个动态的动作,与句子所表达的一致。如果是一直在街上静止不动的东西,如路灯,那么就应该是用第四格 auf den Straße。德语仅仅只是一个动词,就有"静三动四"原则这种静态与动态的严谨区分并表现在定冠词上,足可说明德语的细致程度。

由于德语的词汇中动词和名词占了绝大部分,这使得德语具有严格的语法构成与明显的框架结构。这同时也说明,德语是形态比较丰富的语言,[①②] 充当不同句法功能的动、名词短语携带不同的形态标记。德语的主格和宾格通常显示在名词形态、冠词形态或其修饰语形态上,学习者可能会对句中带格标记名词产生亲切感。[③]

汉语时体宿主的超形态定位,是指不以词形变化来体现时体范畴,而是由名词、副词、介词等独立词类或结构来承担时体范畴的宿主职责。[④] 格标记语言使用格标记是有选择的。例如,在曼尼普尔语中,当施事是有生命的、具有施动意图和控制能力的人时,需要带主格标记;在印地语中,当受事是有生命的名词时,为了避免其被理解为施事,需要带上宾格标记。在西班牙语和土耳其语中也有类似现象。这说明格标记具有一定的功能,或用来识别施事或用来区别于施事。[⑤⑥⑦] 德语就是格标记语言。如上例中的"狗"一单词,如果以 der Hund 的形态出现,那么它就带有第一格(主格)的标记,因为定冠词的第一格就是 der;如果以 den Hund 的形态出现,那么它就带有第四格(宾格)的标记,因为定冠词的第一格就是 den。再如上例中的 bellt,原型是 belle,而动词以 e 结尾则说明它是第一人称单数主语"我"发出的动作。相对而言,德语比汉语有更高的线索强度。这也导致德语本身带有极强的逻辑性与思辨性。

---

① 胡建华,彭鹭鹭. 探究儿童句法结构生长的奥秘——走向儿童语言获得双向生长模式[J]. 当代语言学,2022(3):317-349.

② 韩景泉,韩流. 英语从句论元的结构格赋值及相关理论问题[J]. 外语教学与研究,2022(3):323-335,478.

③ 王路明,徐田燃. 母语形态重要吗?——汉语者和德语者学习人工语言格标记规则的行为和 ERP 研究[J]. 外语教学与研究,2022(2):252-264,320.

④ 王小穹. 汉语时体宿主的超形态定位:"尚未VP之前"的是与非[J]. 西南大学学报(社会科学版),2022(5):221-232.

⑤ Aissen J. Differential Object Marking: Iconicity vs. Economy[J]. Natural Language&Linguistic Theory,2003,21(3):435-483.

⑥ Malchukov A. Animacy and Asymmetries in Differential Case Marking[J]. Lingua,2008,118(2):203-221.

⑦ 王路明,徐田燃. 母语形态重要吗?——汉语者和德语者学习人工语言格标记规则的行为和 ERP 研究[J]. 外语教学与研究,2022(2):252-264,320.

三、汉语与德语翻译间的逻辑性与思辨性

汉德翻译与其他汉外翻译较为显著的不同，就在于德语语言本身所带有的哲学性与思辨性。深入来说，在语言层面，德语背后所隐藏的哲学与思辨体系决定了德语的语言必定是以严谨有序、环环相扣的表达形式出现；在翻译层面，德国人的翻译思想具有思辨性、暧昧性、狂热性。思辨，是这个诗哲民族的民族特性决定的，他们一方面可以把任何事情都谈得玄而又玄、不接地气，另一方面，他们的玄思亦不乏严密的逻辑和瑰丽的想象。① 德语与黑格尔的思辨哲学紧密相连。黑格尔②认为，一种语言假如具有丰富的逻辑词汇，也就是对思维本身有专门的和独特的词汇，那就是它的优点；介词和冠词中，已经有许多属于这样的基于思维的关系。对于通过语法成分转化等方式表达思辨精神，德语"相较其他近代语言有许多优点，德语有些字非常奇特，不仅有不同的意义，而且有相反的意义，以至于使人不能不从中看到语言的思辨精神"，而"中国语言在这方面的表现，可以说简直没有，或极少达到这种地步"③。思维通过语言的"编码手段"引导、架构、表现出来，一种文化也是透过语言的"编码"与自然、现实发生联系。④

语言在一定程度上决定了一个人的世界观以及他表述、理解的方式。作为"特定社会"的成员，他们是通过自己特有文化的语言和其他规范行为来解释他经验的现实。意即当现实以他的代码形式呈现于他面前时才能被他真正把握。这并非意指现实本身是相对的，而是说现实是由不同文化的参与者以不同的方式划分和归类的，或者说，他们注意到的或呈现在他们面前的是现实的各个不同的方面。⑤ 以一个十分典型的例子来进一步说明：西方马克思主义法兰克福学派代表人之一阿多诺曾把自己离美返德的原因之一归为"语言"⑥。"返回德国的决定，不是因为简单的主观需要和思乡情结。客观上的原因可以归为语言，因为德语对哲学、对其沉思的契机有一种特别的、有选择的亲和性（elective affinity），用新语言时不能像用母语般以思想链条中的细微差别与韵律去精确地表达他

---

① 黄燎宇. 从翻译盛世到翻译大国——《异域的考验》读后[J]. 读书, 2022(11): 91-98.
② [德]黑格尔. 逻辑学（上）[M]. 杨一之, 译. 北京: 商务印书馆, 1966: 4.
③ 刘萌. "Sein"的系词含义与黑格尔逻辑学体系的建构[J]. 中南大学学报（社会科学版）, 2016(3): 8-14.
④ 魏博辉. 论语言对于思维方式的影响力——兼论语言对于哲学思维方式的导向作用[J]. 河南大学学报（社会科学版）, 2013（4）: 14-20.
⑤ [英]特伦斯·霍克斯. 结构主义和符号学[M]. 瞿铁鹏, 译. 上海: 上海译文出版社, 1987: 24.
⑥ 赵勇. 印刷文化语境中的现代性话语——为什么阿多诺要批判文化工业[J]. 天津社会科学, 2003（5）: 100-106.

自己的意思。"① 在斯宾格勒眼中，德语是一种"学者语言"②，这意味着它不单单在通常的意义上造就了一批哲学思辨者，以致德国成了一个盛产哲学家的国度，而且意味着经过康德、黑格尔、席勒、马克思以来许多哲学家批判活动的打磨之后，批判的思维与定势已经内化到了德语的语法结构之中，德语因此成了最适合学者生产思想、从事批判活动的语言之一。③ 当然，这也不是完全没有弊处的。德语固然能够表达思想的一切精微奥妙之处，但由于结构的复杂、句式的冗长，读者也可能倍觉晦涩烦琐、单调沉闷，以致令人浑然欲睡。④

不同的语言有不同的思维。德国人的思维方式严谨缜密，这在语言使用中可略见一斑。在德语中往往会涉及行为的方式，以"去某地为例"，如果是选择步行或使用其他自动力方式，用动词 gehen；如果是乘车则选用动词 fahren，骑马选用动词 reiten。将德语作为二语的学习者，极易受到母语思维的影响，在表达中不强调这些具体方式，因而不能充分体现德语语言"思辨的精神"和"思辨的语言"的特质。⑤ 与之相比，汉语往往用"去"一词来表达。虽然在汉语中也有走路、骑车等表达行为方式的动词，不过在一般情况下，说汉语的人们并不必把它们一一说清楚。⑥

通过以上分析，不难理解，作为一种语言形态，汉语与德语相比，汉语的特点表现为绵密、细微、言约义丰等。⑦ 历史地看，语言形态常与语言的表述形式相关，汉语与德语互译中语言形式确有其不可忽视的意义。如果说，"言说的风格即其哲学"⑧，那么，德语哲学最显著的表述方式应该可以归于"思辨地说"。它更多地体现在德语文学作品中。文学方向的课程不仅可以通过分析德语文学作品提高学生的文学赏析能力，也可以让学生在品读中学习到丰富的德语表达手段，在批评中提高思辨能力。⑨

以上论断也能在相关的译论中窥见端倪。如根据译者的国籍及其归属地，可以发现，

---

① Adorno T W. Auf die Frage: Was ist deutsch[C]//Adorno T W. Kritische Modelle 2. Frankfurt: Suhrkamp, 1969: 110.

② ［德］奥斯瓦尔德·斯宾格勒. 西方的没落[M]. 齐世荣，等译. 北京：商务印书馆，1963：287.

③ 赵勇. 印刷文化语境中的现代性话语——为什么阿多诺要批判文化工业[J]. 天津社会科学，2003（5）：100-106.

④ 滕毅. 法、德民法典文风差异的文化诠释——兼谈未来我国民法典文风的确立[J]. 法商研究，2005（5）：147-154.

⑤ 鞠晶，王晶芝. 语言相对论视角下的二语输出障碍成因探究[J]. 东北师大学报（哲学社会科学版），2019（3）：66-71.

⑥ 桂诗春. 新编心理语言学[M]. 上海：上海外语教育出版社，2006：568.

⑦ 杨国荣. 汉语哲学与中国哲学——兼议哲学话语的内涵与意义[J]. 社会科学，2022（11）：30-35，139.

⑧ 杨国荣. 汉语哲学与中国哲学——兼议哲学话语的内涵与意义[J]. 社会科学，2022（11）：30-35，139.

⑨ 刘齐生.《德语专业本科教学指南》与德语专业的学科转向[J]. 外语学刊，2020（5）：1-6.

德国学者所提出或奉行的译论多靠近哲学方面，如施莱尔马赫、本雅明·诺德、斯内尔·霍恩比以及霍姆斯等多奉行诠释学或阐释学派，与英国学者如苏珊·巴斯内特、纽马克、德莱顿等所提的文化转向主张有所不同。

汉语中也存在"思辨地说"，意指趋向于以超经验的方式勾画世界的图式或宇宙的模式，汉语中的道、心、理等概念，便为这种言说方式提供了语言形式。在这种文化背景下，中国传统文化中的知识智慧、思辨理性等具有时代意蕴的鲜活内容也在不断更新与发展，甚至在20世纪初，德语国家陷入文化危机时曾对德语作家文艺创作、社会意识和文化思想三个方面产生了一定的影响。① 但汉语更为典型的表述方式是"诗意地说"，意指侧重于用诗的语言、以叙事的方式来表述哲学观念。②

与近年来盛行的汉英语言研究不同，关于汉德语言对比的研究不多，相关研究成果相互借鉴较少，二者之间缺少全面、系统的对比，对各自民族认知、思维等方面的体现与价值也未被深度挖掘。目前，德语属于印欧体系，其语言形态与印欧语逻辑框架具有一定的相关性与互鉴性，因此也可以参考一定的汉英对比方法，以更合理有效地进行汉德语言对比分析。如，据邵惟韺、邵志洪就英语专业八级考试TEM8（2011）汉译英试题语篇特点的研究，汉语是语义型语言，英语是形态型语言。③ 德语与英语同样是形态性语言，那么德汉翻译评判的标准是否也可以部分参考英汉翻译的标准？如汉译德重在表现德语形态型语言特点，汉译德译文形态的问题不仅会影响译文"语言通顺、流畅"，而且还会直接影响译文的"忠实性"。因此，需要对汉德语进行对比，以便更好地区别两种语言的差异，进行汉德间的翻译。

第二节　汉语与德语语音对比与翻译

语音是一种语言的基本表达方式，但其重要性不可忽视。语音是人和人进行信息传递的重要方式之一，也是传递情感的重要媒介。④ 成人在母语语言习惯基本形成后便会逐渐丧失感知非母语音位对立（phonemic contrasts）的能力，二语学习者的语音习得水平与其他语言能力（如词汇、语法等）相比存在一定的差距，且更易出现习得能力停滞

---

① 刘卫东. 新时代中国文化走出去的若干思考——基于20世纪初德语作家对中国文化的吸收与借鉴[J]. 毛泽东邓小平理论研究，2021（2）：84-90，108.

② 杨国荣. 汉语哲学与中国哲学——兼议哲学话语的内涵与意义[J]. 社会科学，2022（11）：30-35，139.

③ 邵惟韺，邵志洪. 汉英语义和形态对比与翻译实践——TEM8（2011）汉译英试卷评析[J]. 解放军外国语学院学报，2012（5）：75-80.

④ 张卫，贾宇，张雪英. 自编码器和LSTM在混合语音情感的应用[J]. 计算机仿真，2022（11）：258-262.

现象。[①]因此语音习得作为二语习得研究的重要课题也正在得到不少学者的关注,涉及二语语音感知及与产出的相关性研究[②]、语音特征组合网络、负责情感特征和性别特征及情感和性别分类等的模型[③]等。本章将从语音学和相关研究及其结果两个角度来开始考察汉德语语音的基本特点及其共性与特性并对其进行分析。本章的第一节介绍德汉语语言的基本特征。第二节是德汉语的相关语音研究的介绍与分析,以便读者能在汉德语音的研究中,进一步进行两种语言的对比,加深认识。

一、汉德语语音的基本特征

汉语词汇的发音依赖拼音,要熟练正确地读出汉字,首先要习得拼音。否则在阅读无拼音标注的文本、单独字形时,容易出现"只知其意,不知其音"的现象。其发音又有声母、韵母、平舌、翘舌之分。汉语拼音共有 63 个。其中声母共有 23 个(b、p、m、f、d、t、n、l、g、k、h、j、q、x、zh、ch、sh、r、z、c、s、y、w),其发音特点为轻短;韵母共有 24 个(其中又有 6 个单韵母 a、o、e、i、u、ü,9 个复韵母 ai、ei、ui、ao、ou、iu、ie、üe、er,5 个前鼻音 an、en、in、un、ün,4 个后鼻音 ang、eng、ing、ong),发音特点为重长;还有 16 个整体认读音节(zhi、chi、shi、ri、zi、ci、si、yi、wu、yu、ye、yue、yuan、yin、yun、ying)。拼读时声母在前,韵母在后,须搭配拼读,方可正确发音。其中要注意的是韵母"ü",与"n、l"搭配发音时用"nü、lü",如果和"j、q、x、y"在一起时则用"ju、qu、xu、yu"。

拼音中的平翘舌、音调也是需要区分的难点。如 c 是平舌,舌头轻轻抵在上牙龈内部,口型作微笑状,齿间留有细缝,使气流从舌与齿中挤出,使发音扁平。ch 是翘舌,需要舌头翘起,下部留有一定悬空而致的空间,口型张开,上下齿对齐,使气流从上下齿中挤出,使发音饱满。拼音采用四个声调符号来表示阴平、阳平、上声、去声四个调类。

德语单词没有音标,在单词中,每个字母基本可以按照自身发音直接拼出。其主要基本规则如下。

1. 元音字母发长音

(1)元音重复发长音:如 Waage、Tee、Boot。

(2)ie 发长音 [i:]:如 die、Sie、wie。

(3)元音 +h:ihn、nah、ohne、Ehe。

[①] Polka L, Werker J F. Developmental changes in perception of nonnative vowel contrasts[J]. Journal of Experimental Psychology: Human Perception and Performance, 1994, 20(2):421-435.

[②] 任宏昊. 二语语音感知及与产出的相关性研究——来自日语促音习得的实验证据[J]. 外语教学理论与实践, 2022(3):115-127, 162.

[③] 宋羽凯, 谢江. 基于多任务学习的轻量级语音情感识别模型[J]. 计算机工程, 2023(5):122-128.

（4）元音结尾/自成音节：Adam, haben。

（5）元音加辅音：gut, Hof, Tag, wen。

2. 短音

（1）元音+两个及以上辅音：kommen, ist（hoch obst 除外）。

（2）元音加一个辅音：das, ob, mit。

（3）e 为非重读章节：[e] :Name, Waage。

（4）s 只在元音前发 [z]。

（5）v 在外来词首发 [v]：Visa, Vase；发 [f]：von, viel, positiv。

3. 重音

（1）德语单词（复合名词）重音一般在第一个章节上：Mappe, haben, Sagen, Tischtennis, Supermarket。

（2）非重读前缀：be, ge, ver, zer, ent, emp 等，重音在后：besuchen, gefallen, erklren。

（3）外来词重音在倒数第二个章节：Musik, Student。

二、汉德语语音对比及其相关研究

语音中不仅包含语义信息，而且包含丰富的情感信息[1]，具有极高的研究意义，目前已有相当一部分研究涌现。如有学者建立藏语情感语音数据库来进行研究，证明语音情感对人机交互起着重要的作用；还有研究[2]通过视觉情境眼动实验，考察德语母语者和高水平中国德语学习者口语句子加工中的语音预测效应；有的研究认为，德语母语和二语句子加工中均存在语音预测效应[3]等。为了充分挖掘语音中的语义信息、分析语音中的情感，构建全面、合理的语音情感数据库逐渐成为学者们采用的新方法。如2005年柏林工业大学构建了德语情感语音数据库 EMO-DB[4]，该数据库包含中性、生气、恐惧、高兴、悲伤和厌恶等六种语音情感类型。2008年中科院自动化所建了汉语情感语料库 CASIA[5]，该数据库中汉语包含高兴、悲哀、生气、惊吓、中性等六种语音情感类

---

[1] 彭毛扎西，才智杰，才让卓玛. 藏语情感语音数据库构建 [J/OL]. 北京大学学报（自然科学版）：1-10. [2023-01-10]. DOI: 10. 13209/j. 0479-8023. 2022. 121.

[2] 吴晓钢，朱珩. 德语母语与二语语音预测效应的比较研究 [J]. 现代外语，2022（6）：833-843.

[3] Hopp H. Learning (not) to Predict: Grammatical Gender Processing in Second Language Acquisition[J]. Second Language Research, 2016, 32（2）：277-307.

[4] Burkhardt F, Paeschke A, Rolfes M, et al. A database of German Emotional Speech[J]. Interspeech, 2005: 1517-1520.

[5] 韩文静，李海峰，阮华斌，等. 语音情感识别研究进展综述 [J]. 软件学报，2014（1）：37-50.

型。①通过搜索语料库与建立情感语音数据库，将德语的情感类型（包括中性，生气，恐惧，高兴，悲伤，厌恶）与汉语的情感类型（包括高兴，悲哀，生气，惊吓，中性）进行对比，通过每类情感类型的句子数量能够进行更深入的探究。

这些研究进一步突显了德汉语音至少在两方面上的不同特征：一是在一定程度上掌握语言后，语音可以促进听者进行一定的情感判断与预测。特别在德语这种词汇以词尾变形、与介词搭配时有各种形态变化以及对句子的升降调都有明确要求的语言中，其严谨思想与丰富感情的表达都有赖于正确的语音。这说明德语语音与汉语语音在形态、句调等方面有很显著的差异，如德语句子中各种词汇的变格，包括其词尾的不同、词缀的分合等各种变化在语音中也要有所体现，而汉语却没有如此严谨的要求。进一步究其本质，可以看到德语名词具备了汉语所没有的语法性别系统，这使得理解者除借助句义预测名词外，还可进一步将性别标记词与其他词类（如冠词或形容词词尾）进行比对，在说话者还未完全说完时，听话者早已能够根据标记对说话者语域范围进行预测，揣摩说话者意图。当然，对这些语音方面的行为与规律进行深入研究，有助于深化二语习得，特别是口语与听力中对两种语言语音与语法的理解，使学习者增强对语音预测通达机制的认识。二是语音与认知关系方面，在德语与汉语这两种语言中这种关系的显现程度也具有明显的差异。在德语语言中，正确语音语调可以预测语义与说话者的目的。与德语相比，汉语语调并不受句法特征影响，这对于从小并未学习过汉语的人来说，造成了极大的语言学习障碍。相比之下，德语在此呈现出极大的跨语言特异性。

第三节　汉语与德语词汇对比与翻译

词汇是一门语言学习、运用、翻译的基础。没有词汇，就如同一座高楼没有地基，有时能勉强建成，但岌岌可危。而对于极为强调严谨性的德语来说，更是如此。一般来说，很多学者在对词汇进行研究和对比时会在其著作中对词汇进行基本语和外来语的区分，并详细说明哪些是直接挪用，哪些是以音化名，哪些是改变了些许词尾等。但实际上，在如今全球化浪潮的影响下，对于德语来说，这类外来词汇已经成为这个民族文化语言发展中极为重要的组成成分与推动因素。基本语与外来语在实际使用中并不会被予以特别区分。在这种背景下再来区分基本语与外来语意义不大。因此，本节从不同词类出发，主要对词汇中常用的名词、物主代词、否定词、动词、介词等词类进行对比，以及对汉德语言中较为明显和需要注意的易混点进行分析和举例说明。

---

① 彭毛扎西，才智杰，才让卓玛．藏语情感语音数据库构建[J/OL]．北京大学学报（自然科学版）：1-10. [2023-01-10]. DOI: 10.13209/j.0479-8023.2022.121.

一、名词

在各类语言词汇中，一般来说基本词的数量最多。在基本词中又以名词为重。王力[①]将名词基本词分为"自然现象"如风雨雷电、"肢体器官"如手足口鼻、"方位时令"如东南西北春夏、"亲属名称"如叔母伯仲、"生产活动"如鱼禽稻谷、"物质文化"如宫玉殿室等六类。

相较而言，汉语中名词没有标志性的特征，而德语名词前往往带有冠词或不定冠词，且名词第一个字母一般大写，在句子中也如此。如 der Man liebt den Frau。不定冠词为 ein/eine。定冠词有 der、das、die，分别代表了名词的阳性、中性与阴性三种性属，并有单、复数两种形式和四个格的变化。阳性、中性与阴性可分别用简写 m、n、f 来表示。德语中名词为复数时，就不再有性了，冠词一律为 die。这种定冠词在汉语中就相当于这个、这些、这条、这篇等，也有不定冠词如一个、一群等。两者的区别是德语中的定冠词是必须的，因为它不仅表示字面上的"这"等意思，它还是这个名词的一部分，在句子中也充当着不可忽略的语法成分。但汉语中则可以选择不带冠词或指示词。如：

（1）**其他学生**在哪儿？

Wo sind die anderen Studenten?

（2）**一个**人问我。

Ein Man fragte mich.

（3）上无**亲母**教养，下无**姊妹兄弟**扶持。（《红楼梦》第一回）

Du entbehrst hier den Rat und die Führung einer Mutter und die heitere Gesellschaft von Schwestern.（Franz Kuhn 译）

（4）忽见**一个**丫鬟来说："老太太那里传晚饭了"。（《红楼梦》第三回）

Eine Dienerin trat ein und meldete, die alte Tai tai lasse zum Abendessen bitten.（Franz Kuhn 译）

从例（1）到例（4）中可见，在中文里许多称谓如学生、母亲、姊妹兄弟等都不需要冠词或量词，但德语中，一般来说都要有冠词或不定冠词，如 die anderen Studenten，einer Mutter。而在译文中的姐妹 Schwestern 没有冠词是因为这里与 von 搭配表示第二格"……的"，意为"姐妹的相伴扶持"。

为了准确地运用冠词与不定冠词，更好地体会德语中严谨的思维，需要牢记以下表格（表4-7、表4-8）。

[①] 王力. 汉语史稿[M]. 北京：中华书局，2004：562.

表 4-7　定冠词与不定冠词

冠词	形式				功能
	m	f	n	pl	
定冠词	der	die	das	die	表示名词的数、性、格。 表示已知或特定的人或事物
不定冠词	ein	eine	ein	-	表示名词的数、性、格。 表示泛指或首次提及的人或事物

表 4-8　定冠词与不定冠词应用示例

德语（定冠词）	德语（不定冠词）
der Man	ein Man
das Kind	ein Kind
die Frau	eine Frau
die Frauen	ein Artikel（阳性）

（5）有个男人问我。

Ein Man fragte mich.

Ein 表示其后跟的 Man 是阳性名词或中性名词，但绝不会是阴性名词。

二、代词、物主代词及其第四格

除此之外，名词常跟物主代词在一起，如汉语中，常说"我的东西""我的妈妈"，这时汉语中的名词前只须直接加上物主代词。但是在德语中，物主代词的词尾也要随着名词的词尾变化，变化规律与定冠词一致。在这个意义上，物主代词就代替定冠词起着相应的语法作用。物主代词的第一格及第四格见表 4-9。

表 4-9　物主代词的第一格及第四格

人称代词	性/数	m	f/pl	n
ich		mein	meine	mein
		meinen	meine	mein

续表

人称代词 性/数	m	f/pl	n
du	dein	deine	dein
	deinen	deine	dein
er	sein	seine	sein
	seinen	seine	sein
sie	ihr	ihre	ihr
	ihren	ihre	ihr
es	sein	seine	sein
	seinen	seine	sein
wir	unser	unsere	unser
	unseren	unsere	unser
ihr	euer	eure	euer
	euren	eure	euer
sie	ihr	ihre	ihr
	ihren	ihre	ihr
Sie	Ihr	Ihre	Ihr
	Ihren	Ihre	Ihr

注：ihr：你们，她/他/它们的，她（第三格）。

（6）这林黛玉尝听得母亲说过，他外祖母家与别家不同。他近日所见的这几个三等的仆妇，吃穿用度，已是不凡，何况今至其家。（《红楼梦》第三回）。

Sie hatte zu Hause **ihre Mutter** oft von dem Reichtum und dem großartigen Stil reden hören, der bei der Verwandtschaft in der Hauptstadt herrsche. Einen Vorgeschmack des Kommenden bot **ihr** dieser Aufwand an Bedienung während der Reise und bei der Ankunft. Da gab es gleich drei Klassen von unterschiedlich gekleideter Dienerschaft, und wie fein sie ausstaffiert war, wie wohlgenährt und gepflegt sie aussah!（Franz Kuhn 译）

（7）多要步步留心，时时在意，不要多说一句话，不可多行一步路，恐被人耻笑了去。自上了轿，进了城，从纱窗中瞧了一瞧，其街市之繁华，人烟之阜盛，自与

别处不同。（《红楼梦》第三回）

　　Blaujuwel nahm sich vor, jeden Schritt im neuen Heim mit Bedacht und Überlegung zu tun und kein Wort Zuviel zu sagen; sonst würde man sie womöglich als provinziell und kleinbürgerlich auslachen. Unterwegs in der Sänfte konnte sie es sich nicht versagen, wissbegierig durch die Vorhänge von Seidengaze nach rechts und links zu liegen, und sie kam aus dem Staunen gar nicht heraus über diesen Menschenverkehr und dieses Getriebe, das sich auf den Straßen und Plätzen auftat, als man das Stadttor passiert hatte. So etwas hatte sie in ihrem Yang tschou freilich nicht gekannt.（Franz Kuhn 译）

　　（8）又行了半日，忽见街北蹲着两个大石狮子，三间兽头大门。（《红楼梦》第三回）

　　Nach einem langen Marsch ging es rechts an einem dreifach gewölbten mächtigen Portal vorbei, das von zwei großen kauernden Marmorlöwen flankiert war und an seinen drei Flügeln bronzene Tierköpfe als Türklopfer aufwies.（Franz Kuhn 译）

　　（9）玉在椟中求善价，钗于奁内待时飞。（《红楼梦》第一回）

　　Der Edelstein verborgen schmachtet, wann wird sein Wert die Welt entzücken;

　　Im Kästlein die Agraffe trachtet Nach Flügeln, um die Braut zu schmücken.（Franz Kuhn 译）

　　例（6）中，原文交代黛玉动身前往荣国府，因听得母亲说外祖母家与别家不同，因此黛玉决心不多说一句话、不多行一步路，以免被人耻笑。"林黛玉常听得母亲说过"出现了两个动词：听、说，分别由黛玉和她母亲发出，叙述的时候译者选择以黛玉为主要视角，以"她"sie 来代指黛玉，"她母亲"代指"母亲"，因此用了人称代词"她"sie 与物主代词"她的"。由于"母亲"是阴性名词，词尾用了第三人称单数阴性名词所用的词尾 e。在此，要特别注意 ihr 的用法：ihr 有你们、她的、她/他/它们的、她（第三格）的意思。此外，还应注意例（6）中的 hatte 是助动词，而 hören 则使用了类情态动词用法，因此直接放到句尾，不用变成分词形式。例（7）中的主语林黛玉皆用 sie "她"来替代，以达到简洁之效。例（8）中的 seinen 是 er "他"的物主代词 sein 加上词尾变来的。例（9）这两句诗是贾雨村借用两个典故以抒发怀才不遇、欲等待机会一飞冲天之叹。意思是美玉在匣子里，等待识货的商家出大价钱才卖；传说中神女留下的玉钗在盒子被打开时化为燕子飞去。原句比喻有抱负的人等待好时机飞黄腾达。而译文中的意思是：这块宝石隐隐渴望着，有一天它的价值能让世界为之振奋；盒子里的针饰也寻求能有展翅的一天，以装饰美丽的姑娘。由于玉在德文中是阳性名词，因此"他的（价值）"这一物主代词也用了 sein。在译文中，这两句诗的典故被去掉了，译者如此处理，使读者不需知道典故也能理解这是贾雨村希望有朝一日自己能大展宏图，施展抱负。但用较平白直接的语言翻译，仍使文章中少了些许典故趣味与文化深度。

三、否定词

可以发现，德语十分注重词类的性。不仅肯定句中如此，类似的，德语中**否定句**也注重否定词与词搭配时所加的词尾规则。一般来说，德语中有两个否定词，kein 和 nicht。否定哪个成分，就把 kein 或 nicht 放在哪个成分之前。Kein 和 nicht 的用法是有区别的。

（一）kein 的用法

用于否定名词。kein 需要随着后面的名词词尾发生相应的词尾变化。仔细观察的话，可以发现，kein 其实是由 k 加上 ein 得来的，相当于不定冠词的用法。因此，有 kein 的时候，就不用定冠词与不定冠词。kein 代替了冠词行使着语法功能，因此其词尾变化也与定冠词一致。

（10）且喜明岁正当大比，兄宜作速入都，春闱一捷，方不负兄之所学。（《红楼梦》第一回）

Mein werter Bruder darf die Gelegenheit **auf keinen Fall** verpassen und muss sobald als möglich nach der Hauptstadt reisen, um sein Können zu zeigen.（Franz Kuhn 译）

（11）士隐令家人霍启抱了英莲去看社火花灯。（《红楼梦》第一回）

Der Diener hatte sich in den Trubel der Zehnmeilenstraße gemischt und gar **kein Ende** des Gaffens und Herumstehens finden können.（Franz Kuhn 译）

意为：街道十里，熙熙攘攘，仆人抱英莲去看社火花灯。

（12）"士隐乃读书之人，不惯生理稼穑等事，勉强支持了一二年，越发穷了。"（《红楼梦》第一回）

Kein Wunder, dass die mit Unlust betriebene Tätigkeit ohne Segen blieb, im Verlauf von zwei Jahren war er völlig verarmt.（Franz Kuhn 译）

（13）这个事也用不着你操心。（《红楼梦》第二十八回）

Mach dir deswegen **keine Gedanken**！（Franz Kuhn 译）

意为：别担心。

（14）Oh, **keine** übertriebene Bescheidenheit!（《红楼梦》第三回 Franz Kuhn 译）

增译，意为：不必过分自谦！

（15）那政老爷便不喜欢，说将来是酒色之徒耳。（《红楼梦》第二回）

Sein Vater war **nicht gerade entzückt** von dieser Wahl und meinte, aus dem Jungen würde im späteren Leben wohl **kein rechter Mann**, sondern ein Weichling und Weiberfreund werden.（Franz Kuhn 译）

例（10）一句是甄士隐好言相劝贾雨村立即动身前往京都参加会考。"大比"与"春闱"指清代科举制中的"乡试"和"会试"。乡试一般在秋天举行，会试一般在春天举行。原文中提及这两层考试，意为鼓励贾雨村一展才华，且相信以他的能力，肯定能通过乡试直取会试。而译文中的直译意思是：我亲爱的兄弟一定不能错过机会，必须尽快动身前往京都，尽你所能一展才华。auf keinen Fall 是"无论如何"的意思，把原文的"一定要参加乡试，直达会试"译为"无论如何也不能错过机会"，相较原文去掉了中文当中的考试制度与步骤的提及与解释，更为直白易懂。

例（11）的"社火花灯"中，"社火"是指社日扮演的各种杂戏，"花灯"则是指元宵节中有赏花灯的习俗。译者将这个场景描述为当时老百姓观看社火花灯，人山人海，而仆人置身于纷乱的人群中，为后文英莲走失埋下了伏笔。

例（12）中 Kein Wunder 是"难怪、不出所料"的意思。在任何语言中都有否定句。汉语中的否定词非常多，如未、不、没有、无、否、毋、勿等。德语中有两种特定的否定形式 和三个主要的否定词 kein、kein 和 ohne，需要背诵记忆，在进行否定时要特别注意德语中否定的形式与否定词的用法。

例（13）中甄士隐说要推荐贾雨村，贾雨村表示有顾虑，甄士隐劝他不要担心。Gedanken machen 是"考虑、思考"的意思。Gedanke 是阳性名词，因此否定用了 keine。

例（14）和例（15）中的 kein 都放在需要否定的名词前，而例（15）中的 nicht 则是用来否定动词的。

（二）nicht 的用法

①否定谓语，放在句末。Frau Müller kommt nicht.
②否定带情态动词的谓语动词，放在句末的动词之前。
③否定其他成分，放在该成分之前。

（16）弟已久有此意，但每遇兄时，并未谈及，愚故未敢唐突。（《红楼梦》第一回）
Ich habe mir längst meine Gedanken darüber gemacht, getraute mir nur nicht von selbst den Mund aufzutun.（Franz Kuhn 译）

（17）亦不枉兄之谬识矣！（《红楼梦》第一回）
Mein werter Bruder soll seine Freundschaft wenigstens nicht ganz umsonst an einen Unwürdigen verschwendet haben.（Franz Kuhn 译）

（18）其为人谦恭厚道。（《红楼梦》第三回）
Er hat durchaus nichts von Hochmut und Adelsstolz an sich.（Franz Kuhn 译）

（19）因此便不甚爱惜。（《红楼梦》第二回）
Und seitdem kann er ihn nicht leiden.（Franz Kuhn 译）

（20）汝父年将半百，再无续室之意。（《红楼梦》第三回）

Ich bin schon über Fünfzig und denke **nicht** an Wiederheirat.（Franz Kuhn 译）

（21）那霍启也不敢回来见主人，便逃往他乡去了。（《红楼梦》第一回）

Aus Angst vor Strafe getraute sich der Diener gar **nicht** erst wieder ins Haus seines Herrn, sondern entwich aus der Stadt und lief in sein Heimatdorf zurück.（Franz Kuhn 译）

例（16）中，甄士隐表明自己有资助贾雨村之心，但是又不敢直说、唐突开口。nicht 放在了否定的部分"敢于开口"之前。例（17）中 nicht 后的 umsonst 是"徒劳，徒然，白白地"的意思，这句译文直译过来是："我珍视的兄弟的情谊不应该徒然地浪费在一个不值得的人身上"，意为我希望通过我的帮助，让你觉得"认识我，情谊是得到了珍视、没有白白浪费的"。这句话表明了甄士隐的善良，并与后文他失女却未得贾雨村施以援手的遭遇形成世间冷暖、人心无常的对比。例（18）中译文中采用了反向翻译法，把"谦恭"译为"不骄傲"，把"厚道"译为"不自持高贵"。翻译过来的意思就是：他一点也不骄傲和自持高贵。例（19）、例（20）都是 nicht 放在否定部分前，较容易理解。例（21）的 nicht 是对 erst wieder ins Haus seines Herrn 的否定，意为"不敢再回主人家"。

另外，如果是对提问中的整个句子进行否定或肯定回答，就要用到 nicht 或者 ja，或者 doch。其用法如下。

①问句中没有否定词，回答 ja/nein。

（22）——Ist das ein Haus?

——Ja, das ist ein Haus.

（23）——Ist das Haus schön?

——Nein, das Haus ist nicht schön.

②问句中有否定词，回答 doch/nein。

（24）——Kommt er nicht aus Deutschland?

——Doch, er kommt aus Deutschland.

——Nein, er kommt nicht aus Deutschland.

四、动词

基本词中，除了名词，置于首位的肯定要数动词。

（一）一般动词

一般来说，汉语中的动词使用较为自由随意，也没有人称和数的变化、时态、语态等诸多烦琐之规则。因此汉语中的动词没有过去时，只能听话者依据时间词与情境判断。

（25）我没有孩子。

ich **habe** kein Kind.

（26）甄士隐心下犹豫。（《红楼梦》第一回）

Schi Yin **zauderte** wieder.（Franz Kuhn 译）

（27）士隐听了，知是疯话，也不去睬他。（《红楼梦》第一回）

Schi Yin **glaubte** es mit einem Verrückten zu tun zu haben und **achtete** nicht weiter auf seine Rede.（Franz Kuhn 译）

（28）士隐不耐烦，便抱女儿转身欲进去，那僧乃指着他大笑，口内念了四句言词……（《红楼梦》第一回）

Er **drückte** das Kind fester an sich und **wandte** sich bereits zum Gehen, als der Bonze eine gellende Lache **anschlug** und ihm die vier Sätze **zurief**...（Franz Kuhn 译）

（29）台阶上坐着几个穿红着绿的丫头。（《红楼梦》第三回）

Auf den Stufen der Freitreppe, die zum Mittelraum des Wohngebäudes führte, **saßen** mehrere rotgrün gewandete Zofen.（Franz Kuhn 译）

例（25）用的是现在时，例（26）~例（29）都用了过去时。例（26）、例（27）、例（28）中的动词除了 **zurief** 与 **anschlug** 分别是 **zurufen** 与 **anschlagen** 的第三人称单数的过去时放在从句句尾有其特殊变化外，其他动词 **zauderte**、**glaubte**、**glaubte**、**glaubte** 的主语都是第三人称单数甄士隐，动词词尾都用了 te。而例（29）中的从句中，动词是 **saßen** 是 **sitzen** 的过去直陈式，因主语是"几个丫头"，因此动词"坐"的词尾用了复数词尾 en。

（二）情态动词

相对于汉语来说，德语中更为强调情态动词、助动词、可分动词。其中，助动词与情态动词的区别是：助动词只接动词，没有词意，有第三人称单数，用来与动词一起构成否定或提问。情态动词和规则变化动词相比，德语情态动词第三人称单数和第一人称一致，而规则变化第三人称单数和复数第二人称一致。德语情态动词有：können、mussen、wollen、sollen、mögen、dürfen 等。要注意，brauchen 有情态动词的意义。不同于德语中的助动词（sein、haben、werden）还参与时态构成（sein 和 haben 都用于完成时态，werden 用于将来时和被动态）。情态动词通常和动词的不定式连用，构成复合谓语。情态动词在主语之后，随人称变化。助动词通常用于构成复合时态，不随人称和数变化，位于句末。情态动词也可以作独立动词使用。如：

（30）米勒女士会说德语。

Frau Müller **kann** Deutsch.

（31）汉斯和加比想去旅行。

Hans und Gabi **möchten** eine Reise machen.

（32）自己受了他甘露之惠，我并无此水可还。（《红楼梦》第一回）

Mit gleichem **kann** ich es ihm nicht **vergelten** dachte sie oft bei sich.（Franz Kuhn 译）

（33）他若下世为人，我也同去走一遭，但把我一生所有的眼泪还他，也还得过了。（《红楼梦》第一回）

Aber wenn es mir vergönnt sein **sollte**, ihm in meiner nächsten Existenz als Mensch zu Mensch auf Erden zu begegnen, dann **möchte** ich **wünschen**, ihm mit so viel Tränen zu danken, als ich in einem ganzen langen Leben vergießen **kann**.（Franz Kuhn 译）

（34）Ihr **könnt** Euch ganz unbedenklich und vertrauensvoll an ihn wenden.（《红楼梦》第三回　Franz Kuhn 译）

增译，意为：您可以放心地向他求助。

（35）弟已久有此意，但每遇兄时，并未谈及，故未敢唐突。（《红楼梦》第一回）

Ich habe mir längst meine Gedanken darüber gemacht, getraute mir nur nicht von selbst den Mund aufzutun. Nun **kann** ich ja das Versäumte nachholen.（Franz Kuhn 译）

译文中最后一句属增译，意为：现在我可以有所弥补。

情态动词+不定式的句子，如果否定谓语，nicht 放在主动词前；否定其他成分时，放在该成分前面。如：

（36）Ich kann das Wort **nicht** schreiben.

我不能拼写出这个词。

（37）Bei Rot **dürfen** Sie nicht über die straßenkreuzung gahren.

红灯亮时不许穿越十字路口。

（三）助动词

汉语中对助动词还没有统一和绝对的定义与界定。吕叔湘将助动词定义为"辅助性的动词"①。在总结归纳前家之言的基础上，张一丹②将助动词的判定标准定为：形式上，能够进入"助动词+VP"格式；意义上，表示情态意义；此外，可以单独充当谓语中心；能进入"X不X"或"不X不"格式；不能重叠；不能带"了""着""过"等体助词。而在汉崇明的《现代汉语语法教程》③（A Course for Mandarin Chinese Grammar）中，助动词被定义为一种比较特殊的动词，又被称为"能愿动词"，其主要的功能是用在动词或形容词前面作状语，表示可能、意愿和必要。常见的有：①表可能的：能、能够、会、可、可以、可能；②表意愿的：愿、愿意、要、肯、敢；③表必要的：应、应该、应当、该、得（dei）。其中，"会、要"又是一般的动词，可以带宾语。例如：

（38）他会来的。

（39）张老师会日语。

---

① 吕叔湘. 汉语语法分析问题[M]. 北京：商务印书馆，1979：41.
② 张一丹. 文言传奇小说集《剪灯新话》助动词研究[J]. 文学教育（上），2023（1）：143-147.
③ 丁崇明. 现代汉语语法教程[M]. 北京：北京大学出版社，2009：54.

（40）树上的果子熟了，自然会掉下来。（"会"是助动词）

例（38）中的"会"是助动词，例（39）中的"会"是一般动词，例（40）中的"会"是助动词。

此外，大多数助动词可以用在"不 X 不"格式中。例如：

（41）不会不，不可不，不可能不，不能不，不肯不，不敢不，不该不，不得不……

可见，汉语中的助动词也没有较权威或较统一的定义，有时还与情态动词与动词混淆。这也是汉语句式结构松散的本质使然。但德语中的助动词主要指**情态动词**以及 **werden**、**haben** 与 **sein** 助动词。下面主要围绕这些助动词的变位与用法进行强调。

助动词 werden 的变位如表 4-10 所示。

表 4-10 助动词 werden 变位

werden	现在时	过去式
ich	werde	wurde
du	wirst	wurdest
er/es/sie/man/wer/jemand	wird	wurde
wir	werden	wurden
ihr	werdet	wurdet
sie/Sie	werden	wurden

werden 在德语中有两种用法，一是担任实义动词，表示"变得或成为"，加第一格。因此，与其他动词类似，werden 也有第二分词，如 geworden ist，而且与其他动词一样，都是用 sein 担任助动词，因为 werden 本身就表示"变化"。表示变化类的动词在用第二分词时通常会与 sein 搭配。如：

（42）Mein Sohn ist ein ausgezeichneter Arzt geworden. 我的儿子已成为一名杰出的医生。

werden 的第二个用法是作为助动词与第二分词连用，构成德语中极为重要和常用的"过程被动态"。如：

（43）"我才好了，你倒来招我。你妹妹远路才来，身子又弱，也才劝住了，快休再题前话。"（《红楼梦》第三回）

»Willst du uns etwa auch wieder zu Tränen verleiten? Unsere Augen sind eben erst trocken geworden«, scherzte die Ahne. »Unser Gast ist von der langen Reise ermüdet und ohnehin von zarten Nerven. Wir wollen lieber nicht mehr an den wunden Punkt rühren und die Vergangenheit ruhen lassen.«（Franz Kuhn 译）

这段是贾母在刚抱着黛玉哭了一轮后，对后出场的凤姐说的话。译文直译过来的意思是："你又想惹我们再哭，我们的眼睛刚（擦）干"，贾母开玩笑地说，"我们的客人长途跋涉，疲惫不堪，已精神疲累。我们还是不触及痛点，让过去的事情过去吧"。可见，译文把"我才好了，你倒又来招我"理解成"我才哭完，眼睛刚（被）擦干，你又想惹我们再哭一次"，虽然这样理解也是原意，但却少了些含蓄。此句中的 Unsere Augen sind eben erst trocken geworden 就使用了过程被动态。

（44）原来，雨村因那年士隐赠银之后，他于十六日便起身入都，大比之期。（《红楼梦》第一回）

Es muss nachträglich erwähnt werden, dass Yü Tsun damals, als ihm sein Wohltäter die Mittel für die Reise gespendet hatte, auf der Stelle und ohne erst den im Kalender ausgesuchten Glückstag abzuwarten, nach der Hauptstadt abgereist war.（Franz Kuhn 译）

译文直译的意思是：须提及的是，雨村因那年得到了恩人士隐赠银给他出行赶考的机会，他于十六日便起身入都，参加乡试。这里采用了情态动词 muss 与被动语态 erwähnt werden 的"合体"，表明这件事情是"必然要被提及的"。

Werden 是德语中非常重要的助动词，它可以与动词的不同形式构成各种时态的句子表达式。但本节并不意在详解德语语法及其构成，只展开介绍与助动词 werden、haben、sein 有关的几个时态，以促进读者对德语句式的了解，加深其对汉德句式之间区别的理解。

1）第一将来时

werden 与动词的不定式构成第一将来时。但在汉语中，将来时并没有十分明确的构成或时间标志，常见的与将来时有关的时间状语有明天、未来等，相关词汇有将、要、会、就能等。

（45）他将要买这本书。

Er wird das Buch kaufen.

（46）他会好好地做家庭作业的。

Er wird die Hausaufgaben gut machen.

（47）未来，无论在何处举办世博会，人们把 2000 年在汉诺威举办的世博会作为实例来考虑。

In Zukunft wird irgendwo eine Weltausstellung stattfinden. Man kann EXPO 2000 in Hannover als Beispiel heranziehen.

2）第二将来时

第二将来时其实是指"将来的完成时"，由 werden 与动词完成时构成。它与第一将来时的区别是，第二将来时讲述的动作并不指代动作发生本身，而是将其作为一个动作整体，强调"完整的动作"。同时还可以用来表示猜测，常见的伴随词汇有 wohl（大概）、schon（已经）、sicher（一定）、vielleicht（也许）等。在汉语中，也有类似的表达来表示在未来会"把事情做完",强调动作的整体性与完成性。

(48) 他会把这本书看完的。

Er wird das Buch gelesen haben.

(49) 明天很可能会下雨。

Es wird morgen wohl/schon regnen.

3) 过去完成时

德语的现在完成时由助动词 sein 或 haben 加动词的过去分词构成,德语的过去完成时只需要在现在完成时的基础上将 sein 或 haben 改为对应的过去时形式则表示动作发生或者完成于过去的过去,一般与过去时对应使用,多用于表示时间先后的主从复合句中。

(50) 于是进入房中,也就丢过,不在心上。(《红楼梦》第一回)

Als der Zug vorüber war, ging sie ins Haus und hatte das kleine Erlebnis schnell wieder vergessen.（Franz Kuhn 译）

这是述说甄士隐家丫鬟娇杏与贾雨村之间发生的一段故事。那甄士隐在贾雨村落魄时多次救济,甄家丫鬟娇杏有次不经意多看了两眼贾雨村,贾雨村便以为这姑娘对他有意。在贾雨村发迹之时,娇杏在街上听得"新太爷到任"之说,随即看到轿内之人过去,觉得眼熟却不以为然,便进入房中,不将此事放在心上。在中文里这个句子有三个动词并列出现,没有表示时间顺序或因果关系的连接词,但实际上隐含了因果。娇杏本来对这些事漠不关心,这个状态一开始就存在。因此,就算她刚巧看到了又觉得有些熟悉,她还是没有去凑热闹或者追查,因为她已忘记了贾雨村,于是产生了她"转头进入房中,不再理会"的结果。因此,这个句子中隐含的最先发生的动作是"忘记了贾雨村",然后才是"当车队过去,娇杏进入房中,又忘记了（这件事）",掌握了这个逻辑关系,才能更好地理解原文和译文,使脉络更为清楚。

(51) 士隐意欲也跟了过去,方举步时,忽听一声霹雳,若山崩地陷,士隐大叫一声,定睛看时,只见烈日炎炎,芭蕉冉冉,梦中之事,便忘了一半。(《红楼梦》第一回)

Er öffnete die Augen und blinzelte in den abendlichen Glutball hinein, der schräg durch die Bananenblätter blendete. Sein Traumgesicht hatte er schon halb wieder vergessen.（Franz Kuhn 译）

此处是说甄士隐在梦中初见两位仙人在谈论宝玉下凡历练之事时,他突然惊醒,睁开眼睛,并且眨眼之间只见烈日灼芭,眩目不已,梦里之事已经忘了大半。按照汉语的动作发生先后,应该是先睁开眼睛才看到烈日灼芭,然后忘记梦中之事。但在译文中,所用的动词 öffnete 和 blinzelte 是"睁眼"和"眨眼";而 blendete 有"刺眼""使目眩、使眼花"之意,用的都是过去时;"忘记"这一动作用了 hatte vergessen,是过去完成时。由此可知译文中的脉络是:日光强劲,透过芭蕉叶照到甄士隐的眼睛,他于是顿觉电闪,惊醒过来的时候,已经忘了梦中之事。译文中的意思是符合逻辑且易于理解的。可见译者在翻译时对原文意思进行了一定的调整，以更好地使读者理解。hatte 是 habe 的第三人称过去式形式，vergessen 是过去分词，两者构成了过去完成时。

（52）Als Wir das Haus gerade erreicht hatten, fing es an zu regnen.

我们刚刚到家就开始下雨了。

fing 是 fangen 的过去式，而根据"我们回到家"的动作发生在"下雨"这一动作之前，因此用了 hatten 加 erreicht 构成过去完成时。

（53）Ich sage Glück, denn viele, die früher die oberste Höhe der ihnen zugänglichen Ausbildung **erreicht hatten**, wußten jahrelang mit ihrem Wissen nichts anzufangen, trieben sich, im Kopf die großartigsten Baupläne, nutzlos herum und verlotterten in Mengen.（卡夫卡《中国长城建造时》[①]）

我说幸运，是因为从前许多人**达到**了他们所能享受到的最高教育后，多少年学无所用，脑子里幻想着最宏伟的筑城计划，却无所事事，四处闲逛，大批人就此潦倒一生。（薛思亮译[②]）

谓之幸运，因为有许多人当年在自己所称心的课程中**取得**了最好的成绩，却常无法施展他们的知识，他们头脑里有最宏伟的建筑蓝图，却一筹莫展，久而久之，知识也大量荒疏了。（叶廷芳译[③]）

例（53）中，原文的意思是"从前、过去"很多人达到了他们的巅峰，因此用 erreicht 和 hatten 构成过去完成时。

4）将来时

werden 的现在时 + 动词不定式可以构成将来时。表示未来发生的事情，口语中常用现在时代替。也可以表示猜测，常用于第三人称，句中常有副词。

（54）假作真时真亦假，无为有处有还无。

Schein wird Sein, und Sein wird Schein.（《红楼梦》第一回）

Keins wird eins, und eins wird keins.（Franz Kuhn 译）

（四）可分动词

与汉语不同，德语中还有可分动词。如 mitkommen mitspielen mitmachen vorschlage vorhaben vorschlagen einkaufen einladen 等。德语中的动词加上一个可分前缀，构成可分动词。分离动词重音在其前缀上。在句子中动词随主语变化，分离前缀一般位于句末。

[①] Kafka F. Beim Bau der Chinesischen Mauer（1931）[EB/OL]. [2023-06-01]. https://www.projekt-gutenberg.org/kafka/misc/chap033.html.

[②] [德]卡夫卡. 卡夫卡小说全集Ⅲ [M]. 韩瑞祥，等译. 北京：人民文学出版社，2003：249.

[③] [德]卡夫卡. 卡夫卡全集：第一卷 [M]. 叶廷芳，译. 石家庄：河北教育出版社，1996：376-377.

（55）Um 7 Uhr steht Rolf auf.

罗尔夫七点起床。

可分动词在有情态动词时放到句末，与可分前缀连写。

（56）Wir müssen um 6 Uhr aufstehen.

我们必须六点起床。

常用可分动词如表 4-11 所示。

表 4-11 常用可分动词

ein/steigen	上（车、船等）	ein/werfen	将……投入
aus/steigen	下（车）	her/rufen	喊过来
mit/fahren	搭，乘（车、船等）	nach/rufen	在后面喊
weiter/fahren	继续前进，继续行驶	ab/machen	取下，去掉
auf/stehen	起床	ab/hängen	取决于
spazieren/gehen	散步	an/weisen	指示，命令；依赖于
an/rufen	打电话	ein/führen	输入；引见；采用
statt/finden	举办，举行	ein/kaufen	采购；买进
vor/spielen	给…演奏	her/stellen	制造（大型设备）
zu/hören	倾听，听	aus/führen	出口，输出；执行
ein/üben	练习，练熟	bestehen/bleiben	存在下去
sich um/drehen	转过身	vor/kommen	出现；发生
auf/stehen	起床	aus/sehen	显得；看上去
spazieren/gehen	散步	zurück/gehen	降低；走回；后退
an/rufen	打电话	zu/nehmen	增加，增多（体重）
statt/finden	举办，举行	ab/nehmen	降低，回落（体重）
vor/spielen	给…演奏	hinunter/ziehen	把…拖下去
zu/hören	倾听，听	hinauf/tragen	把…扛上去
ein/üben	练习，练熟	ein/sammeln	收集，搜集
sich um/drehen	转过身	zu/machen	关闭，关上
an/melden	登记；通知	auf/machen	打开

续表

aus/beuten	开发；充分利用	herein/kommen	进来
kennen/lernen	结识	um/siedeln	迁居
wieder/sehen	再见	durch/fallen	失败；不及格
sich aus/kennen	熟悉		

（57）Leider **habe** ich schon etwas **vor**.

可惜我安排了其他事。

（58）众小厮又退了出去，众婆子上前打起轿帘，扶黛玉下了轿。（《红楼梦》第三回）

Die Träger **zogen** sich **zurück**, während das weibliche Gefolge nach vorn eilte, den Sänftenschlag öffnete und Blaujuwel beim Aussteigen half.（Franz Kuhn 译）

（59）一日到了京都，雨村先整了衣冠，带了小童，拿了"宗侄"的名帖，至荣府门上投了。（《红楼梦》第三回）

Yü Tsun **zog** seinen besten Rock **an**, machte sich zum Yung-kwo-Palais auf und **gab** seine Besuchskarte **ab**.（Franz Kuhn 译）

（60）却说雨村忙回头看时，不是别人，乃是当日同僚一案参革的张如圭。他系此地人，革后家居。（《红楼梦》第三回）

Yü Tsun blieb stehen and **schaute** sich **um**. Der Betreffende, der ihm von weitem zuwinkte und zurief, war ein früherer Examenskollege, der ebenfalls vor einiger Zeit aus dem Amt entferntworden war and seitdem in Yang tschou, wo er zu Hause war, lebte.（Franz Kuhn 译）

（61）何况今至其家，多要步步留心，时时在意，不要多说一句话，不可多行一步路，恐被人耻笑了去。（《红楼梦》第三回）

Blaujuwel **nahm** sich **vor**, jeden Schritt im neuen Heim mit Bedacht und Überlegung zu tun und kein Wort Zuviel zu sagen; sonst würde man sie womöglich als provinziell und kleinbürgerlich auslachen.（Franz Kuhn 译）

例（57）中，habe vor 原型是 vorhaben，是准备、安排、打算的意思。例（58）中，zogen zurück 是 zurückziehen 的直陈式过去时变化在句子中的实例，意为向后撤、退下。例（59）中，Zog an 与 gab ab 分别是可分动词 an/ziehen 与 ab/geben 在句子中分开并变形后的形式，an/ziehen 意为穿上、戴上，ab/geben 意为给、给予、递上名帖（意即名片）。例（60）中，schaute um 的原型是可分动词 umschauen，是四周张望、回顾的意思。例（61）中，黛玉首次前往其外祖母家，她早就听母亲说外祖母家与别家不同，便决心要谨言慎行。Nahm vor 是 vorname 在句子中使用的实例，意为"决心做某事"。句中"母亲"指的是"黛玉的母亲"。

五、介词

汉语中的介词使用并没有十分严格的语法规定，但德语中的介词与名词、动词相比，都较为稳定。汉语与德语中的介词最大的不同，可能要数德语中有支配第四格或第三格的介词。这样的介词有以下九个：an, auf, hinter, in, neben, über, unter, vor, zwischen。这9个介词用于地点时，可支配第四格或第三格。第三格表示位置的静止状态（如：在……上面/下面/旁边），第四格表示动态方向（如：到……上面/下面/旁边）。面对这些不同的情况，即使是同一个动作，也会因为位置变换的不同而导致动词的使用不同，介词的使用与格的使用也要相应发生变化。在提问中，也要采用不同的方式，如对第四格提问用 Wohin，对第三格提问用 Wo。

在这样的对比下，可以看到汉语与德语之间语言本质上思考方式的不同。

① an 到……旁/上，在……旁/上。

（62）黛玉忙陪笑见礼，以"嫂"呼之。这熙凤携着黛玉的手，上下细细打量了一回，**便仍送至贾母身边**坐下，因笑道："天下真有这样标致人物，我今日才算见了！况且这通身的气派，竟不像老祖宗的外孙女儿，竟是个嫡亲的孙女，怨不得老祖宗天天口头心头一刻不忘。只可怜我这妹妹这样命苦，怎么姑妈偏就去世了！"（《红楼梦》第三回）

Nachdem der vorgeschriebene Gruß herüber und hinüber gewechselt war, fasste Frau Phönix das junge Mädchen zutraulich bei der Hand und musterte sie eine Weile ganz ungeniert von oben bis unten. Dann brachte sie sie zu ihrem Platz **an der Seite der alten Fürstin** zurück und ließ sich **neben ihr** nieder.（Franz Kuhn 译）

译文中将"黛玉忙陪笑见礼，以'嫂'呼之"进行了改译，译为"来来回回打完规定的招呼后"。而对于熙凤打量黛玉的细节描写如 zutraulich 亲切地，musterte 仔细打量，eine Weile 一会儿，ungeniert 不受拘束的，von oben bis unten 从上到下，无一不体现了熙凤大胆、豪放、俨然一副女主人的大气气质。"便仍送至贾母身边坐下"一句被译为 Dann brachte sie sie zu ihrem Platz an der Seite der alten Fürstin zurück，意为"然后她（熙凤）把她（黛玉）带回了她在老夫人边的位置"，其实就是把黛玉重新送回贾母身边。这里的"贾母"出现了新译法，译文中用的是 der alten Fürstin，Fürstin 本是阴性名词，应该用 die，但这里是表述第二格"老太太所在的地方"，所以用了介词 an 和第二格。an der Seite 中，Seite 也是阴性名词，意为"一面，一侧"，但这里仍然用了 der，Seite 用 der 的原因是与 an 搭配。根据德语中的"静三动四"原则，如果这个动作是表示位置的静止状态，那就用第三格。如果这个动作是表示相对位置的动态变化就用第四格。依据文中的表述，黛玉并没有离开这个房间、脱离贾母的身边，而是由始至终都"在"贾母身边，因此她与贾母的位置基本上是处于静态的，所以译文采用第三格。

同理，在"到她旁边"的翻译中，"到她旁边"跟"到贾母旁边"是一样的原理，都是"在她旁边"这个范围中的静止位置，因此用了第三格 ihr。ihr 在此不是"你们、她的"的意思，而是 sie 的第三格形式。

② auf 到……上，在……上。

（63）"天下真有这样标致人物，我今日才算见了！况且这通身的气派，竟不像老祖宗的外孙女儿，竟是个嫡亲的孙女，怨不得老祖宗天天口头心头一刻不忘。只可怜我这妹妹这样命苦，怎么姑妈偏就去世了！"（《红楼梦》第三回）

»Dass es auf Erden so etwas von zartem, delikatem Menschengebilde gibt!« wandte sie sich an die alte Dame. »Ich hätte es nicht für möglich gehalten, wenn ich mich nicht soeben mit eignen Augen davon überzeugt hätte. Die arme kleine Meh-meh, dass sie ihre Mutter so früh verlieren musste!«（Franz Kuhn 译）

译文中使用了转译法，将"天下"转译为"地上"auf Erden。在这里，可见对于熙凤来说，她以前不相信"地上"有这样标志的人物，而如今，地上忽然出现了这一人物，以此来突出、表达熙凤的惊奇。

③ hinter 到……后面，在……后面。

（64）Er bringt das Fahrrad hinter das Haus. Es steht hinter dem Haus.

他把自行车放到屋后。它在屋后。

④ in 到……里，在……里。

（65）Sie legt das Brot in den Korb. Das Brot liegt im Korb.

她把面包放在篮子里。面包在篮子里。

⑤ neben 到……旁，在……旁。

（66）Ich setze mich neben ihn. Ich sitze neben ihm.

我坐到他旁边。我坐在他旁边。

⑥ über/unter 到……上/下，在……上/下。

（67）说着便用帕拭泪……（《红楼梦》第三回）

Sie tupfte mit dem Taschentuch über die Augen, um ein paar Tränen hinwegzuwischen.（Franz Kuhn 译）

⑦ vor 到……前，在……前。

（68）Sie stellt sich vor die Tür. Sie steht vor der Tür.

她站到门前。她站在门前。

⑧ zwischen 到……之间，在……之间。

（69）Ich stelle das Sofa zwischen den Schreibtisch und die Kommode.

我把沙发放到写字台和衣柜之间。

第四节 汉语与德语句式对比与翻译

学习一门语言更为重要的是学习者逐渐摆脱母语线索、掌握二语线索的过程，在这个过程中，句子是非常重要的要素。不少研究都已经证明语言中句式对于信息线索具有十分关键的影响作用，并由此影响语言学习者的二语习得。有研究指出，在统一竞争模型（UCM）中，如果某一形态句法特征在母语和二语中都存在，所学结构的母语语法与二语语法完全对应，那么母语会促进二语加工；相反，如果不完全对应，那么母语线索和二语线索就会产生竞争，导致学习者犯错或阻碍二语加工；此外，如果这一形态句法在母语中不存在而为二语独有，那么学习者能否习得则取决于二语线索的强度。[1]

而扩展版论元依存模型（eADM）[2]研究者视句子加工为多种线索（或显著信息）互相竞争的结果，都认为在句子加工中发挥主导力量的线索可能因语言的不同而不同。

因此，在语言逻辑与形态结构研究中，句法逻辑关系是相当重要的一部分。但在对句法进行深入探讨之前，有必要对汉德语之间的基本句式进行介绍。

一、汉德基本句式对比

德语句子中必然涉及动词，其中，德语中最为重要的动词之一 sein 相当于汉语中的"是"或英语中的"be"动词，是每位德语学习者不可或缺的知识点。以德语中这一主要动词为线索，对 sein 在德语句子中的三个主要用法展开说明并拓展到德语中的基本句式。Sein 在德语中的主要用法有三：一是名词化，黑格尔将系词"Sein"名词化为"Sein"；二是"Sein"本身作为系词联系主词与谓词，构建出"S 是 P"结构；三是"Sein"作为系动词，在有主词的情况下应做出相应的变形。[3]德语中的 sein 变形需要背诵表4-12。

表 4-12 动词 sein 的变位

人称代词	变位形式	人称代词	变位形式
ich	bin	wir	sind
du	bist	ihr	seid
er/sie/es	ist	sie	sind
Sie	sind	Sie	sind

---

[1] 王路明，徐田燃．母语形态重要吗？——汉语者和德语者学习人工语言格标记规则的行为和 ERP 研究[J]．外语教学与研究，2022（2）：252-264, 320.

[2] 王路明，徐田燃．母语形态重要吗？——汉语者和德语者学习人工语言格标记规则的行为和 ERP 研究[J]．外语教学与研究，2022（2）：252-264, 320.

[3] 刘萌．"Sein"的系词含义与黑格尔逻辑学体系的建构[J]．中南大学学报（社会科学版），2016（3）：8-14.

在德语中 sein 的用法十分浩繁且重要，需要格外注意。sein 与 werden 在德语中是非常重要的两个语法句式构成因子。首先由 sein 与其他动词为线索展开，再围绕 werden 进行讨论，将德语的基本句式与汉语基本句式对比如下。

1. 主语 + 谓语（不及物动词）

（1）谁知道呢。（《红楼梦》第二回）
Wer weiß.（Franz Kuhn 译）

（2）孩子玩耍。
Das Kind spielt.

（3）阳光照耀。
Die Sonne lacht.

2. 主语 + 谓语（及物动词）+ 宾语（第四格、第三格）

（4）士隐接了（玉）看时。（《红楼梦》第一回）
Schi Yin nahm ihn in die Hand und besah ihn.（Franz Kuhn 译）
此处的 ihn 都用了第四格。

（5）他感谢救命恩人。
Er dankt seinem Retter.
seinem 用了第三格。

主语 + 谓语（及物动词）+ 宾语的构式还有加双宾和宾补的情况，这种情况下，如果是双宾结构，还要区分哪个宾语用第三格、哪个宾语用第四格。一般来说，表示方向指向的宾语就用第三格，表示动作的承受宾语就用第四格。再如：

（6）Der Wirt brachte dem Gast die Bestellung.
店主给客人送来了他的饭食。

此例中，动作"送"的承受宾语是"饭食"，所以"饭食"die Bestellung 用了第四格；而给的方向指向是"客人"，所以"客人"dem Gast 用了第三格。而主语 + 谓语（及物动词）+ 宾语 + 宾补的情况见例（7）。

（7）Der Lehrer fragt einen Schüler die Vokabeln ab.
老师就单词提问一个学生。

3. 主语 + 谓语（不及物动词）+ 介词短语

（8）Das hängt von den Umständen ab.
这取决于形势。

这是不及物动词加宾语时，需要加介词短语的情况。

4. 主语 + 系语 + 表语

（9）Karl ist Student.
卡尔是学生。

5. 主语 + 谓语 + 宾语 + 介词短语

（10）原来是块鲜明美玉。（《红楼梦》第一回）
Es war ein schöner Jaspisstein von frischem, hellem Glanz.（Franz Kuhn 译）

6. 主语 + 谓语 + 第四格宾语 + 状语

（11）Er legt das Buch auf den Tisch.
他把书放到桌子上。

7. 主语 + 谓语 + 介词短语 + 介词短语

（12）Ich wette mit dir um eine Flasche Sekt.
我同你打赌，赌一瓶香槟。

此外，sein 在德语的祈使句中也起着非常重要的作用。祈使句也称命令式。可以说，sein 的变形是构成德语尊称命令式的必要因素。具体规则需要背诵记忆（表 4-13）。

表 4-13　命令式

人称	变化	句式	例句
尊称 Sie	动词提到句首	V.（inf）+Sie +... !	Antworten Sie!
	sein 统一变 Seien 提到句首	Seien+Sie+...!	Seien Sie bitte leise!
wir	动词提到句首	V.（inf）+wir +... !	Machen wir jetzt Übungen!
			Hören wir Text 3!
du	动词词干（-e）提到句首，去 du		Komm bitte hierher!
ihr	动词词干（...-t）提到句首，去 ihr		Geht doch raus!

（13）Antworten Sie!
请回答。

另外，除了德汉语中的基本句式，值得注意的是汉语与德语的时态、语态句式构成也十分不一致。汉语不区分一致形态，不区分动词的定式与非定式，动词不带时态和一致成分，没有情态助动词的位置用法，没有助动词，这说明汉语中几乎不运用屈折手段。一致形态是指主谓之间的一致。但是德语中必须要以谓语的形态变化来彰显其与主语的一致性。德语中将这种形态变化大多归为语法范畴，需要学生特别注意记忆。如时态中的现在时、过去时、过去完成时、将来时、被动态等。下面就汉语与德语中的基本句式与被动态进行对比。

（14）他上学了。

Er ging studieren.

（15）我昨天上学了。

Ich war gestern in der Schule.

（16）他明天要上学。

Er wird morgen zur Schule gehen.

（17）他必须上学。

Er muss zur Schule gehen.

以上四例中，中文里无论人称为何、时间为何时，动词都不必有人称单复数的变化，也不须有过去、将来的区分，动词由始至终都用了"上"，意为"去"。而译文中，则要有人称的变位，如例（14）中的 ging，ging 是德语中"走"gehen 的过去时直陈式，是强变化动词。当然也有过去与将来时态的区分，如例（15）中的 war。除此之外，德语中有时态的构成规则，因此常常有情态动词，如例（16）中的助动词 wird、例（17）中的 muss。

过去时是用来叙述过去发生的事情经过或人物经历。在汉语中，过去时没有固定的句式，但有一些标志性的符号可以帮助判断。如明确的过去时间状语，例如昨天、前天、以前、过去、之前、前不久等；或者明确表示动作已经完成了的词汇，如已经、早就、完成了、曾经等。而德语句法非常注重时态的一致，因此过去时在段落里一旦用了，一般不会轻易改变时态。而且在德语中一般在小说中才会使用过去时，在口语中多用现在完成时来表达已发生的事情，但 haben、sein 和情态动词例外，这些词常用过去时来代替完成时。

（18）一日来到警幻仙子处。（《红楼梦》第一回）

Auf seiner Wanderschaft **kam** er eines Tages zum Palast der >Fee des schreckhaften Erwachens<.（Franz Kuhn 译）

（19）"那仙子知他有些来历，因留他在赤霞宫居住，就名他为赤霞宫神瑛侍者。"（《红楼梦》第一回）

Die Fee, die seine höhere Vorbestimmung **kannte**, **nahm** ihn unter ihr Gefolge auf und verlieh ihm den Titel >Hüter vom Göttersteinglanz< im Palast der Roten Wolken.（Franz Kuhn 译）

（20）他却常在灵河岸上行走。（《红楼梦》第一回）

Aber er **konnte** das Umherschweifen nicht lassen. Er **pflegte** sich häufig vom Palastdienst wegzustehlen und am Ufer des Geisterstromes zu **ergehen**.（Franz Kuhn 译）

（21）看见这株仙草可爱，遂日以甘露灌溉，这绛珠草始得久延岁月。后来既受天

地精华，复得甘露滋养，遂脱了草木之胎，得换人形。（《红楼梦》第一回）

Da entdeckte er nun die Pflanze Purpurperle. Er gewann sie lieb und netzte sie in zärtlicher Fürsorge täglich mit süßem Tau, in dem die feinsten Kräfte der Wechselbeziehung zwischen Himmel und Erde auf sie übergingen, vermochte sie sich später ihrer irdischen Form als Pflanze zu entäußern und Menschengestalt anzunehmen.（Franz Kuhn 译）

8.被动态句式对比

被动态在德语中有多种句式表达，其又可以根据不同时间被具体分为将来被动、现在被动、过去被动等。这种时间的不同主要体现在谓语的时态变化中，其构成不变。以最容易混乱的将来被动态为例，被动态要用到"werden 加动词的过去分词"构成句式，在这里 werden 是作为谓语动词成分出现的，"动词的过去分词"形式表示动作，但不是动词；将来时则依靠"werden + 动词原型"的构成，在此有了动词（原型），werden 只能作为助动词成分出现。在将来被动态中，就是把这两个语态的构成结合。因此，以将来语态为主要框架，把被动时构成"werden + 动词的过去分词"纳入"werden + 动词原型"句式中，便可看到被动态中，会同时出现两个 werden，这是令德语初学者容易混乱的难点之一。为区别两个 werden，前者称为"werden（将）"，后者称为"werden（被）"，又由前面的分析得知，werden（将）为助动词，werden（被）为动词，那么，两个句式合并后的将来被动就是："werden 将（助动词）+ 动词的过去分词 + werden（动词）"。因此，被动态中的 werden 在主要框架中就变成了"需要变成过去分词的动词"。其语法规则虽烦琐，但层层递进，有迹可循。不过，以汉语为母语的德语学习者还是较难消化。因为相较于德语，汉语中的被动形式多样，不一定要用被动句式、出现"被"字。如"此书正在译成汉语""此书已译成了汉语""此项目由他翻译"等，表达的都是被动的意思，"书"不可能主动译，而是"被译"。相较德语的表达可见以下例子。

（22）此书正在译成汉语。

Das Buch wird ins Chinesische übersetzt.

（23）这本书去年已被我译成了汉语。

Das Buch war letztes Jahr von mir ins Chinesische übersetzt worden.

（24）此书将会由他翻译。

Das Buch wird von ihm übersetzt werden.

这句使用了将来时被动语态，"wird + 动词 werden"是将来时的构成，übersetzt 是 übersetzen 的过去分词形式。

在翻译中，仅仅掌握基本本句是不够的，还要进一步审视小句之间的句法形态的变化。汉德语两种语言之间的小句比较能让读者清晰地看到所学的母语语法与二语语法之间的相同与不同之处。选择小句作为分析单位的很大一部分原因在于，小句的意义完整性与结构独立性足以成为代替句子与词汇的最佳选择。下面一部分对汉语与德语形态对比与翻译的讨论就主要围绕小句展开。

二、小句的定义与划分

我国著名学者、清华大学教授罗选民曾指出[①]，应该区分出翻译的分析单位和转换单位，提出以小句作为翻译的转换单位，并以英汉语为例讨论了小句的转换形式。本节将其原理与论断推及汉德翻译中，以小句作为汉德翻译单位进行译句分析，并在其中对比汉德句式，探讨句子翻译的方法。

汉语的句子结构松散，而德语句式有其明晰的语法句法规定，因此汉德句子在句法方面不能用统一的体系来描写。在汉语中，小句的范围不可谓不广。单独一字"行"就能单独成句，还有二字"走了"等。将之与德语中的对应小句对比，分析其因果逻辑，将有助于更好地掌握语言学习背后的文化与肌理。所以，有的文章将所比句子的信息结构和语义结构选作对比的参照点。[②] 吕叔湘[③]认为汉语句子作为一个动态语法单位，在形式上可由一个主谓结构、独立动词或名词词组充当。如：

"谁去？""我去！""你们……""不去？""不去！""要去！""去就去！""去！""都去！"

以上的对话其实是最典型的小句，足以说明句子如何作为动态语法单位在日常生活中使用。那么，应如何区分小句呢？本节参考罗选民的定义，"小句指前后都有停顿并有句调表示的语言形式，它一般是一个主谓结构，也可以是一个动词或动词短语，甚至是一个名词或名词短语"[④]。因此，小名可以是一个句子，也可以是一个主谓结构、独立动词或名词，又或是名词短语。但本质上，判断小句的依据是：将小句从完整的句子中独立出来时，其仍具有相对完整的意义。但何为"完整的意义"？更严谨地探讨之，可以将对小句的理解分为操作和功能两个层面进行翻译上的思考与分析。

（一）操作层面

操作层面按照"是否有动作含义"来进行"是否小句"的判断。它有其语法依据。从本质上看德语语法，德语中有两个较普适的规则。

1. 一个德语句子一般只有一个动词

（25）卡林来自德国。

[①] 罗选民．论翻译的转换单位[J]．外语教学与研究，1992（4）：32-37，80．

[②] 温仁百．汉语"主谓谓语句"的汉德对比研究——对比语言学理论讨论和实践[J]．外语教学，2001（5）：13-18．

[③] 吕叔湘．汉语语法分析问题[M]．北京：商务印书馆，1979：29．

[④] 罗选民．论翻译的转换单位[J]．外语教学与研究，1992（4）：32-37，80．

Karin kommt aus Deutsch.

2. 德语中，如果一个句子中有多个动词，多余的动词可放在末尾，或变成不定式（加 zu），或以情态动词、分词（包括第一分词、第二分词）等形式保留，还可以将多余的动词放在从句中

（26）我想去拜访他。

Ich will ihn besuchen.

（27）或可得见否？（《红楼梦》第一回）

Könnte ich nicht wenigstens den Gegenstand sehen？（Franz Kuhn 译）

意为：我能看看这物品吗？

（28）忽见那厢来了一僧一道，且行且谈。（《红楼梦》第一回）

Wie er so wanderte, bogen zwei Priester in seinen Pfad und schritten neben ihm her.（Franz Kuhn 译）

（29）不觉朦胧中走至一处，不辨是何地方。（《红楼梦》第一回）

Im Hindämmern war ihm, als wanderte er durch ein unbekanntes Traumland. （Franz Kuhn 译）

（30）趁此机会，就将此蠢物夹带于中，使他去经历经历。（《红楼梦》第一回）

Ich will die Gelegenheit benutzen, den Stein auf die Welt zu schicken und die Rolle des Helden in jenem Drama spielen zu lassen.（Franz Kuhn 译）

例（26）用了情态动词 will 将"想"与"拜访" besuchen 两个动词同时放于一句之中。例（27）的这句话出现在《红楼梦》第一回，甄士隐听到两位仙人在讨论顽石的神奇经历，他不明觉厉，于是请求一睹奇石。在译文中就用了情态动词与动词的形式将"能"与"看看"两个动词同时呈现。例（28）中，由原文中的动词"见"可知原文缺少了主语"甄士隐"，因此译文中补充了主语 er（他），符合德语的行文规范与逻辑。译文中的三个动词如何处理呢？可见译文中 wanderte 用 wie 从句带出，bogen 和 schritten 则用 und 连接。例（29）与例（30）也都采用相似的手法将多个动词置于句中。

但要注意在德语中，有一种情况是可以有两个动词原型在同一句（无从句）中出现的，那就是某些感官动词（系动词）后加动词，这与情态动词加动词的用法类似。某些独立动词与其他独立动词的不定式连用不用加 zu，也不用逗号隔开。如 sehen（看），hören（听），fühlen（感觉，觉得），helfen（帮助），heißen（叫），lassen（让），lehren（教），lehnen（学），kommen（来）等。这些动词除了 kommen, lehren, lehnen 之外，在构成完成时的时候，要用不定式代替第二分词。

（31）我看见孩子们在操场上玩耍。

Ich habe die Kinder auf dem Platz fußball spielen gesehen.

（32）他听到孩子们唱歌。

Er hörte die Kinder singen.

（33）她帮他翻译课文。

Sie hilft ihm den Text übersetzen.

（34）我要修复我的手表。

Ich habe meine Uhr reparieren lassen.

在这两个规则的认识上，真正要思考的是：在德语、英语等讲究语法构成的语言里，动作不一定是动词。因此，真正便于在翻译中灵活分析的单位，是承载"完整意义的动作"的小句。这种小句不仅不能依靠句号、逗号等标点符号来划分，也不能以"动词"为依据判断。真正的标准是动作带来的意义是否完整。有了动作，若能联系上下文确定其主语，意义便基本完整。即使原文缺失主语，译文中也可有所显现与弥补，灵活翻译。所以，分析的关键是找出可以承载完整意义的动作。

参照小句理论与德语的句法特征，可以将德语的小句形式依据动词的不同大致分为两类。

1）限定动词（动词需要依据主语的性、数、情态、时态、主被动态发生变化）

（35）Unsere Geschichte beginnt in Su tschou.（《红楼梦》第一回　Franz Kuhn 译）

德文译本中的改译，意为：故事始于苏州。

（36）Und wo nimmt das Drama seinen Ursprung？（Franz Kuhn 译）

你道此书从何而起？（《红楼梦》第一回）

（37）Das ist eine merkwürdige Geschichte.（Franz Kuhn 译）

说来虽近荒唐。（《红楼梦》第一回）

（38）Die zarte Pflanze wandelte sich in ein junges Mädchen.（《红楼梦》第一回　Franz Kuhn 译）

德文译本中的增译，意为：这株娇嫩的绛珠草便幻化为妙龄女子。

（39）Ich will die Gelegenheit benutzen, den Stein auf die Welt zu schicken und die Rolle des Helden in jenem Drama spielen zu lassen.（《红楼梦》第一回　Franz Kuhn 译）

德文译本中的改译，意为：趁此机会，我将此石头送去凡间，使他也做一回尝遍冷暖的主角罢了。

（40）Pao Yu's Geist ergeht sich in den Wahngefilden der grossen Leere（Franz Kuhn 译）

贾宝玉神游太虚境。（《红楼梦》第五回）

（41）Die Fee des schreckhaften Erwachens deutet ihm vergeblich in Gesangen den Traum der roten Kammer（Franz Kuhn 译）

警幻仙曲演红楼梦。（《红楼梦》第五回）

（42）Herr Kia Tschong ruffelt seinen mißratenen SpröBling（Franz Kuhn 译）

训劣子李贵承申饬。（《红楼梦》第九回）

（43）Frivole Buben toben im Schulhaus（Franz Kuhn 译）

嗔顽童茗烟闹书房。（《红楼梦》第九回）

（44）Dann wirst du den feurigen Gruben des Unheils entgehen.（Franz Kuhn 译）

便可跳出火坑矣。（《红楼梦》第一回）

（45）Mit einem lauten Aufschrei erwachte er.（《红楼梦》第一回 Franz Kuhn 译）

德文译本中的改译，意为：他大叫一声，从梦中醒来。

（46）Er öffnete die Augen und blinzelte in den abendlichen Glutball hinein, der schräg durch die Bananenblätter blendete.（Franz Kuhn 译）

定睛看时，只见烈日炎炎，芭蕉冉冉。（《红楼梦》第一回）

2）非限定动词（动词在句子中不直接随时态发生变化，如 zu +V、感官动词后的 V、第一分词等）

（47）Ich will die Gelegenheit benutzen, den Stein auf die Welt zu schicken und die Rolle des Helden in jenem Drama spielen zu lassen.（Franz Kuhn 译）

趁此机会，就将此物夹带于中，使他去历练历练。（《红楼梦》第一回）

（48）Der Vetter bekommt das Goldamulett der Base zu sehen.（Franz Kuhn 译）

贾宝玉奇缘识金锁。（《红楼梦》第八回）

（49）Die Bücher werden von mir geöffnet.

书被我打开了。

（50）Das Film ist spannend.

这部电影令人兴奋。

（51）Ich habe mir ein Buch gekauft.

我给自己买了一本书

（52）Er ist nach Deutschland geflogen.

他已飞往德国。

（53）Der Schläfer Schi Yin war Wort für Wort ihrer Unterhaltung gefolgt.（Franz Kuhn 译）

却说甄士隐听得明白。（《红楼梦》第一回）

在例（47）～例（53）中，benutzen, schicken, lassen, sehen, geöffne, spannend, gekauft, geflogen, gefolgt 这些动词都是非限定性动词，不直接跟随主语或时态发生变化，除非是它自己的变形规律。benutzen 在情态动词后用动词原型，schicken, lassen, sehen 在 zu 后也用动词原型，geöffnet 是第二分词，在助动词 werden 后与 werden 构成被动态，spannend 是第一分词（动词作形容词），gekauft 是第二分词，在助动词 habe 后，geflogen 是第二分词，在 ist 后与 ist 构成完成时态，will, bekommt, werden, ist, habe，ist，war 才是限定动词，需要依据主语的数、性、时态等发生相应的变化。

（二）功能层面

小句的功能体现在它的黏着力强，游离性大，正是通过小句的不同建构，话语的形式才表现得丰富多彩。① 如上，从表达式的分析过程可见小句表达式指出了小句的类型和数量，原文与译文的表达式一起共同构成了原文和译文的关系，暗含了功能对应情况。这种对应和转化呈现动态，主要体现为：译文中可能出现原文没有出现的成分和不同文化语境下意义的保留和句式结构的重置。此意义的补充，是基于汉德语之间不同的句式特点而需要做出的调整。汉语中的小句有时可看作抽象的句子，这意味着其不一定有完整的主谓宾等符合德语句子构式的成分。但只要其意义完整，译者便能根据其意义在对应的目的语中补出缺失的内涵。上述种种，皆涉及小句作为动态单位的使用。

依据上述方法将小句分析出来，也还只是完成了第一步。其次，还要以其意义（信息）为中心，根据原文的语境、其在译文中的意义、结构来镶嵌小句。所有语言都受信息结构的影响，这是毋庸置疑的。根据著名语言学家罗仁地的意见，每种语言都是以线性方式来表达的，都必须选择一个先后关系，同时说话者还要帮助听话者区分预设和焦点。② 翻译中也是如此。如果一个句子把基本信息都翻译出来，但其意义和焦点偏离原文，那么这种翻译也是值得警惕和再思考的对象。在小句中也会出现这种现象。不同的语言中，词序先后原则、信息结构词序的前后原则之间并不完全是平行可比的——德语中有主从句，而从句中的一些次要信息如施事者、受事者等可以被省略，而且句子中从属句的孰先孰后都跟信息结构有关。

（54）若蒙大开痴顽，备细一闻，弟子则洗耳谛听，稍能警省，亦可免沉沦之苦。（《红楼梦》第一回）

Wenn ihr ihn einer näheren Belehrung würdigen wolltet, würde er seine Ohren waschen und mit Andacht lauschen.（Franz Kuhn 译）

原文中这句话的主要意思是希望两位仙人指点迷津，后面则是一些感激、感悟、表决心的客套话。因此，这句译文直译过来的意思是：如果你们能进一步指导一下愚人（我），那么弟子（er）定洗耳恭听。译文注意到了本句的实质目的，将其愿望"如果……"作为以 wenn 引导的从句放置在前作为焦点，起到一个很好的强调主信息的效果，随后便表明自己的决心。

---

① 罗选民. 论翻译的转换单位 [J]. 外语教学与研究, 1992（4）：32-37,80.
② 杨旭, 卢琳. 从功能视角看汉语研究若干问题——著名语言学家罗仁地访谈录 [J]. 南开语言学刊, 2021（1）：160-168.

三、从小句看汉德句式的不同

总的来说，不同语言会选择不同的方式来表达信息结构。德语说话者很重视哪一个所指在做哪一件事情，所以一旦在德语中找到了小句，其主语、宾语和间接宾语这些句法构式的成分便不难推断；而汉语词序是按照信息结构制定的。[①]因此，原文与译文之间，动词是最主要的信息。围绕动词，小句的建构次序在汉德互译时会出现变化。这就要从话语层面的功能系统来看小句的对等转换，主要看某个词在哪一个构式以及构式的哪个位置发挥什么功能。[②]

下面举例说明如何在翻译中透过小句的形式变换看汉德两种语言句式的不同。

（55）因这甄士隐禀性恬淡，不以功名为念，每日只以观花修竹、酌酒吟诗为乐，倒是神仙一流人品。（《红楼梦》第一回）

Er war nicht auf Ämter und Würden erpicht und fand Genüge daran, seine Blumen zu pflegen, Bambus zu pflanzen und bei einem Becher guten Weins Verse zu rezitieren. Kurz, er lebte ein weltentrücktes idyllisches Leben.（Franz Kuhn 译）

第一，在操作层面上，按"是否承载完整意义的动作"的标准来划分小句。在例（55）中，主语为甄士隐，后面衔接多个动词，如"禀性""不以……为念""只以……为乐""是"四个动作，这四个动作并不都是传统意义上的"动词"，如前三个动词在德语中就可以表达为"（有）……禀性""不爱……""喜欢……"，相较之下充分体现了汉语表达的松散性。详细观之可以看到，上述四个动词中又包含了"观花修竹、酌酒吟诗"四个动作，但从这四个动作不能推及其主语都是甄士隐，因为它们并不是甄士隐做出的动作，而是指他向往的日常有这种场景，不能被划入小句。因此，这段话中，有四个带有完整意义的动作的小句。

C1：甄士隐禀性恬淡。

C2：不以功名为念。

C3：每日只以观花修竹、酌酒吟诗为乐。

C4：是神仙一流人品。

再来看德文翻译，因前文提及了主语为甄士隐，此处再出现此人时不再重复其名，但也不省去，就以代词 er 替之，并将汉语中的长句断为三个句子（一个主句加一个从句，一个主句）。如译文第一句以 er 甄士隐为主语，动词为 erpicht 渴求（官职 Ämter und Würden）、fand（认为）别有使其满足的事。随即带出第一个句子从句，将"观花修

[①] 罗仁地，潘露莉．信息传达的性质与语言的本质和语言的发展[J]．中国语文，2002（3）：203-209，286.

[②] 杨旭，卢琳．从功能视角看汉语研究若干问题——著名语言学家罗仁地访谈录[J]．南开语言学刊，2021（1）：160-168.

竹、酌酒吟诗"中的动词观（养）、修（种）、吟以不定式 zu pflegen，zu pflanzen，zu rezitieren 带出，为避免 zu 的使用太过繁复，译者还把饮酒变为"配上一杯好酒"。在德译文中有六个小句：

Ca：Er war nicht auf Ämter und Würden erpicht. 甄士隐无意官场（不以功名为念）。

Cb：（er）fand Genüge daran.（甄士隐）每日以他事为乐。

Cc：（er）seine Blumen zu pflegen. 照料自己的花。

Cd：（er）Bambus zu pflanzen. 种植修竹。

Ce：bei einem Becher guten Weins（er）Verse zu rezitieren. 趁着好酒吟诵诗句。

Cf：er lebte ein weltentrücktes idyllisches Leben. 过着一种远离世界的惬意生活。

原文为一个句子，含四个小句，翻译过来的句子和小句却不然，可用下式表现其转换形式，便于对比原文与译文中的小句变化。

$$T^C = S1 \rightarrow \underline{C1+ C2} +\underline{ C3} + C4$$

$$\downarrow$$

$$T^E = S1 \rightarrow \underline{Ca} + \underline{Cb+ Cc + Cd + Ce} + S2（Cf）$$

第二，在功能层面上，进行小句功能的动态行使的分析。在转换式的对比中可以看到，原文中有四个小句，译文中却出现了六个小句。对比之下可见，实际上原文中的 C1+ C2 变成了德译文中的 Ca，"禀性恬淡，不以功名为念"在译文中合并为一句。德文中虽语法详细、烦琐严谨，但绝不拖泥带水。汉语中却喜好反复强调，如"禀性恬淡，不以功名为念"说的同是"甄士隐无意官场"的性格特征，因此译文中省去了繁复。而 C3 "每日只以……为乐"一句在译文中被拆分为了 Cb+ Cc + Cd + Ce 四个小句，其中一句用了 daran，另外三句都用了 "zu+V" 的形式。daran 是德语中传统的关系代副词，用以引出从句，即三个带 zu 的德文小句。这些带 zu 小句在传统语法中被看作一个短语成分，但是从大句中剥离出来看，它们是带有完整意义的，因而可以被看成小句。从原文"一个小句"到译文"四个小句"的变化，可以看出译文中的叙事与原文最明显的不同就在于叙事角度的变化。

毋庸置疑，C3 小句的主语是甄士隐，而"观花修竹、酌酒吟诗"是中国传统文人的意象，并不真正强调、特指这些是由甄士隐发出的动作。因此，原文其实是采用了"以今看古"的叙事角度，将甄士隐刻画成一个"风骨文人"的形象，为后文甄士隐的经历令人唏嘘埋下伏笔。但在译文的四个小句中，明确指出 Ca 的主语是甄士隐，而 Cb 的主语位置出现了 seine Blumen 他的花，Cc 的主语位置是 Bambus（他的）竹子，如此一来，便将"观花修竹、酌酒吟诗"都视为由甄士隐发出的动作，把叙事角度局限于一人身上，这与原文是有一定出入的。首先，译文中的意境便不如原文开阔；其次，在译文中也无法从甄士隐一人身上看到其映射的中国古代文人之象，使中华古代文人的形象塑造大打折扣。

从原文到译文，叙事角度发生了极大的变化，这可能会在汉语读者阅读德文时造成一定的理解困难。在译文中，四个小句的主语与原文中的主语是一致的，都是甄士隐。但由于译文与原文叙事角度的不同，动作发出者发生了从"无定指"到"定指"的变化，动作所承载的意义也发生了翻天覆地的变化，对于译文的理解更要从句式入手。只有熟悉了德语的句式，才能正确判断主谓宾。译文的四个小句中，除了明确指出主语的 Ca 小句，其他三个小句中的花、竹、诗这些"客体"后面则是"zu+V"的结构，如此一来，便可见译文中这三个小句都使用了动宾结构，主语甄士隐是隐去的。那么，它跟原文中主语带出的小句有何不同呢？首先，原文中主语带出的小句"禀性恬淡""不以功名为念""每日只以观花修竹、酌酒吟诗为乐""倒是神仙一流人品"，读来通晓流畅，能感受到逻辑的通顺，因为这些小句的人称视角一直都是甄士隐，没有发生改变。而德语不一样，德语注重主体与客体之分，对不同的客体有不同的搭配、使用倾向，因此常在一句话中需要转换思考的方向。如译文中的小句从"（er）fand Genüge daran"，到"seine Blumen zu pflegen"，再到"Bambus zu pflanzen"，最后到"bei einem Becher guten Weins Verse zu rezitieren"。如不熟悉德语的学习者一眼扫去，便会觉得主语原是 er 他（甄士隐），怎么一下子又变换为客体"他的花"，又变为另一个客体"竹子"，最后还有一串这么长的介词短语，再回到第三个客体"Verse 诗"。一时恐会觉得有难解之意，即使读罢后稍加思索便可知主语甄士隐是隐去的，但这也需要一定的主语辨别与思考的时间。原文里虽把主语省去，但按照阅读的逻辑来说，主语在前，加上"观花修竹、酌酒吟诗"，构成的都是"主谓宾"结构，便易于中文读者阅读和理解。译文中的结构实质是"主语 er+ fand Genüge + an seine Blumen + zu pflegen"，但为了避免烦琐，德语中仅保留了"seine Blumen zu pflegen"的结构，构成了"宾语 +zu+ 动词 + 推测主语"的结构，与原文的顺序完全颠倒，因此会造成理解上的难度。要学好德语，就必须掌握德语的句式特点，熟悉德语的思考方式，但这往往也是学习德语者面临的较大挑战。

从以上分析可见，小句的变换中，可以更清楚地看到汉语与德语之间句式的不同。

（56）只是一件不足：如今年已半百，膝下无儿，只有一女，乳名唤作英莲，年方三岁。（《红楼梦》第一回）

Obwohl schon über die Fünfzig, hatte er kein Söhnchen auf den Knien zu schaukeln. Nur ein kleines, jetzt dreijähriges Töchterchen namens Lotos war ihm beschieden.（Franz Kuhn 译）

由于在德语句子中必须有主语，但主语在德语中并不像在汉语中一般，能够带出多个动词，因此，此例中，以小句为划分，可以看到译文是如何灵活地加上主语、调整语序并使其符合德语读者的阅读习惯的。一般来说，德语注重主客体之间的区分与逻辑的通畅，其叙述也是基于客观事实，较少出于个人主观情感言说事件，也不会在叙述中一直沿用同一个人称进行叙述，而是倾向于不断变换视角进行陈述。而且一个德语句子中一定会有动词，如果原文中有多个动词出现，围绕这些动词，德语句子中往往变换主语进行述说。如例（56）中，原文只有一句，主语一直是甄士隐，直到介绍完其女儿英莲，该句结束。可以看到这句话有多个小句，而在译文中该部分变为两个小句，第一个小句的主语是 er（甄士隐），"膝下无儿"被译成"他没有小儿子在膝盖上晃荡"，将中国人喜爱"子孙绕膝、共享天伦"的生活描绘得十分生动并且言简意赅。第二句的主语则变成了他的小女儿英莲。为了符合德语简洁的习惯，译文中的小句相较原文，进行了一些增减和语序的调整。如"只有一女，乳名唤作英莲，年方三岁"被合并成一句，"乳名唤作英莲，年方三岁"变为"小女儿"的前置定语。而"只是一件不足"被删去，与"只有一女，乳名唤作英莲，年方三岁"合并为一句，在这句最后增加了"war ihm beschieden"以表明"甄士隐只有一个小女儿聊以慰藉"的"稍有不足之遗憾之感"，翻译可谓惟妙惟肖，细密深入。这充分显示出了小句的灵活调整使译文符合读者接受度。

从这些例子又可以看到，翻译中的小句涉及部分和整体的关系。但是在这个"部分与整体"中，小句并不非常强调各成分之间的关系（虽然一定程度上的界定和理清有助于读者理解），但主要来说，小句还是更为侧重其功能和用法。翻译是一个交际的过程，即信息传达的过程。信息的传达要靠"动作"和"推论/推测"。[①] 在这个过程中，信息传达者总希望信息接收者能又快又准地对自己所传达的信息做出"推论/推测"，因此，译者通常会尽量地突出最不费力、最能帮助对方进行推论/推测的"动作"。"动作"越具体，对"推论/推测"过程的制约程度就越高。[②] 在此，小句就灵活地起到了意义分割、信息具体化的作用。

小句在信息传达过程中的运用，是一种帮助、引导受众进行原文逻辑和意义"回归本位"的过程，这个过程中也是"推论/推测"译文结构（结果）的前提。因此，小句是译者用以更细致地限定读者所做出的理解的语言工具。不同语言中对不同语义领域的制约不同，小句作为意义承载的最灵活的单位，其制约程度和使用亦有可变通之处，此亦指小句作为动态单位的作用。

小句理论主张一种动态的翻译，是在话语功能系统的基础上进行的讨论。我们不仅要把语言看作简单的现象，同时还要从整体来看语言。这里的整体也不是单纯字面上的整体，而是指其意义上的完整。在此，动词词性较为微弱的介词如"durch"（可译为"经过、磨损"）、"nach"（可译为"回"）在其行使动词功能时则容易被初学者忽略。

（57）Er hat seine Hose an den Knien durchgewetzt.

他把膝盖部分裤子**磨**出洞。

（58）Das Kind fand nicht mehr nach Hause.

这孩子找不到**回**家的路了。

[①] 罗仁地，潘露莉. 信息传达的性质与语言的本质和语言的发展[J]. 中国语文，2002（3）：203-209，286.

[②] 罗仁地，潘露莉. 信息传达的性质与语言的本质和语言的发展[J]. 中国语文，2002（3）：203-209，286.

（59）Nichts wie raus（weg, hin, nach Hause）!
（俗）快点出去（走开，到那边去，回家去）!

第五节　汉语与德语修辞对比与翻译

一、常用修辞手段对比

汉语与德语语篇中，常会用到各种文体。而不同的文体囊括的常用修辞手段不同。一般来说，文体中讨论的修辞包括头韵、比喻、借代、拟人、夸张、矛盾等。下面一一列举各种常用修辞手法。

1）Alliteration（头韵）

Milch macht müde Männer munter.

2）**Anapher**（首语重复法）

Sie erwartete ein Zugestandnis. Sie erwartete Hilfe.

3）Ausruf（感叹）

Auch das Schöne muss sterben!

4）Chiasmus（交叉排比）

Die Welt ist groB, klein ist der Verstand.

5）Diminutivum（递减）

Komm her, Schatzchen!

6）Ellipse（省略）

Wer da?

7）Rhetorische Frage（反问）

Wer ist schon perfekt?

8）Parenthese（插入语）

So bitt ich - ein Versehen war's, weiter nichts - für diese rasche Tat dich um Verzeihung.

9）Parallelismus（排比）

Das Schiffchen fliegt, der Webstuhl kracht.

10）Personifikation（拟人修辞）

Vater Staat, das Fenster gähnt, Mutter Erde.

11）Fachbegriffe/Fremdwörter（使用外来词）

Rhythmus, Intelligenz.

12）Gemination（并排）

Mein Vater, mein Vater, jetzt fasster mich an....

13）Hyperbel（夸张）

Todmüde, ein Meer von Tränen,Schneckentempo.

14）lronie（反讽）

Ein Vater sieht das schlechte Zeugnis und meint：Das hast ja prima gemacht!

15）Klimax（层进法）

lch konnte Tage, Wochen, Monatefur die Schulaufgabe lernen.

16）Litotes（反语、间接肯定的修辞法）

Nicht unklug statt klug.

17）Lautmalerei（拟声）

blubbern, Kuckuck.

18）Metapher（隐喻）

Bücher verschlingen =sehr gerne Bücher lesen.

19）Neologismus（新词）

Teletubbiementalität.

20）Vergleich（比较）

Haare wie Gold.

21）Wiederholungen（重复）

lch konnte toben, toben, toben!

22）Wortspiel（戏拟）

Die Hausaufgaben zu machen ist keine Last, sondern Lust.

二、矛盾词

在德语中，矛盾词汇的出现频率已远超汉语，有的甚至已经形成一种常态。许多德语矛盾的单词都会共同出现，这需要德语学习者对词汇的使用要更加留意。如：

（1）Hassliebe.

爱恨交加。

（2）Weniger ist mehr.

少即是多。

（3）Jetzt müssen wir uns aber **langsam beeilen**.

现在我们必须争分夺秒、抓紧时间。

langsam 在此并不指时间过得慢，而是指时间快要到了。

（4）Was du getan hast, war so **richtig falsch**.

这个回答也太蠢了。

（5）Diese Antwort war richtig dumm.

你做的事真的很不对。（这里的 richtig 作副词表示较强语气：完全、非常、很。）

（6）Die Situation ist einfach schwierig.

这种情况简直太艰难了。

三、比喻

比喻是最常用的修辞手法，又分为明喻和暗喻。其中，明喻是指带有比喻词如像、如、好比等，并且本体与喻体同时出现的比喻手法。而德语中这类比喻词有 als，so wie，als ob 等。如：

（7）Er kämpfte wie ein Löwe in der Schlacht.

他像狮子一样战斗。

（8）Er sitzt（steht）so stramm wie ein Zinnsoldat.

他像一个锡兵那样直挺挺地坐着（站着）。

（9）Die Erde ist wie ein Kind.

地球就是一个孩子。

例（7）中把人比作狮子，证明战斗非常激烈、战斗的人十分勇猛。例（8）中，以锡兵为喻体，说明主体站得非常直，鲜明的形象呼之欲出。例（3）中，地球是一个自然天体，怎么可能是孩子呢？这是用了比喻的手法，将地球比喻为孩子。可以看到，明喻有一个十分重要的作用，就是把主体的形象衬托得十分生动、明晰。如果只是简单直接地陈述"他在战斗中很勇猛"，或者强调"他坐得（站得）非常直挺"都不如例子中采用明喻手法营造出来的效果。因为不同的读者对于"很""非常"等程度词的敏感程度不一样，有时可能还要费些周章去联系自己的经历以努力与作者共情。但如果作者使用明喻，那么读者马上就能反应过来：像狮子一样勇猛的人，说明战斗十分惨烈，无意中就会赋予这个战斗的人以"狮子"的形象。同理，"锡兵"的比喻也是同样的效果。而例（9）中把地球比作孩子，就容易使人联想到孩子十分脆弱、易受伤，需要成人照顾、呵护。由此，对地球的同情与爱护之心便油然而生。

暗喻里的本体与喻体也是同时出现的，但与明喻不同的是，暗喻中不直接出现比喻词，有时，"是"这种词也是中文里常用的暗喻词。

（10）Er war ein Löwe in der Schlacht.

他在战斗中就是一只狮子。

（11）一石二鸟。

zwei Fliegen mit einer Klappe.

（12）孤掌难鸣。

ein einzelner kann schwer etwas zustande bringen.

（13）一视同仁。

durch die Bank.

（14）意外之财。

Ein Geschenk des Himmels.

四、委婉语对比

委婉语是中华民族传统文化之一，是中华民族作为礼仪之邦在语言交际上的表现。在委婉语中往往可以看到一个民族深层的文化内涵。在德语中也有大量的委婉语。如在德语中，Stuhlgang 是不常见的词汇，有类似含义的 Wasser lassen 则是更常见的表达。Stuhlgang 意为"排便"，是较为粗俗、不雅的说法，Wasser lassen"放水"是其委婉说法，在汉语中也有类似的表达，因此不难理解。

在汉语中，最为典型的委婉语是关于"死亡"的。无论在哪种语言中，死亡都被视为不祥、易犯忌讳的说法，人们往往把"死"字隐去，因此出现了大量的回避"死"的委婉语。如汉语中，常见的表达有长眠、逝世、安息、归西天、回老家等。如果人的身份极为尊贵，如中国古代的帝王，那么还可能会出现"崩殂""驾崩""山陵崩""弃天下"等说法。如果是老人去世，依据道家的说法，常用的表达有"升仙""寿终""谢世""仙逝""驾鹤西游"等。如果是幼儿去世，则会说"夭折"。"死亡"的说法依据人的身份、地位等各有讲究。而在德语中，与死亡 Tod 相关的隐晦表述有：ums Leben kommen，versterben 等。如《红楼梦》中也有关于"死"的委婉语表达。

（15）黛玉忙起身迎上来见礼，互相厮认；归了坐位，丫鬟送上茶来。不过叙些黛玉之母，如何得病，如何请医服药，如何**送死**发丧。不免贾母又伤感起来，因说："我这些女孩儿，所疼者独有你母，今一旦先我而逝，不得见一面，教我怎不伤心！"说着携了黛玉的手又哭起来，家人忙相劝慰，方略略止住。众人见黛玉年貌虽小，其举止言谈不俗，身体面庞虽弱不胜衣……（《红楼梦》第三回）

Nachdem die Vorstellung beendet war, setzte man sich, trank Tee und begann Blaujuwel mit teilnehmenden Fragen zu bestürmen. Was ihrer Mutter **gefehlt** hätte, mit welchen Medizinen man sie behandelt hätte, wie die Trauerfeierlichkeiten verlaufen wären, und ähnliches mehr. Die Ahne kam gar nicht darüber hinweg, dass ihre Lieblingstochter noch vor ihr unter die Seligen eingegangen sei. Dann wandte sich die allgemeine Aufmerksamkeit der Person der neuen Hausgenossin selbst zu. Man fand sie für ihre zwölf Jahre auffallend gesetzt und reif. Ihre Gestalt war so zart, dass sie kaum der leichten Last der Kleidung gewachsen schien. (Franz Kuhn 译)

这是黛玉刚入贾府时，礼数过后，众人都坐下了，开始饮茶、围绕黛玉问些问题，于是就聊到黛玉之母是如何殁了、丧葬如何等。由此可见，译者将黛玉之母"去世"以 **gefehlt** 一词表示。gefehlt 的原型是 fehlen，意为"（物品）丢失，（人）缺席"，言下之意即为"去世"，较好地传达了原文意涵并符合当时人们谈论时对黛玉的相惜之意。

总体来说，委婉语也称婉转方式，是中文古典修辞中常用的手法，这其中包括了换喻等，形式非常多。如：

①用作者指代作品的：Ich lese Schiller, Zeppelin fur Luftschiff。

②用影响指代原因的：Er fuigte ihm die Schmerzen zu。

③用原料指代实物的：Er stieB ihm das Eisen（=Dolch）ins Herz。

④用人物指代事物的：Casar zog an den Rhein; Der Nachbar ist abgebrannt。

⑤用抽象指代具体名词集体的：tief 深的→ die Tiefe,-n 深度；gesund 健康的→ die Gesundheit 健康；Jugend 青春→ junge Leute 青年人。

这是由于德语中有形容词名词化、动词形容词化的用法，如动词的第一分词由动词直接加 -d 构成，如 sprechend, reisend, weinend, kommend。krank 生病的，变成名词后要加上定冠词，变成 der Kranke 男病人，或 die Kranke 女病人，复数则是 die Kranken 病人。

⑥用形式指代内容的：ein Glas（Bier）trinken, England（die Englander）furchtet。

五、隐喻对比

汉语与德语中的隐喻多种多样。李逵六①指出，隐喻最简单的形式是第二格隐喻，此外还有形容词隐喻、动词隐喻等。第二格隐喻如 Zelt des Himmels，这种形式是由一个第一格名词与一个第二格名词构成的。其中，第一格名词常是形象施予者，第二格名词通常是形象接受者。它可以出自一个明喻，如 Der Himmel ist wie ein Zelt，就相当于中文里的"天之帷幕"。

形容词隐喻，如 ein süßer Ton 甜甜的声音，ein dunkler Klang 阴沉的声音。形容词 süßer "甜甜的"，dunkel "暗沉的"本来是属于其他运用范围的形容词，在这里比喻声音或像蜜糖一样甜、声音阴沉，不禁让人联想到"暮霭沉沉"。

动词隐喻在许多概念中带有转借意义，如 umfassen 抓住、抱着，begreifen 明白。从动词隐喻再向前延伸，就是句子隐喻，如：Sein Herz drohte zu brechen，他的心恐怕都要碎了。这里的 Herz 既可以指人，也可以指内心、感觉，或者指人的生活从此就残缺了，碎掉了。drohen 表示作者正面临、感到一种失落与害怕。brechen 则表示破碎。但是人或心怎么会破碎呢？这就是用了隐喻。

此外，汉语与德语中都最常用的还有**象征隐喻**。

（16）Kreuz fur Tod, Taube für Frieden.

---

① 李逵六. 德语文体学[M]. 北京：外语教学与研究出版社，2004：170.

十字架代表死亡，鸽子代表和平。

这种象征隐喻在平时非常常见。因此，十字架与死亡、鸽子与和平已经成为人们心中无须提及也会联想到的事物。在看到提及"十字架"的文体时，死亡的意味就不言而喻地在读者心中荡漾开。提及鸽子时，人们就会知道这是代表着美好、和平的愿景。就算有时，本体和喻体只出现一个，人们也能自然联想到它的隐喻义。在德语中，诸如此类的隐喻比比皆是。再如 von Anfang bis Ende 从头到尾可以用 von A bis Z 来表示。因为在字母表中，A 是第一个字母，Z 是最后一个字母。因此这表示从最开始到结尾的一个完整的过程。又如：

（17）Das ist nicht mein Bier.

这里的 Bier 不是指"啤酒"，而是指"这不关我的事"，更准确的译法是：这不是我的问题。此外，Eulen nach Athen tragen 和 Bier nach München bringen 都可以表示多此一举，类似于汉语中的画蛇添足之意。这两个隐喻都是类似的：把猫头鹰带到雅典、把啤酒带到慕尼黑。要知道，猫头鹰在雅典被当作圣鸟和城徽，是智慧的象征，雅典最不缺的应该就是猫头鹰，因此把猫头鹰带到雅典，是多余之举。而慕尼黑盛产啤酒，还要把啤酒带到慕尼黑的话，自然也是不必要的行为。

（18）die erste Geige spielen. eine wichtige Rolle spielen.

意为：位极人臣，举足轻重。Geige 在德语里是小提琴的意思，die erste Geige 就是指首席小提琴，意指居首位，起决定性作用的人或事物。在乐团里除了指挥，就数首席小提琴是最重要的了。因此 die erste Geige spielen 就是关键人物、主角的意思。"Er will immer die erste Geige spielen."的意思就是"他总是想做主角。"

第六节　汉语与德语语篇对比与翻译

一、汉德篇章中的文化及其翻译

《红楼梦》囊括了许多中国传统文化，如家庭文化、建筑文化、礼仪文化、服饰文化等。以《红楼梦》为例，德译版《红楼梦》对于这些文化有的进行了较为巧妙的翻译传达，但有的却出现了误译、少译等现象，这些现象的发生有的是由于德语与汉语文化存在差异，译者不能全然领会汉语文化；有的是译者出于文化考量特意做出的调整。以下就详细举例分析之。

（一）家庭文化

（1）自荣公死后，长子贾代善袭了官，娶的是金陵世家史侯的小姐为妻，生了两个儿子，长名贾赦，次名贾政。如今代善早已去世，太夫人尚在，长子贾赦袭了官，为人平静中和，也不管理家。次子贾政，自幼酷喜读书，为人端方正直，祖父钟爱，原要他以科甲出身的，不料代善临终时遗本一上，皇上因恤先臣，即时令长子袭官外，问还有几子，立刻引见，遂又额外赐了这政老爷一个主事之衔，令其入部习学，如今现已升了员外郎。这政老爷的夫人王氏，头胎生的公子名唤贾珠，十四岁进学，不到二十岁就娶了妻，生了子，一病就死了；第二胎生了一位小姐，生在大年初一，就奇了；不想次年又生了一位公子，说来更奇，一落胞胎，嘴里便衔下一块五彩晶莹的玉来，还有许多字迹，你道是新闻异事不是？（《红楼梦》第二回）

　　这段是介绍荣国府情况的记述，反映了中国传统文化中以血缘关系为基础、以男性为主要中心集群的"大家庭"文化。由于人物众多，译文中对小句进行了重新划分与语序调整。如，原文中先是以长子贾代善为主语，写其袭了官、娶了金陵世家史侯的小姐为妻，生了两个儿子，长名贾赦，次名贾政。这句共有三个动词，可分为三个意义较为完整的小句。次句分别围绕各人的命运展开，据各人情况与动词来看，又可依次分为五个小句，其中代善一个小句、太夫人一个小句，贾赦三个小句。第三句是一个长句，交代次子贾政的情况，一个句子中共有 13 个分句。细究之，其主语并不一致，而是由贾政转换到祖父，再转换到皇上。因此可分为以下 12 个小句。

　　C1：次子贾政，自幼酷喜读书。

　　C2：（贾政），为人端方正直。

　　C3：祖父钟爱。

　　C4：（祖父）要他（贾政）以科甲出身的。

　　C5：代善临终时遗本（呈）上。

　　C6：皇上因恤先臣。

　　C7：（皇上）令长子袭官。

　　C8：（皇上）问还有几子。

　　C9：（皇上）立刻引见。

　　C10：（皇上）遂又额外赐了这政老爷一个主事之衔。

　　C11：（皇上）令其入部习学。

　　C12：（贾政）现已升了员外郎。

　　但其译文中的脉络和小句划分与原文有较大改动。见译文如下：

　　Etwas besser sieht es im Yung-kwo-Palais aus. Dort führt die Fürstin Ahne, die Witwe des zweiten Fürsten von Yung kwo, das Regiment. Sie stammt aus der gräflichen Familie der Schi, die in der Gegend von Kin ling ansässig ist. Der ältere ihrer beiden Söhne namens Scho, der jetzige Träger des Fürstentitels, ist ein freundlicher, etwas phlegmatischer Herr, der die Ruhe liebt und sich nicht groß um die Angelegenheiten des Haushalts kümmert. Dagegen besitzt der jüngere Sohn namens Tschong hervorragende geistige und charakterliche Eigenschaften. Er ist seines erlauchten Stammherrn durchaus würdig und war auch stets sein Liebling. Auf Wunsch seines Großvaters und auch aus eigenem Antrieb hat er sich regelrecht und gründlich für die Beamtenlaufbahn vorgebildet. Durch besondere kaiserliche Huld wurde er von der dritten Staatsprüfung befreit und ist jetzt Hilfsarbeiter in einem Ministerium.（Franz Kuhn 译）

除去第一句"容国府看起来稍好"，可见这段翻译的脉络并不依照原文由父亲到儿子的介绍展开，而是一开始就以太夫人为主语进行介绍。这段译文直译过来的意思大致为："蓉国府由侯爵夫人（祖母）掌管着，她原是金陵世家史侯的小姐。她的两个儿子中，大儿子虽有官衔，为人友善，却有些孤僻，心性喜好平和，不太关心家庭事务。小儿子品德心性兼优。在他祖父的期待与他自己的努力下，一直是被视为仕途之才进行培养的。在特别的皇室恩宠下，他不需科举应试便能做官，现在已是员外郎。"在这里，译文中的 der dritten Staatsprüfung 直译就是"三次国家考试"的意思。中文读者看到可能会有些疑惑。但如果对中国传统文化有一定的了解，那么就会知道，中国古代的考试制度称为"科举制"，一共设三个层级，"乡试""会试""殿试"。知道了这个知识点，就不难理解，译文中 Staatsprüfung 的意思就是指科举考试。下面详细分析译文中原文被译成的句子和小句。

Ca：Dort führt die Fürstin Ahne, die Witwe des zweiten Fürsten von Yung kwo, das Regiment. 蓉国府由老祖母掌管，她是世袭二代荣国公的贾代善之遗孀。

Cb：Sie stammt aus der gräflichen Familie der Schi,
她出身于皇家之系史侯世家，

Cc：die（Familie）in der Gegend von Kin ling ansässig ist.
这个家族久居金陵。

Cd：Der ältere ihrer beiden Söhne namens Scho, der jetzige Träger des Fürstentitels, ist ein freundlicher,
老夫人有两个儿子，大儿子贾赦有头衔，性格温善，

Ce：etwas phlegmatischer Herr, der die Ruhe liebt.
为人沉稳，喜好静僻。

Cf：und sich nicht groß um die Angelegenheiten des Haushalts kümmert.
不太关心家庭琐事。

Cg：Dagegen besitzt der jüngere Sohn namens Tschong hervorragende geistige und charakterliche Eigenschaften.
二儿子贾政才智出众，人品优良。

Ch：Er ist seines erlauchten Stammherrn durchaus würdig.
得家族长辈看重。

Ci：und war auch stets sein Liebling.

一直备受宠爱。

Cj：Auf Wunsch seines Großvaters und auch aus eigenem Antrieb hat er sich regelrecht und gründlich für die Beamtenlaufbahn vorgebildet.

在祖父的期望与自己的努力下，一直准备着科举考试并有望金榜题名。

Ck：Durch besondere kaiserliche Huld wurde er von der dritten Staatsprüfung befreit.

在皇帝的照顾下，他不用参加科举考试。

Cl：und ist jetzt Hilfsarbeiter in einem Ministerium.

现在位居员外郎。

译文中将"夫人"译为了 Ahne，而 Ahne 在德语中正是"女祖先、祖母、外祖母"的意思，原文中的"夫人"是古代对官员妻子或母亲的封号，但对将要展开叙述的人物与家族来说，她俨然已经是"太夫人、祖母"的角色了。因此，译者用 Ahne 来表示其人物身份是可以理解的。但是通过对原文与译文中小句的剖析，可以看到译者的叙述视角发生了改变。在原文的叙述里，作者开头以荣公与荣公之子代善引出。当这两人去世之后，才将目光放到贾母身上，随即讲到两个儿子的发展。在中国传统文化中，整个家庭的结构离不开男性，其次才是女性。一旦男子不在家庭里，在中国传统家庭中便可称"天塌了"，"家中的顶梁柱倒了"。在此，其实提及这两位家中的男性相继去世，也是为后文说起这家族逐渐走向衰败埋下了伏笔。由此，整个故事的走向都具有浓浓的中国传统文化意蕴。虽然《红楼梦》并没有脱离中国传统家族以夫为重、女子次之的文化特点，但其对于固有思想的挑战最为突出的一项，就在于其对于"女性"这一群体的关注。《红楼梦》中女性群像的耀眼，对于旧时社会风俗来说可谓是前所未有。后来随着女权主义的兴起与平等思想的开放，这类现象在小说与文学中非但没有消失，反而是起到了"以史为镜"的作用，后人在这种描写与故事中吸取教训，引以为戒。而在译文中，荣公与荣公之子代善之描述被删掉的原因可能有二，一是译者出于德国相较于中国传统文化，更为尊重女性的文化考量。在西方国家，女性其实对家庭更为重要。在西方国家随着 20 世纪女性主义的兴起，他们更是对女性持有平等与尊重的态度。二是译者考虑到荣公与荣公之子代善并没有在情节发展中发挥较大的作用，因此去掉了相关描述，将叙述的起始视角直接放在了贾母处。相较来说，译文中的调整确实更为精练，但对比之下，也确实无法显露出中国传统家族以夫为重、女子次之的大家庭文化特点。与后文的联系与伏笔也减弱了不少。

（2）"许多亲眷，可惜都不能见面。"（《红楼梦》第十五回）

»Unsere Familie ist so groß, Schade, daß es an Zeit mangelt, alle zu begrüßen.«（Franz Kuhn 译）

该例中译文直译的意思是："我们家族实在太大，但很可惜，因为时间的关系，我不能问候所有的人。"言下之意是人数太多，由于时间限制，不能一一见面叙旧，也反映了中国传统中的大家庭文化。相较于原文用含蓄的表达来强调遗憾，译文中则指出了"可惜都不能见面"的原因。但不指出原因可能会为读者留下更广阔的想象空间：不去相见的原因可能有很多，或因人情世故，或因种种羁绊，又或是有其他诸多思虑。在这样一个庞大繁复的大家庭中，人与人的关系其实是相当难以协调的。而中国人的传统是说话含蓄，即使有问题与羁绊，也不会明说。译文中指出原因以作解释，在一定程度上符合德语形态中逻辑清晰的要求，但这也使小说的深度与读者想象的空间大打折扣。

（3）»Von der Familie dieses Herrn Kia Tschong sind zwei Seltsamkeiten zu erwähnen. Die erste seiner vier Töchter nämlich, ein Kind seiner Hauptgattin, einer geborenen Wang, wurde ausgerechnet am ersten Tage des ersten Monats geboren! Aber es kommt noch seltsamer. Ein Jahr darauf schenkte Frau Tschong einem Sohn das Leben, der mit einem buntschillernden, kristallhellen Jadestein im Munde zur Welt kam! Dieser Stein wies obendrein deutliche Spuren einer Inschrift auf! Der Sohn erhielt deswegen den Namen Pao Yü >Edelstein<. Habt Ihr schon je so etwas Merkwürdiges gehörte«（《红楼梦》第二回　Franz Kuhn 译）

德文译本中的改译，意为：在这贾家中，有两件奇怪的事情值得一提。他的四个女儿中的第一个，也就是他的正妻王夫人的孩子，出生在正月初一！更奇怪的事情是，一年后，他们又生下一个儿子，嘴里含着一块五颜六色、晶莹剔透的玉石！这块石头上有清晰的铭文痕迹！因此，儿子被命名为宝玉。你听说过这么奇怪的事吗？

该例译文中，其实也隐晦地将中国传统大家庭中注重传宗接代和多子多福、开枝散叶的生育观念传达出来了。这种观念在中国由来已久，也与中国古代以儒家为主流文化有关。特别自汉代以来，儒家文化处于"独尊"的统治地位，因而儒家文化的以"孝"为核心的整个伦理道德思想逐步成为中华民族的重要精神和民族传统。其中，"孝"又是一个人"仁"的重要体现："不孝有三，无后为大"在以后的几千年里得到了充分的发挥。在传统社会，谁家儿女不传宗接代、继承香火，就会受到家族、社会的谴责。这段文本中除中国传统生育观念之外，没有其他过多的文化信息以及难译的知识点。译者基本遵照了原文的叙事脉络，没有过多地调整语序。但要注意的是，此例是"宝玉"在全文中的首次出现。因此，在提及"宝玉"时，译者首先音译其名为"Pao Yü"，其次将其含义"宝石"（Edelstein）在后面注出，以便译者明白其深层内涵，与前文的神话故事相呼应，同时也点明这段故事的宿命感。

（二）建筑文化

（4）林黛玉扶着婆子手进了垂花门，两边是超手游廊，正中是穿堂，当地放着一个紫檀架子大理石屏风。转过屏风，小小三间厅房，厅后便是正房大院。正面五间上房，皆是雕梁画栋，两边穿山游廊厢房，挂着各色鹦鹉画眉等雀鸟。（《红楼梦》第三回）

Durchgangshalle, in deren Mitte auf rotem Sandelholzgestell eine schöne Ziersteinplatte mit seltsamer, landschaftsähnlicher Schraffierung als Geisterschutzwand prangte. Hinter der Durchgangshalle ging es durch drei kleine Pavillons zum großen Innenhof hinein, der vor dem aus fünf Gemächern bestehenden Wohngebäude der Fürstin Ahne lag. Das Gebäude prunkte in leuchtenden Farben und wies an Säulen und Dachgebälk reiches Schnitzwerk auf. An den Hofseiten zogen sich Wandelgalerien hin, stellenweise durch überhängende Felsen hindurchführend und durch das Zwitschern und Kreischen zahlreicher bunter Sittiche und Papageien belebt, deren Käfige überall an Wänden und Pfeilern schaukelten.（Franz Kuhn 译）

这是林黛玉首次进入贾府时，以黛玉之视角进行的外景描绘。译文直译过来的意思是"穿过门廊大厅，中间是一块漂亮的装饰性平板，上面有奇特的、如风景画般的线影，以紫檀木框装饰着。在大厅门廊后，穿过三个小亭子来到一个大庭院里，这里有着太奶奶的五间主房。这座建筑金碧辉煌，屋柱房梁上爬满雕花。院子的两侧有步行廊，岩石低垂，有着无数五颜六色的长尾小鹦鹉，它们叫声不断，鸟笼在墙上和柱子上摇晃不停。"

文中提出的"超手游廊"是中国传统建筑的重要组成部分：自二门起，向两边环抱的走廊叫"超手游廊"。清代李斗《扬州画舫录》卷十七有记载曰："浮栿在内，虚檐在外，阳马引出，栏如束腰，谓之廊。……随势曲折，谓之游廊。""穿堂"是供人穿行的厅堂。坐落于前后两院落之间，正中有绿油屏门四扇，无事不开。译文将其直接译为"门廊"。"屏风"是陈设在室内为挡风或阻隔视线的用具，又有一说屏风与风水有关。译文将其译为"漂亮的装饰性平板，上面有奇特的、如风景画般的线影，以紫檀木框装饰着"，基本把屏风的物件与外形交代清楚了，但跟中国精美的屏风所表现出来的古香古色意境相比，还是稍显逊色。"厅房"，即"听事"，本指官府治事之所，后也指私宅厅堂。清代震钧《天咫偶闻》卷十："内城则院落宽阔，屋宇高宏。门或三间，或一间，巍峨华焕。二门以内，必有听事。听事后又有三门，始至上房。听事上房之巨者，至如殿宇。"译文中译为"三个小亭子"，跟中国的"厅房"不大一样。穿山游廊厢房：穿山，亦称"钻山"。山，指山墙，人字形房屋两侧的墙，因其上部成山尖形，故称"山墙"。从山墙上开门接起的游廊，叫"穿山游廊"。厢房，指四合院落内东西两边的房屋，其尺度较正房略小。可见，此处六字其实描绘了这宅子中的有如山一般高低连绵之墙的游廊和厢房。但是译文中只提及了步行廊，没有较好地呈现中国美轮美奂的建筑文化。

（三）礼仪文化

（5）一见他们来了，都笑迎上来，说道："刚才老太太还念呢，可巧就来了。"于是三四人争着打帘子，一面听得人说："林姑娘来了！"（《红楼梦》第三回）

Beim Nahen des Ankömmlings erhoben sie sich, kamen Blaujuwel lächelnd und knicksend entgegen, führten sie die Stufen hinauf und schoben unter dem Ruf »Fräulein Lin ist da«

die glitzernden Schnüre des Vorhangs beiseite.（Franz Kuhn 译）

"打帘子"是清代礼节之一，指当主人和客人、下级和上级、晚辈和长辈一同进门时，主人、下级、晚辈应先至门前躬身把帘子打起，让别人进去之后，自己再进去。在这里就指的是丫鬟们为黛玉把帘子打起。译文直译的意思是：待黛玉走近时，他们忙站起身来，笑着迎接黛玉，簇拥着她走上台阶，在"林小姐来了"的一片呼声中拨开那发光的帘子。在译文中，译者使用了增译的手法把这些礼节做出修改与调整，以 knicksend、entgegen 等将丫鬟们迎着黛玉行屈膝礼的画面描绘出来，增加了画面的生动感。

（6）黛玉方进房，只见两个人扶着一位鬓发如银的老母迎上来，黛玉知是外祖母了，正欲**下拜**，早被外祖母抱住，搂入怀中。（《红楼梦》第三回）

Blaujuwel trat ein und sah sich einer Gruppe von Frauen gegenüber, aus der sich eine, von zwei Dienerinnen rechts und links gestützte silberhaarige Matrone löste. >Das wird Großmutter sein<, dachte Blaujuwel bei sich und wollte sich geschwind zum **Kotau niederwerfen**. Aber die Fürstin Alme kam ihr zuvor und schloss sie mit weit ausgebreiteten Armen an ihre Brust.（Franz Kuhn 译）

此处，"下拜"其实是"下拜磕头"。在中国传统习俗中，晚辈见了年纪较高或辈分较大、身份较为尊贵的长者，会施以最高礼节"拜礼"来表达自己的崇高敬意。译文采用了异化的翻译手法，将"磕头"译为"扣头" **Kotau**，而后以 **niederwerfen** "跪倒，拜倒"进行解释说明，较好地传达了中国"磕头"的礼仪习俗。

（7）众人慢慢解劝住了，黛玉方拜见了外祖母。当下贾母一一指与黛玉："这是你大舅母，这是二舅母，这是你先珠大哥的媳妇珠大嫂。"黛玉一一**拜见**了。（《红楼梦》第三回）

Alles drängte sich um sie und sprach mit liebevollen und tröstlichen Worten auf sie ein. Endlich hatte sie sich einigermaßen gefasst und vollzog nun pflichtschuldig ihren Kotau vor der Ahne. Dann gings ans Vorstellen. » Das ist deine älteste Tante, das ist deine jüngere Tante, das ist deine Schwägerin Tschu, die Witwe deines verstorbenen Vetters Kia Tschu...« So ging es eine Weile, wobei Blaujuwel jedes Mal einen Schritt auf die bezeichnete Person zutrat und sich **grüßend verneigte**.（Franz Kuhn 译）

在中国传统文化中，晚辈见到长辈皆要行礼或致意以示尊敬与恭顺。因此，在介绍长辈们时，黛玉一一拜见，这一是符合她有教养的形象，二也是描绘出她即将寄人篱下的小心翼翼与不安之状，与上文"不敢多说一句、不敢多行一步"的思虑形成呼应。

（四）女性文化

（8）不一时，只见三个奶妈并五六个丫鬟拥着三位姑娘来了：第一个肌肤微丰，身材合中，腮凝新荔，鼻腻鹅脂，温柔沉默，观之可亲；第二个削肩细腰，长挑身材，鸭蛋脸儿，俊眼修眉，顾盼神飞，文彩精华，见之忘俗；第三个身量未足，形容尚小。其钗环裙袄，三人皆是一样的妆束。（《红楼梦》第三回）

Nach einer Weile erschienen, von drei würdigen Matronen und sechs jungen Zofen geleitet, die drei Fräulein, die Basen Lenzgruß, Lenzgeschmack und Lenzweh. Die erstere mittelgroß, füllig, mit eisesfrischen Wangen, das glatte Näschen wie aus Gänseschmalz gefügt, eine liebliche Erscheinung. Die zweite schlank, schmalhüftig, mit etwas fallenden Schultern, das Gesicht oval wie ein Entenei, unter vollendet geschwungenen Brauen zwei seelenvolle Augen mit faszinierendem Blick, eine ungewöhnliche Erscheinung. Die dritte in Gestalt und Gesichtszügen noch zu kindlich und unfertig, als dass man ein Urteil hätte fällen können. Alle drei waren einfach und gleich gewandet und trugen die gleichen Agraffen und Armspangen.（Franz Kuhn 译）

原文中对女性的描写相当出彩，显示了中华传统文化中女性好静、婉约娇小的特点。文中写黛玉与贾府各位姑娘们初次见面时，并不直接点出每位姑娘的名讳，而是将重点放在了外貌描写上：第一位"肌肤微丰，身材合中，腮凝新荔，鼻腻鹅脂，温柔沉默，观之可亲"。该句中的"腮凝新荔"意指女子脸上腮处如荔枝般红润，"鼻腻鹅脂"中的"鹅脂"，也可称作"鹅肪"，比喻女子肌肤白润细腻。译文中将这六句外貌描述之语翻译为"身材适中，稍显丰腴，脸颊有冰鲜之感，鼻子光滑如鹅油，外形可爱"。可见，译文中将对女子性格"温柔沉默"的描写省略了，而且"可亲"也与"可爱的"有些差别。另外，schmalz 是指动物油或乳脂，溶化的奶油，而在译文中又与 Gänse（鹅的复数形式）搭配，明显此处采用了异化的翻译手法将鹅脂译为 Gänseschmalz。虽然这在一定程度上保留了中国文化的丰富表达，但这译文如果是给德语读者看的，那效果还有待推敲。原文对第二位姑娘的描写是"削肩细腰，长挑身材，鸭蛋脸儿，俊眼修眉，顾盼神飞，文彩精华，见之忘俗"，而译文的意思是"身材修长，腰部细小，肩膀微微下垂，鹅蛋般的脸，完美弯曲的眉毛下有两只深邃的眼睛，看起来迷人且不同寻常"。虽然描写不如原文传神出彩，但也基本还原了原文的意思。至于第三个"身量未足，形容尚小"的姑娘则被译成了"第三个在身形和面部上仍然太幼小，仍有发育空间，还无法做出细致判断"，一如既往地保持了德语中逻辑线清晰且完整的特点：此女甚小，所以不做详细描述。而原文中的"其钗环裙袄，三人皆是一样的妆束"被译成了"三人都穿着朴素的相同衣服与戴着同样的手镯"，与原文的三人只是装束一致的意思大相径庭。在这样一个人丁兴旺且小姐皆有奶妈侍奉的家庭里，"其钗环裙袄"的本意是说明这个家庭对女子的装束也同样穿金戴银，服饰华丽雍容，在这个家族的公子与小姐身上绝不会出现"衣着朴素"的现象。此翻译便属于文化误读了。

（五）药文化

（9）因问："常服何药？如何不治好了？"黛玉道："我自来如此，从会吃饭时便吃药，到如今了，经过多少名医，总未见效。那一年我才三岁，记得来了一个癞头和尚，说要化我去出家，我父母固是不从。他又说：'既舍不得他，但只怕他的病一生也不能好的。若要好时，除非从此以后总不许见哭声，除父母之外，凡有外亲，一概不见，方可平安了此一生。'这和尚疯疯癫癫说了这些不经之谈，也没人理他。如今还是吃**人参养荣丸**。"贾母道："这正好，我这里正配丸药呢，叫他们多配一料就是了。"（《红楼梦》第三回）

Und doch lag über ihrem feinen, blassen Gesicht ein merkwürdiger Schimmer von Lebenslust und Sinnenfreude. Bleichsucht, - dachte alles im stillen bei sich. »Du siehst kränklich aus. Tust du nichts gegen dein Leiden'« wurde sie gefragt. »Ich war seit frühester Kindheit stets kränklich, und seit ich mit Essstäbchen umzugehen weiß, schlucke ich auch Medizin. Ich war schon bei wer weiß wie vielen Ärzten in Behandlung, aber es hat nichts geholfen. Ich entsinne mich, als ich drei Jahre alt war, da wollte mich ein schmutziger, garstiger Wandermönch von zu Hause wegnehmen und in ein Nonnenkloster tun. Meine Eltern sträubten sich dagegen. Da sagte er, ich würde im Schoß der Familie mein Lebtag kein gesunder Mensch werden, da mir die unvermeidlichen häuslichen Ärgernisse und Kümmernisse des Alltags schadeten. Außer Vater und Mutter dürfe ich keine Verwandtschaft sehen, wenn ich mich wohl befinden wolle. Natürlich hat kein Mensch das Gerede dieses schmutzigen, verrückten Mönches ernst genommen. Ich pflege mein Leiden seit jeher mit **der heilkräftigen Ginseng-Wurzel** und mit **blutstärkenden Pillen** zu behandeln.« »Das ist verständig«, sagte die Großmutter. »Das sind auch unsere bewährten Hausmittel, und ich werde Sorge tragen, dass du hier täglich deine gewohnte Ration erhältst.«（Franz Kuhn 译）

"人参养荣丸"是中国沿用至今的一味古方，属于中国传统文化中的"药"文化。如今也常见售卖。**人参养荣丸**主要原料为人参、黄芪、白术、陈皮、当归、茯苓、白芍、肉桂、熟地、远志、五味子、生姜、大枣、甘草等，有补气益血、强心安神的功效。那么，作为异域文化的"人参养荣丸"传到德语文化里，译者是如何翻译的呢？译者将"人参养荣丸"译为"药用人参根"与"活血药丸"，因德语中没有对应的药方与药物，因而将"人参养荣丸"的主要成分与主要功效译出来，也基本传达了原文的意思。

（六）服饰文化

（10）一语未休，只听后院中有笑语声，说："我来迟了，不曾迎接远客！"黛玉思忖道："这些人个个皆敛声屏气如此，这来者是谁，这样放诞无礼？"心下想时，只见一群媳妇丫鬟拥着一个丽人，从后房进来。这个人打扮与姑娘们不同，彩绣辉煌，恍

汉外语言对比与翻译

若神妃仙子：头上戴着金丝八宝攒珠髻，绾着朝阳五凤挂珠钗，项上戴着赤金盘螭璎珞圈，身上穿着缕金百蝶穿花大红云缎窄褃袄，外罩五彩刻丝石青银鼠褂，下着翡翠撒花洋绉裙；一双丹凤三角眼，两弯柳叶掉梢眉，身量苗条，体格风骚，粉面含春威不露，丹唇未启笑先闻。（《红楼梦》第三回）

　　Sie hatte noch nicht ausgeredet, da tönte draußen vom Park her Lachen und Schwatzen, und dann hörte Blaujuwel eine helle Frauenstimme sagen：»Ei, da habe ich mich in der Begrüßung unseres hohen Besuchs ja schön verspätet.« Während sich Blaujuwel noch ihre Gedanken machte, wer das wohl sein könne, der in diese gemessene, feierliche Atmosphäre, die das ehrwürdige Familienoberhaupt umgab, so ungezwungen und formlos hereinzuplatzen wage, sah sie, von mehreren Kammerfrauen und Zofen umgeben, eine elegant gekleidete, schmuckglitzernde junge Frau, schön wie eine Fee, die Zinnoberlippen zu einem strahlenden Lächeln geöffnet, eintreten. （Franz Kuhn 译）

　　此处对凤姐的外貌描写省译了许多。原文以第三人称视角客观地描绘凤姐的声音、身形、外貌的流光溢彩，雍容华贵。特别是对凤姐身上佩戴的饰品一一列举，如数家珍，就是为了衬托出凤姐光彩照人、光鲜夺目的人物形象。如原文注释中所讲，"金丝八宝攒珠髻"，是用金丝穿缀珍珠和镶嵌宝石而成的珠花髻饰。八宝，指金银饰物上镶嵌的各色珍珠、玛瑙、碧玉等。攒，簇聚。珠，指珠花，用珠宝穿缀成各种花形叫"珠花"。清代翟灏《通俗编》卷二五"服饰"："珠花：《释名》首饰类云：华，象草木之花也。妇饰之有假花，其来已久。其以珠宝穿缀，则仅著于六朝。"髻，近人王瀣批云："按此'髻'字，即今之头面也，故云'戴'。《诗》'副笄六珈'之'副'，方密之曰：即魏晋所谓镊蔽髻耳。又曰：即叉髻。今以铁丝为圈，外编以发，名曰鼓（平声）。"而"朝阳五凤挂珠钗"，是一种作凤凰展翅朝阳形、口衔串珠的长钗。清代妇女首饰，于钿子上插挂珠子凤钗，皇族命妇用九支，称"九凤朝阳"；其他命妇用五支，称"五凤朝阳"。挂珠，钗上垂饰，以珠连串而成，多连缀于凤鸟的衔口上。"攒珠髻""挂珠钗"这里或暗写清代命妇戴的"钿子"。"盘螭（chī）璎珞圈"，指一种上有盘龙和璎珞饰物的项圈。螭，古代传说中蛟龙之类的动物。《说文·虫部》："螭，若龙而黄。"璎珞，亦作"瓔珞"，用线缕联缀珠玉而成的装饰品。原为印度贵族之项饰，后随佛教传入中国。圈，指项圈，是清代大家闺秀的主要饰物。"缕金百蝶穿花大红云缎窄褃袄"，指一种紧身袄。缕金，指以金线绣成的绣品。金线，亦称"锦线"，古称"金缕"，故曰"缕金"。百蝶穿花，指花蝶图案。大红，又称"猩红"或"猩猩红"。云缎，织作云形花纹的锦缎。一说，或即"库缎"，云锦之一种。云锦，为我国传统工艺美术丝织名。南京所产，始于南北朝，盛于明清。用提花组织，锦纹瑰丽有如云彩，故名。传统品种有库缎、库锦和妆花三大类。衣服前后两幅合缝处叫"褃"，腰部叫"腰褃"，腋窝叫"抬褃"。窄褃可以显出身材纤细，是乾隆年间入时而又流行的一种样式。"五彩刻丝石青银鼠褂"，指五彩刻丝的纹饰。

刻丝，在丝织品上用丝平织成花纹图案，与织锦和刺绣不同。宋代庄绰《鸡肋编》卷上："定州织刻丝，不用大机，以熟色丝经于木棦上，随所欲作花草禽兽状。以小梭织纬时，先留其处，方以杂色线缀于经纬之上，合以成文，若不相连。承空视之，如雕镂之象，故名刻丝。"又谓之"刻丝作"。明代曹昭《格古要论》卷八："刻丝作，宋时旧织者，白地或青地子，织诗词山水或故事人物、花木鸟兽，其配色如傅彩，又谓之刻丝作，此物甚难得。"清吕种玉《言鲭》卷上："克丝作起于宋，通作刻丝，定州织之……极其工巧，故名刻丝。妇人一衣，终岁方就，盖纬线非通梭所织也。今则吴下通织之，以为被褥围裙，市井富人无不用之。"石青，矿物质的蓝色颜料，色经久不变。这里指石青色的衣面。银鼠，一名白鼠、石鼠。形略似鼬，毛短色白。《清一统志·奉天府五》："银鼠：《金史地理志》：东京路产白鼠皮。"元熊梦祥《析津志·物产》银鼠注："和林朔北者为精，产山罅中。初生赤毛青，经雪则白。愈经年深而雪者愈奇。……贡赋者，以供御帏幄、帐幔、衣、被之用。"清刘廷玑《在园杂志》卷一："灰鼠毛之白者，名银鼠。康熙初年尚少，其价甚昂。"一说，即白貂，清王鸣盛《十七史商榷》卷九十七："契丹耶律德光脱白貂裘以衣晋高祖，白貂，俗呼银鼠。"这里指银鼠皮做的袄里。褂，《清稗类钞》"服饰类"："外衣也。礼服之加于袍外者，谓之外褂。男女皆同此名称，惟制式不同耳。""翡翠撒花洋绉裙"中的翡翠，本为鸟名。《说文》："翠，青羽雀也。"这里指一种近似翡翠鸟羽色的蓝色。或称"翠蓝"。《扬州画舫录》卷一："翠蓝，昔人谓翠非色，或云即雀头三蓝。"撒花，指用散碎花朵组成的图案。因其分布如撒花状，故称。洋绉，即縠，为丝绸品种之一，轻而薄，略带自然皱纹。"一双丹凤三角眼，两弯柳叶掉梢眉"形容凤姐俏丽而又狠戾的容貌。丹凤眼，即凤眼，言眼之秀美。明王圻《三才图会·身体·凤眼》："凤眼波长贵自成，影光秀气又神清，聪明智慧功名遂，拔萃超群压众异。"三角，这里指目形略有锋棱。柳叶眉，比喻眉形如柳叶，言其细长清秀。元杨维桢《冶春口号》诗："湖上女儿柳叶眉，春来能唱黄莺儿。"掉梢，形容眉梢微翘、斜飞入鬓的样子。虽是短短一段，可细细究来，却蕴含了极为丰富的中国服饰文化！

而译文只从黛玉的视角对凤姐的外貌描写做一句简单描述：sah sie, von mehreren Kammerfrauen und Zofen umgeben, eine elegant gekleidete, schmuckglitzernde junge Frau, schön wie eine Fee, die Zinnoberlippen zu einem strahlenden Lächeln geöffnet, eintreten. 译文直译的意思是：她看到在几个侍女和侍女的簇拥下，有一位衣着优雅、光彩照人的年轻女子走进来，她美丽如仙女，朱红的嘴唇微开，露出灿烂的笑容。将"头上戴着金丝八宝攒珠髻，绾着朝阳五凤挂珠钗，项上戴着赤金盘螭璎珞圈，身上穿着缕金百蝶穿花大红云缎窄裉袄，外罩五彩刻丝石青银鼠褂，下着翡翠撒花洋绉裙；一双丹凤三角眼，两弯柳叶掉梢眉，身量苗条，体格风骚，粉面含春威不露"这一段最为细致与精彩的服饰描写略去了。

（七）习语文化

（11）贾母笑道："你不认得他，他是我们这里有名的一个泼辣货，南京所谓'辣子'，你只叫他'凤辣子'就是了。"黛玉正不知以何称呼。（《红楼梦》第三回）

»Du kennst sie noch nicht«, sagte die Fürstin Ahne lächelnd zu ihr. »Das ist unser berühmter, neckischer Hauskobold, ohne den es bei uns fade und langweilig zuginge. Nenne sie nur einfach Phönix!«

»Aber ich weiß ihren eigentlichen Namen noch gar nicht«, meinte Blaujuwel verlegen.（Franz Kuhn 译）

原文将凤姐称作"辣子"，这是汉语中的一种习语。原文注释有解释此语：辣子同"剌子"。章太炎《新方言》卷三："江宁谓人性狠戾者为剌子。"王瀣批云："今南京犹有此称，言无赖也。余按《五代史·汉高祖纪》，有'此都军甚操剌'语，注云：'俗谓勇猛为操剌。'是'剌'讹'辣'也。"清代借山《京师百咏》："南京风浇多辣子，北京俗悍有闯将。甘心作孽行狭斜，大胆过人逞伎俩。"这里是泼辣、厉害的意思，含有戏谑之意。而译文中用了 neckisch Hauskobold 一词来形容凤姐。neckisch 有"逗人乐"的意思，kobold 有"家神、山妖、精灵、淘气鬼"的意思，kobold 前加上 Haus，暗含之意为她是这个家的主心骨。在这里，译者使用了归化的手法，将原文中的异质文化"泼辣货""辣子"都替换成德语中通俗易懂的表达。而 ohne den es bei uns fade und langweilig zuginge 则把"泼辣货"中，能搞事、起乐子的特征表现出来了："没有了她，一切都变得枯燥乏味起来。"这样翻译不仅可以省去大量的注释麻烦，也能拉近译文与读者的距离。而"黛玉正不知以何称呼"一句却被译成了"Aber ich weiß ihren eigentlichen Namen noch gar nicht"，译文意为"但我还不知道她的真名呢，黛玉有些难为情地不知所措地想"，意思就与原文相差甚远了。虽然 verlegen 意为"难为情的、不知所措的"，一定程度上表现了黛玉欲叫人但又不知如何称呼的难为情，但其"不知其真名"的想法跟黛玉"不知如何开口称呼"的意味大不相同。就算黛玉知道王熙凤的真名，她也同样要遭遇"不知如何称呼"的窘境，因为在中国传统文化中，晚辈是不能直呼长辈名字的。而且在这种重要的场合，诸多亲戚在场，作为知情达理的客人，她更不可能直呼凤姐的真名。因此，这个翻译并没有把黛玉面临的窘境与不安表达出来。

二、德汉篇章翻译中的句式调整与翻译策略

此外，译文中还运用了不少句式调整与翻译策略，译者可以加以鉴赏并从中学习翻译的技巧与方法。

（一）句式调整

（12）……请医问卦。（《红楼梦》第一回）

...bald wurden Arzt und Schicksalsdeuter tägliche Gäste im Haus.（Franz Kuhn 译）

此句是第一回中英莲走失后，甄氏夫妇忧劳成疾，不停"请医问卦"，希冀以此来使身体好转与找回女儿。译文中的意思是"不久，医生和算命先生成为家中常客"。在此，汉德语两种句式的对比十分明显。汉语句子中，动宾结构也能成为句子。但这在德语中就不行，因此，在译文中调整了动词，动词变成了 wurden，原文中的宾语"医生和算命先生"变成了主语，而增加了宾语"家中的常客"。通过句式的转换，译者既能将原文的意思充分表达，又能使其符合德语中的句式与读者的阅读习惯，不失为一种好译法。

（13）后来既受天地精华，复得雨露滋养，遂得脱却草胎木质，得换人形，仅修成个女体，终日游于离恨天外，"饥餐'秘情果'，渴饮'灌愁水'"。（《红楼梦》第一回）

Dank der wohltätigen Ernährung mit süßem Tau, in dem die feinsten Kräfte der Wechselbeziehung zwischen Himmel und Erde auf sie <u>übergingen</u>, vermochte sie sich später ihrer irdischen Form als Pflanze zu entäußern und Menschengestalt anzunehmen. **Die zarte Pflanze** <u>wandelte</u> sich in ein junges Mädchen. Ein unbezwingliches Verlangen <u>trieb</u> sie häufig außerhalb der ruhigen >Sphäre des gebannten Leids<. Wenn sie hungrig war, <u>naschte</u> sie mit Vorliebe vom >Baum der heimlichen Liebesfrüchte<. Wenn sie durstig war, <u>schlürfte</u> sie mit Vorliebe aus dem >Quell des netzenden Kummers<.（Franz Kuhn 译）

此例中，原文只有一句话，以一个主语带出了"受、得、脱、换、修、游、饥、渴、食、饮"十个动词。在德语中也是以一个主语为线索，但一整句话被拆分为以 übergingen，vermochte，wandelte，trieb，naschte，schlürfte 为主要动词带出的六个句子，其中又包含十个小句。这在翻译中属于句式的换译。可见，原文与译文中的小句是对等的。第一句是限制性小句，因为动词 blieb 有人称和数的变化，所以使用的是 blieben 的第三人称单数形式。zu entäußern，anzunehmen 因为动词前面有 zu 带出，因此用的是动词原型，虽然在德语中 zu+ 动词形式不算动词，但是单独剥离出 Menschengestalt zu entäußern 和 Menschengestalt anzunehmen 时，可以推测出其完整意义，因此也算两个小句。而例（8）最后两句都有 wenn 从句，从句中有动词 war，当从句剥离主句时，也可变成意义完整的小句。

（二）动词转译名词

（14）又忙携黛玉之手问："妹妹几岁了？可也上过学？现吃什么药？在这里不要想家，要什么吃的、什么玩的，只管告诉我；丫头老婆们不好，也只管告诉我。"（《红楼梦》第三回）

Dann fasste sie Blaujuwel wieder zärtlich bei der Hand und bestürmte sie mit allen möglichen Fragen nach **Alter, Gesundheit, Unterricht, Leibgerichten und Lieblingsspielen**. Hoffentlich würde sie sich hier wohlfühlen und kein Heimweh bekommen, und wenn sie irgendetwas vermisse oder brauche, möchte sie sich nicht erst an die einfältigen Kammerfrauen und Zofen, sondern gleich an sie, die Schwägerin Phönix, wenden.（Franz Kuhn 译）

"又忙携黛玉之手问"后面的问话"妹妹几岁了？可也上过学？现吃什么药？要什么吃的、什么玩的"五个问句都被节译成"Alter, Gesundheit, Unterricht, Leibgerichten und Lieblingsspielen"五个名词带过。此举虽大大精简了文字，也不失其内涵，但没有具体的询问句式，画面生动之感还是稍弱些。

（三）省译

（15）这一日偶至郊外，意欲赏鉴那村野风光，信步至一山环水漩、茂林修竹之处，隐隐有座庙宇，门巷倾颓，墙垣朽败，有额题曰"智通寺"，门旁又有一副旧破的对联云……到那村肆中沽饮三杯，以助野趣，于是款步行来。刚入肆门，只见座上吃酒之客，有一人起身大笑，接了出来，口内说："奇遇，奇遇！"雨村忙看时，此人是都中古董行中贸易姓冷号子兴的，旧日在都相识。雨村最赞这冷子兴是个有作为大本领的人，这子兴又借雨村斯文之名，故二人最相投契。（《红楼梦》第二回）

Auf einem dieser Ausflüge hatte er einen draußen vor der Stadt im Waldesdickicht versteckten alten Tempel besichtigt und dann eine nahe Dorfschenke aufgesucht, um sich durch einen Schoppen Wein zu stärken. In der Schenke traf er unerwartet mit einem alten Bekannten aus der Hauptstadt zusammen. Es war der Kurios- und Antiquitätenhändler Long, mit dem er sich damals, als er wegen der Reichsprüfung in Kin ling weilte, angefreundet hatte. Er schätzte in Long den praktischen Geschäftsmann, und Long schätzte in ihm den Mann des Wissens und der Bildung.（Franz Kuhn 译）

此段的翻译相较原文有比较大的调整。"意欲赏鉴那村野风光，信步至一山环水漩、茂林修竹之处，隐隐有座庙宇，门巷倾颓，墙垣朽败，有额题曰'智通寺'，门旁又有一副旧破的对联云……到那村肆中沽饮三杯，以助野趣，于是款步行来"这段被省略，译文中直接交代"贾雨村在一次外出中，偶遇一座隐藏在城外林中的老寺庙，参观之后于附近的一家酒馆寻酒喝，意外遇到了老熟人"，与原文相比更为简洁直接，直入主题。而在接下来的翻译中，译者也没有译出人物语言，而是直接以第三人称视角写出两人的相遇：在酒馆里，他意外地遇到了一位来自京城的老熟人。相较于原文中绘声绘色的人物动作与语言描写：贾雨村的"入、见、看"，子兴的"起身、大笑、接了出来、说"，译文中的画面感与生动感骤减。

（四）省译加增译

（16）"正是呢！我一见了妹妹，一心都在他身上，又是喜欢，又是伤心，竟忘记了老祖宗，该打，该打！"又忙携黛玉之手问。（《红楼梦》第三回）

»Die alte Ahne hat recht, und das unachtsame Kind verdient Schläge«, sagte sie und hielt mit komischer Gebärde ihre Liliensprossen hin wie ein Schulkind, das den Rohrstock erwartet.（Franz Kuhn 译）

此段译文用了省译加增译的手法，分别对凤姐说的话进行了省译，对凤姐的动作进行了增译。译文对凤姐的话"我一见了妹妹，一心都在他身上，又是喜欢，又是伤心"进行了省译，只节译她的话为："老祖宗说得对，这粗心的孩子该打！"其实这"粗心的孩子"就是指凤姐她自己。由此可见，译文中虽没有把"竟忘记了老祖宗"直译出来，但含蓄地表达了自己没有考虑到老祖宗的情绪。译文中增译的部分为：hielt mit komischer Gebärde ihre Liliensprossen hin wie ein Schulkind, das den Rohrstock erwartet，衬托出了凤姐"见人说人话，见鬼说鬼话"的机灵与诙谐，老太太止住了她，可她话锋一转，照样把话接住了，于是把气氛重新调动至平和欢乐之局面。

从以上案例与篇章的翻译分析中可以看到，对语言的认识绝不限于语言表述这一个方面，文化与思维方面也尤为重要。黑格尔[①]曾说"思维形式首先表现和记载在人的语言里"，并说明了语言中的语法结构与思维规定间的关联，比如德语的"介词和冠词中，已经有许多属于这样的基于思维的关系"，而"分词是很有用的，只不过比字头字尾之类较少分离变化而已"，"重要得多的，是思维规定在一种语言里表现为名词和动词，因而打上了客观形式的标记"。由于德语的哲学性与思辨性，不少德国译者将翻译视为一个完善与丰富自身文化的绝佳途径。在这个问题上，"分析语"和"综合语"的区分，也在一定程度上表现为德语民族重本体与逻辑的思维倾向，而汉语民族不重本体而重类比的思维倾向。[②]这导致了汉语与德语的文化也呈现较大的差异，这种差异在篇章翻译中比在句式中表现得更为明显。在德汉翻译中的逻辑与表意对比上，应该看到的是德语对于逻辑的执着性与汉语给予表达的松散性。这一点在德汉互译中应该得到关注。

思 考 题

1. 汉语与德语词汇形态上的不同如何导致其思维方式的不同？
2. 汉语与德语在句式上最大的不同是什么？

---

① 王路. "它是"——理解精神现象的途径[J]. 哲学分析，2014（6）：44-62.
② 仲伟. 汉德及物性对比研究[J]. 外语学刊，2021（3）：34-38.

3. 试比较汉语与德语中"死亡"的委婉语。
4. 试在德语与汉语中分别比较这两种语言的主体意识与客体意识。

本 章 练 习

1. 汉译德

（1）原来这学中虽都是本族子弟与些亲戚家的子侄，俗语说的好，"一龙九种，种种各别"，未免人多了就有龙蛇混杂，下流人物在内。自秦宝二人来了，都生的花朵儿一般的模样，又见秦钟腼腆温柔，未语先红，怯怯羞羞，有女儿之风；宝玉又是天生成惯能作小服低，赔身下气，性情体贴，话语缠绵。因此二人又这般亲厚，也怨不得那起同窗人起了嫌疑之念，背地里你言我语，诟谇谣诼，布满书房内外。（《红楼梦》第九回）

（2）话说宝玉举目见北静王世荣头上戴着净白簪缨银翅王帽，穿着江牙海水五爪龙白蟒袍，系着碧玉红鞓带；面如美玉，目似明星，真好秀丽人物。宝玉忙抢上来参见，世荣忙从轿内伸手挽住。见宝玉戴着束发银冠，勒着双龙出海抹额，穿着白蟒箭袖，围着攒珠银带；面若春花，目如点漆。（《红楼梦》第十五回）

（3）只是一件，令郎如此资质，想老太夫人自然钟爱；但吾辈后生，甚不宜溺爱，溺爱则未免荒失了学业。昔小王曾蹈此辙，想令郎亦未必不如是也。若令郎在家难以用功，不妨常到寒第，小王虽不才，却多蒙海内众名士凡至都者，未有不垂青目，是以寒第高人颇聚，令郎常去谈谈会会，则学问可以日进矣。（《红楼梦》第十五回）

（4）那庄农人家，无多房舍，妇女无处回避；那些村姑庄妇见了凤姐、宝玉、秦钟的人品衣服，几疑天人下降。凤姐进入茅屋，先命宝玉等出去玩玩。宝玉会意，因同秦钟带了小厮们各处游玩。凡庄家动用之物，俱不曾见过的，宝玉见了，都以为奇，不知何名何用。小厮中有知道的，一一告诉了名目并其用处。宝玉听了，因点头道："怪道古人诗上说'谁知盘中餐，粒粒皆辛苦'。"（《红楼梦》第十五回）

（5）"你瞧瞧，这是什么东西？我可曾把你的东西给人？"林黛玉见他如此珍重，带在里面，可知是怕人拿去之意，因此又自悔莽撞剪了香袋，低着头一言不发。宝玉道："你也不用剪，我知你是懒怠给我东西。我连这荷包奉还，何如？"说着掷向他怀中而去。黛玉越发气得哭了，拿起荷包又剪。宝玉忙回身抢住，笑道："好妹妹，饶了他罢！"黛玉将剪子一摔，拭泪说道："你不用合我好一阵歹一阵的，要恼就撂开手。"说着赌气上床，面向里倒下拭泪。禁不住宝玉上来"妹妹"长"妹妹"短赔不是。（《红楼梦》第十七回）

2. 德译汉

（1） Schwägerinnen Phönix und Tschu bestimmt. Aber die drei hatten heute das Amt, der Ahne zu servieren. Schwägerin Phönix legte ihr vor jedem Gang frische Essstäbchen hin. Tante Tschong trug ihr die Suppe auf, Schwägerin Tschu servierte die sonstigen Gerichte. Tante Tschong musste sich später zu ihrer Rechten setzen. An einem Tisch für sich speisten die drei Lenzmädchen. Das Mahl wurde schweigend und feierlich eingenommen. In dem Schwarm der bedienenden Frauen und Mägde, von denen die einen die Schüsseln geräuschlos auf- und abtrugen, während andere im Vorraum mit Spülnäpfen, Staublappen und Handtüchern bereitstanden, wurde nicht das leiseste Hüsteln oder Räuspern laut. Blaujuwel musste aufmerken, um sich mancherlei neuen Tischgebräuchen anzupassen. So wurde gleich nach dem Essen parfümierter Tee gereicht. Nur mit Widerstreben wollte sie trinken, denn zu Hause war sie belehrt worden, dass Teetrinken unmittelbar nach der Mahlzeit schädlich sei. Nun, das Beispiel der anderen klärte sie noch rechtzeitig auf, dass dieser Tee nur zum Mundausspülen bestimmt war. Mit den Worten：»Ihr anderen könnt gehen. Ich möchte noch ein wenig mit unserem Gast allein plaudern«, hob schließlich die Ahne die Tafel auf. （Franz Kuhn Der Traum der roten Kammer Drittes Kapitel）

（2） In gespannter Erwartung blickte Blaujuwel nach dem Eingang. Da trat er auch schon ein. Sie war aufs angenehmste überrascht. Er trug auf dem Haupt eine golddurchwirkte, mit bunten Edelsteinen besetzte Purpurkappe. Um seine Stirn wand sich ein Goldreif in Form von zwei Drachen, die nach einer Perle schnappen. Sein knappsitzendes, dunkelrotes, mit goldenen Schmetterlingen und bunten Blumen besticktes Wams war mit einem bunten GürtelIhre Gestalt war so zart, dass sie kaum der leichten Last der Kleidung gewachsen schien umgürtet, in dessen Muster sich Blumenstengel mit blühenden Ähren verflochten. Über dem Wams trug er einen schieferblauen, mit acht Blumenbüscheln bestickten japanischen Atlasüberhang mit Quasten am untern Saum. Seine Füße staken in blauen Atlasschuhen. Sein Antlitz war blank wie der Mittelherbstmond, sein Teint frisch wie die Lenzblume im Morgentau, sein Haar zeichnete sich scharfrandig wie mit dem Messer geschnitten von den Schläfen ab, seine Brauen schienen das Werk von Pinsel und Tusche zu sein, der feine Schwung seiner Nase war schwebende Kühnheit, in seinen Augen schimmerte es wie der feuchte Glanz der Herbstwelle, sein Mund schien selbst im Unmut zu lächeln, sein Blick strahlte sogar im Zorn Wärme und Gefühl. Um seinen Hals wand sich eine goldene, schlangengliedrige Kette und außerdem eine fünffarbige Seidenschnur, an der vorn ein schöner Stein hing. （Franz Kuhn Der Traum der roten Kammer Drittes Kapitel）

（3）Der Ermordete war mein Herr. Mein Herr hatte die Sklavin von ihrem Besitzer, einem Kinderdieb, rechtmäßig erworben und den Kaufpreis auch bezahlt, aber ausgemacht, dass er die Sklavin erst am dritten Tage später in sein Haus abholen wolle, weil dieser Tag im Kalender als Glückstag verzeichnet stand. Der Schurke von Kinderdieb hat nun diese Frist benutzt, um heimlich dieselbe Sklavin ein zweites Mal zu verkaufen, und zwar an einen Mann namens Siä Pan. Mein Herr erfuhr rechtzeitig von diesem Handel und machte sich auf, um dem Sklavenhändler das Mädchen wegzunehmen. Aber die Leute jenes Siä Pan, eines brutalen Burschen, der im Vertrauen auf die Macht seiner Sippe Gesetz und Recht verachtete, hinderten ihn gewaltsam daran und haben ihn mit Knüppeln totgeschlagen. Die Schuldigen haben sich dann mit der Sklavin davongemacht und sind seitdem spurlos verschwunden. Ich habe schon vor Monatsfrist Klage erhoben, aber Euer Amtsvorgänger hat sich der Sache nicht angenommen. Ich bitte, dass Ihr die Mörder aufspüren lasst und der verdienten Strafe zuführt, damit die Gerechtigkeit gewahrt bleibe und die Unschuld über die Schlechtigkeit triumphiere.（Franz Kuhn Der Traum der roten Kammer Viertes Kapitel）

（4）Blaujuwel war sehr bald der erklärte Liebling der Fürstin Ahne geworden und wurde von ihr genau wie Pao Yü in jeder Hinsicht vor den sonstigen Enkelkindern bevorzugt. Die beiden hatten sich innig wie Leim und Lack aneinander angeschlossen und waren ein unzertrennliches Paar geworden. Bei Tage saßen sie Seite an Seite und gingen Hand in Hand, des Abends standen sie lange bei zärtlichem Abschied und schliefen Wand an Wand.（Franz Kuhn Der Traum der roten Kammer Fünftes Kapitel）

（5）»Wer sind seine Begleiter!« fragte Herr Tschong zu dem draußen vor der Tür harrenden Gefolge seines Sohnes hinaus. Vier kräftige Burschen stürzten herein, beugten ihre Knie und entboten ihren tsing an! Gruß. Herr Tschong wandte sich an den Größten unter ihnen, namens Li Kweh, den Sohn der Amme und Kammerfrau Mutter Li：»Also, ihr Kerle seid mir für ihn verantwortlich! Was hat er denn bisher gelernt; Redensarten und konfuse Phrasen！Den Bauch hat er voll von raffinierten Unarten! Aber wartet! Sobald ich Muße habe, lasse ich zunächst euch blank ausziehen, und dann wird mit diesem unnützen Schlingel abgerechnet!« Bestürzt riss Li Kweh die Mütze herunter und stieß den Kopf auf den Fußboden.（Franz Kuhn Der Traum der roten Kammer Achtes Kapitel）

第五章 汉法语言对比与翻译

中国的法语教学历史悠久，成建制的可追溯到1850年开设的徐汇公学和1863年设立的京师同文馆。① 但从该起源阶段到俄语兴盛的中华人民共和国成立初期，法语教学由于教材不足、教学方法陈旧、实施规模较小，在国内高等学府发展缓慢，未能引起人们的足够重视。② 自改革开放以来，法语教学在中国迎来了向好发展的新阶段。1979年教育部印发《加强外语教育的几点意见》，其中指出"公共外语除英语外，有条件的院校还要开日、德、法、俄等语种的课"③。随后，开设大学法语以及法语专业的高校持续增加，《大学法语教学大纲》在1992年正式颁布，推动了法语教材的积极建设以及法语教学研究的系统化和规范化。21世纪以来，法语教学进入了更加快速的发展阶段。2019年全国大学法语教学情况调研数据显示，全国共有328所高校开展大学法语教学，学校类型多样，地域分布广泛，法语在很多高校已超过日语，成为最受欢迎的第二外语。开设法语专业的高校超过150所，《普通高等学校本科法语专业教学指南》于2020年正式公布，这为大学法语的发展提供了强有力的支撑和保障。与此同时，在中学阶段我国也推进非英语外语教育，将法语纳入重点发展的小语种之一。据教育部2019年6月20日召开新闻发布会解读《国务院办公厅关于新时代推进普通高中育人方式改革的指导意见》，为了满足高中学生多样化的学习需求以及高考要求，新课程新教材增加了课程的选择性，新研制了德语、法语和西班牙语3个课程标准。④

新时代背景下，随着改革开放纵深发展和"走出去"战略稳步推进，我国对外语人才的需求越来越大，要求越来越高，期望外语专业人才在国家对外开放的过程中充分发挥桥梁作用，讲好中国故事，弘扬中国精神。这一时代使命对外语教学提出了新的要求。作为培养外语能力和跨文化交际能力的重要媒介⑤，外语教材的建设和完善尤为重要。除了呈现语言知识，文化元素也是外语教材应介绍的重要内容。相较于英语教材的种类繁多、难度各异，作为小语种的法语远不及其硕果累累。为了让法语学习者进一步深入了解法语的学科知识、文化环境以及汉语与法语之间的差异，本章将基于现有法语教材、汉法

---

① 徐艳. 中国法语教学法演变史（1850—2010）[D]. 北京：北京外国语大学，2014.
② 刘洪东. 新时代中国大学法语教学的改革与创新[J]. 山东外语教学，2022（1）：56-63.
③ 付克. 中国外语教育史[M]. 上海：上海外语教育出版社，1986：89.
④ 见教育部官网：http://www.moe.gov.cn/fbh/live/2019/50754/mtbd/201906/t20190621_386994.html。
⑤ 马小彦，潘鸣威. 新课标新教材背景下我国中学法语教材文化呈现研究[J]. 西安外国语大学学报，2023（1）：66-70.

翻译教学资源以及其他相关研究，从形态、语音、词汇、句式、语篇等层面来介绍两种语言的特点，并呈现汉法翻译的分析和应用。

第一节 汉语与法语形态对比与翻译

一、形态与认知：性数和变位

汉语属于汉藏语系（Sino-Tibetan Family），法语属于印欧语系（Indo-European Family）中的罗曼语族。两种语言的不同不只在于地理位置的差异，更深层次的是思维方式的不同。在具体表达上，我们可以从语音、词汇、句子结构和语法等方面感受到这些差异。法语强调形式变化，其语法系统中有明确的形式标识，如名词的性数、动词的人称和时态变化等。而汉语则更注重意合，通过词语的搭配和顺序来表达相应的语法含义。

因此，与法语相比，汉语的字词没有性、数、形的变化，语法上也没有时态、语态、语气的形式变化。汉语把这一切都寄寓在词语的"意念"和"意念序列式（语序）"中，统统以社会语用的"约定俗成"为终极规范。[1]

（一）动词对数和性的反映

（1）他工作很努力。
Il travaille bien.
你工作很努力。
Tu travailles bien.

这个例子展现了汉法句子中十分基础且重要的语法差异：汉语的谓语动词没有性和数的变化，但法语中有相应变化。在该例子的汉语句子中，"工作"表示一个动作，不论主语是第一人称还是第二、第三人称，它都不会发生形式上的变化。而法语就大不相同。对一般充当谓语部分的动词来说，法语中有规则与不规则动词的直陈式现在时变位。"工作"在法语中的动词原型是travailler，从上例可以看出，以单数第三人称"他"il为主语时，动词词尾发生了变化：由 er 变成了 e。而以单数第二人称"你"为主语时，词尾又发生了变化：由 er 变成了 es。谓语动词根据人称不同变换词尾是法语语法中最基础且重要的语法点，与汉语形成了鲜明的对比。

法语中常用直陈式现在时表示：①现在存在的状态，经常发生的动作；②一个人的性格、特征；③客观事实或普遍真理；④说话时正在发生的事情。[2] 法语谓语动词的词尾

---

[1] 刘宓庆.翻译与语言哲学[M].北京：中译出版社，2019：471.
[2] 孙辉.简明法语教程（上册）[M].3版.北京：商务印书馆，2020：79-80.

变化又分为规则动词（第一组动词、第二组动词）和不规则动词（也称为第三组动词），这些变位规律需要记忆，它们是正确使用句法的基础。其中，第一组动词数量最大，第二组动词常用的不多，第三组动词常用的大约有 20 个，需要逐个记忆。在此不再一一赘述。法语直陈式现在时的第一组和第二组动词变位规则如下。

①第一组动词的直陈式现在时变位（见表 5-1，以 er 结尾的原形动词属于第一组规则动词）。

表 5-1　以 travailler 为例的第一组动词直陈式现在时变位

Je travaille	Nous travaillons
Tu travailles	Vous travaillez
Il/Elle travaille	Ils/Elles travaillent

②第二组动词的直陈式现在时变位（见表 5-2，以 ir 结尾的原形动词属于第二组规则动词）。

表 5-2　以 finir 为例的第二组动词直陈式现在时变位

Je finis	Nous finissons
Tu finis	Vous finissez
Il/Elle finit	Ils/Elles finissent

在法语文化里，日常用语多为直陈式现在时、复合过去时等，但用于叙述历史事件、故事、传记等的书面语言一般为简单过去时和未完成过去时。这两种时态有两种常见的配合使用方法：第一，简单过去时叙述主要动作的进行，未完成过去时描写故事背景，介绍情况等；第二，简单过去时表示短暂的、一次性完成的动作，未完成过去时则表示习惯性的、重复的动作[1]。

（2）岑明是吹黑管的。（《窥浴》[2]）

Cen Ming était un très bon clarinettiste.

（3）电工和领票员揪住岑明的衣领，把他拉到练功厅下面，打他。（《窥浴》[3]）

---

[1] 孙辉. 简明法语教程（下册）[M]. 3 版. 北京：商务印书馆，2020：21-22.
[2] 本章所引小小说的汉语原文和法语译文皆取自汪曾祺、何立伟、周大新等所著，吕华所译的《小小说精选（汉法对照）》。见：汪曾祺，等. 小小说精选（汉法对照）[M]. 吕华，译. 北京：中国文学出版社，1996：6-7.
[3] 汪曾祺，等. 小小说精选（汉法对照）[M]. 吕华，译. 北京：中国文学出版社，1996：8-9.

Ceux-ci saisirent Cen Ming par le col, l'**entraînèrent** au rez-de-chaussée et **commencèrent** à le rouer de coups.

（4）他爱看小说。看《红与黑》，看 D. H. 劳伦斯。（《窥浴》①）

Etant un amateur de littérature, il **passait** son temps à lire *Le Rouge et le Noir* et D.H. Lawrence.

（5）虞芳走过去，很平静地说：……（《窥浴》②）

Yu Fang s'**approcha** et **prononça** d'une voix calme: ...

从以上例子中可见，汉语中无论描述故事背景、习惯性动作还是一次性完成的动作，谓语部分动词都没有形式上的变化。而在法语译文中，例（2）用了 être 的直陈式未完成过去时，介绍故事主角岑明的身份；例（4）用了 passer 的直陈式未完成过去时，表述岑明在休闲时常用来打发时间的习惯；例（3）和例（5）用了 saisir, entraîner, commencer, s'approcher 和 prononcer 的直陈式简单过去时，叙述故事情境中一次性动作的进行和完成。

此外，例（4）中还有从动词 être 变来的 étant 值得注意，其在此句子中作为现在分词，相当于一个表示原因的状语从句。例（4）整个句子由谓语部分 passait 来重点体现岑明消磨时光的习惯，而 étant un amateur de littérature 则很好地说明了岑明有如此习惯的原因，使译文在准确完整传达原文语义的同时也符合法语严谨的表达逻辑和语法规则。

③现在分词由动词直陈式现在时第一人称复数去掉词尾 -ons，另加 -ant 构成。如：

parler → nous parlons → parlant

finir → nous finissons → finissant

特殊词形：avoir → ayant être → étant savoir → sachant

代词式动词作现在分词使用时，仍保留自反代词；自反代词的人称随主语变化。

（6）在大街上散步时，**他**遇到了雅克。

Se promenant dans la rue, il a vu Jacques.

在大街上散步时，**我们**遇到了雅克。

Nous promenant dans la rue, **nous** avons vu Jacques.

（二）人称代词和限定词对性数的反映

汉语的人称代词没有阴阳性的变化；在数量上，一般复数的表述是在代词后加上"们"，如"他"与"他们"，"我"与"我们"等，亦没有主语、宾语形式之分。而法语中各类人称代词和限定词都有性数上的变化，它们的使用方法和形式都需要牢记。

---

① 汪曾祺，等．小小说精选（汉法对照）[M]．吕华，译．北京：中国文学出版社，1996：8-9．

② 汪曾祺，等．小小说精选（汉法对照）[M]．吕华，译．北京：中国文学出版社，1996：12-13．

1. 人称代词对性数的反映

①法语中作主语的人称代词变化形式见表 5-3。

表 5-3　法语中作主语的人称代词变化形式

单数	复数
Je　我	Nous　我们
Tu　你	Vous　你们（您）
Il　他	Ils　他们
Elle　她	Elles　她们

②法语中作直接宾语的人称代词变化形式见表 5-4。

表 5-4　法语中作直接宾语的人称代词变化形式

单数	复数
Me　我	Nous　我们
Te　你	Vous　你们，您
Le　他（它＜阳性名词＞）	Les　他们，她们，它们
La　她（它＜阴性名词＞)	

作直接宾语的人称代词放在**相关动词前面**，在否定句中放在 ne 之后，动词之前。

（7）他看着我们。

Il **nous** regarde.

（8）他不听我的。

Il ne **m'**écoute pas.

（9）您应该听我的。

Vous devez **m'**écouter.

me, te, le, la 在以元音字母或哑音 h 开始的动词前要省音，变成 m', t', l', l'。

（10）——您学法语吗？——是的，我学法语。

——Vous apprenez le français?. —— Oui, je **l'**apprends.

在**肯定命令式**中，作直接宾语的人称代词放在相关动词**后面**，且 me, te 要变成 moi, toi；在**否定命令式**中，它放在相关动词**前面**。

（11）原谅我。

Excusez-moi.

（12）别看我。

Ne me regarde pas.

③法语中作间接宾语的人称代词变化形式见表 5-5。

表 5-5　法语中作间接宾语的人称代词变化形式

单数	复数
Me（m'）我	Nous　我们
Te（t'）你	Vous　您，你们
Lui　他，她，它	Leur　他们，她们，它们

间接宾语人称代词代替以介词 à 引导的名词或代词，放在相关动词前。

（13）我父亲和我谈他的工作。

Mon père me parle de son travail.（me = à moi）

在**肯定命令式**中，作间接宾语的人称代词放在相关动词**后面**，me 改为 moi；在**否定命令式**中，它放在相关动词前面。

（14）和他说再见！

Dites-lui au revoir!

（15）别给他讲这事！

Ne lui parle pas de ça!

要注意的是，作间接宾语的人称代词与作直接宾语的人称代词在句子中的位置是一样的。但是，在作直接宾语的人称代词中，第三人称单数有阴阳性的区别：le, la；而作间接宾语的人称代词的第三人称单数没有阴阳性的区别，都使用 lui。

有时，在法语的一个句子里会同时使用两个宾语人称代词。当间接宾语人称代词是第一人称或第二人称时，作直接宾语的代词要放在间接宾语后面，如例（16）；当间接宾语人称代词是第三人称时，作直接宾语的代词要放在间接宾语前面，如例（17）。

（16）——我向您出示过护照了吗？——是的，您已经出示了。

——Je vous montre le passeport? ——Oui, vous me le montrez.

（17）——你可以把这张照片给玛丽吗？——好的，我可以给她。

——Peux-tu donner cette photo à Marie? ——Oui, je peux la lui donner.

代词在陈述句和否定命令句、肯定命令句中的位置见表 5-6、表 5-7。

表 5-6　代词在陈述句和否定命令句中的位置

1	2	3	4	5	顺位
me te nous vous	le la les	lui leur	y	en	

表 5-7　代词在肯定命令句中的位置

1	2	3	4	顺位
--le --la --les	me/moi te/toi lui nous/vous leur	y	en	

④法语中重读人称代词变化形式见表 5-8。

表 5-8　法语中重读人称代词变化形式

单数	复数
moi　我	nous　我们
toi　你	vous　您，你们
lui　他	eux　他们
elle　她	elles　她们

重读人称代词在法语句子中主要有三种用法：第一，用来强调主语，并作主语的同位语，如例（18）；第二，作表语，一般在 c'est/ce sont 之后使用，如例（19）；第三，用在介词、连词 et 后面 [如例（20）] 或省略句中 [如例（21）]。

（18）他吗，他是法国人。

Lui, il est Français.

（19）——是菲利普吗？——对的，是我。

——C'est Philippe? ——Oui, c'est moi.

（20）这本小说是她的。

Ce roman est à elle.

(21) ——谁在那儿？ ——是我。

——Qui est là? ——Moi.

重读人称代词 elle, nous, vous, elles 的词形与作主语的非重读人称代词完全一致，但它们的性质不同，语法功能也不同。

⑤法语中的泛指人称代词 on。

on 在现代法语里使用相当广泛。它在句子中作主语，动词使用第三人称单数形式，主要用于：一是指某人，如例（22）；二是指任何人、所有人，如例（23）；三是代替其他人称代词，如例（24）。

(22) 有人给你打电话。

On te téléphone.

(23) 所有人在法律面前都是平等的。

On est tous égaux devant la loi.

(24) 他们不回答我。

On ne me repond pas. （on = ils）

2. 限定词对性数的反映

法语中的限定词用来引导或限定名词，主要分为冠词、指示形容词、主有形容词、泛指形容词和疑问形容词等。

在冠词中，不定冠词 un, une, des 用在不确指的或初次提到的可数名词前，说明该名词的性和数；定冠词 le, la, les 用在确指的名词前，主要用于：①表示曾经提到、交谈双方都熟知的人或事物；②用在受其他成分限定的名词前；③表示人或事物的总体、或独一无二的事物。省略冠词的四种情况也需要特别留意：①名词前有其他限定词时；②名词作表语，说明身份或国籍时；③介词 en 后面的名词不用冠词；④名词通过介词 de 作名词补语并表示性质时。除此之外，在不确指且不可数名词前需要用部分冠词表示名词的性数，其形式见表 5-9。

表 5–9　冠词的性数变化

性数	阳性	阴性
单数	du（de l'）	de la（de l'）
复数	des	

部分冠词与不定冠词一样，在否定句中用 de 代替。

指示形容词和冠词一样，是加在名词前面的限定词，也有性数变化，其形式见表 5-10。

表 5-10　指示形容词的性数变化

性数	在阳性名词前	在阴性名词前
单数	ce/cet	cette
复数	ces	ces

cet 用在以元音字母或哑音 h 开头的名词前。

主有形容词用来表示领属关系，也有性数变化。其要与所限定的名词的性数相一致，而与占有者的性数无关。其形式见表 5-11。

表 5-11　主有形容词的性数变化

含义	在阳性单数名词前	在阴性单数名词前	在复数名词前
我的	mon	ma	mes
你的	ton	ta	tes
他（她）的	son	sa	ses
我们的	notre	notre	nos
您的，你们的	votre	votre	vos
他（她）们的	leur	leur	leurs

在以元音字母或哑音 h 开头的名词前，主有形容词 ma, ta, sa 因读音的需要（避免两个元音直接相遇），分别改为 mon, ton, son。

主有形容词＋名词可以被主有代词代替。主有代词与主有形容词一样，性数变化与占有者无关，而是随被占有者的性数变化。主有代词变化形式见表 5-12。

表 5-12　主有代词的性数变化

人称	性数			
	单数		复数	
	阳性	阴性	阳性	阴性
我的	le mien	la mienne	les miens	les miennes
你的	le tien	la tienne	les tiens	les tiennes
他（她）的	le sien	la sienne	les siens	les siennes

续表

人称	性数			
	单数		复数	
	阳性	阴性	阳性	阴性
我们的	le nôtre	la nôtre	les nôtres	
您的，你们的	le vôtre	la vôtre	les vôtres	
他（她）们的	le leur	la leur	les leurs	

泛指形容词 tout 表示所有的、整个的，其有性数变化：tout, toute, tous [tu], toutes。tout 在法语中有多种用法，除了作形容词以外，还可以作泛指代词（有性数变化）、副词（一般没有性数变化）。在阅读和使用时需要细心甄别，以免出现语法错误。

疑问形容词 quel 表示什么样的，哪一类的，也有性数变化：quel, quelle, quels, quelles。在使用时，其性数要与所修饰的名词性数一致。

通过以上的对比我们可以看出汉语和法语在词汇、句子结构和语法等方面有诸多不同，这对于译者来说有一定难度。翻译过程中要想完整、准确表达原文含义，就需要熟练掌握并运用法语的各类功能词汇和变位、语法等，让译文达到语义和语法上的合理。

二、从语言学角度思考汉语与法语的基本形态特征

在语言的分类中，可以根据不同语言的句法特征把世界的语言分为分析语和综合语两种类型（语法类型学）。分析语的句法特征是主要靠词序和虚词来表示各种句法关系；综合语的特征是，各种句法关系主要靠构形形态所显示的一致关系和支配关系范畴来表示。[1] 汉语由于方言、习语抑或习惯用法几乎完全依赖词序和词类表示句法关系和句子结构，是典型的分析语。[2] 法语非常依赖词尾的屈折变化来表示语法关系，属于综合语的范畴。从上一节介绍的来看，不仅动词需要通过变位来保持人称、时态等的一致性，代词和限定词也会有相应变化，并需要根据它们在句子中所起的成分作用来判定具体的变化形式。

法语动词在各种词类中是最为活跃、变化最多的，其"式""时"与"体"是紧密地结合在一起的，构成了一套复杂的动词系统。一般认为法语的六种语式（直陈式、命令式、条件式、虚拟式、不定式、分词式）中都有"时""体"贯穿其中。在直陈式中所表示

---

[1] 沙平．形态 词序 虚词——关于语言类型学分类及汉语语法特点的检讨[J]．福建师范大学学报（哲学社会科学版），1999（4）：85-91．

[2] ［英］罗·亨·罗宾斯．普通语言学概论[M]．李振麟，胡伟民，译．上海：上海译文出版社，1986：411．

的现在、过去或将来所发生的动作、情况，形成了四种简单时态——现在时、未完成过去时、简单过去时、简单将来时；四种复合时态——复合过去时、愈过去时、先过去时，先将来时等，这些"时"的范畴里又融入"体"的概念。如：Voici ma soeur qui descend du train. "descend"在这里作为descendre的变位，既有"式"的体现——直陈式，又有"时"的体现——现在时，也有"体"的体现——进行体，同时还有第三人称单数的体现。如此可见，法语的动词变位是一种复杂的综合表现手段。

汉语动词无现在时和过去时的词形之分，但可以表达动作何时发生。比如"今天下午我们聚餐"和"昨天下午我们聚餐"两句也表示了时间的差别，但不是由动词显示的，而是由时间名词显示的（词汇手段）。在法语中则是由动词显示的且无须用时间词。如：Elle était professeur. "était"作为动词"être"的未完成过去时变位，可以清楚表示"她**曾经是**一位女教师"，而汉语的"是"却无法独立告诉人们时间信息。

汉语动词没有"时"这一语法范畴，但有"态"的范畴。一般说来，有三种"态"，即实体、进行、过去经历，分别以"了""着""过"三个动态助词放在动词后表示，写出来是三个不同的词，放在动词后可以当成动词词尾看待。①汉语的"了"分属语气助词和动态助词，表示完成的动态助词"了"必须紧跟动词之后，如：她看了一部电影。语气助词"了"必须处于句尾，如：他写完作业了。有时兼表两种作用，如：把这些东西全吃了。"过"表示经历、实现的语法范畴。如：我走**过**那条路；我去**过**北京两次。"过"放在动词后，有时是表动态的，如上二句。有时是表趋向的动词，如：他走**过**桥了，我们快跟上。在表示"完成"和"实现"这一语法意义时，用"过""了"都可以。如：我已经找**过**他了/我已经找**了**他了；我们都吃**过**饭了/我们都吃**了**饭了。汉语的"着"，可以相当于法语的"未完成体"和"持续体"。如：他在屋里坐**着**呢；你慢慢走**着**，我一会儿就赶过去；他趴在桌子上看书，看**着**，看**着**，就睡着了。

通过对比可以发现，法语中时态是由动词来表现的，动词变位有着严苛、复杂的规则，叙述者必须严格按照规则来讲述事件。法语中一个动词的时间运动显示出一种方向性：由过去经由现在，奔向将来。这一方向是不可逆的。汉语的动词并不着意区分过去、现在和将来的时间。比如，当汉语中说"在下雨"并不一定表示动作发生在此刻，它只强调"下雨"这一动作正在进行、正在持续，而这一进行或持续本身可以位于过去、现在或将来的任一时间阶段中。比较法语的时态和汉语的时态，二者既有相同之处，也有不同之处。时间的运动是二者所共同承认的，不同之处则在于：法语认为时间是线形的、可分割的单向运动，指向一个明确的未来；而汉语中的时间是环形的，时间在事件中循环推移，周而复始，以至无穷。②③

---

① 贾秀英. 汉法语言对比研究与应用[M]. 北京：中国社会科学出版社，2003：82.
② 张琴. 法语时态与汉语时态的文化语言学对比研究[J]. 语文建设，2014（27）：23-24.
③ 关世杰. 跨文化交流学[M]. 北京：北京大学出版社，1995：289.

语言是一个民族的世界观，每一种语言都包含着属于某个人类群体的概念和想象方式的完整体系。[1] 在汉语时态和法语时态巨大差异的背后，是不同文化和不同民族关于时间的认识和理解方式的差异。如美国人类学家霍尔所言："时间会说话，并且带有各国不同的口音。"[2] 纵观法兰西民族的文化史，就是一部基督教在法国的发展史。在基督教所塑造的人类史和文明史中，唯有耶稣基督的诞生是最为伟大的事件，它提供了一个时间原点，时间因此获得了方向，过去成为这一事件的准备，未来成为这一事件的绵延与展开。目前国际通用的公元纪年法即是以耶稣出生为纪年的开始。这一年之前的时间，被称为公元前某年；这一年之后的时间，统一被冠以公元某年的说法。法国人的历书中记录着种种与耶稣有关的事件，为人们年复一年地纪念和庆祝。在今天，法国日历的10个法定节日中，有5个都与基督教有关：复活节、圣灵升天节、圣母升天节、万圣节和圣诞节。因此，历史学家吕西安·费弗尔说，日历讲的是"基督的"语言。[3] 从有罪的过去，经由修行的现世，抵达永恒的未来，这是基督教为人类指出的救赎之道。汉语的传统文化是以《周易》为核心，以儒、道、释三家文化交融为主体的。《周易》提出的阴阳、五行观念，建构了一种整体性的、高度抽象的思维框架。这种思维的特点就是阴阳消长、五行相生，矛盾双方辩证统一，促进事物发展变化，而变化的基本特点就是循环往复、无穷无尽。法语繁复细致的时态将事件按照时间顺序呈线形排列：将要发生的事件、即将发生的事件、正在发生的事件、刚刚结束的事件、结束了的事件，结束了很久的事件……细致、严谨、有条不紊，正是基督教文化时间观的忠实体现；而汉语时态关注的重点从时间本身的运动转移到了事件的发展过程：酝酿、持续和结束……循环往复，周而复始，这是汉语传统文化在语言中的表达。[4]

翻译作为一项跨文化交际活动，需要追求尽可能准确、完整、对等的效果。尽管汉语和法语在构词、句法等层面存在着巨大差异，但在传递完整信息的过程中，语言形态上的不同于译者而言算不上困难，更难跨越的是形态背后蕴藏的文化差异。翻译涉及的不止文本，还有社会活动的方方面面。其作为一门艺术，需要认真对待和耐心打磨。

与近年来盛行的汉英语言研究不同，关于汉法语言对比的研究不多，相关研究成果相互借鉴较少，二者之间缺少全面、系统的对比，各民族认知、思维等方面的体现与价值也未被深度挖掘。法语属于印欧体系，其语言形态与印欧语逻辑框架具有一定的相关性与互鉴性，因此也可以参考一定的汉英对比研究，以更合理有效地进行汉法语言对

---

[1] 苏新春. 文化语言学教程[M]. 北京：外语教学与研究出版社，2006：15.
[2] [美]爱德华·霍尔. 无声的语言[M]. 何道宽，译. 北京：北京大学出版社，2010：108.
[3] [法]阿兰·克鲁瓦，让·凯尼亚. 法国文化史 Ⅱ[M]. 傅绍梅，钱林森，译. 上海：华东师范大学出版社，2006：35.
[4] 张琴. 法语时态与汉语时态的文化语言学对比研究[J]. 语文建设，2014（27）：23-24.

比分析。如，据邵惟韺、邵志洪就英语专业八级考试 TEM8（2011）汉译英试题语篇特点的研究，汉语是语义型语言，英语是形态型语言。[①] 法语与英语同样是形态性语言，那么汉法翻译评判的标准是否也可以部分参考汉英翻译的标准？如汉译法重在表现法语形态型语言特点，汉译法译文形态的问题不仅会影响译文"语言通顺、流畅"，而且还会直接影响译文的"忠实性"。因此，需要对汉法语进行对比，以便更好地区别两种语言的差异，进行汉法间的翻译。

第二节　汉语与法语语音对比与翻译

语音是人和人进行信息传递的重要方式之一，也是传递情感的重要媒介。[②] 作为一种语言的基本表达方式，其重要性不可忽视。本节将从语音学和其相关研究两个角度来考察汉法语语音的基本特点并对其进行分析。本节的第一部分介绍汉法语语音的基本特征和规则。第二部分介绍汉法语的相关语音研究，以便读者能在汉法语音的研究中，进一步进行两种语言的对比，加深对两种语言的了解。

一、汉法语语音的基本特征和规则

如第四章所述，汉语的正确发音依赖拼音，要熟练正确地读出汉字，首先要习得拼音。

法语是一种拼音文字，由字母组成单词。法语共有 26 个字母。其中 A, E, I,O, U, Y 为元音字母，其余为辅音字母。在语音上，法语共有 35 个音素，分为元音和辅音两大类。发音时，声带振动，气流通过其他发音器官不受阻碍的叫元音；气流通过口腔或鼻腔受到一定阻碍的叫辅音。法语一般采用国际音标来表示音素。字母与音素是两个不同的概念，只有少数字母的发音和音标的写法是一致的，如：a [a], p [p], l [l] 等。在大多数情况下，字母与音素之间没有必然的联系：同一个字母（或字母组合）可以有几种不同的发音；反之，同一音素又可以由几个不同的字母（或字母组合）来表示。但是，字母与发音之间是有一定规律的，只要记住了读音规则，便可不借助国际音标，直接读出每个单词、每个句子。法语的基本读音规则见表 5-13。

---

① 邵惟韺，邵志洪. 汉英语义和形态对比与翻译实践——TEM8（2011）汉译英试卷评析[J]. 解放军外国语学院学报，2012（5）：75-80.

② 张卫，贾宇，张雪英. 自编码器和 LSTM 在混合语音情感的应用[J]. 计算机仿真，2022（11）：258-262.

表 5–13　法语的基本读音规则表[①]

字　母	音　素	说　明	举　例
a	[a]		camarade
ai	[ɛ]		français
	[e]	少数词中	J'ai, je sais, le quai
aim	[ɛ̃]	*	la faim
ain	[ɛ̃]	s*	demain
am	[ɑ̃]	*	la lampe
an	[ɑ̃]	*	le paysan
au	[o]		l'auto
	[ɔ]	[r] 前	au revoir
c	[s]	e, i, y 前	ce, cinq, la bicyclette
	[k]	a, o, u 前	le camarade, le coin, Cuba
		辅音字母前	la classe
		词末	le sac
cc	[k]	a, o, u 前	d'accord
	[ks]	e, i, y 前	un accent
ch	[ʃ]		la Chine
	[k]	辅音前	la technique
		少数词中	un orchestre
e	[ɛ]	闭音节中	le chef, merci
		相同二辅音字母前	la pelle
		词末 -et 中	le secret
	[e]	-er, -ez	ouvrier, répétez
		少数单音节词中	les, des
	[ə]	单音节词末	le, de
		词首开音节内	demain
		"辅辅 e 辅" 内	vendredi
	不发音	词末	la salle
		元音前后	le dirigeant, la vie
		"元辅 e 辅元" 中	acheter
é	[e]		le président

① 孙辉. 简明法语教程（上册）[M]. 3 版. 北京：商务印书馆，2020：56-58.

续表

字　母	音　素	说　明	举　例
è	[ɛ]		la règle
ê	[ɛ]		la tête
eau	[o]		le tableau
ei	[ɛ]		le peigne
ein	[ɛ̃]	*	plein
em	[ɑ̃]	*	le membre
emm	[am]	少数词中	la femme
en	[ɑ̃]	*	le président
eu	[ø]	词末开音节中	deux
		[z] 前	heureuse
	[œ]	除以上二情况外	neuf
g	[g]	a, o, u 及辅音字母前	la gare, la gomme, le légume, grand
	[ʒ]	e, i, y 前	l'image, le gilet, la gymnastique
gn	[ɲ]		le peigne
gu	[g]	e, i, y 前	la baguette, le guide
h	不发音		le cahier
i	[i]		la vie
	[j]	元音前	l'étudiant
ien	[jɛ̃]	*	bien
-il	[j]	在词末，并在元音后	le travail, le soleil
ill	[j]		travailler
	[ij]	辅音后	brillant
im	[ɛ̃]	*	le timbre
in	[ɛ̃]	*	cinq
o	[o]	词末开音节中	l'auto, la radio
		[z] 前	la rose
	[ɔ]	除以上二情况外	le soldat
ô	[o]		tôt
œu	[ø]	条件同 eu	des bœufs
	[œ]	条件同 eu	le bœuf

续表

字母	音素	说明	举例
oi	[wa]		la voiture
oin	[wɛ̃]	*	le coin
om	[ɔ̃]	*	la pompe
on	[ɔ̃]	*	le ballon
ou	[u]		le journal
	[w]	元音前	oui
ph	[f]		la phrase
qu	[k]		qui
s	[s]		le soldat
	[z]	二元音字母之间	le président
t	[t]		le parti
tion	[sjɔ̃]	t 前无 [s]	la révolution
stion	[stjɔ̃]		la question
u	[y]		du
	[ɥ]	元音前	huit
um	[œ̃]	*	humble
	[ɔm]	在外来语词末	un ultimatum
un	[œ̃]	*	un
w	[v]		le wagon
	[w]		Washington
x	[ks]		excuser, texte
	[gz]	在词首 ex-, inex- 中，后随元音	exemple, exercice
x	[s][z]	少数词中	six, dix, deuxième
y	= i		le stylo, il y a
	= i + i	在二元音字母间	le crayon, l'employé
	= j	在二元音字母间，主要在专有名词中	La Fayette, l'Himalaya, la Haye

注：* 为鼻化元音，后不能接元音字母或 m,n。

除上表外，还有以下读音规则需要掌握。

（1）一般来讲，相同的两个辅音字母读音等于一个辅音字母，如：bb, dd, ff, mm, nn, pp, rr, ss, tt。

（2）c, q, l, r, f 在词末时一般要发音，其他词末辅音字母一般不发音。

（3）省音：有些以元音字母结尾的单音节词，常和下一个词的词首元音合成一个音节，并省去上一个词的词末元音字母。省去的元音字母用省文撇" ' "代替，如：

ce + est = c'est

je + ai = j'ai

si + il = s'il

（4）字母 h 在词中永远不发音，如 Nathalie [natali]，habite [abit]，但 h 在词首时有两种情况。

①哑音 h 要与前面的音连读，如：il habite [i-la-bit]。

②嘘音 h 不能与前面的词联诵，如：le héros。

（5）在第三人称单数倒装疑问式中，如果动词以元音字母 e 结尾，为了便于读音，要在动词和代词之间加上字母 t，并加连词符"-"。如：Où habite-t-il?

（6）重音：法语单词的重音比较固定，一般只落在单词的最后一个音节上。

（7）节奏组：法语句子可以按照意义和语法结构划分为节奏组。节奏组一般以实词为主体，一切辅助词都和有关实词共同构成节奏组。每个节奏组中只有最后一个音节有重音，即重读音节。

（8）联诵：在同一节奏组中，前一词词末如果是原来不发音的辅音字母，而后一个词以元音开始，那么前一个辅音应发音，与后面的元音合成一个音节，如：Elle est actrice。

（9）开音节和闭音节：以元音结尾的音节叫开音节（注意：是元音，而不是元音字母），以辅音结尾的音节叫闭音节。

二、汉法语语音对比以及相关研究

在法语这种动词变位靠词尾变形，限定词和代词在性数搭配时有各种形态变化，以及对句子节奏都有明确要求的语言中，其严谨的语言结构与丰富的内容表达都有赖于正确的语音。法语句子连贯、正确的读音能使接收者在听的过程中根据各类变化形态的语音标识对说话者语域范围进行预测，揣摩说话者意图，而汉语却没有如此严谨的要求。对这些语音方面的行为与规律进行深入研究，有助于深化二语习得，特别是口语与听力中对两种语言语音与语法的理解，增强学习者对语音预测通达机制的认识。

目前我国关于汉法语语音对比的研究主要在二语习得和教学方面。丘晓娟（2005）基于对汉、英、法三种语言的语音体系的对比分析，对法语语音教学应注意的问题做了初步探讨。[①] 高玉娟、石锋（2006）和夏全胜（2010）都对中国学生在法语元音发音过程中的迁移现象进行了实验研究。他们运用的理论基础涉及语言迁移、对比分析假说和

---

① 丘晓娟. 汉、英、法语音对比及法语语音教学 [J]. 商场现代化，2005（5）：201.

元音格局。语言迁移是由先前习得的（可能并不完善的）语言和目的语之间的相似及差异所引起的那种影响。①对比分析假说在早期的语言迁移理论中具有代表性。Lado（1957）认为母语是第二语言习得的主要障碍，母语和目的语之间的差异与其可能导致的困难成正比，差异越大，难度就越大。②石锋（2002）认为每一种语言和方言的语音都是成系统的，表现为各自的语音格局（sound pattern）。元音格局是元音系统性的表现，包括元音的定位特征、内部变体的分布、整体的配列关系等。按照单元音跟音节中其他结构成分的组合关系，可划分为4个元音级别。在汉语中，能够出现在单韵母中的元音是一级元音。在其他语言中，能够单独组成音节，或单独出现在辅音之后组成音节的单元音是一级元音。一级元音的格局是全部元音格局的基础，具有典型的代表性。③高、石的研究以对汉语和法语元音格局的分析为基础，用语音实验的方法，通过对比中国学生法语元音的发音和法国学生法语元音的发音，考察了中国学生法语学习中母语汉语的正、负迁移在法语元音学习上的表现，以便为纠正和克服不正确的发音提供可靠的实验依据。④夏的研究则利用语音实验和统计分析的方法，按照元音格局的分析思路，对第一外语为英语的中国学生第二外语法语的元音发音进行实验分析，考察母语和第一外语在第二外语学习过程中的迁移作用。其研究发现，母语和第一外语都会对第二外语的元音发音产生迁移作用，且母语的迁移作用大于第一外语，这种迁移作用的不同与母语、第一外语系统的本质有关；第一外语和母语一样，也可形成"一对一"和"一对二"的迁移模式。⑤

  汉法在语言本身和文化背景上都存在着根本性的差异，语音作为学习法语的入门阶段，具有十分重要的地位。法语的语调变化可以表示不同情感，语音变化更是蕴含着性数、变位等复杂的语言形态变化。要想熟练掌握法语，语音学习便是关键的一步。

第三节　汉语与法语词汇对比与翻译

  Peter Newmark 指出：在翻译实践中，篇章是最终的考核质量的单位，句子是基本的操作单位，而大部分的难题都集中在词汇单位。⑥在语言这个符号体系中，词是可以独立

---

① Odlin T. Language Transfer – Cross-linguistic Influence in Language Learning [M]. Shanghai: Shanghai Foreign Languages Education Press, 2001: 27.

② Lado R. Linguistics Across Cultures: Applied Linguistics for Language Teachers [M]. Ann Arbor, Michigan: University of Michigan, 1957: 2.

③ 石锋. 北京话的元音格局[J]. 南开语言学刊, 2002（1）: 30.

④ 高玉娟, 石锋. 中国学生法语元音学习中母语迁移的实验研究[J]. 外语与外语教学, 2006（4）: 18-20.

⑤ 夏全胜. 中国学生法语元音发音过程中迁移现象的实验研究[J]. 外语与外语教学, 2010（5）: 79-84, 88.

⑥ Newmark P. Approaches to Translation[M]. New York: Prentice Hall, 1981.

使用的、最小的音义组合单位。① 字词作为翻译中重要的基石，需要译者仔细应对。若小视其任一，则有可能犯根本性的错误，影响译文的忠实度和原文含义的传达。

汉语最小语言单位是方块字不是词。汉字具有独立的音和义，既可以单独使用，也可以与其他汉字组合成词组。就语义而言，词组也是最小的单位。以"人"字为例，单独使用时为"人（homme）"，与其他字组合后，可以形成如下词组："人民（peuple）""人格（personnalité）""人体（corps）"等。也有个别汉字不能单独使用，必须以词组形式出现才具有相应的含义。如"匍"字本身不具备含义，须组成"匍匐"才具有可在语句中使用的词义。法语是拼音文字，最小的语言单位是词素，词素通过组合才构成词。词是法语具有语义的最小语言单位。

翻译是将源语文本中的语义迁徙到目的语文本中的跨文化实践，词语意义的确定在翻译过程中十分重要，不明辨词义就难以准确地表达原意。现代语言学家从不同角度对词义进行过探索，词义体系的复杂性导致了多种多样的词义分类方式。为了使初学者更容易理解和掌握，本章将从指称意义和蕴涵意义这两个层面来探讨词语的翻译。

一、指称意义的理解与表达

指称意义是"词的确切和字面的意义"②，是语言交际中出现最早、使用频率最高的意义，也是人们进行语言交际时所表达的最基本的意义。如何理解并在译文中再现原文的指称意义是译者的首要任务。尽管不同民族所使用的语言千差万别，但人类对客观世界的事物有着大体相同的认知，因此原语的指称意义多数能在译语中得到基本对等的表达。例如汉语中的"太阳"和法语中的"le Soleil"都反映了相同的客观事物，其指称意义完全对等。两种语言之间的可译性正是由指称意义的基本对等决定的。③

词语的指称意义往往具有多重性，这种一词多义的现象在语言中广泛存在。例如"文体"一词在汉语中既可以指文章的体裁，又可以用作文娱和体育的合称；"avocat"一词在法语中可以指律师，也可以指牛油果。尽管一词多义的现象在语言中普遍存在，但处在特定搭配关系中的多义词，其义项往往会变得单一化、明朗化。因此，词语的搭配关系是辨析词语多重义项的依据之一，也是翻译中理解词义的重要手段。要想在具体翻译时正确理解和表达词语的指称意义，就应结合词语所处的具体搭配关系和语言环境进行全面、细致的分析。请看以下译例。

（25）他是我父亲。

Il est mon père.

（26）这姑娘是漂亮。

---

① 曹德明. 现代法语词汇学[M]. 上海：上海外语教育出版社，1994：13.
② 陆国强. 现代英语词汇学（新版）[M]. 上海：上海外语教育出版社，1999：117.
③ 陈宏薇，李亚丹. 汉英翻译教程（修订版）[M]. 上海：上海外语教育出版社，2018：60.

Cette fille est **vraiment** jolie.

（27）**是**可忍，孰不可忍？

Si on tolère **cela**, que ne peut-on tolérer?

"是"在以上各句中指称意义各不相同。译例（25）中，"是"表示判断，在法语中对应动词"être"，表示人物身份。译例（26）中，"是"须重读，表示"的确，实在"，在译文中需要用程度副词"vraiment"来再现原文的语气。译例（27）中，"是"意为"这，这件事"，仅用于书面语中，已带有蕴含意义了，相对应地，法语译文中用中性指示代词"cela"，表语境中所指的事件。

（28）隐隐的伤痛被压在心底，没有**功夫**叹息。每个手术都是一次考验，何况外科领域还有许多课题需要钻研。（《情结》[①]）

La douleur sourde causée par cette rupture fut étouffée au fond de leur coeur, leur travail étant tel qu'ils n'avaient même pas **le temps** de soupirer. Chaque opération était pour eux une nouvelle épreuve, d'autant plus qu'ils avaient encore beaucoup à étudier dans le domaine chirurgical.

"功夫"在汉语里主要有三种含义。①本领，造诣：他的诗功夫很深。②指武术：中国功夫。③（做事）所耗费的时间和精力：下功夫。[②] 在译例（28）中，结合前后文内容，不难判断出此处的"功夫"指花在思念彼此过往上的时间，故在译文中选用"le temps"来准确传递原文的含义。

二、蕴含意义的理解与表达

许多在某一具体语言环境中出现的词语不仅具备基本的指称意义，还包含由指称意义衍生出的蕴含意义。根据《牛津简明英语语言词典》的解释，蕴含意义指词语内含的情感和联想意义，是词语的隐含意义。[③] 词语的蕴含意义反映了该民族特有的思维方式和社会文化。正因为如此，同一词语在不同语言中所具有的蕴含意义往往有天壤之别。所以说，仅仅懂得词语的指称意义是远远不够的。为了全面理解并忠实传达源语文本中的词义，还需要了解词语的蕴含意义。

（29）晨光经数月研读，写下了篇介绍《偏方集要》的文章，发表在了《中国医药》杂志上。此后，海内外**飞鸿不断**，或想一睹为快，或欲高价买下，或愿资助出版……（《偏方》[④]）

[①] 汪曾祺，等. 小小说精选（汉法对照）[M]. 吕华，译. 北京：中国文学出版社，1996：178-179.
[②] 中国社会科学院语言研究所词典编辑室. 现代汉语词典（第七版）[M]. 北京：商务印书馆，2016：454.
[③] McArthur T. 牛津简明英语语言词典 [M]. 上海：上海外语教育出版社，2001.
[④] 汪曾祺，等. 小小说精选（汉法对照）[M]. 吕华，译. 北京：中国文学出版社，1996：68-69.

Au bout de plusieurs mois d'étude, Chenguang écrivit un article qui résumait le «Recueil des recettes secrètes», qu'il fit publier dans la revue *Médecine chinoise*. Après, il reçut des lettres des quatre coins du monde, exprimant le souhait d'avoir le plaisir de parcourir le recueil, ou bien de l'acheter à un prix élevé, ou encore d'aider financièrement à sa publication...

在汉语文化中，"飞鸿"除了指飞行着的大雁，还可以指"音信"。因为古时常以鸿雁传信，故可以用"飞鸿"代之。如在唐朝韩愈所写《祭窦司业文》中："自视雏鷇，望君飞鸿，四十余年，事如梦中。"；相似地，在《南朝齐·无名氏·西洲曲》中："忆郎郎不至，仰首望飞鸿。"译例（29）中，"飞鸿"指海内外人士向晨光投递来的有关《偏方集要》的消息，故译文中用"des lettres"释出源语中"飞鸿"蕴含的意义，而没有一味地保留指称意义"oie sauvage"，在保持忠实度的同时减少了读者理解上的文化隔阂。

（30）阿三头为了结婚风光排场，从**牙缝**里抠了又抠，省了又省，馋得他一想起吃就口水直流（《此一时彼一时》[①]）

Le Troisième Jeunot, qui se préparait à célébrer ses noces en grande pompe, avait dû recourir au **jeûne** pour accumuler des sous, si bien qu'il ne pouvait s'empêcher de baver chaque fois qu'il pensait à la bonne chère.

译例（30）中的"从牙缝里抠了又抠"是颇具市井文化特色的，是在汉语中形容一个人省吃俭用的地道表达。译文中，并没有直接给出"牙缝"的对应法语表达，而是用了"le jeûne（挨饿，吃不饱）"表示阿三头为了攒钱办婚礼十分节俭，甚至都舍不得花多的饭钱。这一词正好与后文"一想起吃就口水直流"相映照，在完整传达原文含义的同时保证了译文的通顺流畅。

（31）阿温是出名的**"气管炎"（妻管严）**，在矿工中像他这样怕老婆的几乎找不出第二个。谁也没想到身处险境的他会说出这番轰轰烈烈的心里话来。（《此一时彼一时》[②]）

Tout le monde savait que Wen-le-Modéré était **le souffre-douleur de sa femme**, il était un cas quasi unique parmi les autres mineurs. Personne n'aurait pu imaginer qu'il serait capable de faire des confidences de ce genre au moment critique.

原文中"气管炎"是俗语"妻管严"的谐音，而在法语中二者是断然没有如此联系的。因此，译者在翻译时舍弃了汉语谐音里浓厚的调侃、玩笑意味，直接给出了关键的蕴含意义：le souffre-douleur de sa femme。

汉语中的颜色词、叠词、数词等词汇往往具有丰富的蕴含意义，译者在翻译这类词语时应充分考虑它们在汉语语言文化中的特殊内涵，注重其蕴含意义在译文中的再现。

人类生存的世界是丰富多彩、五颜六色的，在各种语言中也相应地出现了大量的颜

[①] 汪曾祺，等．小小说精选（汉法对照）[M]．吕华，译．北京：中国文学出版社，1996：56-57．
[②] 汪曾祺，等．小小说精选（汉法对照）[M]．吕华，译．北京：中国文学出版社，1996：58-59．

色词。颜色词除各自具有与现实中的颜色相对应的指称意义之外，还具有丰富的联想意义、象征意义和感情色彩。① 因此，颜色词在语言中的运用不仅可以贴切逼真地描摹出客观物质世界的景象，还能恰到好处地反映出语言使用者的内心情感世界，给读者以审美享受和共情空间。

（32）他是一位老护林员了。那时候，他还年轻。有一次，爬上村南这座因滥伐而变得**灰灰的**山，他心潮澎湃。于是，在山里搭了窝棚，运上去铺盖和锅碗瓢勺，开始一笔一笔地为荒山**描彩**。（《山魂》②）

Il était vieux, le gardien du bois. Dans sa jeunesse, il était monté un jour au sommet de la colline située au sud du village. Elle **grisaillait** à cause de l'abattage abusif et devant **cette vision désolée**, il ne pouvait garder un coeur tranquille. Aussi, décida-t-il d'y installer une cabane où il apporta sa literie et ses ustensiles de cuisine, et se mit-il à « **repeindre en vert** », tige après tige, la colline dénudée.

在译例（32）中，"灰灰的"指山上因为没有足够的树木而呈荒凉的景象，译文中在使用"grisailler（变成灰色）"一词再现原文所描述的色彩时，在后文加上了"cette vision désolée"，丰富了色彩的联想意义和表现力。"描彩"意为"添上色彩"，是用比喻的手法描写护林员通过植树来恢复山的原貌。译文中使用"repeindre（重绘）"一词还原了原文中的比喻手法，后还加上了"en vert"来明确护林员为荒山添的颜色，合理完善了译文中比喻手法的运用。

（33）"先生，算个命吧！"一个中年人叫着我。这个中年人一脸斯文，不像是干这一行的。我见过的算命先生都是些**面色发黑**的老头。他似乎看出了我的疑惑，说："我是写小说的，业余时间下海干这个。"（《算命》③）

——Monsieur, voulez-vous que je vous lise l'avenir?

J'étais arrêté par un homme d'âge moyen qui, par sa mine courtoise, ne me semblait pas être quelqu'un du métier. Les chiromanciens que j'avais rencontrés étaient pour la plupart de **vieilles gens au visage sombre.**

——Je suis nouvelliste, je fais cela pendant mes heures de loisirs pour gagner un peu d'argent de poche, reprit l'homme comme s'il avait deviné mon doute.

"面色发黑"形容"我"遇到的大多算命老头都因年岁过大、精气神不好而呈忧郁阴沉的面色。"noir,e"在法语中作为颜色形容词，多指墨一般的黑色，不用来指人的脸色。因此，译文中选用了"sombre"与原文中的"黑"对应，展示出蕴含意义，与所遇中年人形成对比。

---

① 陈宏薇，李亚丹. 汉英翻译教程（修订版）[M]. 上海：上海外语教育出版社，2018：63.
② 汪曾祺，等. 小小说精选（汉法对照）[M]. 吕华，译. 北京：中国文学出版社，1996：42-43.
③ 汪曾祺，等. 小小说精选（汉法对照）[M]. 吕华，译. 北京：中国文学出版社，1996：222-223.

中国人重视均衡美，这一审美心理在语言中的反映是汉语很讲求音节的均衡对称，有大量的叠词。叠词的使用能使语言更具表现力和感染力，叠词中音节的重叠使词语生动活泼，具有强烈的节奏感。

（34）你见过八哥嬉水吗？小河边，几只红嘴八哥往浅水里扎猛子，又拍着翅膀飞起来，**唧唧喳喳**，**蹦蹦跳跳**，**扑扑棱棱**，水花欢笑，洗濯它们黑缎子般的羽毛，看看就叫人高兴，所以被称为欢喜鸟。（《乐鸽子》①）

Avez-vous jamais vu des merles huppés s'ébattre dans l'eau? Au bord d'une rivière, quelques merles huppés au bec rouge plongent dans l'eau peu profonde avant de battre des ailes pour prendre leur envol; **ils piaillent, ils sautillent, ils battent des ailes**, faisant jaillir une brume d'eau qui lave leurs plumes soyeuses comme du satin noir. A cause du tableau joyeux qu'ils offrent aux passants, on les a surnommés oiseaux de joie.

原文作者运用了三个AABB式的叠词，生动地展现了八哥在河水里嬉戏的欢快场景，四音节叠词更是通过音韵特色传递出活泼调皮的感情色彩。译文中，译者选用了三个"ils + V."的形式，还原了原文的排比效果。再者，法语的动词变位规律让三个动词在该句中有了相同的词尾和读音，即"-ent"，在一定程度上做到了前后音韵特色的一致。在"达意"的同时，译者也为"传神"做出了考量和努力。

（35）护士长小徐就是一只乐鸽子，下班以后便**无忧无虑**，**嘻嘻哈哈**，**跳出跳进**，**手疾眼快**，不大会儿就把**菜也买了**，**鱼也刮了**，**饭也煮了**，单等妈妈挽袖子掌勺烹调。其实她也炒菜，只不过在妈妈面前她永远是小女儿，只配打下手。（《乐鸽子》②）

Petite Xu, infirmière en chef, en est une. En dehors du travail elle est toujours **gaie et insouciante**, elle entre et sort de chez elle en **gambadant**, elle **a la main preste et l'oeil vif**; en un clin d'oeil elle a fini **d'acheter des légumes, d'écailler le poisson et de faire cuire le riz**, elle n'attend plus alors que sa mère, chef cuisinière de la famille, pour préparer les plats. En fait elle sait très bien faire la cuisine, seulement, en tant que benjamine de la famille, elle doit se contenter de servir d'assistante à sa mère.

原文先是用了四个连续的四字词表现"小徐"的性格特点和生活状态，四字词加上叠词的音韵节奏进一步凸显了小徐的开朗、敏捷。而译文中为了准确忠实地传达原文的语义，放弃了前后音韵的一致，将每一个人物特点都完整地陈述了出来。后文作者用三个相同的"……也……了"描述小徐准备做菜的一系列动作，译文中则用三个"de + V. + n."在一定程度上再现了排比结构，却因为法语中对省音和冠词搭配的特定要求而不能达到音韵上相同的效果。可见，汉语的音韵节奏要想在法语中有一定呈现，也是有难度的。

---

① 汪曾祺，等．小小说精选（汉法对照）[M]．吕华，译．北京：中国文学出版社，1996：32-33．
② 汪曾祺，等．小小说精选（汉法对照）[M]．吕华，译．北京：中国文学出版社，1996：32-35．

数词也是各种语言中普遍存在的词汇现象。数词首先具有指称意义，与物体的数量相对应，翻译时可直接用直译法对应译出。除此之外，数词往往还具有丰富的蕴含意义，在译文中也应予以传达。例如：

（36）这样七扯八扯竟忘了时间的消逝，直到声音渐渐低下去低下去。（《此一时彼一时》①）

Tout en intervenant chacun à son tour dans la discussion, on oublia le temps qui passait, jusqu'à ce que les voix faiblissent petit à petit.

"扯"在此处有"说，闲聊"的含义，译文中给出了该四字词的隐含意义："大家在讨论里你一句我一句地说着"，做到了忠实于原文。

汉语中的许多数字都具有极言其多或是极言其少的蕴含意义。数字"一"和"两"常指太少，如"一毛不拔""就只剩这两个了"等。"十""百""千""万"等常指很多，如"将军百战死，壮士十年归""轻舟已过万重山""百万雄师"等。除此之外，"三"以及"三"的倍数也可以表示很多。清代学者汪中就在《述学·释三九》中指出："凡一二所不能尽者，则约之以三，以见其多；三之所不能尽者，则约之以九，以见其极多。"例如"望君三思""九死一生""军书十二卷，卷卷有爷名""十八层地狱""七十二变"等。②因此，我们在做翻译时应留意辨析汉语数词的蕴含意义，以免犯下貌似忠实、实为误译的错误。

（37）教授夫人抱歉地告诉大家："先生一路风尘，颇受辛苦，现正小睡，各位请自便。"却没一个人告辞，皆以十二分的耐心等待这位国画大师的醒来，以亲睹其作画时高超的技艺。（《渲染》③）

L'épouse du professeur déclare alors à la foule assemblée chez elle, l'air désolé:

—Mon mari, qui est épuisé par son voyage, est en train de faire un petit somme. Mettez-vous à votre aise en attendant.

Personne ne semble vouloir prendre congé. Au contraire, tout le monde **est prêt à attendre avec patience** le réveil de ce grand maître de la peinture traditionnelle, pour pouvoir admirer de ses propres yeux son art exquis.

上例中"十二"便是以"三"的倍数表多、充足。译文中虽然没有用"多"来修饰"耐心（patience）"，但用了短语"être prêt à ...（准备好……的）"来表示众人等待的意愿，做到了表意得当。

以上分析了词语指称意义与蕴含意义的理解与表达。我们在翻译时应悉心分析词语的指称与蕴含意义，借助词语在原文中的上下文来准确理解词义，结合词语在译文中出

---

① 汪曾祺，等．小小说精选（汉法对照）[M]．吕华，译．北京：中国文学出版社，1996：58-61．
② 陈宏薇，李亚丹．汉英翻译教程（修订版）[M]．上海：上海外语教育出版社，2018：65．
③ 汪曾祺，等．小小说精选（汉法对照）[M]．吕华，译．北京：中国文学出版社，1996：234-235．

现的语境来选择其最佳表达方式，以得到与原文"功能相似、意义相符"的译文。词义对语境有很强的依赖性，没有语境，词就没有意义。① "在所有的翻译过程中，语境都是凌驾于一切的因素，而且优先于任何的规则、理论或是基本意义。"② 因此，我们在做汉译法时应结合具体的语境对词语进行细致的观察和分析，恰如其分地理解和表达词义。

三、成语与俗语的英译

成语是人们长期沿袭使用的、结构基本固定的短语或短句。成语结构紧密、意义精辟，是从语言中提炼出来的特殊成分，也是该语言修辞手段和文化积淀的集中体现。汉语作为一种历史悠久的语言拥有大量的成语和俗语，这些词语蕴含着丰富的文化信息。语言作为文化的载体，每一种都有其独特的文化特色和文化内涵，而翻译就担负着在语言和文化中进行转换、促进交流的重任。正如刘宓庆所说，"语言中几乎处处有所谓'文化符号'，留待译者'解码'（decoding）"③。在汉法翻译中，译者首先要对汉语原文中的文化符号如成语、俗语等进行解码，再用译语将原文中的文化信息重新编码。

（38）我这才注意到，铁盒子的门关着，干活的家什都没摆出来。他身上也没扎着那条帆布围裙。我回家把那只坏鞋取来，他**如法炮制**，修好了，可无论如何不肯收钱。他说："蒙着干的，这不算活儿。凑合穿吧！"他瞧着修好的鞋，流露出真诚的歉意。（《鞋匠》④）

Je remarquai que la porte de l'étalage restait fermée, qu'aucun des outils n'était sorti et qu'il ne portait pas son tablier de grosse toile autour des reins. Je fis demi-tour et lui apportai la chaussure décousue qu'**il répara de la même façon que la fois précédente**, mais, la tâche accomplie, il refusa catégoriquement de toucher mon paiement.

— Je l'ai recousue à l'aveuglette, ce n'est pas un travail sérieux. C'est tout ce que je peux faire pour vous, dit-il en examinant la chaussure réparée, l'air sincère.

"如法炮制"出自西汉司马迁《史记·魏世家》："赵使人谓魏王曰：'为我杀范痤，吾请献七十里之地。'魏王曰：'诺。'使吏捕之，围而未杀。痤因上屋骑危，谓使者曰：'与其以死痤市，不如以生痤市。有如痤死，赵不予王地，则王将奈何？故不若与先定割地，然后杀痤。'魏王曰：'善。'痤因上书信陵君曰：'痤，故魏之免相也，赵以地杀痤而魏王听之，有如强秦亦将袭赵之欲，则君且奈何？'信陵君言于王而出之。"

---

① Malinowski B. The Problem of Meaning in Primitive Languages[C]//Ogden C K, Richards I A. The Meaning of Meaning. London: Routledge & Kegan Paul, 1923: 325.

② Newmark P. Approaches to Translation[M]. Shanghai: Shanghai Foreign Language Education Press, 2001: 113.

③ 刘宓庆. 翻译美学导论[M]. 台北：书林出版有限公司，1995：316.

④ 汪曾祺，等. 小小说精选（汉法对照）[M]. 吕华，译. 北京：中国文学出版社，1996：164-165.

该词字面意思指依照成法制作中药，现比喻照现成样子办事。① 译例（38）中该词指老鞋匠用之前相同的方法修好了鞋子，此处该成语的典故来源、字面含义都不是作者行文想要表达的重点，因此在译文中译者直接将成语所指代的事表达了出来，使译文连贯流畅、便于理解。

（39）老曲回到办公桌前，拉亮电灯，铺开稿纸，想写点东西。写什么好呢？就职后要制定工作计划。**新官上任三把火**。三把火烧什么，心里要有数。（《一笑了之》②）

A cette réflexion, Lao Qu revint auprès de son bureau, ouvrit la lumière, sortit des feuilles de brouillon et se prépara à rédiger quelque chose. «Que dois-je écrire? pensait-il. Une fois entré en fonctions, je devrai établir mon plan de travail. **Tout nouveau dirigeant prend des mesures sévères.** Il me faut avoir une idée claire de ce que je vais faire le moment venu.

据《三国演义》所述，三国时，诸葛亮当了刘备的军师，在短时间内连续三次火攻曹操。第一次火烧博望坡，使夏侯惇统领的十万曹兵所剩无几；第二次在新野，火攻水淹使曹仁、曹洪的十万人马，几乎全部覆没；第三次火烧赤壁，百万曹兵惨败，最后跟随曹操逃出去的，只剩27人。当时，人们把这三把火称为"诸葛亮上任三把火"，传到后来便成为人们常说的"新官上任三把火"，指新官员上任后常常做出几件事以表现自己的才干和革除时弊的决心，甚至给人下马威，让众人心服口服。译文取其蕴含意义，将"三把火"译为"des mesures sévères"，使译文准确、简洁。

（40）原打算瞅个空将电视机搬运到维修部，现在，经妻子这么唠叨，他就闷声不响了。第二天，他弯进书店，挑了两本电器维修之类的书籍，**临时抱佛脚**，闭门啃书。他那老底子在，触类旁通，对照着书本本，很快找了故障所在：一只小小的电容烧掉了。当即，配了一个电容器，电视机里的人儿顿时冒出头来又活灵活现了。（《人家的丈夫》③）

Il avait pensé trouver un moment de libre pour envoyer le téléviseur à un service d'entretien mais à présent, ayant subi les reproches de sa femme, il n'avait plus qu'à garder le silence. Le lendemain, il alla dans une librairie où il choisit deux livres sur l'entretien des appareils électroménagers qu'il **commença à potasser en s'enfermant dans sa chambre, histoire de trouver rapidement quelque chose d'utile.** Avec ses bonnes connaissances de base et sa capacité de raisonner par analogie, il arriva sans tarder, en se référant bien entendu aux livres, à localiser la pièce en panne：un petit condensateur était brûlé. Il le remplaça immédiatement par un neuf et le téléviseur recommença à diffuser des images pleines de vie.

"临时抱佛脚"最早出自唐代孟郊的《读经》："垂老抱佛脚，教妻读黄经。"原

---

① 王涛. 中国成语大辞典 [M]. 上海：上海辞书出版社，2008：902.
② 汪曾祺，等. 小小说精选（汉法对照）[M]. 吕华，译. 北京：中国文学出版社，1996：98-101.
③ 汪曾祺，等. 小小说精选（汉法对照）[M]. 吕华，译. 北京：中国文学出版社，1996：116-119.

意为年老信佛，以求保佑，有临渴掘井之意；后比作平时无准备而事急时仓促张罗。① 此处译者将该俗语与前后文结合了起来，只用"rapidement"表示人物内心的急迫。

可见，在翻译汉语文化特有的成语、俗语等"文化符号"时，译者多倾向于直接给出其在语境中的蕴含意义。这样的处理方法能使译文在忠实传达原文语义的基础上连贯、通顺，减少一定文化隔阂，更便于法语读者理解。但背后的历史文化信息被隐藏，也让译文在传播中华民族文化方面做了一定牺牲。

四、词义相符、相异、空缺

（一）词义相符

世界各地人类在生产劳动实践中感受的自然环境大致相同，即便不同的地域构成不同的社会、不同的文化、不同的语言，我们在客观事物的认知方面有着相应的共性。这一点最大的佐证便是词语的第一属性，尤其是描写客观事物的用词。虽然汉语与法语之间有着极大差别，但是词语的第一属性对某物的具体所指，在多数情况下都是相符的。例如，对自然现象的认识："雷"（le tonnerre）、"雨"（la pluie）、"风"（le vent）、"电"（l'éclair）；对生活环境的表达："家"（la famille）、"城市"（la ville）、"国家"（le pays）、"社会"（la société）等。

值得一提的是，一些名词的第二属性在两种语言中也存在着相似或相同性，比如"狐狸"（le renard）一词，由于该动物天性狡猾，所以无论在汉语中还是在法语中，均用来形容狡猾的人；还有"狗"（le chien），在汉语和法语里都可以指"走狗"，即溜须拍马之人。

（二）词义相异

不同民族对客观物体的认知基本上是相同的。词义有异，主要由于不同民族在生产实践过程中，因为不同的生存环境和意识理念，对相同物体激活的联想往往存在着差异。② 换言之，词的第一属性没有变化，但它的蕴含意义（词的第二属性）出现偏差。如："鸳鸯"（le canard mandarin）在中国人心目中指"美好的爱情/夫妻感情好"，而法语中却无此象征含义。再有以下例子：

（41）那年我去南方，在一家个体鞋店里看中一双女鞋，米色，款式十分新雅，皮子又非常柔韧，价格虽然贵些，还不算**宰**得太狠，带回北京，果然夫人十分喜欢。（《鞋匠》③）

---

① 张云广. 成语故事 [M]. 北京：新世界出版社，2012：79.
② 罗顺江，马彦华. 汉法翻译教程 [M]. 北京：北京大学出版社，2006：9.
③ 汪曾祺，等. 小小说精选（汉法对照）[M]. 吕华，译. 北京：中国文学出版社，1996：158-161.

Une année, lors d'un voyage d'étude que j'effectuais au sud, je remarquai une paire de chaussures pour femme dans un magasin privé. De couleur crème, d'un modèle à la fois nouveau et élégant, elles étaient fabriquées dans un cuir fort souple. Bien qu'un peu élevé, le prix me paraissait néanmoins acceptable. Quand je les eus ramenées à Pékin, elles plurent effectivement beaucoup à mon épouse.

"宰"在中文里除了有"屠杀"（第一属性）之意，还可以比喻向买东西或接受服务的人索取高价（第二属性）。而在法语里，"abattre"却没有如此蕴含意义，因此译文中直接将"宰"和"贵"融合，消解了理解障碍。

词义相异，实际是各民族之间对客观世界的联想不同、对延伸词语第二属性的选择不同。翻译在释义的同时，也要尽可能保留词语蕴含的文化寓意。文化内涵带来的差异如果处理不好，便会成为理解障碍。

（三）词义空缺

虽然各人类社会所面对的客观世界有广泛的共性，但语言作为文化的载体，常常会有独特的民族性。"不同的文化用不同的语义范畴分解和描述世界。因此，一种文化里有的语义在另一种语言里可能就不存在"[④]，这种现象被称为语义空缺。由于中国和法国在物质文化、制度文化和社会文化等方面有较大差异，汉语与法语的词汇体系中存在许多词义空缺，许多反映中国文化特色的词语在法语中几乎找不到对应或相近的表达方式。

不过，通过灵活的翻译策略，大部分具有民族文化特色的词语能在译文中被恰当地转述。民族特色词语在译文中的再现能够促进中法文化的交流与互动，使翻译作为一种跨文化交流手段发挥其价值和意义。针对词义空缺这一现象，可以采用的翻译策略有很多，常用的翻译方法包括音译法、意译法、直译法等。

当汉语文化中特有的事物在法语文化中完全空缺时，可采用音译法将这些具有特殊文化内涵的词语"移植"到法语文化中去。例如：

豆腐 le tofu　荔枝 le litchi　乌龙茶 le thé oolung

意译法是翻译具有文化特色的词语时经常采用的翻译策略，着眼于传达词语的文化信息。例如：

粽子 le gâteau de riz glutineux enveloppé dans des feuilles de bambou

元宵 les boulettes de riz glutineux farcies qu'on mange à la fête des lanternes

穴头 des organisateurs de soirées de variétés

直译法也是填补词义空缺的一种常用方法。它既可使译文简洁明快，又能保留汉语文化词语的原汁原味。例如：

[④] Lado R. Linguistics across Cultures [M]. Ann Arbor: The University of Michigan Press, 1957: 78.

《易经》 Le Livre des Changements　　京剧 l'Opéra de Pékin　　龙舟 le bateau-dragon

无论采用以上哪种方法，翻译的目的都是要忠实准确地传达汉语词语的文化内涵，以促进汉法文化之间的交流。尽管汉法两种文化间存在较大差异，只要译者目的明确、方法得当，就能在两种文化间搭起沟通的桥梁。

第四节　汉语与法语句式对比与翻译

汉语为语义型语言，着力考究"字"与语义及其相关关系，注重内容的意会性。因此，汉语的句法特征是：主语可由诸多不同类别的词语充当，主语隐含不显或无主语句的情况时常可见；谓语的成分非常复杂，且不受主语支配，没有人称、性数、时态的变化；句与句之间多无明示逻辑关系的连接词。所以汉语句子看似松散，如流水般无定法可依。[①]

法语为语法型语言，主谓结构与其他内容都有着相当严格的约束和互动，形式严谨。通常讲，法语句型一般都按主、谓、宾的结构排列。在法语的句子中，主语相当明显，往往突出地放在句首，只有名词或代词能够充作主语。谓语必须与主语保持一致，要有人称、性数和时态的变化。

（42）赵是我的老同学，我最了解他，上学的时候他一直不如我，后来毕业时我考上了中专，他只考上了技校，当了工人。现在他居然被保送上了大学，这简直不可思议，太不公平了。（《分享幸福》[②]）

Nous sommes d'anciens camarades de classe de l'école secondaire, et je peux prétendre connaître Zhao mieux que quiconque. Il travaillait toujours moins bien que moi et, en conséquence, j'ai pu entrer sur examen, à la fin de mes études, dans une école spécialisée **tandis qu**'il n'a été reçu que dans une école technique avant de devenir plus tard un simple ouvrier. Et dire qu'il est devenu étudiant sur recommandation de son entreprise! C'est vraiment une chose inconcevable, et injuste de surcroît!

在译例（42）中，原文只有两个句子。在第一个句子中，主语经历了"赵"→"我"→"他"→"我"→"他"的多变，谓语部分也紧随其后不断变化："是"→"了解"→"不如"→"考上"→"当"。第二个句子里只有三个小短句，主语也经历了从"他"到"这"的更替。如此松散的结构在法语中是不可能存在的。译文中，首句里用了连词"et"来连接两个语法上可以互相独立但语义上有相关联系的分句。第二个长句里也运用了"et"来连接两个语义部分，并在第二个部分用了连词"tandis que（然而）"来明示转折、对比的逻辑关系。原文的第二个句子在译文里被根据意思和语气拆做了两个独立的、语法

[①] 陈宏薇，李亚丹. 汉英翻译教程（修订版）[M]. 上海：上海外语教育出版社，2018：99.
[②] 汪曾祺，等. 小小说精选（汉法对照）[M]. 吕华，译. 北京：中国文学出版社，1996：252-253.

结构完整的语句进行表达。

可见在汉法翻译中，要理解汉法句子结构的差异，并在运用法语时谨遵语法结构和搭配规则，保持译文"达意"上形式和内容的准确。主谓语作为法语句子的核心部分，至关重要。因此，选择确定主谓语是成功构句、保证译文与原文功能相似、意义相符的关键。

一、主语的确定

在汉译法实践中，对句子主语的确定可采取三种处理方法：①以原文主语作译文主语；②重新确定主语；③增补主语。

（一）以原文主语作译文主语

法语语句中的主语只能是名词或代词。当汉语原文有明确的主语，而且该主语由名词或代词充当时，我们可以考虑用原文主语作译文中的主语。如：

（43）那天下班回家的路上，途经三号桥时，**李四**看见一歹徒手持尖刀在抢劫一位中年妇女脖子上的项链。(《好汉李四》)①

Ce jour-là au retour du travail, **Li Seu**, en passant par le Pont n° 3, vit un malfaiteur armé d'un poignard en train de voler le collier d'une femme d'âge moyen.

（44）**不少姑娘**还为买不到而悔恨惋惜，甚至**有人**还告假赴外地寻觅。(《效仿》)②

Nombre de jeunes filles se mordaient les doigts de ne pas parvenir à s'en procurer, et **on** prit même des congés spéciaux pour partir en chercher ailleurs.

例（44）中，原文的第二个主语"人"不带明显的数标记，在翻译时，译者根据前后文语境和法语语法规则以及用语习惯，选择了泛指人称代词"on"作为第二个分句的主语。

（45）方冬得了肺癌的**消息**很快在单位传开，**人们**都为他惋惜，**有的**甚至为他落了泪。(《需要》)③

La nouvelle que Fang Dong est atteint d'un cancer s'est rapidement répandue dans l'entreprise où il travaille. **Tous** compatissent à son malheur, **certains** versent même des larmes.

原文在一个句子中交代了很多信息，译者根据法语行文和表意的需要，将其拆译为两个句子。前一句中传达"消息很快众所周知"这一层含义，后一句描述人们的反应。在处理主语变化多样、所含信息丰富的汉语流水句时，拆译是很常见的应对方法。

由于中国人和法国人的思维方式和语言习惯存在巨大差异，汉语主语并非总能完全对应地转换到法语中。直接将汉语原文主语作为法语译文主语的做法最简捷方便，但该

---

① 汪曾祺，等．小小说精选（汉法对照）[M]．吕华，译．北京：中国文学出版社，1996：258-259.
② 汪曾祺，等．小小说精选（汉法对照）[M]．吕华，译．北京：中国文学出版社，1996：146-147.
③ 汪曾祺，等．小小说精选（汉法对照）[M]．吕华，译．北京：中国文学出版社，1996：26-27.

方法的运用场合也是有限的。在翻译实践中，译者应根据法语的语法规则、用语习惯和语境、行文需要等，对主语的确定加以慎重考虑。

（二）重新确定主语

当保留原主语的做法不妥，就有必要另寻他法了。在许多情况下，我们需要重新选择和确定主语，以保证译文逻辑通顺、行文流畅、语言自然地道。用来替换原主语的，可以是句中其他成分，也可以是句外的词语。例如：

（46）偶有小暇，**她**便回味起校园那段难忘的时光，想着想着，情感的**心弦**就禁不住颤动起来。（《情结》①）

Quand, par hasard, un temps libre se présentait, les moments inoubliables qu'ils avaient vécus ensemble sur le campus de l'institut revenaient malgré elle dans son esprit, et plus elle y pensait, plus elle avait du mal à contrôler la vibration violente de la corde de son coeur.

原文第一个主语"她"在译文中被处理为了重读人称代词"elle"与"malgré"相搭配，表"不管她自己的阻挡"，来进一步表达原文中"难忘"的意思。而作原文宾语的"难忘的时光"则成了译文中的主语"les moments inoubliables"。原文第二个主语"心弦"在译文中被融入一个介词短语修饰"la vibration violente"，而"她"则成了法语语句中的主语，更强调人物自身的所思所想、自身主动的感受。

（47）他的**悟性**极佳，生就的脾气干一行钻一行。（《人家的丈夫》②）

Intelligent, il s'était habitué à se perfectionner dans chaque activité qu'il embrassait.

该例原文充分体现了汉语注重内容的意会性、以意驭形的特点。从形式上来看，名词"悟性"是主语，但从随后的内容来看，"生就的脾气干一行钻一行"的主语应该是"他"，而不是"悟性"。译者根据法语语言逻辑严密的特点，将原为定语的"他的"改作主语"il"，"悟性"则结合"悟性极佳"被译作形容词"intelligent"放在句首修饰主语，在达意的同时结合法语语法规则突出了句子的重点。同理还有以下例子。

（48）他的**态度**热情、周到，难免顾不上家庭这一头。（《人家的丈夫》③）

Cependant, malgré l'enthousiasme et la prévenance dont il faisait montre vis-à-vis de ses clients, il ne pouvait guère éviter de négliger sa famille.

（三）增补主语

汉语中，主语隐含不显或无主句的情况时常可见。译成法语时则必须按照法语的规则，增补主语。增补主语的原则一是要结合语言语境，二是要考虑法语语法习惯和搭配规则。

---

① 汪曾祺，等．小小说精选（汉法对照）[M]．吕华，译．北京：中国文学出版社，1996：178-179．
② 汪曾祺，等．小小说精选（汉法对照）[M]．吕华，译．北京：中国文学出版社，1996：118-119．
③ 汪曾祺，等．小小说精选（汉法对照）[M]．吕华，译．北京：中国文学出版社，1996：120-121．

（49）思来想去，还是要传给孙子晨光。柯半仙不想在他手上坏了祖宗规矩。（《偏方》①）

Après mille réflexions, il décida de le confier malgré tout à son petit-fils Chenguang car il ne voulait pas devenir celui qui outragerait l'usage établi par les ancêtres.

原文第一句主语被隐去，从上下文可知，原文两句的主语都是柯半仙，即"他"，所以译文中增添"il"作第一个分句的主语。并且，译文将汉语松散的两个短句连接在一起变为长句，并加上了明示因果关系的连接词"car"，化意合为形合。

（50）因一生操劳过度，神经衰弱，晚上辗转难眠，又常常恶梦不断。（《老秘书》②）

Epuisé après des années de surmenage, il souffrait de dépression nerveuse, dormait mal, et son sommeil était souvent troublé par des cauchemars.

原文没有明确的主语，故翻译时根据前后文加上主语"il"。同时，为了着重表达老秘书时常受噩梦困扰，为后文内容做铺垫，译文的第二个分句主语换成了"son sommeil"。

二、谓语的确定

汉语动词的形态变化与法语不同，它自身没有"动词不定式""变位动词"等之分，也没有时态、形态、语态的变化，在使用时相对自由得多。汉语句子结构可以同时容纳多个动词，用时序与句序连接而成，其语义形式往往由一个甚至是多个动词按发生顺序的排列来展现。所以汉语侧重于动作表现，习惯按时序连用多个动词，并且借助语义的连贯，"节约"了相应的连接词。有时，汉语的句子中可以见到三连动、四连动，甚至多连动。

就法语谓语而言，谓语动词无论形式和形态都存在着复杂的变化，每一个人称有每个人称的特定谓语形式。每一个句子只允许有一个主谓结构，这就相对地限制了法语中的谓语动词使用。在翻译时，译者需要以其他方式处理来自汉语的"多连动词"。好在法语句子虽然允许一个"谓语"，但动词本身还有好些外挂点，除了借用介词"à""de""pour"等外挂形式之外，还有副动词、分词等其他外挂方式来连接其他相关动作。

谓语指施动者实施的一连串动作。汉语是通过连动或兼语形式来体现施动者与动作之间的关系。法语则必须从这一连串动作中选出重要的动词作谓语，其余的用外挂方式予以处理。概言之，法语核心动作肯定放在谓语上，接受主语的支配。从词形上讲，谓语需要与主语保持性数的一致。从语义上讲，它同时还支配着宾语、状语和补语。这么一来，法语谓语由于受到形式限制，缺乏相当的空间。而汉语则不然，它有着相当宽容的自由度。汉语的谓语并非一定要用动词，甚至会出现形容词性、名词性或动词性谓语。然而一旦用到动词性谓语，它则相当活跃，不受限制，有着极大的独立性。既可以由一个动词构

---

① 汪曾祺，等．小小说精选（汉法对照）[M]．吕华，译．北京：中国文学出版社，1996：66-67．
② 汪曾祺，等．小小说精选（汉法对照）[M]．吕华，译．北京：中国文学出版社，1996：172-175．

成谓语，也可以由多个动词构成连动式谓语，或者兼语式谓语。总之，汉语不像法语那样以主、谓、宾为主体框架，它的变化颇为繁杂，多以语义为主轴，属无语法核心的平铺直叙。但法语的语法核心，则始终落到谓语上。

（一）汉法谓语比较

谓语处理在翻译中非常重要，它不仅涉及语义，甚至影响句子的结构。下面通过汉法谓语的对比，来分析二者之间的异同（表5-14）。

表5-14　名词与形容词性谓语的汉法比较

谓语构成	例句		注释
	汉语	法语	
名词性谓语	他法国人。	Il est Français.	名词在法语中作表语
形容词谓语	他们都很开心。	Ils se sentent contents.	形容词在法语中作表语

法语中由于不可能用名词或形容词作谓语，当句子从汉语译成法语时，译者会为这个句子重寻谓语，而不可能照搬汉语的方式（表5-15）。

表5-15　动词性谓语的汉法比较

谓语的构成	例句		注释
	汉语	法语	
单动谓语	人群中间，**跳跃**着一头小兽。（《冬季》①）	Au milieu des soldats, **sautille** un petit animal.	法语亦用一个相应谓语予以表达。
双项连动	迟教授的专著终于**出版**了，他**得**了一笔数目不少的稿酬。（《地毯》②）	Une monographie scientifique du professeur Chi a enfin été publiée, pour laquelle il lui a été alloué une somme d'argent assez importante.	汉语双动词靠先后表达时序、因果。法语用主句谓语以及介词和复合关系代词引导从句来体现主次、时间先后和因果。

---

① 汪曾祺，等．小小说精选（汉法对照）[M]．吕华，译．北京：中国文学出版社，1996：274-275．
② 汪曾祺，等．小小说精选（汉法对照）[M]．吕华，译．北京：中国文学出版社，1996：284-285．

续表

谓语的构成	例句 汉语	例句 法语	注释
三项连动	老李不**答**儿的话，从衣兜里**掏**出一摞名片仔细地**抚摸**着。（《名片》①）	Au lieu de <u>répondre</u>, le vieil homme <u>sort</u> de sa poche une pile de cartes de visite qu'il <u>caresse</u> attentivement de ses doigts.	原文中三个动词只有"掏"被当作主句谓语，其余两个一个被处理为不定式，另一个则为从句的谓语。
四项连动	听到这话，所有的人都**说**不出一句话，**睁**着十分怪异的眼睛**看**着老教授……（《渲染》②）	<u>Interdits</u>, les visiteurs se contentent de <u>fixer</u> le vieux professeur d'un <u>regard</u> étrange.	汉语中四连动词均通过顺序来表达主次与逻辑衔接。而法译时，要重新选择最重要的表意动词用作主句谓语（se contenter de faire qqch：只能做某事），表访客们的震惊；其余动词则根据语义融入了形容词（interdit），或根据搭配用为不定式（fixer），或名词化（un regard）。

如前面所探讨的，在翻译实践过程中，既然主语可以另择，那么与其互相影响的谓语也可有所变化。译者在择定主语时，除了考虑语义外，还必须要考虑与谓语的搭配。反之，在选择谓语时，除了考虑结构外，也要顾虑对主语和语义的影响。谓语的选定不能忘记兼顾"语法逻辑"，即语法规范、搭配习惯和逻辑关系。就结构而言，谓语不仅要与主语一致，而且还要考虑动宾、系表结构的搭配，在搭配中产生出修辞效果。

总体上讲，汉语谓语成分完全有别于法语。就法语而言，法语只可能有一个谓语，译者在翻译汉语的多项连动句子时，需要打破汉语靠顺序来表达主次的关系，从而找出它们之间的逻辑关联，并用相应的连接词进行衔接，甚至重塑句子结构。当然这一切都是在择定主句谓语动词后再进行。一旦谓语动词择定后，其他动词则可用多种词类进行外挂：介词或介词短语，现在、过去分词，不定式等。

（二）谓语的时态和语气

汉语在表达语气和时间概念时需要相应的助词帮助。法语则可依赖谓语动词的词形变化来实现相关目的。这二者之间明显的差异，对译者而言并不难把握，只须在转换时予以关注。不过汉语的时态有时颇为隐蔽，并非始终见诸笔端，往往通过前后句的搭配

---

① 汪曾祺，等．小小说精选（汉法对照）[M]．吕华，译．北京：中国文学出版社，1996：248-249.
② 汪曾祺，等．小小说精选（汉法对照）[M]．吕华，译．北京：中国文学出版社，1996：242-243.

传递出相应的时态；法语的动词变位和搭配规则复杂多样，需要准确记忆和长时间积累。译者在翻译时需要格外留心，不然可能犯下严重的语义和语法错误。

同时，译者用法语处理汉语的时间信息时，存在着多种方法。处理中的动作可以先于"主句谓语"发生，也可同时发生，或随后发生。在汉语中，这些都靠时间副词来表达，而法语通过形态变化即可。对翻译而言，这些信息较易处理，不在此赘述。

（51）这位子在机关里是中枢所在，举足轻重。一旦失去，**当然是很可惜的**。（《第三十七计》[①]）

Ces deux fonctions ont pour lui une très grande importance car il s'agit d'un poste-clé de l'administration de l'Office. S'il **venait** à les perdre, ce **serait** évidemment très regrettable.

译例（51）中，原文没有明确的时间词，但有假设的意味，表达对如果失去某物的遗憾，体现人物不安的心情。译者在翻译时选用了表示假设或可能的主从复合句。

从句：si + 直陈式未完成过去时

主句：条件式现在时

该句型主要有两种用法：① 表示与现在事实相反的假设；② 表示将来可能发生的动作（但一般可能性较小）。值得一提的是，条件式现在时的构成与过去将来时完全相同，在阅读和使用时都需要多加甄别。

除了条件式现在时，法语虚拟式也是带有主观色彩的语式，其强调主观方面的态度，常常用于以连词que引导的补语从句中。在下列情况下，补语从句要用虚拟式。

1）表示意愿

aimer（que）	喜欢
desirer（que）	希望
souhaiter（que）	祝愿
vouloir（que）	愿意，想
avoir envie（que）	想要
demander（que）	要求
exiger（que）	强求
permettre（que）	允许
refuser（que）	拒绝
interdire（que）	禁止

---

① 汪曾祺，等. 小小说精选（汉法对照）[M]. 吕华，译. 北京：中国文学出版社，1996：210-211.

2）表示感情

être content （que）	高兴
être satisfait （que）	满意
être heureux （que）	喜悦
avoir peur （que）	害怕
regretter （que）	遗憾
craindre （que）	惧怕

3）表示判断

il faut （que）	应该
il est naturel （que）	自然
il est important （que）	重要
il est nécessaire （que）	必要
il vaut mieux （que）	最好
il est temps （que）	适时
il est possible （que）	可能
il semble （que）	似乎
il est facile （que）	容易
il suffit （que）	只须

注意：当主从句的主语相同时，一般不采用补语从句，而用动词不定式。试比较：

（1）主语不同。

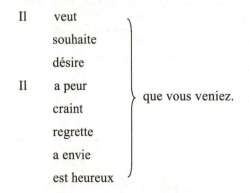

Il　veut
　　souhaite
　　désire
Il　a peur
　　craint
　　regrette
　　a envie
　　est heureux
｝ que vous veniez.

（2）主语相同。

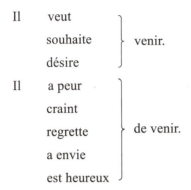

而不说：Il veut qu'il vienne. / Il est heureux qu'il vienne. ...

可见，法语在表达语气上也依赖于多样的语式和时态变化，在翻译时译者需要深入理解汉语原文，准确把握作者所表达的情感色彩，并在法语的语法规则中选择相应的表达。

三、法语中常用的连词结构

汉语讲究意合，句子结构较为松散。进行法译时，需要理清逻辑关系，选用恰当的逻辑连词来组织句子，使译文语句在传达语义的同时符合法语的语法规则和逻辑结构。除了"et"等简单的连词，在此总结一些法语里常用的连词词组以及它们的语式搭配，供译者学习和使用（见表5-16）。

表5-16 法语里常用的连词词组以及它们的语式搭配

诚然（adv.）	certes	尽管 +subj.	malgré que
除非 +subj.	à moins que	尽管 +subj.	quoique
而不是 +v./ n.	au lieu de	没有 +subj.	sans que
根据 +n.	conformément à	然而	alors que
既然	étant donné que	然而	tandis que
既然	puisque	然而（adv.）	or
假设 +subj.	à supposer que	然而（adv.）	pourtant
尽管	même si	事实上（adv.）	en effet
尽管 +n.	en dépit de	随着	au fur et à mesure que
尽管 +subj.	bien que	所以（adv.）	donc

续表

同样（adv.）	ainsi	由于 +n.	à cause de
万一 +cond.	au cas où	由于 +n.	en raison de
万一 +n.	en cas de	由于多次 +v.	à force de
为了 +subj.	pour que	由于害怕 +v./n.	de peur de
为了 +v.	afin de	由于惧怕 +v./n.	de crainte de
为了 +v.	dans le but de	由于考虑到 +n.	en prévision de
为了 +v.	en vue de	由于缺少 +n./v.	faute de
无论什么 +subj.	quoi que	在……期间	pendant que
相反（adv.）	en revanche	只要	dans la mesure où
相反（adv.）	par contre	只要	tant que
一……（就）	dès que	只要 +subj.	à condition que
以至于	si bien que	只要 +subj.	pourvu que
以至于 +v.	au point de	只要稍微 +subj.	pour peu que
由于（句首）	comme	直到 +subj.	jusqu'à ce que
由于（句中）	car	自从	depuis que

四、汉法常用句式对比[①]

法译时涉及如何合理构句。除了基础的语法规则外，汉法常用句式也存在巨大差异，在此小节做简单的对比分析，以供译者翻译时参考，选择恰当的处理方式。

（一）汉法疑问句对比

汉语里的是非问相当于法语里的一般疑问句，它要求问话者全部说出所问内容而不用疑问代词指出疑点，要求听话者对问话做出肯定或否定的回答。如：

你去过北京吗？ 没有／没去过。

小张今天没来？ 是的，没来。

这种疑问句句末有的不用语气词，单纯靠语调表疑问。有的习惯用"吗"。但绝不

---

① 贾秀英．汉法语言对比研究与应用[M]．北京：中国社会科学出版社，2003．

允许用"呢"。

法语里的一般疑问句不带疑问词与汉语是非问大致相同。问句用升调,答句用降调。如:

Il circule en voiture?　　　Oui, il circule en voiture.

Paul ne vient pas?　　　　Non, il ne vient pas. /si, il vient.

从以上对比可以看出,除了在问句里都不用疑问词,都用升调,答句都用降调这几个共同点外,汉法疑问句的不同点也是显而易见的。

① 法语答句,一般得先用一个表示肯定的"Oui"或表示否定的"Non"来回答。而汉语里却有无皆可,通常是没有的。

② 法语里的答语可把整个答句答全,或只用表肯定的"Oui"或表否定的"Non"来回答,但绝不能单独用动词作答。汉语却能单独用动词回答。如:保尔来了吗?——来了/没来。

③ 在否定问句的答语里,法语若回答的内容是否定的,回答时句首要用"Non",若是肯定的句首要用"Si"。汉语却不同,若回答的内容是否定的就用"是",肯定的就用"不"。如:保尔没来吗?——是,没来。/保尔没来吗?——不,来了。或者不论肯定否定,前面的"不""是"都不要。

④ 法语中的主谓倒装疑问句也相当于汉语的是非问。严格地说,汉语里没有主谓倒装的形式,口语里有时为了强调可以先把整个谓语置前,把主语放后,但并非主谓倒装,如:来了吗?他?/会不会写毛笔字呢?你?但绝不能说:来他了吗?

汉语里的特指问句相当于法语中的特殊疑问句,是指用"谁、什么、怎么、哪、几、多少"等疑问代词指出疑点的句子,要求听话者对这个疑点做出回答。如:

那是谁的房间?他叫什么名字?小张今天怎么没来?

哪位是新来的校长?教室里有多少把椅子?

句末有的不用语气词,有的可用。用"呢""啊",不用"吗"。

法语中的特殊疑问句是指句首用疑问词,句末用降调的句子,与汉语中的特指问句有相似之处。法语疑问代词一般有 qui、que、quoi、lequel 等,疑问形容词、疑问副词一般有 combien、comment、où、pourquoi、quand 等,还有一些疑问短语 d'où、depuis quand、Est-ce que 等。如:

Que fera-t-il?　　　他要干什么?

Où travaillez-vous?　你们/您在哪儿工作?

汉法这种类型的相同点是:

① 提问时都必须用疑问词。

② 回答时都不用"是(Oui)"或"不是(Non)"。

③ 回答时都可以用"完全答句"或"简略答句"。如:对于"那是谁的房间?",可以答:那是我的房间/那是我的/我的房间/我的。但法语的简略答语要受到一定限制,

只能说：Elle est à moi /C'est ma chambre /Ma chambre（我的房间），绝对不能说 :C'est ma/Ma。

不同点是：

① 语调不同。汉语特指问句末一律用升调，而法语的特殊疑问句，疑问词读最高升调，句末则用降调。

② 疑问词的位置不同。汉语的疑问词可以在句首，也可以在句中。法语却不同，它的疑问词一律在句首。汉语的这种疑问句一般不倒装，而法语疑问词后的主谓一般要求倒装，有 Est-ce que 疑问短语例外。

汉语里的选择问与法语中的选择疑问句大致相当，指并列几个项目，让回答人选择一项的疑问形式。汉语中并列的项目常常用"还是"连接。如：

你去还是我去？——我去。

简单地说还是详细地说？

选择问句末可以用"呢""呀""啊"等语气词，但不能用"吗"。法语里也有这样的疑问句。如：

Lisez-vous le journal ou la revue?　你读报纸还是杂志？

Tu aimes voir le film ou le théâtre?　你喜欢看电影还是喜欢看戏剧？

对比汉法这种结构，形式基本一致，回答也差不多，都可以用完全句回答。汉语回答时，可以用省略形式，法语也可以用省略形式，但仅限于口语。

汉语里的反复问从形式上看也是一种选择问，不过它是用肯定、否定相叠的形式提问，不用"还是"连接。也是让答话人从相叠形式中选择一项，疑问语气词用"呢""呀"，如：

你去不去呀？你给不给我呀？他做饭行不行呢？

法语里没有这种形式，法语一般不用肯定、否定相叠提问，而是在句首用疑问短语 Est-ce que 提问，含有"是不是"的意思。如：

Est-ce que Paul vient?　保尔来不来呢？

Est-ce qu'il circule en voiture?　他是不是乘车来？

或者在句末用"n'est-ce pas"疑问短语来加强语气，"不是吗？"法语的 Est-ce que 仅仅在意思上相当于汉语的"是不是"，词形并非肯定、否定相叠，更没有汉语那样的"大不大、有没有、来不来"等动词、形容词的重叠形式。

（二）汉法否定句对比

汉法两种语言否定词的构成形式是不同的。汉语多以单纯型与复合型的否定形式出现，法语多以单一型与配合型的否定形式出现。

汉语常见的单纯型否定词有：不、没、别、休、非、无、未。单纯型是指以单音节形式出现的否定词，以上所列前三个除了可用于动词前表否定外，还可单用于应答之中。

如：不、不了、没、没呢、别，后四个只能用于句中表否定，而不能单用。

汉语常用的复合型否定词有：不必、不免、不曾、不用、不要、休要、没有、无须、未免、未必、未曾、未尝。复合型的否定词都能用在句中表示否定，有的还能单用。如：不必、不用、没有、未必。

法语常见的单一型否定词有：non ,pas, point, plus,jamais, sans, personne 等。单一型是指能单独出现于句中表示否定的否定词，它的出现因环境而异，如 pas 一词，一般只能出现于以下四种环境。

① 答句：As-tu donné ton opinion? —Pas encore.

② 感叹句：Pas d'histoires!

③ 在形容词前：Pas possible；在分词前：des poires pas mûrés；在副词前：Pas beaucoup；在介词前：Pas pour lui。

④ 口语：Faut pas t'en faire!

法语常见的配合型否定词有：ne...pas, ne...plus, ne...jamais, ne...rien, ne...point, ne...guère, etc。

法语配合型否定词是指：否定结构是由两个否定词构成的，这两个否定词有时像汉语的复合形式，两个否定词全部置于被否定的词的前面；但多数情况下又完全不同于汉语的复合形式。法语在否定不定式动词时，要把两个否定词全部置于不定式动词前（ne pas + inf.）。在做一般否定时，要把两个否定词分别放在变位的动词两边，换句话说，就是一个置动词（变位）前，一个置动词（变位）后（ne + v. +pas）。这是汉法否定句的区别所在。

汉法两种语言否定词构成的不同以及语言形态要求的不同，就决定了否定句的句型结构的不同。排除其他修辞的需要，单从否定句的结构上看，汉语的否定词一般要放在动词、形容词的前面，如：不去 / 不知道 / 不好 / 不准确 / 尚未决定 / 未必正确 / 没有看见等。无论是单纯型，还是复合型，都必须作为一个整体出现。

法语中能够单独表示否定的单一型否定词，经常放在各种词类前或多用于口语中。如：

① non 可以单独表示否定，常放在分词、副词、代词、名词等前，类似一种前缀。

Une lettre non reçue peut avoir de graves conséquences.（分词）

Cet homme est une non-valeur.（名词）

② pas, point, plus, jamais 常在口语中单独使用，否定词后面不做停顿。

Non, pas toi.

Point de roses sans épines.

Plus un sou!

Jamais deux sans trois.

③ 另外，泛指代词 personne, rien, aucun, 以及副词 jamais, aucunement, nullement 等，它们除了与 ne, sans 配合使用外，还可以单独表示否定。如：

Qui vient? Personne.

Que faites-vous? Rien.

Avez-vous jamais été à Shanghai? Jamais.

法语中由两个否定词构成的配合型否定形式，如上所讲，在句中有两种表现形式：第一种是，在不定式中，两个否定词要放在动词之前，这点与汉语的复合形式相当。如：Il me dit de ne pas appuyer sur le frein. 第二种是，在不定式之外的各种语式的简单时态中，两个否定词要分别放在变位的动词两边。如：Il ne veut plus; Je ne sais rien. "ne"本来是与其他否定词配合使用的否定形式，但有时能够单独使用，且有时必须单独使用（作赘词）。

汉法几种不同的否定形式也可以相对应。

① 联合否定的形式不同：汉语用"既不 / 没……也不 / 没……"的形式，法语用"ne...ni...ni"的形式。

② 双重否定的形式不同：汉语用复合式加单纯式"不能不 / 不是不 / 没有不"等形式，法语用配合式加单一式"ne...pas...sans"的形式。汉语中的"不得不"，译成法语时不用双重否定，而要使用固定词组表达。如：être obligé de faire qqch., ne pas avoir d'autre choix que de faire qqch.

③ 加强否定的形式相似：汉语可以用"不不不 / 不，不，不 / 不，不的 / 不，一点也不"等，法语这点与汉语相似。法语多用"Non non/Non, non et non!/Non, cent fois non!/Ne pars pas! Ne pars pas! 别走！别走！（两项重复，加强了否定）"。另外，法语中还可以将两个能够单用的否定副词合用来加强否定语气，如：C'est un conseil et non pas un ordre.

汉法否定句否定的语义范围基本上是一致的。汉语法语中否定词的否定范围大体上有以下三种情况，汉语拿"不"字为例，法语拿"pas, non"等为例。

① 当一个短语不是主谓短语的时候，一般说"不"字的否定范围在"不"字后面。如：不在它面前说笑话 / 不赞同他的意见 / 不去。法语亦同。如：Pas possible! /Pas un mot ne fut dit./Pas pour lui.

② 当一个短语是主谓短语的时候，否定范围不仅管到后面，还要管到主语。如汉语：我不喜欢这部小说 / 我不知道该怎样使用洗衣机 / 他不报身份便进去了。法语如：Il n'est jamais en re- tard ./Je n'ai pas de frères.

③ 汉语中，当"不"字后有停顿的时候，"不"字的否定范围只能从"不"字前面或后面的话语里去寻找，这就需要语境。如汉语：他不知道吧——不，他知道。第二个"不"是对前面语句的否定。法语亦然：Vous voulez que je me réconcilie avec vos idées erronées?

Non, cent fois non.

汉法否定词从否定对象上看，有着明显的差异。一般来说，法语否定词与否定对象之间没有什么限制，而汉语的否定词与否定对象之间要讲究搭配。现将法语的"non"与汉语的"不"对比如下。

① 汉语的"不"与法语的"non"可以否定全句，如：咱们晚上去看演出怎么样？——不，我晚上有事。/ Etes-vous étudiant?—Non.

② 汉语的"不"与法语的"non"都可以否定动词（例略）、形容词：秋季天气最好，不冷不热。/ Il fait frais et non froid.

③ 汉语的"不"不能直接否定名词、代词，否定名词、代词要带动词"是"，法语可以直接否定名词、代词：他不是大学生。/ C'est un conseil et non un ordre. 汉语只有在固定表达里否定词才能直接否定名词，如：不人不鬼。方位名词可以直接受副词否定：不前不后、不左不右。

④ 汉语的"不"不能直接否定副词，法语可以。如：non vraiment。

⑤ 法语有否定分词，汉语没有。如：Une lettre non reçue peut avoir de graves conséquences.

（三）汉法比较句对比

汉语比较句具有较高的灵活性。汉语两项事物相比，大多表现为"比"字句，用介词"比"引进比较的对象，组成"介宾短语"，放在谓语前面，如：老李比老王高/小李比小王跑得快/今年比去年产量高。汉语的比较句也可以表述为没有"比"字的比较句。如"我比他小"也可以说成：我没有他大、我不如他大。汉语的灵活性还表现在比较句的否定式里，比较句有两种否定式：一是可在"比"前加"不"。如：我也不比你强啊！二是可以将"不"移到形容词前面，比如：我呀，比那时候街面上的任何人并不特别坏。

法语比较句远比汉语用词复杂、形式多样。法语分形容词比较级、副词比较级，无论哪个比较级，除用连词 que（相当于汉语介词"比"）连接要比较的对象外，形容词、副词前必须加表示程度的等级词相互照应，表示程度较高的加 plus，程度相等的加 aussi，程度较低的加 moins。如：Lao Li est plus grand que Lao Wang./ Il court aussi vite que moi.

两项相比，汉语只出现一个"比"，法语要出现两个相互照应的词。que 引进比较的对象可以是名词、代词或其他词类。如：

Li est plus grand que son frère.（que 后名词）

Li est plus grand que vous.（que 后代词）

Li est plus grand que autrefois .（que 后副词）

如果相比的对象很明显，或比较的对象前面已经出现，上下文意思很明确，比较的第二成分就可省略。如：

Je suis grand, mais mon frère est encore plus grand.（que moi）

Je veux un pantalon moins large.（省略了"比其他"）

法语中除了可以用连词 que 连接要比较的对象外，还可以用介词 à 及一些介词短语引进要比较的对象。

① 用介词短语引进比较的对象。

Augmenter de 13% par rapport à la même période de l'année dernière.

② 法语中有四个常见的形容词本身就有比较的意思，它们前面不能用 plus、aussi、moins，后面不能用 que，而要用介词 à 引进比较的对象：antérieur à，postérieur à，supérieur à，inférieur à。

法语比较句的复杂性还表现在：连词 que 不仅可以连接和引进有差别的事物，而且可以连接和引进相同的事物。这与汉语大相径庭。如：

Wang est aussi grand que Yang. 王和杨一样高。

Jean marche aussi vite que moi. 吉恩走得和我一样快。

相同的事物相比，法语出现 que，汉语不能出现"比"。法语与汉语相比，不仅能反映出客观事实，更能表现出语法的严谨性。

（四）汉法省略句对比

1. 实词的省略

关于实词省略，汉法都比较常见。由于习惯用法、修辞需要、口语对话、命令语式，往往省去主语、动词，或者主语、动词皆省。

（1）省主语。

法：Aportez l'addition!

汉：把账单拿来！（省主语"你、你们"）

（2）省动词。

法：Demain, dimanche.（省"c'est"）

汉：明天星期天。（省"是"）

有的动词，汉语可省，法语不能省，如：

汉：一公斤猪肉九块六。（省"值"）

法：Un kilo viande maigre vaut neuf yuans soixante.（动词 valoir 不能省）

有的动词，法语可省，汉语不能省。如：

法：La mer est mauvaise, Le vent（est）terrible．（省"刮"souffler 或系动词 être）

汉：海洋掀起波涛，风刮得猛烈。（汉语动词"刮"不能省）

（3）省被修饰语。

汉语中的"的"字结构，实际上是省去了被修饰成分的不完整结构。如：开车的＝开车的人，卖菜的＝卖菜的人。进来的是谁＝进来的人是谁。这些句子译成法语，被修饰语必须出现，不能省略。如 Qui est entré? /Un homme qui conduit la voiture est Li Hua.

（4）零句。

汉法均大量使用零句(不完整句子)，零句是区别于整句的一种没有"主语——谓语"的句子，又叫独词句，可以看作省略句。如"电报。站长"中的"电报"是"这是电报"的省略。"不用谢。应该的。老同学了"中"老同学了"是"咱们是老同学了"的省略。"Il change d'avis facilement. Une vraie girouette" 句子中，Une vraie girouette 前省略了 C'est。

法语中，很多情况下，名词零句本身就包含着动作，具有动词谓语的作用，表达了相对完整的意思，它和一般省略句不同，应当看成一种修辞的需要。如：

Un cri dans la rue, un rassemblement, arrivée de la police, fuite éperdue dans tous les gens.

这些句子如果硬要补上谓语动词，反而不自然。法语中的名词零句还可适应一般需要，避免时态、体的出现。法语中完整的句子是要讲求时态的。汉语中的语法不讲求时、态、体，省略句更是自由。

动词性零句：汉语陈述自然现象和日常生活时，主语不必出现，如：下雨了/起风了/下雪了/上课了。法语不能用零句表达，必须用完整句，前面要有无人称主语。如 Il pleut. / Il fait du vent./ Il neige（Il 是无人称主语）。

总的来看，汉语的零句形式比法语多样，用途要比法语广泛。汉语除了名词、动词零句外，形容词也可作为零句。如：真讨厌、好极了、好危险、真行等。法语中却很少这样用。真正活跃在法语中的是名词零句。如：

描写人、物、景、事物：

Salve de la patrouille. Silence dans les rangs. Une seconde sirène, dix, vingt, cent...

表示命令、请求、感叹：

Sire, justice! Défense de fumer. Quelle horreur! L'imbécile!

此外，广告、标题、格言、成语等场合均可使用名词零句。由于名词零句具有省时、省力，经济简明，避免时、体等特点，所以，名词零句在现代法语中的使用日益广泛。当然，使用过多容易造成混淆不清。

从以上的实词省略可以管窥，省略一般是和语言环境密切相关的，离开了特定的环境意思就不清楚，就不能省略。这是决定一句话可否省略的根本条件。其次才是经济原则的影响、省时省力的需要。语言环境是省略的外因，省时省力是省略的内因。另外，从传递信息的角度看，人们传递的是未知信息、有用信息，省略的是已知信息、冗余信息。

一个省略句生成与接收人的理解,人们已经在短时间内做出了信息选择。从这个角度看,汉法的省略原则应该是大致相同的。

2. 虚词的省略

(1) 连词的省略。

汉法互译时,我们常常感到汉语大多数句组往往以前后句意思的联系来体现它们之间的逻辑关系或复句关系,形式上不一定出现关联词语;法语则不然,句与句之间的转折、原因等关系往往出现关联词语,关联词成了句与句之间逻辑关系的形式标记。不明了这一点,则达不到满意的翻译效果。鉴于这种特点,汉译法时,往往要将连词译出,以使它们之间的关系更明确、更显豁。

有的句子,汉法连词都可省略。如:

(Si) Je me plaindrais, j'aurais tort.

(如果) 我还埋怨身体的话,我就没道理了。

但法语中可以省略连词的句子比起汉语来并不多见。

关联词"一……就……",汉语可以省略或部分省略,法语不能省。如:

他到了你通知我。或:他到了你就通知我。

Dès qu'il sera arrivé, vous m'avertirez.

在个别句子里,法语不出现"一……就……"关联词,而汉语必须出现。如:

Le moindre bruit réveille le petit.

一有响声,孩子就会惊醒。

汉法互译时,哪些句子的连词能省略,哪些不能省略,要根据语言习惯和译出后是否流畅灵活来决定。

(2) 介词的省略。

汉语口语在多数情况下可省略有关介词,这是汉语表层结构简略的又一重要特征。只是在深层语义的解释中才能补出。如:

(在) 院子当间,一群小孩活蹦乱跳。

你们(在)屋里谈。

咱们(在)院里走走。

这件毛衣是(用)手工织的。

他(在)做完作业(之后)离开了教室。

这些句子译成法语时都必须出现介词。如:

Les enfants font des gambades dans la cour.

Vous bavardez dans la chambre.

Nous nous promenons un peu dans la cour.

Ce pull est tricoté à la main.

Il a quitté la classe après Il a fini ses devoirs.

（五）汉法被动句对比

汉语中的"被"字句一般可以分为：前段、中段、后段三个部分。前段主语一般由名词性词语充当。如：

孩子们被可靠的人领走了。

爹被人抬着送回来了。

他被我推下水去。

有时作主语的可能是谓词性词语。如：

我的一切迷惘被海水洗得干干净净。

可怕的死寂被他的声音划破了。

"迷惘""死寂"是形容词，在这里相当于名词。

汉语"被"字句的中段分两种情况，一是介词"被"不带宾语，二是介词"被"带宾语。先看不带宾语的句子。

大桥被破坏了，不知是人为的还是自然力量造成的。

植物被压在石头底下，只好弯曲地生长。

突然雷声大作，几个小孩子被吓得哇哇叫。

介词"被"后面的宾语成分的空缺，有时是省略，如"雷声"。有的是隐含，如"石头"。有的不知是什么，需要根据实际情况判定。

再看介词"被"所带的宾语。"被"字带宾语构成的"被"字短语，作为状语修饰限制后段的谓语动词。介词"被"所带的宾语，一般由名词性词语充当。如：

他的衣服被汗水湿透了。

家里的产业被他卖掉了。

介词"被"的宾语有时也可以由谓词性词语充当。如：

我的声音被寂寞吞噬了。

他被责骂吓怕了。

"寂寞"是形容词，"责骂"是动词。这种词语充当"被"的宾语的情况比较少见。

"被"字句的后段是谓语中心，一般由动词性词语充当。

① 由单个动词充当。如：

行人被这美妙的歌声所吸引。

他的计划被改变了。

他被痛苦的心情折磨着。

② 由动补短语充当。如：

她被突然出现的毒蛇吓瘫了。

她的心被折磨得难受极了。

那个司机被交通警察训斥了一顿。

小船被人推到岸上。

上句中的"吓瘫""折磨得难受极了""训斥了一顿""推到岸上"都是动补短语。

③ 由动宾短语充当。如：

院墙被汽车撞了个窟窿。

这些树根被艺术家雕成各种各样的艺术品。

房子被法庭判给了女方。

"撞了个窟窿""雕成各种各样的艺术品""判给了女方"都是动宾短语。

④ 由状心短语充当。如：

我的心被强烈地震撼了。

我们的意见被彻底否决了。

石狮子被人们从县衙门搬到了公园里。

"强烈地震撼""彻底否决""从县衙门搬到了公园里"都是状心短语。

"被"字句的中段与前段之间往往还出现一些其他状语成分。例如：

电源早已被切断了。

他在梦中被推醒了。

他没被大家忘记。

"早已"表时间，"在梦中"表处所，"没"表否定。这些状语是用来修饰后面的"被（宾）+ 谓词性词语"的。去掉这些状语并不影响句子的格局。

法语被动态的结构与汉语不尽相同。助动词 être 的各种语式和时态加上实义动词的过去分词即构成被动态，过去分词应与主语的性、数一致，如：

Ils étaient paralysés par la peur.

Les touristes furent interrogés par les douaniers.

被动语态后接施动者时一般用介词 par 连接（见上两例），也可用介词 de 连接，表示状态，如：

La table est encombrée de livres et de papiers.

关于法语被动态的补充结构：

① 与系词 être 起同样作用的 paraître, demeurer, rester, sembler, se voir, se trouver 等均可代替 être，与及物动词的过去分词构成被动语态，如：

L'enfant paraît calmé par cette potion.

② 用代动词表示被动态，即采用由及物动词构成的代动词表示主语是受动者，但这条规则一般只适用于第三人称，而且施动者常常是含糊不清或不能确指的，如：

Les fruits se gâtent à l'humidité.

③ 系词加介词加及物动词的不定式也可表达被动概念，如：

Tout est à refaire.

此外，主动变被动不是一种简单的转换。如：

Le papier jaunit au soleil. 纸在太阳光下变黄。

Le soleil jaunit le papier. 太阳使纸变黄。

On jaunit le papier au soleil. 让纸在阳光下变黄。

Le papier est jauni par le soleil. 纸被太阳晒黄了。

从上述例句中可以看出，动词的主动态和被动态只不过是动词的两种不同的结构形式而已。两者之间不存在主次问题，因而，不能把被动态看成是由主动态生成的结构形式，两者之间也不是一个简单的转换关系。在许多情况下人们只能使用其中的一种语态。

汉法被动句从结构上看，其相同点如下。

① 主语都是受事者。

② 施动者一般要用介词"被""par"连接。

其不同点如下。

① 法语的动词应与主语的性、数一致，要做到相互照应。汉语却没有这个要求。

② 汉语中的"被"字句，都有"被"或与"被"同义的其他介词出现，法语中的系词 être，可以替代为与此同义的词，法语中还有些被动语态并没有系词 être 出现。

（六）汉法祈使句与法语命令式对比

1. 汉语祈使句

汉语祈使句的用法灵活多变，在句子结构上表现为主语常可省略，有时可用非主谓句；在语气强度上表现为祈使语气可强可弱；在句子的表敬程度上表现为有的表敬，有的表卑，有的不敬不卑，句子的表达重心常因句而异。

（1）祈使句的主语。

讲祈使句的主语省略，首先应排除本无主语谓语可言的非主谓句，例如"来人哪！"这个祈使句是无法补出主语的。决定主语是否省略有三个因素：一是祈使对象是不是明确，二是句子想用什么样的语气强度表达，三是句子的表敬因素。

①祈使对象明确与否对主语省略的影响。

祈使句大都是说话人面对听话人说出来的。祈使的对象如果是用第二人称"你""您""你们"来指称的，在面对面说话时，一般是可以省略主语的。例如：

〔你〕站住！

〔您〕喝茶吧！

〔你们〕别吵了!

如果祈使的对象不是指全部听话人（一个人或多个人），而是指听话人中的某一个或某一部分，或者是既指听话人又包括说话人在内，这两种情况下主语是不能或不宜省略的。

②祈使句语气强度对主语省略的影响。

祈使句口气的强弱跟主语的省略或不省略有关系。省略主语的祈使句语气强烈一些，语调急促一些；不省略主语的祈使句语气相对弱一些，语调相对缓和一些。例如：

a. 大点儿写!

b. 你大点儿写!

a. 别说话了!

b. 你们别说话了!

多了主语的两个祈使句因为句子长度相对地长了一些，语调相对缓慢，祈使的语气也就相对弱一些；而省略主语的祈使句语气相对强一些。所以，如果要加重祈使语气，可用省略主语的格式；如果要缓和祈使语气，可使用完整的格式。

（2）祈使句的尊卑表现。

祈使句的尊卑意识表现很明显，使用祈使句应特别注意这一点。有些祈使句带有敬意色彩，有些祈使句带有鄙视色彩，有些祈使句则介于两者之间。祈使句的尊卑意识是由说话人和听话人的相互关系确定的，在语句里由某些词语或表达方式表现出来。具体地说，影响祈使句尊卑表现的主要因素有四个方面：第一，使用不使用敬称的"您"或"几位"等；第二，使用不使用主语；第三，使用"请"还是"叫"；第四，句子里某些谓语动词的特殊色彩。主语使用"您"或"几位""诸位"之类词语的，最有尊敬色彩，否则无尊敬色彩，或者带有鄙视色彩。如"您等一会儿。"和"你等一会儿!"前一句是尊敬听话人的说法，显得文明、礼貌、亲热，后一句不是特别表示尊敬听话人的说法。另外用第二人称代词作主语的祈使句一般要比主语空缺的说法尊敬些。如"你把门关上!"和"把门关上!"前一句带有尊重听话人的意味，后一句则没有尊重听话人的意味。一般来说，要求他人做某件事时，先称呼对方然后再说要他做什么事，这是尊重别人的礼貌表现，不称呼对方就直说要他做什么事，是不尊重别人的表现。

祈使句里常常出现"请""叫"这两个动词。"请"的表敬程度最深，"叫"则不含敬意。表示礼貌尊敬常用"请"，"请"在祈使句里的位置比较自由。如："请坐。""吃苹果，请。""您请坐!""各位楼上请!"

汉语祈使句所表现出来的这种尊卑，法语中是没有的。这从一个方面反映出中国这个古老的礼仪之邦在语言中留下的痕迹。

2. 法语命令式

在运用法语命令式时，要注意时态、人称的用法。

1）命令式的时态

命令式有现在时，过去时两种，但这两种时态只含有体的概念，并不包含时间概念。

（1）命令式现在时。

①命令式现在时用于第二人称单数和复数时表示命令、禁止、劝告、邀请、愿望、祈祷等。

命令：Sors! Sortez!

禁止：Ne sors pas!

劝告：Refusez cette offre, croyez-moi.

邀请：Asseyez-vous, Monsieur.

愿望：Dormez bien.

祈祷：Donne-nous aujourd'hui notre pain de ce jour.

有时还可以表示讽刺或愤慨。

Oui, compte là-dessus!

Allez donc leur demander ça!

Dormez, ne vous gênez pas!

②命令式现在时用于第一人称复数时，表示向一群人提出劝告、鼓励。

Poussons!

Allons-y!

但是也可以主要指一个人。

Voyons votre affaire.

Je donnerai, disons vingt francs.

命令式还可以表示假设。

Chassez le naturel, il revient au galop.

最后，命令式还可以用在大量固定表达方式里，或用在感叹句中。

Veuillez agréer... 请接受

Daignez accepter... 请接受 （veuillez 和 daignez 已经成为命令式的助动词）

Il te pardonnera, va... 算了，他会原谅你的。

Allons, ne te fâche pas. 得了，别生气了。

Tiens, la tache a disparu. 瞧，污点去掉了。

命令式现在时由直陈式现在时第二人称单数，第一、第二人称复数去掉人称代词主语构成。avoir, être, savoir 三个动词例外。以 -er, -frir, -vrir, -illir 结尾的动词在第二人称单数变位时应去掉词尾 -s（但在 -en 和 -y 前例外）。

（2）命令式过去时。

命令式过去时用来表示命令或劝告，指应在将来一定时期以前完成的动作，不过这种时态很少使用。

Ayez fini pour ce soir.

常用语中多说：Tâchez d'avoir fini ce soir.

命令式过去时由助动词 avoir 或 être 的命令式加实义动词的过去分词组成。命令式现在时是未完成体，指现在或将来应做的事，命令式过去时是完成体，指现在或将来某一期限内应做完的事，试比较：

Rédigez-moi cette note pour 6 heures.

Ayez rédigé cette note avant 6 heures.

2）命令式的人称

命令式施加的对象分直接对象、间接对象两种。

一般使用直接对象，分第二人称(单、复数)及第一人称(复数)。这是通常使用的结构。间接对象是第三人称。

（1）直接对象结构。

①说话者直接命令对话者。如：

Non, n'y reviens pas, tout le monde a compris.

②说话者本人就是被命令的直接对象的一分子。如：

Dépêchons-nous!

（2）间接对象结构。

说话者命令的对象是第三人称，这时动词不能使用命令式，而要借助由连词 que 引导的从句，谓语用虚拟式。

Qu'elle ferme toutes les fenêtres! 让她把所有的窗户都关上！

第五节　汉语与法语常用修辞对比与翻译

一、比喻

比喻即在两种具有某种相似之处的不同事物中，用一种事物来表现另一种事物的修辞方法。比喻分明喻和隐喻两种表现形式。

明喻即将具有某种明显相似点的两种不同的事物加以比较，用其中一种事物表达另一种所要说明的事物。在法语中，它们之间往往通过 comme, ressembler à, semblable à, tel

等一类的喻词加以连接。明喻具有较强的表现力，它可增加语言的真实感和鲜明感，使人们对事物的理解清晰，感受深刻，使所说的道理浅显易懂，一目了然。如：

Cela se voit comme le nez au milieu du visage. 脸上的鼻子——明摆着。

隐喻不用喻词，往往通过 être 把喻体和本体直接联系起来，有时甚至连本体也不出现。与明喻相比，隐喻的语言含蓄，富有余味，因而更具有表现力。如：

La vengeance est un plat qui se mange froid. 君子报仇，十年不晚。

On fait de bonne soupe dans un vieux pot. 仍有用武之地。

二、拟人

拟人即把没有生命的事物人格化，赋予它们人的特性、思想和活动的修辞方式，给读者以鲜明、生动的印象。如：

Les murs ont des oreilles. 隔墙有耳。

上例把没有生命的墙壁赋予人的特征——长有耳朵，形象而又风趣地提醒说话者，当心他的话被人窃听。

三、委婉表达

委婉即用婉转的言辞表达某些强硬或刺耳的话语，使意思含蓄、委婉。该修辞手段在法语中常见于下面两种表现形式。

① 使用 il faut, il vaut mieux 等一类的无人称句型表示批评、建议等，使语气变得婉转。如：

Il ne faut pas juger l'arbre par l'écorce. 人不可貌相。

② 使用某些时态、语式，使语气缓和。如：

Bien faire et laisser dire.

On ne saurait faire boire un âne s'il n'a soif.

Si jeunesse savait, si vieillesse pouvait.

四、讽刺

讽刺即用正面的话来表达反面的意思。运用这种手法要比从正面说深刻得多，有力得多。如：

Veau caressant tète deux vaches.

Balai neuf balaie bien.

第一个例子讽刺那些讨好逢迎的人生活很有办法。第二个例子讽刺新上任的官吹毛求疵，它还运用三词同韵的头韵法，读来流畅爽口，同时给人一种幽默、诙谐之感。

五、夸张

夸张即突出事物的某个特征，有意把话说得扩大或缩小的一种修辞方法。夸张可以启发联想，给人以鲜明深刻的印象。法语中常采用下面几种形式进行夸张。

① 利用比喻、比拟的手法进行夸张。如：

Goutte à goutte, l'eau cave la pierre.

Trois démenagements valent un incendie.

② 用表示否定意义的词或短语进行夸张。如：

Jamais paresse n'a acquis richesse.

Il ne faut jurer de rien.

③ 用形容词或副词的最高级形式进行夸张。如：

Les pôts fêlés sont ceux qui durent le plus.

④ 用数字进行夸张。如：

Il faut tourner sept fois sa langue dans la bouche avant de parler.

六、重复

重复是法语中的一大忌讳，但恰到好处的重复却是一种重要的修辞手段。有时为了表达上的需要，有意识地重复某些词语，使表达的感情更鲜明、更突出、更强烈。重复也是取得音韵效果的一种手段。

（52）沉默。注视。思索。

思索。注视。沉默。（《渲染》①）

On se tait. On se regarde. On réfléchit.

On réfléchit. On se regarde. On garde le silence.

译例（52）中，汉语原文重复了三个动词的表达，展现了拜访者鉴赏"大师画作"时的谨慎、积极。法语译文里重复了 On se regarde 和 On réfléchit，保留了原文的修辞手法和感情色彩。

第六节 汉语与法语语篇对比与翻译

篇章由段落构成，段落又由句群构成。汉语中，段落的划分有一定规则，但相对自由。而法语里对每个段落的中心意思有较为严格的逻辑要求，一个段落主要表达一个主题。法译时遇到包含多个主题的汉语段落，在译文中可以考虑将其分作两个甚至

---

① 汪曾祺，等. 小小说精选（汉法对照）[M]. 吕华，译. 北京：中国文学出版社，1996：236-239.

更多段落。

（53）你的思绪只是一条倒流的小河，两个月前的军校生活，总让你濯足在倒映着鸟语花香的碧波里流连忘返。你不愿想象未来，面对现实生活你无法排遣心理上的屏障，编织出彩色的梦幻。就像被哨点周围皑皑林立的雪峰困住一样，使你无法拔着自己的头发超越过去。（《冬季》①）

Ta pensée ressemble à une rivière coulant à contre-courant et qui te ramène sans cesse à la vie de l'école militaire que tu as quittée voici deux mois. Dans un lac limpide reflétant de superbes oiseaux et de ravissantes fleurs, tu te délectais tant à te baigner les pieds que tu en oubliais l'heure.

Tu ne veux pas envisager ton avenir, car face à cette réalité décevante, il t'est impossible de franchir cet obstacle imaginaire pour tisser des rêves pleins de couleurs. Tu es encerclé comme l'est le poste de garde par la forêt de pics enneigés, de telle sorte que tu ne peux les franchir même si tu tirais sur tes propres cheveux.

上例中，汉语原文只有三个句子，第一句讲"你"对过去的思念，第二句和第三句讲"你"现在逃避的心理状态。译文根据这两层意思的区别，将原文内容划分为两个段落，第一个段落讲思念，第二个段落讲现状。同时，译者根据法语的语法规则和语言习惯重构了段落里的句子，把原文的汉语零散句做了拆译，在达意的同时兼顾了法语形态上的需求。

汉语篇章中多流水句，结构松散。而法语对句子的语法结构和逻辑连接都有一定要求。在翻译通俗地道的汉语篇章时，需要仔细考虑法语构句的规范性。

（54）自从开始写诗以后，姗姗觉得这个世界一下子变得美好起来了，还是那个城市，还是那些街道，还是那些熙熙攘攘的行人，可姗姗觉得，那城市、那街道、那行人，都变得亲切起来了。街心花坛的月季，虽然仍旧是蔫里巴叽的，可姗姗觉得，那花朵虽小却是充满了蓬勃的生机。就连常常在街角匆匆跑过的那条脏兮兮的小狗，姗姗也觉得格外可爱，真想抱在怀里亲亲啊！（《女人与诗》②）

Depuis qu'elle a commencé à versifier, Shanshan trouve que le monde est devenu fascinant. Bien qu'elle habite toujours dans la même ville et parcoure les mêmes rues animées par le va-et-vient bruyant des mêmes passants, Shanshan a le sentiment que désormais la ville, les rues et les passants sont devenus chers à son coeur. Les chrysanthèmes cultivés dans le parterre du square donnent toujours la même apparence de flétrissement, mais Shanshan a l'impression que leurs fleurs minuscules sont pleines de vigueur et de vitalité. Il lui arrive même de trouver à son goût ce petit chien sale qu'elle voit de temps en temps passer au coin de la rue, au point

---

① 汪曾祺，等．小小说精选（汉法对照）[M]．吕华，译．北京：中国文学出版社，1996：272-275．
② 汪曾祺，等．小小说精选（汉法对照）[M]．吕华，译．北京：中国文学出版社，1996：126-127．

qu'elle a envie de le serrer dans ses bras et l'embrasser.

译例（54）中，汉语原文语句较长、主语变化多样。译者在构建译文时，对第一个长句进行了拆译，并在构句时选用了恰当的主语、谓语、逻辑连词来表达语义，使译文更倾向于法语读者的语言习惯。

汉语和法语语言上的巨大差异要求译者在理解表面文字意思的同时深入了解背后的蕴含意义、逻辑关联，以在译文中合理运用法语各类语法和句式。段落翻译需要译者在通读原文后，对段落做更细致的主题划分，来符合法语的逻辑思维。同时，段落内部的构句也要结合语言语境选择拆译、合译等处理方式，每个语句更是要考虑到语气（感情色彩）、时态等的体现，使段落里的语句承接顺畅，表意完整准确且严谨。

思 考 题

1. 汉语与法语动词形态上的不同如何体现双方思维方式的不同？
2. 试比较汉法两种语言的主体意识和客体意识。
3. 试论汉法不同文化背景对两种语言的不同影响。

本 章 练 习

1. 汉译法

（1）就这样，老尤生怕自己的不慎伤害一颗年轻的心，小仇唯恐自己的张狂刺伤前辈尤老，整日恭恭敬敬。慢慢地，他们消瘦了，变得沉默寡言了。而且他们越来越觉得沉闷和压抑，有度日如年之感。唉，这日子真难捱！

（2）老鞋匠说对了，左脚那只鞋穿了二年也没坏，不过，等它也在那个部位开绽后，老鞋匠已经不见了。铁盒子门口坐着一个年轻人，腰间扎着那条说不清颜色的帆布围裙。他只看了那只鞋一眼，便说没法修！我告诉他那位老鞋匠是如何修的，他没听完，便扭脸去接待一个姑娘。

（3）展览厅里，许多人围着一幅画，他也好奇地挤了进去。画面上一个寂寞的老人，蹲在一株老树下，老人的目光阴沉而悲哀，一缕阳光留恋地停在他的脸上，他的眼里透出一丝慈祥与温情。他和他对视着。他猛然间发现这个老人正是自己，他的脸陡然羞得绯红。半天，他将目光游移出这幅画，在一张小纸片上，他吃力地读到那两个字："父亲"。

（4）老林子没有路，树木阴森，蒿草丛生，他俩就对准前方探着往前走。忽然碰到了一株枫树，经霜的枫叶火红火红。她眼睛一亮，跑过去摘很多很多枫叶。她望着那如血似火的枫叶，不知在想什么。

（5）你看看刀，看看狐狸，脑海变幻出和氏璧、维纳斯以及军校池塘里的那只受伤的白天鹅之类的东西，当你充分意识到这种思维的不和谐、不现实甚至离题太远时，却在短暂的沉默中，唤起了自己姗姗来迟的恻隐之心。

2. 法译汉

（1）Le renard pelotonné contre le sol glacé secoue d'abord la neige de son corps, puis se faufile avec précaution au milieu des soldats. Quand ceux-ci se sont écartés pour lui laisser le passage, il se met à galoper et file à toute vitesse vers les vastes champs immaculés, tandis que les soldats l'accompagnent des yeux, jusqu'à ce que cette pelote de flammes rouges disparaisse dans le lointain.

（2）Ce jour-là, à la sortie de la station d'autobus, elle remarqua une jeune fille élégamment vêtue d'une robe jaune clair qui soulignait sa taille svelte et le charme exquis de sa personne, bien que son visage fût légèrement empreint d'une expression de tristesse. Ce qui l'intrigua chez cette jeune fille, c'est qu'elle avait fait attacher à son poignet droit une bande d'étoffe blanche retenant à chaque extrémité une vieille sapèque en bronze, ce qui conférait à son bras aussi pâle et délicat qu'une racine de lotus une grâce si particulière qu'elle ne pouvait s'empêcher de la lorgner d'un oeil envieux. A mesure que la jeune fille avançait, les deux sapèques se balançaient et scintillaient au rythme de son bras, et elle avait alors l'impression d'entendre une très belle mélodie lyrique qui allait droit à son coeur.

（3）La fête passée, le calme revint sur la colline reboisée. Comme d'habitude, il arpentait les pentes, chaque jour, pour creuser des trous, tailler les arbres, cultiver les jeunes plants et protéger le bois. Ce ne fut qu'au moment où il eut terminé tous les travaux que son visage s'illumina, empreint de pensées heureuses. Il se livra alors méticuleusement à quelque bricolage et finit par confectionner, en très peu de temps, un cadre sculpté fort agréable à l'oeil. Il s'était même rendu dans un bourg éloigné de la colline où il acheta un panneau en verre qu'il monta consciencieusement dans le cadre et de la peinture pour lui donner couleur. Il l'accrocha au mur de sa cabane, en attendant que lui parvienne la photo prise avec le secrétaire du comité du Parti du district.

（4）Le lendemain matin, Xiao Hua et elle se levèrent de très bonne heure et se rendirent ensemble au marché pour y acheter des légumes frais. Comme par miracle, elles rencontrèrent plusieurs jeunes filles vêtues de robe ou de chemisette qu'elles avaient assorties de ces machins-là attachés à leur poignet droit.

（5）Puis il se déplace quelque peu pour mieux s'exposer au soleil et appuie son dos contre un vieil arbre, tandis qu'elle ouvre son carton à dessin et se met à l'observer de son regard à la fois doux et calme. Se sentant indisposé par cette observation, il évite le regard de la jeune fille pour diriger ses yeux vers le lointain. De loin, il voit confusément un jeune père qui approche en tenant par la main son fils, ce dernier avance en gambadant, la tête coiffée d'un joli bonnet à fleurs. Il pousse alors un soupir, tandis qu'un soupçon de tendresse effleure son regard. Mais cette manifestation de tendresse n'a duré qu'un court laps de temps avant de disparaître...

参考文献

[1] 阿兰•克鲁瓦，让•凯尼亚. 法国文化史 II [M]. 傅绍梅，钱林森，译. 上海：华东师范大学出版社，2006.

[2] 爱德华•霍尔. 无声的语言 [M]. 何道宽，译. 北京：北京大学出版社，2010.

[3] 安托瓦纳•贝尔曼. 异域的考验：德国浪漫主义时期的文化与翻译 [M]. 章文，译. 北京：生活•读书•新知三联书店，2021.

[4] 奥斯瓦尔德•斯宾格勒. 西方的没落 [M]. 齐世荣，等译. 北京：商务印书馆，1963.

[5] 包惠南. 文化语境与语言翻译 [M]. 北京：中国对外翻译出版公司，2001.

[6] 保罗•利科. 保罗•利科论翻译 [M]. 章文，孙凯，译. 北京：生活•读书•新知三联书店，2022.

[7] 曹道根，许凌春. "真"无时态语言研究 [J]. 当代语言学，2017（1）：93-121.

[8] 曹道根，许凌春. 汉语是一种"（半）时态语言"吗 ?[J]. 当代语言学，2019（3）：451-465.

[9] 曹道根. 汉语中的格标效应 [J]. 外国语，2012（3）：51-58.

[10] 曹德明. 现代法语词汇学 [M]. 上海：上海外语教育出版社，1994.

[11] 曹雪芹，高鹗. 红楼梦 [M]. 北京：人民文学出版社，1975.

[12] 曹雪芹，高鹗. 红楼梦 [M]. 杨宪益，戴乃迭，译. 长沙：湖南人民出版社，1999.

[13] 曹雪芹，高鹗. 红楼梦（中华经典小说注释系列）[M]. 启功，等校注. 北京：中华书局，2014.

[14] 查尔斯•狄更斯. 双城记 [M]. 罗稷南，译. 上海：上海译文出版社，1983.

[15] 查尔斯•狄更斯. 双城记 [M]. 宋兆霖，译. 北京：北京燕山出版社，2011.

[16] 陈宏薇，李亚丹. 汉英翻译教程（修订版）[M]. 上海：上海外语教育出版社，2018.

[17] 陈宏薇. 汉英翻译基础 [M]. 上海：上海外语教育出版社，1998.

[18] 陈望道. 修辞学发凡 [M]. 上海：上海教育出版社，1979.

[19] 成伟钧，唐仲扬，向宏业. 修辞通鉴 [M]. 北京：中国青年出版社，1992.

[20] 程同春. 英语隐喻的思考与翻译 [J]. 中国科技翻译，2005（5）：36-38.

[21] 程镇球. 翻译问题探索 [M]. 北京：商务印书馆，1980.

[22] 褚孝泉. 试论中西文化的语言基础 [J]. 北京大学学报（哲学社会科学版），2018（3）：113-123.

[23] 戴耀晶. 现代汉语时体系统研究 [M]. 杭州：浙江教育出版社，1997.

[24] 范波. 医学翻译中的对应化和概括化处理 [J]. 云南中医学院学报，2000（3）：55-56.

[25] 冯胜利. 汉语的韵律、词法与句法 [M]. 北京：北京大学出版社，2009.

[26] 弗朗西斯·培根. 培根论说文集 [C]. 北京：外语教学与研究出版社，1998.

[27] 付克. 中国外语教育史 [M]. 上海：上海外语教育出版社，1986.

[28] 高名凯. 汉语语法论 [M]. 北京：商务印书馆，2011.

[29] 高宁. 日汉翻译教程 [M]. 上海：上海外语教育出版社，2000.

[30] 高宁，杜勤. 汉日翻译教程 [M]. 上海：上海外语教育出版社，2013.

[31] 高玉娟，石锋. 中国学生法语元音学习中母语迁移的实验研究 [J]. 外语与外语教学，2006（4）：18-20.

[32] 葛囡囡. 中国德语教材文化呈现研究——以《当代大学德语》为例 [J]. 外语教育研究前沿，2022（4）：61-68，93.

[33] 葛琴. 基于态度系统的汉英政治新闻语篇对比分析 [J]. 外国语言文学，2015（2）：86-91.

[34] 顾明耀. 标准日语语法（第二版）[M]. 北京：高等教育出版社，2004.

[35] 关世杰. 跨文化交流学 [M]. 北京：北京大学出版社，1995.

[36] 桂诗春. 新编心理语言学 [M]. 上海：上海外语教育出版社，2006.

[37] 郭秀梅. 实用英语修辞学 [M]. 南京：江苏人民出版社，1985.

[38] 哈代. 苔丝 [M]. 孙致礼，唐慧心，译. 北京：中国致公出版社，2005.

[39] 哈代. 德伯家的苔丝 [M]. 张谷若，译. 北京：人民文学出版社，1984.

[40] 韩景泉，韩流. 英语从句论元的结构格赋值及相关理论问题 [J]. 外语教学与研究，2022（3）：323-335，478.

[41] 韩文静，李海峰，阮华斌，等. 语音情感识别研究进展综述 [J]. 软件学报，2014（1）：37-50.

[42] 韩子满. 文学翻译与杂合 [J]. 中国翻译，2002（2）：53-57.

[43] 丁崇明. 现代汉语语法教程 [M]. 北京：北京大学出版社，2009.

[44] 何善芬. 英汉语言对比研究 [M]. 上海：上海外语教育出版社，2002.

[45] 何伟，仲伟. 从语言元功能的编码方式看英汉语本质差异 [J]. 当代修辞学，2021（5）：26-36.

[46] 黑田龍之介. 初めての言語学 [M]. 东京：講談社，2004.

[47] 黑格尔. 逻辑学（上）[M]. 杨一之，译. 北京：商务印书馆，1966.

[48] 胡建华，彭鹭鹭. 探究儿童句法结构生长的奥秘——走向儿童语言获得双向生长模式 [J]. 当代语言学，2022（3）：317-349.

[49] 胡建华. 论元的分布与选择 [J]. 中国语文, 2010（1）: 3-20.

[50] 胡文仲. 文化差异与外语教学 [J]. 外语教学与研究, 1982（4）: 45-51.

[51] 胡壮麟. 国外汉英对比研究杂谈（一）[J]. 语言教学与研究, 1982（1）: 116-126.

[52] 胡壮麟. 国外汉英对比研究杂谈（二、续完）[J]. 语言教学与研究, 1982（2）: 117-128.

[53] 胡壮麟. 语篇的衔接与连贯 [M]. 上海: 上海外语教育出版社, 1994.

[54] 黄立波. 基于汉英 / 英汉平行语料库的翻译共性研究 [M]. 上海: 复旦大学出版社, 2007.

[55] 黄立波, 王克非. 翻译普遍性研究反思 [J]. 中国翻译, 2006（5）: 36-40.

[56] 贾秀英. 汉法语言对比研究与应用 [M]. 北京: 中国社会科学出版社, 2003.

[57] 简·奥斯丁. 傲慢与偏见 [M]. 孙致礼, 译. 南京: 译林出版社, 2018.

[58] 简·奥斯丁. 傲慢与偏见 [M]. 王科一, 译. 上海: 上海译文出版社, 2010.

[59] 姜倩, 何刚强. 翻译的归化与异化, 翻译概论 [M]. 上海: 上海外语教育出版社, 2018.

[60] 蒋洪新, 贾文键, 文秋芳, 等. 新时代中国特色外语教育: 理论与实践 [J]. 外语教学与研究, 2018（3）: 419-420.

[61] 揭侠. 日汉语修辞的文化内涵 [J]. 外语研究, 2001（3）.

[62] 揭侠. 文学与修辞、翻译 [J]. 外语研究, 2003（1）.

[63] 揭侠. 日语修辞研究 [M]. 上海: 上海外语教育出版社, 2005.

[64] 金水敏. 今仁生美: 意味と文脈 [M]. 东京: 岩波书店, 2000.

[65] 金田一春彦. 日本语 [M]. 皮细庚, 译. 上海: 华东理工大学出版社, 2017.

[66] 鞠晶, 王晶芝. 语言相对论视角下的二语输出障碍成因探究 [J]. 东北师大学报（哲学社会科学版）, 2019（3）: 66-71.

[67] 鞠玉梅. 汉英篇章中语法衔接手段及其文体效应 [J]. 外语与外语教学, 1999（11）: 11-14.

[68] 卡夫卡. 卡夫卡小说全集Ⅲ [M]. 韩瑞祥, 等译. 北京: 人民文学出版社, 2003.

[69] 卡夫卡. 卡夫卡全集: 第一卷 [M]. 叶廷芳, 译. 石家庄: 河北教育出版社, 1996.

[70] 黎东良. 论汉语"说"字的德语翻译 [J]. 德语学习, 1997（4）: 27-32.

[71] 李逵六. 德语文体学 [M]. 北京: 外语教学与研究出版社, 2004.

[72] 李庆明, 李宣慧. 基于许渊冲"三美"论的古典诗歌翻译研究——以《静夜思》的四个英译本为例 [J]. 长春理工大学学报（社会科学版）, 2014（2）: 125-126, 130.

[73] 李亚丹, 李定坤. 汉英辞格对比研究简编 [M]. 武汉: 华中师范大学出版社, 2005.

[74] 李运兴.语篇翻译引论[M].北京：中国对外翻译出版公司，2000.

[75] 连淑能.关于建立汉英文化语言学的构想[C]//黄国文，张文浩.语文研究群言.广州：中山大学出版社，1997.

[76] 连淑能.英译汉教程[M].北京：高等教育出版社，2006.

[77] 连淑能.再论关于建立汉英文化语言学的构想[J].外语与外语教学，2004（1）：2-6.

[78] 刘洪东.新时代中国大学法语教学的改革与创新[J].山东外语教学，2022（1）：56-63.

[79] 刘萌."Sein"的系词含义与黑格尔逻辑学体系的建构[J].中南大学学报（社会科学版），2016（3）：8-14.

[80] 刘宓庆.当代翻译理论[M].北京：中国对外翻译出版公司，1999.

[81] 刘宓庆.翻译美学导论[M].台北：书林出版有限公司，1995.

[82] 刘宓庆.翻译与语言哲学[M].北京：中译出版社，2019.

[83] 刘宓庆.汉英对比与翻译[M].南昌：江西教育出版社，1992.

[84] 刘宓庆.汉英对比研究与翻译[M].南昌：江西教育出版社，1991.

[85] 刘齐生.中德叙述语篇中的因果关系结构[J].解放军外国语学院学报，2003（4）：92-95.

[86] 刘齐生.《德语专业本科教学指南》与德语专业的学科转向[J].外语学刊，2020（5）：1-6.

[87] 刘卫东.新时代中国文化走出去的若干思考——基于20世纪初德语作家对中国文化的吸收与借鉴[J].毛泽东邓小平理论研究，2021（2）：84-90，108.

[88] 刘奕霞，邹琼.《红楼梦》不同语境下颜色词"青"的英译研究[J].翻译研究与教学，2019（1）：103-110.

[89] 刘志慧.英汉音韵修辞之比较及汉译[J].西安文理学院学报（社会科学版），2013（5）：119-122.

[90] 刘重德.《英汉语比较与翻译》[M].青岛：青岛出版社，1998.

[91] 陆国强.现代英语词汇学（新版）[M].上海：上海外语教育出版社，1999.

[92] 陆剑明.现代汉语语法研究教程[M].北京：北京大学出版社，2013.

[93] 陆效用.试论母语对二语习得的正面影响[J].外语界，2002（4）：11-15.

[94] 罗·亨·罗宾斯.普通语言学概论[M].李振麟，胡伟民，译.上海：上海译文出版社，1986.

[95] 罗集广.汉日语言对比研究概论[M].北京：光明日报出版社，2022.

[96] 罗启华.一门新兴的语言学分科——对比语言学[J].华中师范大学学报（哲学社会科学版），1988（4）：96-103.

[97] 罗仁地,潘露莉.信息传达的性质与语言的本质和语言的发展[J].中国语文,2002(3):203-209,286.

[98] 罗顺江,马彦华.汉法翻译教程[M].北京：北京大学出版社,2006.

[99] 罗天华.汉语是作格语言吗——作格格局是什么和不是什么[J].当代语言学,2021（1）:114-129.

[100] 罗选民.论翻译的转换单位[J].外语教学与研究,1992（4）:32-37,80.

[101] 吕叔湘.汉语语法分析问题[M].北京：商务印书馆,1979.

[102] 吕叔湘.通过对比研究语法[J].语言教学与研究(试刊)(正式发行版),1977/1992(2):4-18.

[103] 吕叔湘.通过对比研究语法[J].语言教学与研究,1992（2）:4-18.

[104] 马小彦,潘鸣威.新课标新教材背景下我国中学法语教材文化呈现研究[J].西安外国语大学学报,2023（1）:66-70.

[105] 倪宝元.大学修辞[M].上海：上海教育出版社,1994.

[106] 潘文国,谭慧敏.对比语言学：历史与哲学思考[M].上海：上海教育出版社.2006.

[107] 潘文国,杨自俭.新时期汉英对比的历史检阅——理论与方法上的突破[J].外国语（上海外国语大学学报）,2008（6）:86-91.

[108] 潘文国.翻译与对比语言学[J].上海大学学报（社会科学版）,2007（1）:114-117.

[109] 潘文国.汉英对比研究一百年[J].世界汉语教学,2002（1）:60-86,115-116.

[110] 潘文国.汉英语对比纲要[M].北京：北京语言大学出版社,1997.

[111] 潘文国.汉英语言对比[M].北京：商务印书馆,2010.

[112] 潘文国.换一种眼光何如？——关于汉英对比研究的宏观思考[J].外语研究（中国人民解放军国际关系学院学报）,1997（1）:2-12,16.

[113] 潘文国.英汉语对比研究的基本方法与创新[J].外语教学,2019（1）:1-6.

[114] 彭广陆.综合日语（第一册）[M].3版.北京：北京大学出版社,2022.

[115] 彭广陆.综合日语（第二册）[M].3版.北京：北京大学出版社,2023.

[116] 彭毛扎西,才智杰,才让卓玛.藏语情感语音数据库构建[J/OL].北京大学学报（自然科学版）:1-10[2023-01-10].

[117] 皮细庚.日语概说[M].上海：上海外语教育出版社,1997.

[118] 朴珉娥,袁毓林.汉语是一种"无时态语言"吗?[J].当代语言学,2019（3）:438-450.

[119] 钱歌川.月落乌啼霜满天[M].上海：中华书局,1946.

[120] 钱文彩.汉德句子动态对比[J].德语学习,1997（4）:18-21.

[121] 秦罡引.实用汉英翻译教程[M].北京：北京邮电大学出版社,2018.

[122] 秦平新. 英汉语言形式化差异与翻译隐化处理 [J]. 学术界，2010（1）：167-171.

[123] 丘晓娟. 汉、英、法语音对比及法语语音教学 [J]. 商场现代化，2005（5）：201.

[124] 任宏昊. 二语语音感知及与产出的相关性研究——来自日语促音习得的实验证据 [J]. 外语教学理论与实践，2022（3）：115-127，162.

[125] 任文，李娟娟. 国家翻译能力研究：概念、要素、意义 [J]. 中国翻译，2021（4）：5-14，191.

[126] 沙平. 形态 词序 虚词——关于语言类型学分类及汉语语法特点的检讨 [J]. 福建师范大学学报（哲学社会科学版），1999（4）：85-91.

[127] 莎士比亚. 罗密欧与朱丽叶 [M]. 朱生豪，译. 昆明：云南人民出版社，2009.

[128] 山岡實. 文学と言語学のはざまで-日英語物語の言語表現分析- [M]. 東京：開拓社，2012.

[129] 邵敬敏. 汉语语法专题研究 [M]. 北京：北京大学出版社，2009.

[130] 邵惟韺，邵志洪. 汉英语义和形态对比与翻译实践——TEM8（2011）汉译英试卷评析 [J]. 解放军外国语学院学报，2012（5）：75-80.

[131] 邵志洪. 汉英对比翻译导论 [M]. 上海：华东理工大学出版社，2013.

[132] 沈家煊. 有关思维模式的英汉差异 [J]. 现代外语，2020（1）：1-17.

[133] 沈家煊. 怎样对比才有说服力——以英汉名动对比为例 [J]. 现代外语，2012（1）：1-13，108.

[134] 石锋. 北京话的元音格局 [J]. 南开语言学刊，2002（1）：30.

[135] 史鸿志. 从德汉谚语的比较谈德谚汉译 [J]. 外语教学，1992（4）：82-87.

[136] 史有为. 语音感知与汉日语音比较 [J]. 汉语学习，2012（2）.

[137] 宋羽凯，谢江. 基于多任务学习的轻量级语音情感识别模型 [J]. 计算机工程，2023（5）：122-128.

[138] 苏新春. 文化语言学教程 [M]. 北京：外语教学与研究出版社，2006.

[139] 孙辉. 简明法语教程 [M]. 3版. 北京：商务印书馆，2020.

[140] 孙迎春. 张谷若翻译艺术研究 [M]. 北京：中国对外翻译出版公司，2004.

[141] 孙致礼. 再谈文学翻译的策略问题 [J]. 中国翻译，2003（1）：48-51.

[142] 特伦斯·霍克斯. 结构主义和符号学 [M]. 瞿铁鹏，译. 上海：上海译文出版社，1987.

[143] 滕毅. 法、德民法典文风差异的文化诠释——兼谈未来我国民法典文风的确立 [J]. 法商研究，2005（5）：147-154.

[144] 田中章夫. 日本語語彙論 [M]. 東京：明治書院，1978.

[145] 托马斯·哈代. 无名的裘德 [M]. 耿智，萧立明，译. 武汉：长江文艺出版社，2010.

[146] 汪曾祺，何立伟，周大新，等．小小说精选（汉法对照）[M]．吕华，译．北京：中国文学出版社，1996．

[147] 汪榕培．"序言"[C]// 张维友．英汉语词汇对比研究．上海：上海外语教育出版社，2010．

[148] 王灿龙．名词时体范畴的研究 [J]．当代语言学，2019（3）：317-332．

[149] 王恩冕．翻译补偿法初探 [J]．中国翻译，1998（3）：11-12．

[150] 王广荪．简明英语修辞词典 [M]．北京：北京语言学院出版社，1992．

[151] 王菊泉，郑立信．英汉语言文化对比研究（1995—2003）[C]．上海：上海外语教育出版社，2004．

[152] 王菊泉．关于英汉语法比较的几个问题——评最近出版的几本英汉对比语法著作 [J]．外语教学与研究，1982（4）：1-9，62．

[153] 王菊泉．《中国文法要略》对我国语言研究的启示 [J]．外语研究，2007（4）：1-7，112．

[154] 王力．汉语语法史 [M]．北京：北京联合出版公司，2018．

[155] 王力．中国语言学史 [M]．太原：山西教育出版社，1981．

[156] 王路．"它是"——理解精神现象的途径 [J]．北京：哲学分析，2014（6）：44-62．

[157] 王路明，徐田燃．母语形态重要吗？——汉语者和德语者学习人工语言格标记规则的行为和 ERP 研究 [J]．外语教学与研究，2022（2）：252-264，320．

[158] 王敏．对比语言学学科建设的新发展——《对比语言学：历史与哲学思考》评介 [J]．外语研究，2007（5）：102-104．

[159] 王守仁，文秋芳．iEnglish（《新一代大学英语》）[M]．北京：外语教学与研究出版社，2015．

[160] 王顺洪．二十年来中国的汉日语言对比研究 [J]．语言教学与研究，2003（1）．

[161] 王涛．中国成语大辞典 [M]．上海：上海辞书出版社，2008．

[162] 王维萍．汉英节奏与翻译——兼论英语语音教学 [J]．教学与管理，2006（3）：67-68．

[163] 王文斌．对比语言学：语言研究之要 [J]．外语与外语教学，2017（5）：29-44，147-148．

[164] 王文斌．我国汉外语言对比研究 70 年 [J]．外语教学与研究，2019（6）：809-813，959．

[165] 王希杰．汉语修辞学 [M]．北京：北京出版社，1983．

[166] 王小穹．汉语时体宿主的超形态定位："尚未 VP 之前"的是与非 [J]．西南大学学报（社会科学版），2022（5）：221-232．

[167] 王忻．日汉对比认知语言学：基于中国日语学习者偏误的分析 [M]．北京：北京大学

出版社，2016.

[168] 王寅. 认知语言学 [M]. 上海：上海外语教育出版社，2007.

[169] 王助. 现代汉语和法语中否定赘词的比较研究 [J]. 外语教学与研究，2006（6）：418-422，479.

[170] 王宗炎. 对比分析与语言教学 [M]// 李瑞华. 英汉语言文化对比研究. 上海：上海外语教育出版社，1996.

[171] 魏博辉. 论语言对于思维方式的影响力——兼论语言对于哲学思维方式的导向作用 [J]. 河南大学学报（社会科学版），2013（4）：14-20.

[172] 温建平. 论翻译思维能力的培养 [J]. 外语界，2006（3）：7-13.

[173] 温仁百. 汉语"主谓谓语句"的汉德对比研究——对比语言学理论讨论和实践 [J]. 外语教学，2001（5）：13-18.

[174] 文秋芳. 新中国外语教育 70 年：成就与挑战 [J]. 外语教学与研究，2019（5）：735-745，801.

[175] 文旭，文卫平，胡强，陈新仁. 外语教育的新理念与新路径 [J]. 外语教学与研究，2020（1）：17-24.

[176] 吴晓钢，朱珩. 德语母语与二语语音预测效应的比较研究 [J]. 现代外语，2022（6）：833-843.

[177] 武迪. 《傲慢与偏见》中抽象名词的翻译分析 [J]. 牡丹江大学学报，2014（6）：3.

[178] 习近平. 习近平：建设社会主义文化强国提高国家软实力 [EB/OL].（2022-08-01）[2023-07-06].http://dangjian.people.com.cn/n1/2022/0801/c117092-32490797.html.

[179] 夏立新. 浅谈英汉翻译中的音韵和节奏美 [J]. 天津外国语学院学报，2003（6）：7-9.

[180] 夏全胜. 中国学生法语元音发音过程中迁移现象的实验研究 [J]. 外语与外语教学，2010（5）：79-84，88.

[181] 谢红华. 法语的 beaucoup 与汉语的"很、很多、多"——兼谈对外汉语重点词教学与外汉比较 [J]. 世界汉语教学，2000（2）：57-63.

[182] 谢建文. 德语教育特色创建尝试与问题反思 [R]. 台北：第十五届海峡两岸外语教学研讨会，2018.

[183] 谢之君. 文化中的语言与语言中的文化——试论"文化"在外语教学中的定位 [J]. 外语界，1999（1）：35-38.

[184] 邢福义. 语法问题思索集 [M]. 北京：北京语言学院出版社，1995.

[185] 徐平. 二语习得与跨文化交际意识的融合 [J]. 东北师大学报（哲学社会科学版），2013（4）：135-138.

[186] 徐艳. 中国法语教学法演变史（1850—2010）[D]. 北京：北京外国语大学，2014.

[187] 许高渝，张建理. 20世纪汉外语言对比研究 [M]. 北京：高等教育出版社，2006: 2.

[188] 许高渝. 我国九十年代汉外语言对比研究述略 [C]. 外语与外语教学，2000（6）：47-50.

[189] 许威汉. 汉语词汇学导论 [M]. 北京：北京大学出版社，2008.

[190] 许余龙. 英汉指称词语的语篇回指功能对比研究 [J]. 外国语（上海外国语大学学报），2018（6）：26-34.

[191] 杨国荣. 汉语哲学与中国哲学——兼议哲学话语的内涵与意义 [J]. 社会科学，2022（11）：30-35，139.

[192] 杨诎人，等. 现代日语语法. [M]. 广州：广东世界图书出版公司，2005.

[193] 杨旭，卢琳. 从功能视角看汉语研究若干问题——著名语言学家罗仁地访谈录 [J]. 南开语言学刊，2021（1）：160-168.

[194] 杨元刚，熊伟. 英汉语对比与翻译教程 [M]. 武汉：武汉大学出版社，2021.

[195] 杨元刚. 英汉词语文化语义对比研究 [M]. 武汉：武汉大学出版社，2008.

[196] 杨自俭，李瑞华. 英汉对比研究论文集 [M]. 上海：上海外语教育出版社，1990.

[197] 杨自俭，王菊泉. "英汉对比与翻译研究"系列文集对比 [M]. 上海：上海外语教育出版社，2009.

[198] 叶廷芳. 卡夫卡全集：第一卷 [M]. 石家庄：河北教育出版社，1996.

[199] 尤金·奈达. 语言与文化：翻译中的语境 [M]. 上海：上海外语教育出版社，2001.

[200] 玉村文郎. 日本語学を学ぶ人のために [M]. 京都：世界思想社，1996.

[201] 翟东娜. 日语语言学 [M]. 北京：高等教育出版社，2006.

[202] 张斌. 汉语语法学 [M]. 上海：上海教育出版社，1998.

[203] 张吉生. 从汉字的偏旁部首和英语的词根词缀看不同的思维形式 [J]. 汉语学习，2000（2）：33-37.

[204] 张济卿. 汉语并非没有时制语法范畴——谈时、体研究中的几个问题 [J]. 语文研究，1996（4）：27-32.

[205] 张乐金，徐剑. 《苔丝》两译本的译者风格对比研究 [J]. 江苏师范大学学报（哲学社会科学版），2013（5）：69-73.

[206] 张培基. 英汉翻译教程 [M]. 上海：上海外语教育出版社，2001.

[207] 张培基. 英译中国现代散文选 [M]. 上海：上海外语教育出版社，1999.

[208] 张琴. 法语时态与汉语时态的文化语言学对比研究 [J]. 语文建设，2014（27）：23-24.

[209] 张卫，贾宇，张雪英. 自编码器和LSTM在混合语音情感的应用 [J]. 计算机仿真，2022（11）：258-262.

[210] 张晓玲. 我国高校德语专业本土化的内容——语言融合教学策略探究——以跨文化交际课程为例 [J]. 外语教育研究前沿，2021（3）：57-64，94-95.

[211] 张岩红. 汉日对比语言学 [M]. 北京：高等教育出版社，2014.

[212] 张一丹. 文言传奇小说集《剪灯新话》助动词研究 [J]. 文学教育（上），2023（1）：143-147.

[213] 张云广. 成语故事 [M]. 北京：新世界出版社，2012.

[214] 赵勇. 印刷文化语境中的现代性话语——为什么阿多诺要批判文化工业 [J]. 天津社会科学，2003（5）：100-106.

[215] 郑宪信，等. 汉日篇章对比研究 [M]. 郑州：河南大学出版社，2005.

[216] 中川正之. 日语中的汉字 日本人的世界 [M]. 杨虹，王庆燕，张丽娜，译. 北京：北京大学出版社，2014.

[217] 中国社会科学院语言研究所词典编辑室. 现代汉语词典（第七版）[M]. 北京：商务印书馆出版社，2016.

[218] 仲伟. 汉德及物性对比研究 [J]. 外语学刊，2021（3）：34-38.

[219] 周梓欣，田传茂.《楚辞》中香草美人的文化内涵及其翻译方法 [J]. 长江大学学报（社会科学版），2019（6）：94-96.

[220] 朱山军. 隐喻的认知与翻译 [J]. 河南社会科学，2007（7）：148.

[221] 朱永生. 语境动态研究 [M]. 北京：北京大学出版社，2005.

[222] Aissen J. Differential object marking:Iconicity vs.economy[J]. Natural Language & Linguistic Theory，2003,21（3）:435-483.

[223] Baker M. Towards a Methodology for Investigating the Style of a Literary Translation[J]. Target, 2000, 12（2）：241-246.

[224] Burkhardt F, Paeschke A, Rolfes M, et al. A Database of German Emotional Speech[J]. Interspeech, 2005:1517-1520.

[225] De Beaugrande R, Dressler W U.Introduction to Text Linguistics[M]. New York：Longman, 1981.

[226] Halliday M A K. An Introduction to Functional Grammar[M]. London：Edward Arnold Ltd., 1985.

[227] Halliday M A K.Hasan R. Cohesion in English[M]. London：Longman, 1976.

[228] Hardy T. Tess of the D'Urbervilles[M]. Beijing：Foreign Language Teaching and Research Press, 2006.

[229] Hopp H. Learning（not）to Predict：Grammatical Gender Processing in Second Language Acquisition[J]. Second Language Research, 2016, 32（2）.

[230] Kaplan R B. Cultural Thought Patterns in Inter-cultural Education[J]. Language Learning, 1966（16）:1-20.

[231] Kramsch C. Context and Culture in Language Teaching[M]. Oxford：Oxford University Press, 1993.

[232] Kuhn F. Der Traum der roten Kammer[M]. Leipzig：Insel-Verlag, 1995.

[233] Lado R.Linguistics across Cultures：Applied Linguistics for Language Teachers[M]. Lansing：University of Michigan Press, 1957.

[234] Lado R. Linguistics across Cultures[M]. Ann Arbor：The University of Michigan Press, 1957.

[235] Leech G N, Short M.Style in Fiction：A Linguistic Introduction to English Fictional Prose[M]. London：Longman, 1981.

[236] Malchukov A. Animacy and asymmetries in differential case marking[J]. Lingua, 2008, 118（2）：203-221.

[237] Malinowski B. The Problem of Meaning in Primitive Languages[C]//Ogden C K, Richards I A.The Meaning of Meaning. London：Routledge & Kegan Paul, 1923.

[238] Mo Y. Sandalwood Death （Tanxiangxing）[M].Goldblatt H, Translated.Norman：University of Oklahoma Press, 2012.

[239] Moyer A. Ultimate attainment in L2 Phonology：The Critical Factors of Age, Motivation, and Instruction[J]. Studies in Second Language Acquisition, 1999, 21（1）：81-108.

[240] Newmark P. Approaches to Translation[M]. Shanghai：Shanghai Foreign Language Education Press, 2001.

[241] Odlin T. Language Transfer - Cross-linguistic Influence in Language Learning[M]. Shanghai：Shanghai Foreign Languages Education Press, 2001.

[242] Polka L, Werker J F. Developmental Changes in Perception of Nonnative Vowel Contrasts[J]. Journal of Experimental Psychology：Human Perception and Performance, 1994, 20（2）：421-435.

[243] Rutherford W E. Markedness in Second Language Acquisition[J]. Language Learning, 1982, 32（1）：85-108.

[244] Schlesewsky B I, Schlesewsky M. The Role of Prominence Information in the Real-time Comprehension of Transitive Constructions：Cross-linguistic Approach[J]. Language and Linguistics Compass, 2009（1）:19-58.

[245] Selinker L. Interlanguage [J]. International Review of Applied Linguistics X , 1972:209

-230.

[246] McArthur T. 牛津简明英语语言词典 [M]. 上海：上海外语教育出版社, 2001.

[247] Venuti L. Rethinking Translation：Discourse, Subjectivity Ideology[C]. London:Routledge, 1992.

[248] Werker J F, Tees R C. Cross-language Speech Perception：Evidence for Perceptual Reorganization During the First Year of Life[J]. Infant Behavior and Development, 1984, 7（1）：49-63.

[249] Whinney M B. Second Language Acquisition and the Competition Model[C]//De Groot A, Kroll J.Tutorials in Bilingualism：Psycholinguistic Perspectives.Mahwah:Lawrence Erlbaum Associates, 1997.

[250] Whorf B L. Language and Logic[M]// Carroll J B. Language, Thought and Reality：Selected Writings of Benjamin Lee Whorf. Cambridge:The MIT Press, 1941:233-245.

[251] Yang J. Chinese Borrowings in English[J]. World Englishes, 2009（1）：90-106.